南开史学 | 成立100周年
Faculty of History, Nankai University

"南开史学百年文存"丛书

南开史学百年文存

文博考古卷

袁胜文 主编

天津出版传媒集团
天津人民出版社
天津古籍出版社

图书在版编目（CIP）数据

南开史学百年文存. 文博考古卷 / 袁胜文主编. --
天津 : 天津人民出版社 : 天津古籍出版社, 2023.9
ISBN 978-7-201-19576-6

Ⅰ.①南… Ⅱ.①袁… Ⅲ.①史学—文集②文物—考
古—文集 Ⅳ.①K0-53②K85-53

中国国家版本馆CIP数据核字(2023)第124056号

南开史学百年文存·文博考古卷
NANKAI SHIXUE BAINIAN WENCUN WENBOKAOGU JUAN

出 版	天津人民出版社 天津古籍出版社
出版人	刘 庆
地 址	天津市和平区西康路35号康岳大厦
邮政编码	300051
邮购电话	（022）23332469
电子信箱	reader@tjrmcbs.com

策划编辑	刘 庆 王 康 沈海涛
责任编辑	王小凤
封面设计	汤 磊

印 刷	河北鹏润印刷有限公司
经 销	新华书店
开 本	710毫米×1000毫米 1/16
印 张	24.5
插 页	2
字 数	393千字
版次印次	2023年9月第1版 2023年9月第1次印刷
定 价	138.00元

总　序

　　南开史学诞生于风云激荡的五四运动时期。1919年南开大学创建伊始，即设有历史学一门。从1923年正式创系，2000年改组为学院，至今南开史学走过了漫长而绚烂的峥嵘岁月。百年以来，先贤硕学筚路蓝缕，后继者恢弘开拓，逐渐形成了"中外交融，古今贯通"的学科特色和"惟真惟新，求通致用"的史学传统，从而奠定了南开史学在海内外学术界的重镇地位。

　　20世纪20年代初，应张伯苓校长的邀请，"史界革命"巨擘梁启超欣然来校，主讲"中国历史研究法"，揭橥现代新史学的两大要义，即改造中国史学和重写中国历史。梁氏对于人类文明视野下的中华民族史寄予无穷之期待，并有在南开筹设"东方文化学院"、切实推进文化传统研究的非凡构想。1923年秋，南开大学迁入八里台新址，正式建立历史系，聘请"近代化史观"的先驱蒋廷黻为创系主任，兼文科主任。不久，刘崇鋐、蔡维藩接踵而至。蒋廷黻前后执教六载，系统构建了南开世界史的课程体系。南开文科还有李济、范文澜、汤用彤、萧公权、何廉、刘节、吴其昌、余协中等一批名家执教。

　　1937年7月全国抗战爆发，南开大学与北京大学、清华大学奉命南迁，先组"长沙临时大学"，后移昆明，定名为"西南联合大学"。三校史学系融为一家，弦歌不辍。史界翘楚如北大的姚从吾、毛准、郑天挺、向达、钱穆，清华的刘崇鋐、雷海宗、陈寅恪、噶邦福、王信忠、邵循正、张荫麟，南开的皮名举、蔡维藩，以及联大的吴晗等，春风化雨，哺育一大批后起之秀。民族精魂、现代史学赖以延续和阐扬,功在不朽。

抗战胜利以后,历史系随校重返天津,文学院院长冯文潜代理系务。文学院的规模原本不大,历史系更是小中之小,冯氏苦心擘画历史系的发展事宜。1952年全国院系调整之际,北大历史系主任郑天挺、清华历史系主任雷海宗联袂赴津,转任南开历史系主任和世界史教研室主任。杨志玖、黎国彬、杨生茂、王玉哲、吴廷璆、谢国桢、辜燮高、杨翼骧、魏宏运、来新夏等卓越史家,云集景从,历史系获得突破性发展,成为名家云集的一流重镇,一时有"小西南联大"的戏称。

20世纪五六十年代,历史系除设有中国古代史、中国近现代史和世界史三个教研室外,又经教育部批准,陆续成立明清史、美国史、日本史和拉丁美洲史四个研究室,基本确立了布局合理、学术特色鲜明的学科结构。改革开放以后,南开史学更是焕发了勃勃生机。依托历史系学科及人才的优势,南开大学先后成立历史研究所(1979年)、古籍整理研究所(1983年)、日本研究中心(1988年)和拉丁美洲研究中心(1993年),在国内高校中率先创建博物馆学专业(1980年)。在1988年公布的国家重点学科名单中,中国古代史、中国近现代史和地区国别史三个二级学科全部入选。

2000年10月,历史系、历史研究所、古籍整理研究所和拉丁美洲研究中心合并组建历史学院,南开史学步入任重致远的发展新阶段。2007年,历史学入选国家一级重点学科,拥有中国史、世界史、考古学三个一级学科博士及硕士学位的授予权及博士后流动站。日本研究中心于2012年经教育部批准成为国别和区域研究基地,美国研究中心、拉丁美洲研究中心和希腊研究中心相继成为教育部国别和区域研究备案中心,同时设有中外文明交叉科学中心、科学技术史研究中心、生态文明研究院、古籍与文化研究所、美国历史与文化研究中心等科研机构。2017、2021年,世界史学科两次入选教育部一流学科建设名单,历史学院编制通过了以世界史为龙头、中国史和考古学为支撑及协同的历史学一流学科建设规划。

从梁启超、蒋廷黻、郑天挺和雷海宗开始,南开史学历经孕育(1919—1923年)、创业(1923—1952年)、开拓(1952—1978年)、发展(1978—2000年)和持续深化(2000年迄今)五个发展阶段。每一代的南开学人坚持与时代同行,和衷共济,在中国史、世界史、考古文博的学科体系、知识体系和理论体系方面踔厉风发,取得一系列卓越的学术创获。正所谓:"百年风雅未销歇,犹有胜流播佳咏。"试举其荦荦大端者,分列三项,略述于下。

第一,立足学术传统,彰显史学重镇之本色。南开的中国古代史研究积淀深厚,成就斐然。20世纪60年代,郑天挺参与全国高等学校文科教材编选计划,主编《中国史学名著选》《中国通史参考资料》,成为全国历史学子的必读著作。郑天挺、杨志玖等主编的《中国历史大辞典》和刘泽华等撰写的《中国古代史》,被视为20世纪末学界标志性的学术成果。在郑天挺、杨志玖、王玉哲、刘泽华、冯尔康、郑克晟、南炳文、白新良、朱凤瀚、张国刚、李治安、杜家骥、刘晓、陈絜、张荣强、夏炎和马晓林等几代学人的努力下,南开古代史研究在多个基础性领域内佳作迭出,长期处于领先地位。譬如,先秦部族、家族、地理考订,汉魏户籍简帛,唐代藩镇,元代军政制度、宗教和马可·波罗,明代政治文化、典籍和佛教,清代幕府、八旗、满蒙联姻和区域经济等。不仅上下贯通,形成若干断代史学术重镇,而且薪火相传、代不乏人。

南开世界古史研究亦是源远流长。雷海宗、辜燮高、黎国彬、周基堃、王敦书和于可等前辈史家开辟荆榛,在古希腊、罗马帝国、拜占庭帝国、基督教史等领域取得丰硕成果。陈志强领衔的拜占庭学团队致力于探寻历史唯物论指导下的拜占庭史宏观理论,其重大成果颇受国际同行之认可。杨巨平首次将亚历山大帝国、希腊化世界与丝绸之路开通综合考察,为"一带一路"的建设提供学理借鉴。

史学史是对人们研究历史的过程及其思维成果的反思,是对一切历史知识的再批判。以杨翼骧、乔治忠、姜胜利和孙卫国为代表的南开学人,不仅系统构建了中国史学史的资料体系,而且突破传统的"名家名著"的研究范式,着眼于探索史学发展的社会机制、古典史学的理论体系和东亚文明视野下的比较史学,极大地拓展了史学史的视野、理念及方法。

第二,把握时代脉搏,求通致用发南开之声。地区国别史是南开传统的优势学科。在美洲史领域,杨生茂、张友伦、梁卓生和洪国起等史学前辈着人先鞭,王晓德、李剑鸣、赵学功、韩琦、付成双和董瑜等接续推进,使其成为国内实力最强的研究团队。日本史在吴廷璆、俞辛焞、杨栋梁、李卓、宋志勇、刘岳兵及王美平的带领下,风起云涌,在国内独树一帜,担当领军者角色。南开大学世界近现代史研究中心依托地区国别史的雄厚底蕴,以"世界现代化进程中的社会转型"为主攻方向,超越西方现代化理论视野,以国际视野、比较视角在政治史、经济史、社会史以及环境史、医疗史等领域,致力于建构新时代中国特色的现代化史理论,成果迭出,反响巨大。

20世纪60年代以来,在著名历史学家魏宏运、来新夏、陈振江和李喜所等带领下,南开在全国高校中较早开展"四史"研究,确立深厚的学术传统和研究特色。来新夏的北洋军阀史、陈振江的义和团等研究,学术影响很大。魏宏运开辟了社会经济史视野下的抗日根据地研究,出版了学界最具影响的抗日根据地资料汇编和抗日根据地史专著。结合"乡村振兴"国家战略,王先明悉心探究20世纪中国乡村的发展历程,《乡路漫漫——20世纪之中国乡村(1901—1949)》被译为英文在国外出版。李金铮提出原创性的"新革命史"理念和方法,江沛倡导近现代交通史的研究,李喜所、元青等的近代留学生史研究,受到海内外学界的高度重视。

南开大学是全国第一家开设博物馆学专业的高校,为我国博物馆事业发展培养了大批人才。博物馆学研究团队在博物馆数字化、文化遗产活化利用、文旅融合等具有战略性、紧迫性、前瞻性的研究方向持续发力,有力提升了中国博物馆与文化遗产领域的国际学术话语权。王玉哲主编的《中国古代物质文化》是国内物质文化史研究领域的第一本专著。朱凤瀚的《古代中国青铜器》是国内青铜器研究的扛鼎之作。刘毅在明代陵寝制度研究方面的成就国内首屈一指，主编马克思主义理论研究和建设工程教材《文物学概论》，彰显南开考古文博在国内学界的影响力。刘尊志和袁胜文等在汉唐宋元考古领域取得了良好的成就。

科技史与国家战略密切相关，南开史学顺应国内外学术发展新态势，通过人才引进和学术重组，成立了科技史研究中心，在张柏春的带领下，目前正在加强对工程技术、疾病医疗、生态环境、水利灾害等方面的科技史研究，运用生态学思想理论方法探询众多科技领域之间的广泛联系、相互作用和协同演进关系。

第三，聚焦学术前沿，引领历史学科之新潮。社会史是改革开放以来中国史学界最具标志性和学术活力的研究领域。南开史学在冯尔康、常建华的引领下，成为这一领域最重要的首创者和推动者，形成了社会结构与社会生活并重嵌合的学科体系，出版《中国社会结构演变》《中国社会史概论》等著作；提出"从社会生活到日常生活""生活与制度"等学术理念，出版《日常生活的历史学》《追寻生命史》等重要学术成果；在宗族史、家庭史研究方面做出开创性贡献，形成了南开社会史的研究特色。明清以来的华北区域社会经济研究，也是南开社会史的一大重要特色，许檀、王先明、李金铮和张思等人的研究颇具学术影响力。

21世纪以来，在南开社会史丰厚的学术土壤中，医疗社会史研究破土而出，成为南开史学颇具亮色的学术增长点。余新忠、丁见民等南开学人，从中外疾病医疗史研究出发，立足中国视角和中国经验，融汇新文化史、知识史等新兴前沿理念和方法，提出"生命史学"之标识性学术理念，在国际学术舞台上发出响亮的南开声音。

以刘泽华和张分田等为代表的"王权主义反思学派"，立足于中国政治思想史的深刻研究，提出"王权支配社会"等一系列重要的命题和论断，对于把握传统政治文化与政治实践的特点，具有极高的理论创新性。刘泽华所著《中国传统政治思想反思》及主编的三卷本《中国政治思想史》被译成韩文在韩国出版,《中国的王权主义》一书正在西方学者的译介之中。"王权主义反思学派"前后出版专著四十余种,在海内外学术界产生巨大的影响。

南开史学是中国环境史研究的主要倡导者和引领者。王利华和付成双领衔的南开中外环境史团队开展多项在全国具有首创性的工作:先后组织举办中国和亚洲规模最大、层次最高的国际学术会议,主持成立第一个全国性环境史研究学术团体——中国环境科学学会环境史专业委员会。2015年,历史学院联合相关学科共同创建南开大学生态文明研究院,开展文理学科交叉的生态文明基础理论研究和教育,由十多位院士、长江学者和权威学者共同开设《生态文明》大型慕课,获得多项国家和部省级建设支持或荣誉,南开环境史在全国产生了广泛的影响力。

南开史学创系百年来,秉持南开"知中国""服务中国"的教育理念,追求"做一流学术,育卓越人才"的教育目标,以培养品德高尚、学识卓越、兼具科学精神和人文情怀的优秀人才为己任。迄今已培养数万名合格人才,桃李遍及海内外。毕业生多数工作在高教、科研、新闻、出版、文化、文物考古及博物馆等部门,成为教育文化领域的著名学者和专家,还有一大批活跃在行政、经济、军事等各类管理部门,成为各个行业的领导和骨干力量。

值此百年重逢的历史节点,历史学院决定编纂一套"南开史学百年文存"丛书,以彰显南开史家群体艰辛扎实的学术探索和丰硕厚重的治史业绩,为这不平凡的世纪光影"立此存照"。凡曾执教于南开历史学科的学者均在网罗之列,择其代表性论文一篇,难免疏漏或选择不当,望读者谅解。本套书总计十卷,包括《先秦至隋唐卷》《宋元明清卷》《中国近代史卷》《中国现代史卷》《专门史卷》《世界上古中古史卷》《亚非拉卷》《欧美卷》《日本卷》《文博考古卷》。

南开史学百年来取得的累累硕果,离不开历代南开学人的辛勤耕耘和学界同人的长期扶持。述往事,思来者。新一代的南开学人将一如既往地秉持南开的"大学之道",弘扬"新史学"的创造精神,胸怀时代发展全局,引领中国史学发展的新潮流,为创立中国自己的学科体系、知识体系和理论体系不懈奋进!

　　"南开史学百年文存"丛书的编辑工作及其顺利付梓,首先需要向南开史学的先辈致以崇高的敬意。特别要提到的是,确定已故史家的入选论文,得到他们的家人、弟子的热心支持,在此一并表达谢忱。其次,要向惠赐大作的诸位师友致以诚挚的感激。尤其是不少已荣退或调离的教师,对于这一项工作极为关心,慨然提交了自己的精心之作。再次,也要感谢南开大学中外文明交叉科学中心对文存出版的慷慨资助。最后,还要感谢天津人民出版社、天津古籍出版社的各级领导和各位编辑,他们对于文存的编辑和出版等各方面,给予了细致、有力的指导和帮助。

　　因编辑时间短促,编者学术水平的限制,文集中会有疏漏之处,凡此,均由文存编委会负责,恳请各位师友不吝赐正。

编委会

2023年6月

出版说明

1."南开史学百年文存"包含十卷,即《先秦至隋唐卷》《宋元明清卷》《中国近代史卷》《中国现代史卷》《专门史卷》《世界上古中古史卷》《亚非拉卷》《欧美卷》《日本卷》《文博考古卷》,每卷由各个领域相关教研室的负责人担任主编,所选取的文章为曾全职在南开大学历史学科任教的学者具有代表性的论文。在遴选的过程中,各卷均根据实际情况有所取舍,疏漏和不当之处,敬请广大学人和读者包涵。

2.每卷文章按照发表时间依次排列。

3.有些文章因撰写和发表的时间较早,有些引文一时难以核查到准确的出处,无法按照现行规范的方式标注,故这次发表保留了刊发时的原貌。

4.本文存由南开大学历史学科学术委员会策划并统筹相关学术事宜,委托各个领域相应的教研室负责人联合教研室力量开展具体编纂工作,是历史学科全体同人的集体成果。

5.在全书编校的过程中,为保持作品原貌,对文章的修改原则上仅限于体例上、错别字的勘误等,不过也有部分作品依据作者意愿,进行了增补,或依据最新出版规范,进行了删改。

编委会

2023年6月

目　录

转动装置与陶轮初识

邓玲玲　田　苗

陶器的制作工艺(technology)[①]包括成型与烧造两大内容。成型工艺决定了陶器的外形,而外形是功能的直接反映,在陶器考古学研究中,成型工艺的分析既是首要问题,也是核心问题。陶器的成型工艺通常分为三类,手制、模制与轮制,较之前两者,轮制工艺(又称为轮制法或轮制技术)由于借助陶轮的转动动能辅助陶器成型,是一种更为复杂的制陶工艺。轮制工艺,顾名思义,即使用陶轮制作陶器的工艺,应包括两个核心内容,即陶轮装置及依凭于陶轮的工艺,对陶轮概念与范畴的界定是讨论工艺的前提。

轮制工艺是中国新石器时代晚期及末期黄河中下游及长江中下游的主流成型工艺[②]。快轮一次性拉坯工艺的出现提高了陶器的成型效率,易于获得壁厚一致、外形匀称的陶器,并有助于提高陶器群的标准化程度。陶轮的出现是制陶手工业中使用的转动装置结构优化的结果,伴随着陶轮性能的提升,轮制工艺的内涵日益丰富。只有完整梳理转动装置的发展过程,才能更好地界定陶轮的范畴,分析陶轮出现的原因,并对轮制工艺的内容与演变过程进行讨论。下文将从结构出发,结合转动装置使用过程中的受力分析,阐释转动装置的分类标准及其结构、性能优化的方向,并重点对陶轮及依托陶轮的核心工艺内容进行介绍。

一、转动装置与陶轮的分类

陶器制作过程中使用的能够旋转的设备统称为转动装置(rotary instrument),东西方学者常使用两种分类方式对其进行讨论:第一种依据转动装

---

① 工艺(technology)包括了方法(method)及技术(technique)。参见 Don E. Crabtree,"An Introduction to Flintworking ,"*Occasional Papers of the Idaho State University Museum*.No.28,1972.

② 参见李文杰:《关于快轮制陶的新概念、新判断和新理论》,《文物春秋》2016年第4期;彭小军:《史前陶器成型技术类型的分布与演变》,《江汉考古》2021年第1期。

置的结构分类,如福斯特(George M. Foster)[1]、卢克斯(Valentine Roux)[2]与杰弗拉(Caroline D. Jeffra)[3];第二种依据是否可以实现拉坯工艺进行分类,如柴尔德[4]、李文杰[5]与栾丰实[6]。表一第一种分类方式中,福斯特与卢克斯教授强调转动装置中轴的有无与转速的快慢,而杰弗拉博士认为应兼顾转动装置的稳定性与速度,即根据转动装置维持转动动能的能力来进行分类。第二种分类方式的分歧多集中于陶轮的定义上,如栾丰实教授认为可以实现拉坯工艺者为陶轮,李文杰教授则强调只有能够实现一次性拉坯成型工艺者方可称为陶轮。

表一　转动装置分类表

学者	分类依据	陶轮的判定方式	无中轴 有中轴		
			无轴承	无轴承	有轴承
柴尔德	工艺	可以拉坯成型	可移动底座(movable base)转盘(urmtable或toumette basc)	陶轮(potter's wheel);转速大于100转/分,足以向陶土提供离心力。包括简单陶轮(simple wheel)和复合陶轮(compound wheel)	
福斯特	结构	结构复杂	无轴转盘(unpivoted turntable)	有轴转盘(pivoted tumtable)	简单陶轮(simple wheel):可以实现一次性拉坯成型 / 双轮盘陶轮(double disk wheel):可以实现一次性拉坯成型

① G. M. Foster, "The Potter's Wheel: An Analysis of Idea and Artifact in Invention," *Southwestern Journal of Anthropology*, No.15,1959,p.109.

② V. Roux, *Ceramics and Society: A Technological Approach to Archaeological Assemblages*, 2019,pp. 48-50; V. Roux and P. de Miroschedji,2009. "Revisiting the History of the Potter's Wheel in the Southern Levant," *Levant*,No.41,2009,pp.55-173.

③ C. D. Jeffra , "The Archaeological Study of Innovation: An Experimental Approach to the Pottery Wheel in Bronze Age Crete and Cyprus" (PhD diss., University of Exeter,2011),pp.46-47。

④ V. G. Childe, "Rotary Motion," *A History of Technology, Vol. 1: From Early Times to Fall of Ancient Empires*, ed. C. J. Singer, E. J. Holmyard, and A. R. Hall (Oxford: At the Clarendon Press; New York: Oxford University Press, 1954),pp.187-215。

⑤ 李文杰:《中国古代的轮轴机械制陶》,《文物春秋》,2007年第6期;李文杰:《关于快轮制陶的新概念、新判断和新理论》,《文物春秋》2016年第4期。

⑥ 栾丰实:《海岱龙山文化的陶器成型技术研究》,栾丰实:《栾丰实考古文集》(第三卷),文物出版社,2017年,第1076—1077页。

续表

学者	分类依据	陶轮的判定方式	无中轴 有中轴			
			无轴承	无轴承	有轴承	
卢克斯	结构	使用的转动动能的大小（通过中轴、转速反映）	转盘（turmtable 或 ounette：旋转设备最大转速 80~（rnotary 120 转/分,仅 devic 适用于泥条盘筑拉坯成型		简单陶轮（splpettrtrs wheel）；转速为 220—230 转/分,可以实现一次性拉坯成型	双轮盘陶轮（double eheels）：转速为 220—230 转/分,可以实现一次性拉坯成型
杰弗拉	结构	维持转动动能的能力	非稳态装置非稳态装置（non- steady（non- steady stedevcic）statedevice）		稳态装置（teady state dvice）：棍转式陶轮、脚踢式陶轮	
李文杰	工艺	是否能够一次拉坯成型	垫板	慢轮	快轮:可以实现一次性拉坯成型	
栾丰实	工艺	可以拉坯成型	慢轮:适用于慢轮盘筑成型和修整工艺,是轮制法发展的早期阶段		快轮:可以实现一次性拉坯成型	
本文	结构	真正实现转动运动的轮轴机械装置	无轴转盘	慢轮	快轮	

注：白色板块为作者所认定的陶轮范畴,灰色区域内为本文认为的陶轮范畴。

参考民族志与考古出土的转动装置可知,制陶手工业中所使用的转动装置存在由无轴向有轴、由简单向复杂的结构优化过程,以及速度由慢到快、稳定性由差到好、维持转速的能力由弱到强的性能提升过程。转动装置的分类首先依中轴的有无为区分,无中轴者的运动形式兼具平动运动（translational motion）和转动运动（rotational motion）,而有中轴者仅为转动运动,在合外力相同的情况下,前者由于平动运动的存在,可使用的转动动能明显小于后者。较之垫板、无轴转盘等无中轴的转动装置而言,拥有中轴的陶轮在转动过程中中轴不发生位移,能够更好地将外力所做的功转变为陶轮的转动动能,是结构优化后的转动装置。中轴分为榫卯式（图一：1）与枢轴式（图一：2）,榫卯式中轴长度较短,下轮盘中部通常设置凹槽与底座凸起相互扣合；枢轴式中轴长度较长,有的中轴顶部制作为小凸起,以减少轮盘与中轴的直接接触面积。

　　陶轮(potter's wheel)的定义与分类至今尚未统一,东西方研究中常见二元对峙的命名方法,如中文文献中的慢轮(slow wheel)与快轮(fast wheel),以及西方研究中的转盘(turntable或tournette)与(真正的)陶轮(true wheel或wheel),慢轮对应转盘,快轮对应陶轮(包括简单陶轮与双轮盘陶轮),两者的核心区别在于转速[1]。表一柴尔德、福斯特、卢克斯与李文杰教授认为,真正的陶轮是可以完成一次性拉坯成型任务的转动装置,因此需要达到一定转速[2]。转速是陶轮性能的表现,只有机械结构的合理设计才能提升陶轮的性能,而提升后的性能方能满足一次性拉坯成型工艺的需要。一次性拉坯成型工艺是转动装置结构优化后才可能出现的工艺,依据事物出现的先后顺序,应以结构来定义陶轮。近年来,随着东西方慢轮及慢轮盘筑拉坯工艺的大量确认,慢轮所具备的轮轴结构的完整性及其在拉坯工艺演进过程中的重要作用逐渐显现。作为陶轮发展的早期阶段,具有轮轴结构且能实现真正转动运动的慢轮(或西方学者命名的转盘)[3]也应纳入陶轮范畴。

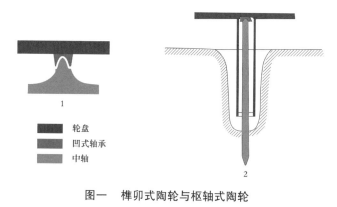

1

■ 轮盘
▦ 凹式轴承
▨ 中轴

2

图一　榫卯式陶轮与枢轴式陶轮

---

　　① S. Xanthoudides, "Some Minoan Potte Potter's-Wheel Discs. Essays in Aegean Archaeology," (Presented to Sir Arthur Evans in Honour of His 75th Birthday,1927); V. G. Childe,"Rotary Motion," *A History of Technology, Vol. 1:From Early Times to Fall of Ancient Empires*, ed.C. J. Singer,E.J.Holmyard,and A.R.Hall(Oxford:At the Clarendon Press; New York: Oxford University, 1954, pp.187-215; G.M.Foster,"The Potter' s Wheel: An Analysis of Idea and Artifact in Invention," *Southwestern Journal of Anthropology*, No.15,1959,p.109; R. D. G. Evely, Minoan Crafts: Tools and Techniques : An Introduction(Goteborg.1993).

　　② 一次性拉坯工艺要求的陶轮转速尚未有定论,柴尔德认为100转/分,卢克斯认为应达到220转/分。

　　③ 在中文文献或俗语中,陶轮有辘轳车、辘轳、辘辘、周车、轮车、拉坯车、坯车、盘车、陶钧、轮盘、轮子等称谓。下文中不再使用转盘,一应以慢轮代称。

陶轮包括慢轮与快轮,是陶器成型过程中使用的轮轴机械装置,性能的提升是慢轮向快轮转变的内在动力,合理的机械结构设计是提升性能的前提。对于任意陶轮装置而言,皆需具备中轴(转轴、枢轴、车轴、车桩)与轮盘(车盘)两个构件。轮盘为操作台面,是放置泥料、制作陶器的部件,中轴为支撑及固定轮盘的部件,通常深埋地下以保持陶轮的稳定。陶轮的中轴皆为竖轴,轮盘为刚体,运动形式为转动,本质是轮盘的定轴转动①。轮盘转动时所受外力主要由人工施加,外力推动轮盘运动后转变为轮盘的转动动能 E(rotational kinetic energy),$E=\frac{1}{2}I\omega^2$。其中 I 为转动惯量(moment of inertial),根据公式 $I=\frac{1}{2}mR^2$,转动惯量的大小等于质量(m)与轮盘半径(R)平方乘积的二分之一;ω为角速度,据公式 $\omega=2\pi n$(n 为转速)可知,角速度与轮盘转速成正比②。由上,轮盘的转动动能受两个因素的影响,其一为转动惯量,其二为转速,陶轮转速与转动惯量成反比,即转速越快,转动惯量则越小。此外,为保证泥料的拉坯成型,失去外力后,陶轮需在一段时间内保持高速地旋转。根据刚体定轴转动定律 $M=I\alpha$,刚体做定轴转动时,角加速度 α 与合外力矩 M 成正比,与转动惯量 I 成反比,在合外力矩给定的情况下,转动惯量大,则获得的角加速度小,即角速度改变得慢,也就是保持原有转动状态的惯性大③。当作用于轮盘的外力撤去后,轮盘的转动惯量越大,则保持外力撤去时转动状态的惯性就越大,有助于维持陶轮的转动动能,保持轮盘较长时间的高速转动。陶轮的转速与转动惯量不可兼得,且陶轮结构的优化并非追求最快的转速与最大的转动惯量(转速过快无法拉坯,转动惯量过大难以驱动),合理的结构设计应在满足陶器生产要求的前提下,找到适宜陶工操作的转速与转动惯量的平衡点。

转动惯量是定轴转动刚体惯性的量度,是刚体的固有属性,影响陶轮转动惯量大小的因素主要为轮盘的总质量和质量分布,因此轮盘的转动惯量由其材质、尺寸与形状决定④。轮盘不仅需要具有足够的质量,还需有合理的质量分布。相同质量的轮盘,外缘部位的质量越大则转动惯量越大,因此,陶工常

---

① 此处默认轮盘在使用过程中不发生形变,内部质点无相对位移。

② C.D. Jeffra, "The Archaeological Study of Innovation: An Experimental Approach to the Pottery Wheel in Bronze Age Crete and Cyprus"(PhD diss., University of Exeter, 2011), pp.46-47;尹国盛、张伟风主编:《大学物理学》(上),华中科技大学出版社,2021年。

③④ 尹国盛、张伟风主编:《大学物理学》(上),华中科技大学出版社,2021年。

加厚轮盘外缘以获得更大的转动惯量。轮盘的角速度由合外力决定,合外力越大,角速度越大,转速越快。合外力的大小主要受到陶工施加的力同轮盘与中轴的摩擦力的影响。为了实现以较小的力推动轮盘高速旋转,除施力方式的改良外,还需降低轮盘与中轴的摩擦阻力。同时,阻力矩会使轮盘减速,获得负的加速度,因此,还需通过减少摩擦阻力以维持轮盘转速①。此外,为了便于实际操作及提高拉坯质量,陶轮需要具备稳定的结构及易于陶工操作的轮盘尺寸②。

由上,合理的陶轮结构需满足以下要求:省力的驱动方式、足够的转动惯量、较小的摩擦阻力及稳定的水平旋转。参考已知考古学与民族学材料,搅棍的引入改善了陶轮的驱动方式,轮盘尺寸的增加与材质的选择加大了陶轮的转动惯量,轮盘下附加的车筒、横木等平衡装置保证了陶轮的稳定水平旋转,而较小摩擦阻力则需在轮盘与中轴间增添一特殊部件——轴承③。轴承是确定中轴与轮盘的相对运动位置,支承中轴与轮盘的零部件,通常可拆卸。轴承的出现既可减少中轴与轮盘直接接触的面积,还可通过轴承材料的选择降低摩擦因子,减少旋转过程中的摩擦与磨损,保证陶轮在少量驱动力做功的情况下长时间、高精度、稳定地高速转动。此外,更换轴承还能降低陶轮的重置成本。轴承是陶轮机械结构改良中的重要创新,可作为区分慢轮与快轮的关键性证据。

综上所述,从机械结构出发,首先以中轴的有无将转动装置分为陶轮与无轴转盘,随后以轴承的有无区别快轮与慢轮,具有轴承的快轮装置仅需少许驱动力即可推动轮盘转动,且能有效维持转动动能,实现陶土的一次性拉坯成型。结构的优化是工艺实现的前提,对于存在实物的转动装置而言,依据结构划分显然更加直观明了。然而考古遗址中极少出土完整的转动装置,转动装置存在与否的判断多依赖于对陶器器身制作痕迹的分析,由此,考古学家习惯于依据制作痕迹所反映的制陶工艺来判断其是否使用转动装置、使用何种转动装置。结构和工艺相辅相成,并不矛盾,应首先从结构优化的角度建构转动装置的演变链条、关键节点及对应的工艺内容,随后结合陶器遗存上保留的工艺特征进行验证、调整与补充,方能厘清转动装置与轮制工艺

---

① 尹国盛,张伟风主编:《大学物理学》(上),华中科技大学出版社,2021年。
② 轮盘半径通常小于陶工手臂长度。
③ 本文中的轴承为广义轴承,任何有意识地处理轴与轮盘接触面的独立或非独立装置且可实现一次性拉坯成型工艺者皆可纳入轴承范畴。

的发展脉络。下文将使用代表性的陶轮案例对慢轮、快轮的常见结构、类型及相关工艺进行介绍。

二、慢轮与陶轮盘筑工艺

慢轮由轮盘与中轴构成。轮盘材质多样，已发现木、陶、石质等，直径普遍偏小，多小于50厘米，以单轮盘慢轮为主。(图二)使用过程中，工匠通常用手或脚直接推动轮盘旋转，或由助手帮助转动轮盘。由于轮盘转动惯量小，中轴与轮盘接触面积大，限制了陶轮的转速、稳定性与维持转动动能的能力，一旦失去外力，轮盘将很快降速。

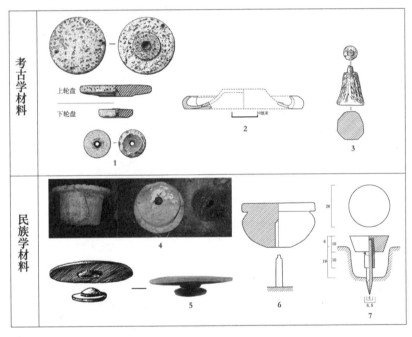

图二　慢轮

1.以色列亚慕斯遗址(tel Yarmuth)出土的公元前2500年的石质转盘(据 Roux, V., & de Miroschedji, P.〈2009〉改绘)

2.河南舞阳大岗帽式陶转盘 H4:4 (据李文杰图改绘)

3.跨湖桥 T05105A:1 木砣形器

4.广西靖西龙腾中屯村壮族木质慢轮(付永旭图)

5.非洲索马里兰木质榫卯式转盘(左图据柴尔德图改绘，右图为大英博物馆藏品，藏品号 Af1935,1108.36)

6.云南西双版纳猛海县曼海寨傣族木质慢轮(据王志俊、刘晓红图改绘)

7.云南景洪曼斗寨傣族木质慢轮 (单位:厘米,据傣族制陶工艺联合考察小组图改绘)

轮制工艺经历了由简单到复杂的发展过程,随着陶轮性能的优化,其内容日益丰富,逐渐成熟。公元前4世纪至3世纪美索不达米亚、伊朗、印度河谷制陶手工业中所使用的慢轮最早仅用于修整陶坯,随后才出现盘筑拉坯工艺[1]。在陶轮上使用泥条筑成法制作陶器的复合成型工艺在西方术语中称为wheel coiling,以陶轮为依凭的转动动能参与到盘筑泥条、黏接泥条、减薄器壁、修整器型中的某个或多个步骤,是泥条筑成工(coiling)、陶轮修坯工艺(wheel fashioning)及陶轮拉坯工艺(wheel throwing)的结合,可暂译为陶轮盘筑工艺[2]。依据拉坯工序的有无分为两类,即陶轮盘筑修坯工艺与陶轮盘筑拉坯工艺。陶轮盘筑修坯工艺中不存在拉坯工序,最早且多在慢轮装置上使用;而陶轮盘筑拉坯工艺特指将盘筑后的泥条拉坯成型的工序。由于两类工艺在慢轮与快轮装置上皆可实现,为精确化描述,可将陶轮盘筑修坯工艺细分为慢轮盘筑修坯工艺与快轮盘筑修坯工艺,将陶轮盘筑拉坯工艺细分为慢轮盘筑拉坯工艺与快轮盘筑拉坯工艺。

美索不达米亚北部哈姆卡尔遗址(Hamoukar)中发现了铜石并用时代晚期(Late Chalcolithic 1-2 periods)约公元前4400—前3800年使用慢轮修整的陶器[3]。叙利亚东北部费雷斯遗址(Tell Feres)中出土了公元前4世纪初使用慢轮盘筑工艺制作的半球形的科巴碗(coba bowl),其外形规整匀称,壁厚均匀,使用外来的含有蛇纹石的红色黏土制作,数量极少,仅占陶器总量的0.7%左右,且集中发现于聚落中央一处具有特殊功能的大型公共建筑中,该建筑内集中出

---

[1] V. Roux and M. A. Courty, "Identification of Wheel-Fashioning Methods: Technological Analysis of 4-3 Millennium BC Oriental Ceramics," *Journal of Archaeological Science*, No. 25, 1998, pp.747-763 ; V.Roux and P.de Miroschedji,"Revisiting the History of the Potter'Wheel in the Southern Levant," *Levant* , No.41, 2009, pp.155-173; V. Roux, "Technological Innovations and Developmental Trajectories: Social Factors as Evolutionary Forces," in *Innovation in Cultural Systems*. Contributions from *Erolutionary Anthropology*, ed. M.J.O' Brien and S.J.Shennan (Cambridge, Massachusetts and London,England:the MIT Press,2010),pp.217-234.

[2] M.A.Courty and, V. Roux,"Identification of Wheel Throwing on the Basis of Ceramic Surface Features and Mierofabrics," *Journal of Archaeological Science*,No.22,1995,pp.17-50; V.Roux and M. A.Courty,"Identification of Wheel-Fashioning Methods:Technological Analysis of 4th -3rd Millennium BC Oriental Ceramics," *Journal of Archaeological Science*,No.25,1998,pp.747-763.

[3] S. Al-Quntar, K. Abu Jayyab, L. Khalidi and J. Ur. Proto-Urbanism in the Late 5th Millennium BC: "Survey and Excavations at Khirbat al-Fakhar(Hamoukar),Northeast Syria," *Paléorient* , No.37, 2011, pp.151-175.

土了该遗址使用慢轮制作的全部陶器①。根据巴尔迪(Johnny Samuele Baldi)的研究,费雷斯遗址的慢轮主要用于陶器的修整,较之捏塑法,使用慢轮制作科巴碗的生产效率更低②。另外,结合科巴碗的口径标准化程度分析发现,费雷斯遗址的科巴碗仅由少数工匠制作,慢轮盘筑工艺仅掌握在少数专业陶工手中,为社会精英阶层服务③。黎凡特南部如叙利亚卡拉萨遗址(Tell Qarassa)铜石并用时期(约公元前4500年)遗存中也发现了使用陶轮的迹象,遗址北部出土了6件使用慢轮盘筑工艺制作的V形碗,使用外来黏土原料制作,出土于重要建筑基址之中④。美索不达米亚北部与黎凡特南部大致在公元前4500年皆出现了慢轮盘筑修坯工艺,仅用于制作在特殊场合供少数贵族使用的小尺寸开口式碗类器物,且此工艺仅为少数陶工群体所掌握,未推广至其他日用陶器的制作中。卢克斯教授认为黎凡特南部地区使用慢轮盘筑修坯工艺制作陶碗的工匠为流动性的专业陶工群体,人数少,在一定时间附属于某些贵族,慢轮的使用并非为了提高陶器生产效率与产量,而是为了制作具有象征意义的在特定场合下使用的陶器⑤。近东地区出土的陶轮完整实物较少,多为石质,偶见陶质,以色列亚慕斯遗址(Tell Yarmuth)发现了两件属于青铜时代早期三段偏晚(late Early Bronze Age Ⅲ,公元前2600—公元前2350年)的玄武岩质转盘,

①② J.Baldi and V. Roux,"The Innovation of the Polter's Wheel: A Comparative Perspective Between Mesopotamia and the Southern Levant," *Levant*,No.48.3 ,2016,pp.236-253.

③ J.S. Baldi, "Tell Feres al-Sharqi in the LC 1-2 Period. Serial Production and Regionalisation of Ceramic Traditionst A Perspective from a Small Rural Site," *Publications de l'Institut Français d'Études Anatoliennes*,No.27.1,2012,pp.129-161; J.S.Baldi,"Coba Bowls, Mass-Production and Social Change in Post-Ubaid Times," *Publications de l'Institut Français d'Études Anatoliennes* , No.27.1, 2012,pp.393-416.

④ M.Godon,J.S.Baldi,G.Ghanem,J.J. Ibáñez and F. Braemer,"Qarassa North Tell,Southern Syria: The Pottery Neolithie and Chalcolithic Sequence. A Few Lights Against a Dark Background," *Paléorient*, No.41.1 ,2015,pp.153-76. V. Roux and M. A. Courty, "Identifying Social Entities at a Macro-Regional Level: Chalcolithic Ceramics of South Levant as a Case Study,"in Pottery Manufacturing Processes:Reconstruction and Interpretation,ed.Livingstone Smith,D.Bosquet and R. Martineau(Oxford: *British Archaeological Report International Series*,2005),pp.201-214.

⑤ V. Roux,"Ecolutionary Trajectories of Technological Traits and Cultural Transmission: A Qualitative Approach to the Emergence and Disappearance of the Ceramie Wheel-Fashioning Technique in the Southen Levant During the Fifth to Third Millennia BC, "Stark, M. T., Bowser, B. J., & Horne, L. (Eds.). (2008). Cultural Transmission and Material Culture: Breaking Down Boundaries. University of Arizona Press.2007,pp.82-104.

皆由上、下轮盘组成。位于宫殿建筑B1的转盘年代为公元前2500年,出土时放置一处[①]。上轮盘质地较粗糙,直径36.8厘米,厚4.8厘米,底面有一圆形凸起台面,台面中央为圆锥形的凹槽;下轮盘质地较细腻,直径17.4厘米,厚3.8厘米,中间有一穿孔,孔径为2.4—3.2厘米,顶面有一圆形凸起,与上轮盘底面扣合[②]。(图二:1)使用时将固定于地面的木轴穿过下轮盘后插入上轮盘底部凹槽中,旋转过程中下轮盘固定,上轮盘转动,两个轮盘中间涂抹泥浆以作润滑之用,此轮盘最快转速可达每分钟80转,主要用于礼仪性陶器的修整[③]。

距今8000年至7000年的浙江萧山跨湖桥遗址发现了可能为慢轮构件的木质"砣形器",据邓泽群等先生的研究,跨湖桥陶器器壁匀薄,造型规整,已用慢轮修整[④]。(图二:3)距今7000年前后,慢轮修坯工艺已见于中国新石器时代晚期的多个遗址中,在北辛文化、仰韶文化半坡类型、马家浜文化的陶器上业已发现慢轮修整的迹象[⑤]。河南裴李岗文化末期的大岗遗址及甘肃、陕西、山西、河南等地仰韶文化时期的遗址中常出土一种形制特殊的陶盘,多被称为"帽式陶转盘",直径25—50厘米,高5—11厘米,有一小平顶,宽10—15厘米,有学者推测为扣在木质轮盘上的一个构件,主要用于慢轮修坯工艺。[⑥](图二:2)

近年来,陶轮盘筑拉坯工艺成为中国学者关注的重点,在以往研究中,常被称为"泥条拉坯成型技术"或"泥条盘筑加拉坯成型技术",既见于慢轮,也见

---

① S. Al-Quntar, K. Abu Jayyab, L. Khalidi and J. Ur. "Proto-Urbanism in the Late 5th Millennium BC: Survey and Excavations at Khirbat al-Fakhar (Hamoukar), Northeast Syria," *Paléorient* No.37.2, 2011, pp.151-75.

②③ V. Roux and P. de Miroschedji, "Revisiting the History of the Potter's Wheel in the Southern Levant," *Levant*, No.41, 2009, pp.155-173.

④ 浙江省文物考古研究所、萧山博物馆编:《浦阳江流域考古报告之一:跨湖桥》,文物出版社,2004年,第209—211、336页。

⑤ 栾丰实:《海岱龙山文化的陶器成型技术研究》,栾丰实:《栾丰实考古文集》(第三卷),文物出版社,2017年,第1076—1077页。

⑥ 参见禚振西:《我国制陶转盘的起源及早期的应用》,《考古与文物》1989年第4期;李仰松:《仰留文化慢轮制陶技术的研究》,《考古》1990年第12期;李文杰:《中国古代轮轴机械制陶》,《文物春秋》2007年第6期;杨莉:《云南民间制陶技术的调查研究》,《中央民族大学学报》2002年第3期;江柏毅:《试论云南石寨山文化同心圆纹陶盘的功能与玉溪刺桐关遗址的性质》,《南方民族考古》2017年第2期。

于快轮。①甘肃天水大地湾遗址仰韶文化半坡类型的彩陶盆上已发现使用陶轮盘筑拉坯工艺留下的制作痕迹②。在快轮一次性拉坯成型技术十分发达的山东大汶口及龙山文化遗址中,"泥条拉坯成型"与"一次性拉坯成型"两种成型方法依旧并存,如山东焦家遗址大汶口文化中期、日照两城镇遗址龙山文化中期及丁公遗址中皆发现使用"泥条拉坯成型技术"与"快轮一次性拉坯成型技术"制作的陶杯③。由于已经存在快轮一次性拉坯成型技术,据此推测对盘筑泥条的拉坯也应于快轮上进行,可称为快轮盘筑拉坯工艺。直至二里头文化时期,二里头遗址中出土的部分盉、三足盘、平底盆可能仍使用陶轮盘筑拉坯工艺制作完成④。

陶轮盘筑修坯与拉坯工艺同时得到了民族学材料的佐证。云南西双版纳景洪傣族陶工使用慢轮盘筑修坯技术制作陶器,慢轮为单轮盘,主要用脚推动,轮盘面大底小,底部设孔用以嵌入立于地面的木柱(或竹竿),轮盘转速为每分钟4—6转⑤。(图二:6)陶器的成型过程全部在慢轮上完成,首先在轮盘上通过圈筑法制作筒状雏形,再结合刮、抹及拍打等工序修坯成型。索马里兰盖力卜(Gelib)陶工使用的榫卯式慢轮由木质轮盘和底座构成,底座低矮,高3.5厘米,下部埋于地下,上部呈半球状,同轮盘中部的凹槽套接,使用时以脚推动。(图二:5)轮盘直径28.7厘米,重量轻,转动惯量小,轮盘与底座的接触面积

---

① 彭小军:《"泥条拉坯成型技术"读识》,《三代考古》(第四卷),科学出版社,2011年,第464页;彭小军:《史前陶器成型技术类型的分布与演变》,《江汉考古》2021年第1期;付永旭:《巩义制陶技术的民族学考察及思考》,陈星灿、方丰章主编:《仰韶和她的时代——纪念仰韶文化发现90周年国际学术研讨会论文集》,文物出版社,2014年;于洁:《试论轮制陶器技术及其特点》,《南方文物》2015年第4期;陆斌:《西南少数民族泥条盘筑成型工艺考察》,《陶瓷学报》2013年第4期;陆青玉:《关于轮制陶器的再思考》,《黄河·黄土·黄种人》2021年第6期。

② 彭小军:《史前陶器成型技术类型的分布与演变》,《江汉考古》2021年第1期;马清林、李现:《甘肃古代各文化时期制陶工艺研究》,《考古》1991年第3期。

③ 曹迎昕:《焦家遗址大汶口文化陶器的制作工艺与生产方式研究》,山东大学硕士学位论文,2018年;范黛华、栾丰实、方辉等:《山东日照市两城镇龙山文化陶器的初步研究》,《考古》2005年第8期;丁公遗址陶器制作工艺分析见陆青玉《关于轮制陶器的再思考》,《黄河·黄土·黄种人》2021年第6期。

④ 彭小军:《"泥条拉坯成型技术"读识》,《三代考古》(第四卷),科学出版社,2011年,第464页。

⑤ 林声:《云南傣族制陶技术调查》,《考古》1965年第12期。

大,摩擦阻力大,不易维持轮盘的转动动能,仅适用于盘筑修坯工艺[1]。彭小军博士总结山东即墨西城汇、莒南县薛家窑、泗水柘沟、广西靖西念者屯、云南西双版纳曼郎、曼海等地有关"泥条拉坯成型技术"的民族学材料,发现其多使用有轴陶轮,在黏接泥条步骤借助转动动能提拉坯体制成陶器雏形,待坯体含水量降低之后通过刮或拍打的方式保证泥条紧密连接,并同时实现减薄器壁,调整器形的目的[2]。所使用的陶轮既有慢轮也有快轮,如广西靖西龙腾中屯壮族陶工所使用的"转"与西双版纳曼海寨傣族陶工所使用的"木轮"皆为慢轮(图二:4、6),而西城汇与泗水柘沟明确使用铁质圆锥状突起作为轴承连接轮盘与中轴,应为快轮装置(图三)[3]。

图三　山东柘沟陶轮与轴承(据徐飞图改绘)

1.陶轮结构 2.铁质凸式轴承

　　在中国的陶器考古学研究中,由于术语界定及轮制工艺研究尚待深入,对于拉坯成型工艺的描述仍比较模糊。拉坯工艺的判定存在较多难点,首先,陶轮盘筑拉坯工艺与快轮一次性拉坯成型工艺在陶器内外壁会留下相似的痕

①　V.G.Childe,"Rotary Motion," in *A History of Technology,Vol. 1:From Early Times to Fall of Ancient Empires*,ed.C.J.Singer,E.J.Holmyard,and A.R.Hall（Oxford: At the Clarendon Press;New York: Oxford University Press,1954）,p.196.

②　彭小军:《"泥条拉坯成型技术"读识》,《三代考古》(第四卷),科学出版社,2011年,第464页。

③　付永旭:《广西靖西龙腾中屯壮族的原始制陶技术》,《南方文物》2011年第3期;王志俊、刘晓红、高强:《西双版纳勐海县曼海寨傣族原始制陶术的考察与初步研究》,《史前研究》1998年;彭小军:《"泥条拉坯成型技术"读识》,《三代考古》(第四卷),科学出版社,2011年,第464页。

迹,如李文杰先生所提之"螺旋式拉坯指痕"及"麻花状扭转皱纹",同时,陶轮盘筑拉坯工艺所生产的陶器器壁也相对均匀、左右对称,很难仅凭肉眼观察区分制作痕迹。彭小军博士提出"泥条拉坯成型技术"在陶器腹壁有时可见泥条接缝,如若腹底分开制作且腹底结合较差时,会留下接痕,泥条与泥条黏接的缝隙是通过肉眼观察判断"泥条拉坯成型技术"的最直接证据①。由于通过泥条拉坯成型后的陶器初坯往往还需经历后续拍打、修形、磨光等步骤,前期泥条间的接缝易被抹除难以观察,因此,还需借助陶器岩相薄片中羼和料及气孔的方向与分布来辅助判断②。此外,即便已将陶轮盘筑拉坯工艺与快轮一次性拉坯成型工艺有效区分,陶轮盘筑拉坯工艺中还需细分慢轮与快轮,这便带来了更多难点。现有研究表明,陶轮装置是判断轮制工艺最直接的证据。然而,由于轮盘与中轴多为有机质,在考古遗址中难以保存也不易分辨,因此中国新石器时代晚期陶轮装置的研究成果仍较缺乏。邓聪先生使用轴承来判断制玉工艺中使用的辘轳机械,为陶轮装置的研究提供了借鉴。首先,轴承是快轮的判定依据,其次,轴承器的制作原料多不易腐坏,且常同作坊遗迹共存,结合作坊内陶轮车坑的分布,可以为陶器成型工艺链的复原提供良好的背景支撑,是今后需重点关注的对象。

三、快轮

快轮是慢轮结构优化的产物,两者的差异除最大转速之外,还应包括维持转动动能的时间与轮盘转动过程中的稳定性,以上性能的实现主要通过调整轮盘尺寸与重量、增加平衡装置及轴承实现。民族志中所见轴承多嵌入轮盘底面中央的凹槽,形状有凹凸两类:凹式轴承以凹面同凸起的中轴顶部连接,如明清时期景德镇陶轮使用的木制或瓷质轴顶帽(或称盋头、轴顶碗、覆盂)

---

① 彭小军:《"泥条拉坯成型技术"读识》,《三代考古》(第四卷),科学出版社,2011年,第464页;彭小军:《史前陶器成型技术类型的分布与演变》《江汉考古》2021年第1期;陆青玉:《关于轮制陶器的再思考》,《黄河·黄土·黄种人》2021年第6期。

② V.Roux and M. A. Courty, "Identification of Wheel-Fashioning Methods: Technological Analysis of 4th-3rd Millennium BC Oriental Ceramics," *Journal of Archaeological Science*, No.25.8, 1998, pp.747-763;J.Baldi and V.Roux,"The Innovation of the Potter's Wheel:A Comparative Perspective Between Mesopotamia and the Southern Levant,"*Levant*,No.48.3,2016,pp.236-253;P.S. *Quinn, Ceramic Petrography: The Interpretation of Archaeological Pottery & Related Artefacts in Thin Section.*（Oxford:Archaeopress Archaeology,2013）.

(图一:2,图五:5)①;凸式轴承以凸起部位同顶部设置凹槽的中轴或底座连接,如山东柘沟陶轮使用的中央凸起的铁质轴承。(图三)整体而言,凹式轴承较为常见,固定轴承多于滚动轴承。轴承材质多样,已发现木质、石质、瓷质、铁质等。为了使中轴与轴承完美衔接,古人常对中轴顶部进行加工,如江西景德镇使用的传统陶轮中轴顶部为可拆卸的圆锥状硬木轴顶,既便于同轴顶帽套合,也易于更换。(图五:5)除轴承外,快轮轮盘下多设置车筒或横木等平衡装置以提高陶轮转动过程中的稳定性,同时也保证了静止状态下陶轮的水平,利于快轮慢用,在无须陶轮高速旋转的成型工序中发挥作用。(图三:1,图四:1、2)此外,平衡装置增加了轮盘的整体重量,有助于获得更大的转动惯量,更好地维持陶轮的转动动能。

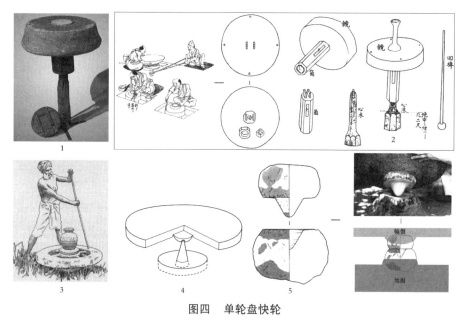

图四　单轮盘快轮

1.美国自然历史博物馆藏中国晚清北京郊区使用的枢轴式单轮盘快轮(藏品号70/12797)

2.日本明治六年(1873年)京都京烧作坊使用的枢轴式单轮盘快轮(据《京都陶磁器说图》改绘)

3.印度西北部20世纪初使用的榫卯式单轮盘快轮(图片来自柴尔德《转动运动》)

4.印度陶工使用的榫卯式单轮盘快轮(据Saraswati图改绘)

5.大英博物馆藏埃及榫卯式单轮盘快轮石质榫卯部件(藏品号BM32621)与陶轮复原图(据Catherine Powell图改绘)

① 《陶冶图说》与《景德镇陶録》中称轴承为机局。

　　快轮装置可按轮盘数量分为单轮盘快轮与双轮盘快轮。单轮盘快轮有时被称为简单陶轮(simple wheel),又因常以木棍或竹竿(通常1米长)驱动,被称为棍转式陶轮(stick wheel)。(图四:2、3)除以木棍或竹棍驱动外,也见直接使用肌肉力量如手或脚驱动的单轮盘快轮。使用单轮盘快轮时,既可一人独自操作,也可二人配合,其中一人专门负责转动轮盘,另一人制陶[1]。棍转式陶轮在土耳其、印度、中国皆比较常见。印度近代使用的棍转式陶轮质地主要为石、陶、水泥及木质,前三者多为实心轮盘,木质者以辐条轮盘为主,轮盘直径在70—100厘米之间,厚7.6—10厘米,轮盘外缘处设置一凹槽,供棍棒插入后推动轮盘转动[2]。(图四:3)轮盘下部设置插槽嵌入凹式轴承,随后同固定在地面的中轴连接,轮盘无稳定装置,露出地面的中轴通常很短,一般5—10厘米,顶部呈圆锥形,涂抹润滑剂使用,轮盘拆卸十分方便。[3](图四:4)叙利亚北部巴纳特(Tell Banat)等遗址中发现的榫卯式单轮盘快轮由顶部的陶质圆盘、中部玄武岩质地的凸式轴承及底部玄武岩质中部带凹槽的底座三部分构成,此类轮盘在埃及新王朝时期也较常见,据鲍威尔(Catherine Powell)的实验复原研究,其最大转速可达每分钟106转,由于失去外力后很快便停止转动,仅能将小件陶器一次性拉坯成型[4](图四:5)。

---

　　[1][2] V. Roux, *Ceramics and Society:A Technological Approach to Archaeological Assemblages* (Springer,2019), pp.51-52.

　　[3] Saraswati,Baidyanath and Nab Kishore Behura,Pottery Techniques in Peasant India. No.13 (Anthropological survey of India,1966),pp.10-12.

　　[4] Powell,Catherine,"The Nature and Use of Ancient Egyptian Potter's Wheels," *Amarna Reports* VI,1995,p.309-335.

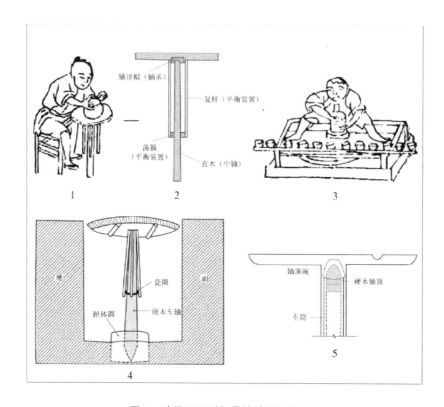

图五　清及民国时期景德镇使用的陶轮

1.《景德镇陶録》印坯图　2.景德镇印坯工序使用陶车复原图(田苗据李其江图改绘)
3.《景德镇陶録》旋坯图　4.景德镇印坯工序使用陶车复原图(田苗据黎浩亭图改绘)
5.景德镇陶车轴承结构图(田苗据陈海澄图改绘)

　　民国时期江西景德镇使用的传统陶轮是枢轴式单轮盘快轮的典型代表,建造时先挖深100—130厘米的圆形或方形土坑(俗称车坑),土坑不填实,中部立轴[1]。圆形木质轮盘(俗称车盘)直径约一百厘米,厚约八厘米,底部安装四根木杆,其顶部中央嵌入一个瓷质轴顶碗(即轴承),底部套装瓷质正圆形荡

① 黎浩亭:《景德镇陶瓷概况》,正中书局,1943年。

箍,四根木杆围成的空间形成类似"车筒"的平衡装置①(图五:4、5)。当轮盘安装于中轴之上时,轴顶碗同木质立轴顶部的硬木轴顶(可拆卸)衔接,极大降低接触面的摩擦因子,通过荡箍与中轴距离远近可随时调整轮盘的水平(图五:4、5)②。在使用时,在轮盘上方以木板搭建操作台面,陶工坐在台面上,使用木棍推动陶轮旋转,以进行拉坯、利坯、挖坯、修模等工序(图五:3)。晚清北京及近郊常使用一种陶质枢轴式单轮盘快轮,轮盘使用黏土、猪毛与稻草制作,中部设孔与车筒相接,套置于中轴上,多用于拉制小、中型器物(图四:1)③。山东即墨西城汇、莒南薛家窑、临沂岗头、泗水柘沟制陶作坊使用的快轮常在轮盘之下安装一横木,既可作为平衡装置,亦有助于增加轮盘的转动惯量。其整体结构类似双轮盘,转速每分钟100转以上,两人配合操作,年幼者负责脚蹬轮盘转动,年长者负责制坯(图三)④。枢轴式快轮体积大,结构复杂,不易于拆卸,在非旋转状态也能保持水平,稳定程度较之榫卯式快轮更佳。

双轮盘陶轮(double wheel)由上下两个轮盘组成,上轮盘的高度通常与地面一致或略高于地面,轮盘材质常见陶、木或石质,其使用年限依次增加(图六)。上轮盘直径一般小于下轮盘,上下轮盘通常为一个整体,套接于中轴之上,中轴埋于地下以稳固陶轮。使用时,陶工通过脚踢下轮盘带动上轮盘旋转,因此也常被称为脚踢式陶轮(kick wheel)(图六:3、4),也见使用木棍或条带

---

① 据明宋应星《天工开物》及清《四库全书》中的记载,景德镇也曾使用双轮盘陶轮。《天工开物·陶埏》中记载:车竖直木一根,埋三尺入土内,使之安稳。上高二尺许,上下列圆盘,盘沿以短竹棍拨运旋转。由于上下轮盘皆高于地面,使用该陶轮的陶工须站立或坐于高椅上工作,而使用单轮盘陶轮的陶工一般以坐姿拉坯。《古今图书集成》中保留的过利图与之十分相近,《天工开物》应为其源头。(图六:5)日本九州岛有田烧最早的制瓷工艺源于景德镇,所使用的即为双轮盘,上下轮盘间距30—38厘米,下轮盘以一瓷质轴顶碗同木质中轴的的圆形顶部相接,中轴埋于地下,下轮盘高度略高于地面,以脚蹬下轮盘驱动陶轮运转。

② 定期对陶轮进行调整与修理是保证陶器拉坯、修坯质量的前提。清唐英编撰《陶冶图说》中提到:"车如木盘,下设机局,俾旋转无滞则所拉之坯方免厚薄偏侧,故用木匠随时修治。"规模化的陶瓷作坊中,高频率使用的陶轮应具备易于更换轴承、便于观察和调整轮盘水平的结构,应纳入陶轮机械设计的考虑范畴。《景德镇陶录》与《景德镇陶记》中做坯与利坯时所使用的陶轮,下部架空,中轴附近不填实,通过更换和调整陶轮的部分构件,降低陶轮整体的重置成本。

③ Laufer, Berthold, and H.W.Nichols,"The Beginnings of Porcelain in China,with a Report on a Technical Investigation of Ancient Chinese Pottery," *Publications of the Field Museum of Natural History.* Anthropological Serics 15.2 ,1917,p.162,plate XI.

④ 栾丰实:《海岱龙山文化的陶器成型技术研究》,栾丰实:《栾丰实考古文集》(第三卷),文物出版社,2017年,第1076—1077页。

上文提到,仅依靠肉眼观察,慢轮盘筑拉坯与快轮拉坯所产生的制作痕迹十分相近,难以辨别。唯有通过大量实验和考古实践细化轮制工艺的技术细节与制作痕迹研究,并通过对各遗址进行陶器深入细致地制陶工艺分析,才能逐渐架构东亚陶轮装置的演进历程,并对欧亚大陆东西方转动装置及与之对应的制陶工艺开展对比研究,了解相互间的异同与影响。

四、余论

陶器制作中所使用的转动装置包括无轴转盘及有轴的慢轮和快轮,从现有考古与民族志材料可知,转动装置经历了由无轴转盘向有轴慢轮最后向多形态快轮转变的结构优化历程。在性能上,除提高了转动速度之外,同时改良了施力方式、提升了陶轮的稳定性及维持转动动能的能力。整体而言,陶轮结构优化的重点在于轮盘的设计及轮盘与中轴的衔接,在保证可操作性的前提下,实现以较小初始力的投入获得轮盘在较长时间内高速平稳的转动运动。由于考古遗址中完整的陶轮遗物比较少见,史前陶轮结构的复原多依靠民族志材料的支撑,因此,陶轮演化进程的研究仍有许多空白,不排除慢轮与快轮之间存在过渡形态的可能性,陶轮的演进也可能并非简单的单线进化模式。

慢轮最早用于陶器的修整而非盘筑拉坯,慢轮的出现并未有效提高陶器的生产效率,在美索不达米亚与黎凡特南部地区更多反映出一种等级化的生产模式,而中国的情况尚不清晰,慢轮修坯工艺与盘筑拉坯工艺的起源与发展、慢轮向快轮的演变过程亟需更多的考古材料来填充。快轮拉坯工艺的出现适应了陶器大规模生产的需要,促进了陶器的生产效率和产量,在中国考古学遗存中表现为墓葬及居址中出土陶器数量的显著提高[1]。虽然在中国龙山晚期及末期的大量陶器器表观察到快轮制作的痕迹,但对于所使用快轮的类别、结构、性能,各类快轮的分布范围、演变特点及所生产的陶器器类与这些陶器在日常生活及宗教礼仪活动中的功能等问题,仍有待大量深入的案例研究。此外需特别注意,陶轮的使用并非制陶手工业"命定"的技术发展方向,各地区制陶工艺的选择基于陶器实际生产的需要,根源于当地的文化传统、生活习惯

---

① G. M. Foster, "The Potter's Wheel: An Analysis of Idea and Artifact in Invention," *Southwestern Journal of Anthropology*, No.15, 1959, p.109;彭小军:《史前陶器成型技术类型的分布与演变》,《江汉考古》2021年第1期。

及与其他地区的文化交流。因此,在承认各地区陶轮发展不平衡的前提下,也应认识到陶轮结构的先进性并不能完全代表制陶技术的全方位领先,使用慢轮的族群在技术层面上并非完全逊于使用快轮的群体。拉坯工艺在陶器器形上有很多局限,快轮的出现并不意味着其他成型方式的消失,如捏制法、泥条筑成法、模制法等在快轮拉坯技术十分成熟的近现代也存在广泛的生存空间,此源于不同的成型方法适合制作的陶器器类与器形的不同。

对转动运动的认识和应用是人类科技史上的一次巨大的进步,从旧石器时代骨器与石器上的钻孔与钻木取火技术,到新石器时代纺轮、陶轮、车轮、玉石器管钻技术及加工工艺等,无不体现着人类对转动运动的认识与运用。轮轴机械是世界工业革命的核心技术,辘轳机械是中国科技史的重大发明,在东方史前时期,木制轮盘、车棒与石质轴承结构而成的轮轴机械,可能是应对环状玉器文化的诞生与发展而出现[①]。距今9200—8600年的黑龙江小南山遗址第二期文化中出土的玦、环等玉器,皆残留管钻穿孔的制作痕迹,管钻工艺依赖于轮轴机械,是中国轮轴机械出现的最早案例[②]。陶轮与立轴制玉辘轳机械在结构上有很多类似之处,新石器时代晚期之后,黄河下游与长江下游地区,快轮拉坯技术发达之地与制玉工艺发达的区域存在较多重合,两种手工行业之间是否存在技术交流和借鉴,是今后应关注的问题。正如邓聪先生所言,"在新石器时代真正旋转运动的概念一旦诞生后,对于人类的历史从史前至现代,其影响初则如涓涓细流,迅即波涛汹涌,终必成浩瀚大海,茫无际崖"[③]。对不同手工行业中使用的转动装置的深入研究是手工业考古的重要内容,将为了解当时"技术贵族"的出现,了解手工业群体在早期中国形成过程中扮演的角色、发挥的功能提供更多基础的细节及有用的信息。

本文原刊载于《中原文物》2022年第3期。

作者简介:

邓玲玲,云南蒙自人,2018年获得香港中文大学哲学博士学位,

---

① 邓聪:《中国最早石制轴承的功能实验考古试论——查海遗址轴承形态分析》,辽宁省文物考古研究所编:《庆祝郭大顺先生八秩华诞论文集》(上册),文物出版社,2018年,第131—141页。
② 邓聪:《小南山与海上玉路》,《中国文物报》2021年3月19日。
③ 邓聪:《中华文明探源与辘轳机械的发现澳门黑沙玉石作坊》,澳门特别行政区民政总署文化康体部,2013年。

专业方向为新石器—夏商考古与陶器考古。曾参与江苏宿迁青墩遗址（2010）、湖北郧县杨溪铺遗址（2010—2011）、河南安阳殷墟遗址（2013）、山西襄汾陶寺遗址（2016、2017）、河南偃师商城遗址（2019—2021）、云南师宗大园子遗址（2021）、四川广汉三星堆遗址Ⅰ区（2021）、山东聊城教场铺遗址（2022)的考古发掘或资料整理工作。

试论东北地区先秦铜镜

张锡瑛

我国古代,随着青铜冶炼的发生、发展和古代物质生活的不断进步,铜镜已在人们的生活中占据了十分重要的位置。从原始社会末期开始直到封建社会结束的整个古代史时期内,铜镜都是不可缺少的物质资料。正是由于铜镜与人们生活的这种密切关系,就使得它的发展与演变打上了时代的烙印,记载了朝代的兴衰。每个时代,每个朝代都把自己的思想、观念、意识赋予了铜镜。因此,对于铜镜的研究已成为我们考古工作者一项重要课题。自从甘肃广河齐家坪和青海贵南尕马台的齐家文化墓葬中出土三面铜镜以后[①],我国铜镜的起源和早期铜镜情况研究有了新的突破。商代的铜镜也已在殷墟出土五面,商代到春秋战国,无论是制作还是使用都到了一个空前发展时期。在这个时期,除了富有盛名的南方楚镜和黄河流域的北方镜,东北地区各族也在制造和使用着自己的铜镜,并有着鲜明的地方色彩和它自己的发展序列与编年。

早在秦汉以前,我国东北地区各族就已经先后由石器时代进入了青铜时代,他们创造了具有鲜明的地方色彩和独特风格的青铜文化,其中,作为兵器的青铜短剑和作为生活修饰用的铜镜都是很具典型性的器物。青铜短剑已为国内外学者所关注,对青铜短剑的分期与编年的讨论仍在进行中。东北的先秦铜镜在国内很少有人问津。在国外,尤其是日本和朝鲜的学者由于东北先秦铜镜远远地影响和波及了朝鲜半岛、日本乃至整个东北亚地区,成为这些地方古代物质文化的一个重要组成部分,因而引起了他们的广泛兴趣,他们在对先秦铜镜的类型学及编年方面都有了较深的研究。如日本的梅原末治、驹井和爱和朝鲜的全荣来、金元龙等人都在对他们称之为"多钮镜"的研究上有了一定成绩。但以上诸人的研究着重点在朝鲜半岛和日本出土的所谓"多钮镜",对中国东北地区先秦铜镜仅涉及少数几面。尤其近几年出土的先秦镜尚

---

① 甘肃省博物馆:《甘肃省文物考古工作三十年》;青海省文管处:《青海省文物考古工作三十年》,《文物考古工作三十年》,文物出版社。

未有人论及。笔者在东北的田野发掘中有机会见到一些先秦铜镜,以及与这些镜有渊源关系的被人称之为"镜形饰"的器物。纵览东北地区已发表的有关先秦镜的材料,这类铜镜数目统计已在数十件。本文想就这些材料,对先秦镜和"镜形饰"的形制、花纹、用途以及编年等方面进行一些初步探索,以期引起学术界的讨论。

一、分布

东北地区的先秦镜常常与青铜短剑相伴出土,因此,它的分布也大致与青铜短剑相同。唯辽东半岛目前虽屡出青铜短剑,但还未见有先秦镜的出土。

就目前的发现,可以把先秦镜和"镜形饰"的分布划分为几个区域:

一是辽西地区:以老哈河、大凌河流域为中心。出土铜镜的地点计有:1.宁城南山根出土铜镜3面[①];2.朝阳十二台营子出土铜镜5面[②];3.建平县水泉城子出土"镜形饰"2面[③];4.建平县大拉罕沟出土"镜形饰"2面[④]。

二是辽中地区:以浑河及其支流太子河为中心。出土铜镜的地点计有:1.沈阳郑家洼子出土铜镜1面、"镜形饰"14面[⑤];2.本溪高台子梁家出土铜锡镜1面[⑥]。

三是第二松花江流域:以吉林地区为中心。近几年发现两处:1.吉林市猴石山出土"镜形饰"6面[⑦];2.吉林桦甸横道河子西荒山屯出土铜镜3面[⑧]。

四是鸭绿江流域:1.吉林省集安县太平五道岭沟门出土银镜1面[⑨];2.辽宁

① 辽宁省昭乌达盟文物工作站、中国科学院考古研究所东北工作队:《宁城南山根的石椁墓》,《考古学报》1973年第2期;中国社会科学院考古研究所东北工作队:《内蒙古宁城县南山根102号石椁墓》,《考古》1981年第4期。

② 朱贵:《辽宁朝阳十二台营子青铜短剑墓》,《考古学报》1960年第1期。

③④ 建平县文化馆、朝阳地区博物馆:《辽宁建平县的青铜时代墓及有关遗物》,《考古》1983年第8期。

⑤ 沈阳故官博物馆、沈阳市文物管理办公室:《沈阳郑家洼子两座青铜短剑墓》,《考古学报》,1975年第1期;沈阳市文物工作组:《沈阳地区出土的青铜短剑资料》。

⑥ 魏海波:《本溪梁家出土青铜短剑和双钮铜镜》,《辽宁文物》第6期。

⑦ 刘景文:《西团山文化青铜器》,《文物》1934年第5期。

⑧ 吉林省文物工作队、吉林市博物馆:《吉林桦甸西荒山青铜短剑墓》,《东北考古与历史》丛刊第一期,1982年。

⑨ 集安文物保管所:《集安发现青铜短剑墓》,《考古》1981年第5期。

省丹东宽甸双山赵家堡出土铜镜3面[①]。

以上各地出土先秦铜镜17面、"镜形饰"24面。未发表的资料尚不计算在内。由以上分布情况可以看出,先秦镜的发现目前还仅限于上述的四个地区,辽东半岛尚属空白。在辽东半岛的后牧城释楼上墓地曾出土一面园板具钮的铜片,发掘者称之为"圆形物"。有些学者认为"有可能是当镜子用"[②],恐不妥当。因此件圆片上原有一不小的穿孔,非后来破坏所致。当镜子用是不适宜的,是否是一种饰件?类似这种青铜饰件,在宁城南山根石椁墓及其他同时期的墓中也有出土。

二、先秦铜镜的类型

东北地区的先秦镜以它独特的钮和别致的花纹著称。钮的形制除少数为单钮外,大多数为双钮或多钮。单钮者,位置在镜背中心。双钮和多钮镜,其钮的位置都偏离镜背中心,这种偏心的原因,大约是因用法不同而形成的,偏心钮便于悬挂,悬挂时形成一个斜度,便于照容使用。中心单钮镜是用手握照容用,用毕放入奁内。多钮又分三钮和四钮。三钮有的成川字平行排列,也有成三角形布于边缘。四钮者都成四方形布于镜边缘。钮的形状多为桥状,拱起的中间较窄,两端与镜相连的部位较宽。也有条形等宽和小型的鼻钮。双钮者,在两钮的孔眼下有曲环状的凹带相连,这种做法大约是在铸造时为了铸出孔眼而加放某种填充圆棍所致。

钮的数目和位置的不同说明了什么,目前还难以下结论。但有两点可以较明显的看出:钮的数目,一般是早期多钮,即下面谈到的粗纹镜多钮为多。晚期即细纹镜多为双钮,在同一墓内所出钮的数目和形制相同。以上两点是否有分期断代意义,尚需今后更多的考古材料来证明。

铜镜的纹饰是随时代而变化最活跃的因素,东北先秦镜从纹饰的区别可以分为素面镜、粗纹镜、细纹镜三大类。所谓粗纹和细纹的区分是指镜的主题纹饰而言。

(一)A类 素面镜

---

① 许玉林、王连春:《丹东地区出土的青铜短剑》,《考古》1984年第8期。

② 朝鲜民主主义人民共和国社会科学院考古研究所编:《朝鲜考古学概要》,李运铎译,黑龙江文物出版编辑室,1983年。

镜体两面素面无纹。宁城南山根石椁墓M101出土2面，M102出土一面中心单钮，镜周缘稍上卷，器身较薄，直径6.6—8.4厘米。

丹东宽甸赵家堡出土2面：一面直径14.5厘米、厚3厘米、钮长2.3厘米、高0.4厘米；另一面直径12厘米、厚2厘米、钮长1.7厘米、高0.4厘米（图三：2）。这两件镜边缘都向上突起，断面为三角形。镜面平。

桦甸西荒山屯出土2面。已破碎，大小不可知，镜缘向上凸起，断面为三角形。

（二）B类　粗纹镜

在镜面或镜背饰以几何形粗线纹饰，可分为二型。

Ⅰ型：纹饰在镜面周边。朝阳十二台营子M1、M2各出土2面，花纹相同。原报告说"镜面微鼓，外缘有凸起的简单粗糙的花纹两周，内周为回纹，外周为变格回纹加斜线组成"。细致观察可以发现这些纹饰是由许多几何形纹组成，有曲尺形、三角形、长方形、梯形、平行四边形等互相穿插组成了两圈整齐的纹带，外圈纹饰较粗，内圈较细。背面的钮，M1所出为三钮，作三角形列于镜背边缘；M2所出为四钮，作方形排列于镜背边缘。这四面镜的直径都在20.0—20.4厘米之间，厚0.2—0.6厘米之间。在东北先秦镜中属大型的了。报告对镜缘形制未加说明。从图与照片对照看，缘部有微突起，并非平直。这种把纹饰放在镜面周边的镜子无论在东北或是中原皆属罕见。与此类镜共出的有石器、陶器和铜斧、铜丫形器、铜刀、铜凿、铜锥、铜牌、铜鱼钩、铜管状具和镰形具等，其中的斧、丫形器、刀上的纹饰与铜镜纹饰相同（图一：1、3、5、7、8）。

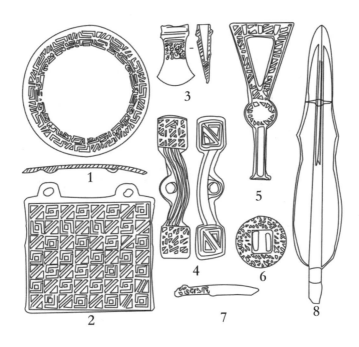

图一　B类Ⅰ型镜及伴出器物与同期花纹

1、3、5、7、8.朝阳十二台营子M1　2、4、6.锦西乌金塘

　　Ⅱ型纹饰在镜背面。主题纹饰为,复线曲折带勾连成的许多开口三角形或角锋,间饰以平行斜线地纹,形如闪电。

　　朝阳十二台营子M3出土1面,直径22.5厘米、厚0.8厘米、钮长3.3厘米、宽1.3厘米、高0.5厘米。镜面微鼓。背面边缘饰一圈突起的几何形短线,其内复线曲折纹布满镜体。三个作川字形排列的桥状大钮铸于近边缘处,钮上边饰复线曲折纹。制作精细。与此镜共出物仅余一件青铜短剑的剑把头(图二:5)。

　　沈阳郑家洼子第三地点6512号墓出土1面,直径仅8.8厘米、厚1厘米,这件镜制作粗糙,体厚重,背面的复线曲折纹也不工整,在双钮部位未饰纹,地纹斜线也多潦草。此镜与青铜短剑同出于棺内,出土时尚有绦带残留。墓内伴出的还有铜镞、锥、斧、凿、泡饰、"镜形饰"、镳、衔等马具以及陶壶、石串珠等(图二:2-4.7)。

　　本溪梁家1面,直径12.8厘米、厚0.5厘米。其背部周围与中间的纹饰略同于十二台营子镜,唯稍疏松,钮为双钮,条状桥钮。伴出有青铜短剑1把(图二:

1、6)。

以上3面Ⅱ型镜的背部边缘形状报告都未加详述,从图与照片对照观察应有隆起,纹饰既已有外周与中间的划区,则二区间当有界限,从十二台营子和梁家镜图观察似为圆形突起,郑家洼子镜图未表示突起,恐是锈蚀严重,因锈起填平所致。

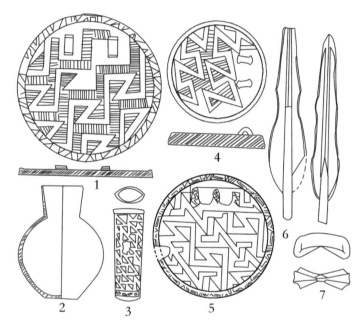

图二　B类Ⅱ型镜及伴出器物

1、6.本溪梁家　2—4.7.沈阳郑家洼子M6512　5.朝阳十二台营子M3

(三)C类细纹镜

细纹镜的纹饰都是由单线条的凸起细线构成。可分为二型:

Ⅰ型　叶脉状放射形纹。以钮为中心(偏离镜心)、向周围放射出多道射线,射线间填以叶脉状(成羽状)纹。这一型铜镜有2面:

集安县五道岭沟门出土1件。直径13.9厘米,厚0.2厘米。放射线不规则,有四对射线呈向边缘相交的三角形,叶脉纹也不规则,方向不尽一致,疏密不匀。双钮周围有模糊的椭圆形镜座。宽1厘米的镜缘向上突起,断面为三角形。同一墓内还伴出有铜矛、斧、剑镖、铁镞等(图三:1、3、6、7)。

丹东宽甸赵家堡镜,纹饰与五道岭沟门镜相同,但叶脉纹夹于放射线之间,方向一致,纹路清晰。双钮周围的椭圆形镜座轮廓明显。直径12.3厘米,厚0.4厘米、钮长1.3厘米、高0.4厘米。镜缘突起的断面为三角形。同出器物有青铜短剑和铜矛(图三,4、5、8)

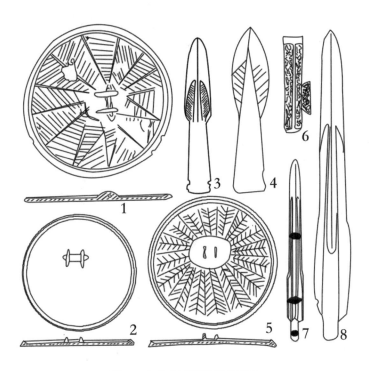

图三　C类Ⅰ型镜及伴出器物

1、3、6、7.集安五道岭沟门　2、4、5、8.丹东赵家堡

　　Ⅱ型　斜线三角纹镜。镜背有两圈突起的弦纹将镜纹分为三区,镜缘内的外区为尖端向外的许多三角形,三角形之间与三角形内填以平行斜线;中区也为横斜相交的斜线;内区为椭圆形素面钮座。这一型目前仅在桦甸西荒山屯出土一面,已残破。直径10厘米、厚0.3厘米,双钮,镜缘突起,断面为三角形(图四,1)。伴出有青铜短剑柄、铁锛(图四,2、3、4)、石球、陶杯、白石管等。

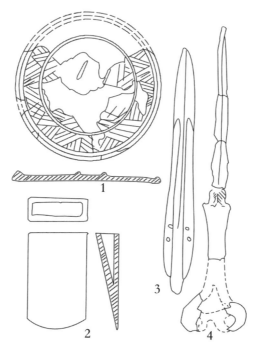

图四　C类Ⅱ型镜及伴出器物

桦甸西荒山屯

三、先秦镜的分期

如前所述,东北先秦镜一个特点是与青铜短剑伴出,这就为它的时代推定提供了一个相对的依据。丁字形柄曲刃青铜短剑的编年已经有许多学者做了细致的研究,所见大同小异。以此为借鉴,并与同时期中原铜镜纹饰对比,本文对东北地区先秦铜镜的分期和编年提出以下初步看法。

从先秦铜镜的分类中已能明显地看出,这些镜富于变化的有两个部分,一是花纹,一是镜缘的形制。

A类素面镜使用的年代较长。在没有其他新材料之前,宁城南山根石椁墓所出应是最早的了。这一墓葬的年代有人认为"下限应在东西周之际,上限或在此以前"[①]。墓葬的发掘者认为墓中的随葬品与河南三门峡上村岭虢国墓器物相似。其时代约在西周末春秋初,即公元前9世纪中叶到公元前8世纪初

---

① 邹衡:《商周考古》,文物出版社,1979年。

叶,这两种意见完全一致。虢国墓除了出有与宁城石椁墓相同的铜礼器,还出有铜镜,尤其是其中的素面镜无论钮的形制还是镜边缘形制都与宁城镜相同,因此这两者的关系和年代上的接近是可以确定的。石椁墓中出土的曲刃剑是同类剑中较早的形制,林沄同志认为它的时代"西周的可能性比出现于春秋的可能性要大"[1],这一意见与上面两种意见是基本一致的。

西周是中国铜镜形成的早期阶段,所流行的铜镜以素面者为多。除了上面提到的上村岭虢国墓所出3面,中有2面为素面外,在陕西凤翔新庄河、渭南桑园圃[2]都有素面镜的出土,这些镜的形制都呈现着一种古拙、粗犷的不加任何雕琢的风格,其形制特点是镜体单薄,镜缘平或稍上卷,宁城石椁墓所出铜镜的风格正是与此一致的。

这种素面镜在以后各个时期中都仍在使用,也如中原的素面镜延续到战国乃至以后一样,东北地区的素面镜的延续时间也很长,战国中晚期的西荒山屯短剑墓中仍有出土,但这时期的素面镜已变得厚重,边缘向上突起,断面呈三角形。这种镜缘的变化与有纹镜相同,后面再详加分析。

B类粗纹镜的使用时期,朝阳十二台营子青铜短剑墓的发掘者将该墓的时间定在春秋晚期或战国初期。这个时间作为这些墓的下限是可以的,但它的上限应在此以前。从M1、M2所出丁字形柄曲刃剑的形制与宁城南山根所出曲刃剑形制相同这点分析,它们的时间不应相去太远。与上述曲刃剑同出于M1、M2的B类I型镜,镜面所饰几何图形纹饰,不仅在它们共出的其他铜器,如丫形器、铜斧、铜刀上找到完全相同的纹饰,而且在锦西乌金塘东周墓所出的许多铜器上找到同样的纹饰[3],如长方扁平形饰、铃形饰、铜斧、铜钮扣、长条形器等器物的纹饰都是完全相同的几何形纹饰(图一:2、4、6),可见这种几何纹在春秋战国的一定时期内流行于东北的青铜文化中。乌金塘东周墓的年代原报告定为战国,是否失之过晚,因为该墓所出铜戈是典型春秋早期形式。此外,我们还可以看到,这种几何形纹实际上是河南辉县琉璃阁[4]、山西长治分水岭[5]

① 林沄:《东北系铜剑初论》,《考古学报》1980年第2期。

② 转引自杜迺松:《战国铜镜初探》,《故宫博物院院刊》1984年第1期。

③ 锦州市博物馆:《辽宁锦西乌金塘东周墓调查记》,《考古》1960年第5期。

④ 郭宝钧:《山彪镇与琉璃阁》,科学出版社,1959年。

⑤ 山西省文物工作委员会、山西长治市博物馆:《长治分水岭269、270号东周墓》,《考古》1974年第2期。

铜器以及玉器、漆器上勾连云雷纹的变异,以上两处墓地的时间约在春秋中期以前,因此,B类Ⅰ型镜的使用年代是否定在春秋初到春秋中期这段时间内较合适?

B类Ⅱ型镜,无论从制作还是从花纹上看都比B类Ⅰ型镜有了进步,虽然它的镜缘花纹上仍保留着先前几何纹的味道,但主题纹下衬以细线地纹的做法表明当时冶铜及铸造技术都有了提高。这种主题纹衬以细线地纹的做法在中原地区出现于春秋晚期至战国初期,流行的纹饰有羽状地山字纹、羽状地草叶纹、羽状地方连纹以及细地虺纹等。日本、朝鲜的一些学者认为,B类Ⅱ型镜上的复线曲折纹是由中原的山字纹演变来的,这一看法并非全无道理。

B类Ⅱ型镜的复线曲折纹衬以细线地纹的做法在其他同期的铜器上流行,像沈阳郑家洼子、锦西寺儿堡①、朝阳建平等地所出的剑柄、剑镖上都装饰了复线曲折纹(图二,3)。

根据B类Ⅰ型、Ⅱ型镜的时间差距可以做出这样的推测,即朝阳十二台营子墓群的年代有早晚之分,其M1、M2较早,约在春秋初期到春秋中期,M3可能较晚,约在春秋末到战国初。

C类细纹镜,如果仅从花纹上分析就会把它的存在时间推得过早,因为一旦见到西荒山屯镜和集安镜都会联想到青海贵南尕马台的三角斜线纹镜和安阳殷墟1005号墓铜镜以及安阳妇好墓的放射纹镜(图五),这些齐家文化和商代的镜子与C类细纹镜上的纹饰十分近似,这种近似的原因只能看作是商文化影响的遗留。而要明确C类细纹镜的使用时间,必须从伴出的其他器物上去认识。

首先要指出的是,B类镜所存在的时期尚未见到有铁器,C类镜无论是Ⅰ型还是Ⅱ型的墓中都出有铁器。这是C类镜在时间上晚于B类镜的一个旁证。也说明C类镜的流行时间已经进入了铁器时代,这个时间起码已到战国的中晚期了。因为一般认为我国中原铁器的冶铸和使用最早在春秋末期到战国初期,而它传到东北的边远地区当需要一段过程,尤其西荒山屯墓中出土那么多铁器,肯定已到战国中晚期了。这就为C类镜的使用流行年代划出了一个大致范围。但是,我们从C类镜的花纹可以看到,集安镜、丹东镜与西荒山屯镜之间,亦即C类Ⅱ型镜与Ⅰ型镳之间存在一定的差别,这种差别也应从时间的早

---

① 孙守道、徐秉琨:《辽宁寺儿堡等地青铜短剑与大伙房石棺墓》,《考古》1964年第6期。

晚上来分析。

与C类Ⅰ型镜同出的曲刃剑,无论是集安五道岭沟门还是丹东赵家堡的墓中都伴出了,这类型的曲刃剑在吉林怀德大青山[①]、辽东半岛的后牧城驿[②]都曾有出土,乌恩、林沄二同志把这类剑定在战国中晚期有一定道理。这个时期铜镜花纹和形制的一个很大变化就是出现了椭圆形的钮座,这一做法是在受到中原铜镜上圆形或方形钮座的影响后产生的。它的作用,一方面加固了钮的牢度,另一方面也使花纹的布局更加规整,从而为以后纹饰的对称排列找到了中心。

放射形叶脉纹显然是受到植物叶脉形状的启发后产生的。这种叶脉纹饰同时出现在同期的短剑上、剑柄、剑镖、铜斧、铜矛上,尤其是铜矛的纹饰,五道岭沟门和赵家堡二墓中所出的铜矛全形犹如一柄树叶一般(图三:3、4)。这种装饰风格表明人们对大自然的描绘已从模仿云雷的写意(复线曲折纹),演变为接近于植物生态的写实了。

西荒山镜所伴出的器物,除了曲刃剑和触角式剑(图四:3、4),比较大宗的是铁器,集安五道岭沟门墓仅出了一件铁镢,西荒山屯墓的铁器在种类和数量方面都远远超过了五道岭沟门墓。这些墓所出的铁锛、铁镰,与战国中期的河北兴隆[③]、燕下都等地所出同类器物形制完全相同,因此,西荒山屯墓的年代当在战国中期稍晚一些时候。

实际上,C类Ⅱ型镜上的三角斜线纹在C类Ⅰ型镜时期就已初露端倪,或者说已经流行了。如五道岭沟门墓所出的剑镖上已经在使用三角斜线纹(图三:6)。可见,这种纹饰是由叶脉纹演变来的,这一推论还可由五道岭沟门镜纹饰中几对放射线所构成的粗略三角形斜线中看到一些蛛丝马迹。由五道岭沟门剑镖上三角斜线纹的使用还可以说明,C类Ⅰ型镜和C类Ⅱ型镜在一段时间内是同时使用的,只是到了后来,Ⅰ型镜完全让位于Ⅱ型镜。

东北先秦镜的发展除了上述花纹的演变外,另一条比较明显的线索就是镜周缘的变化。这一变化在叙述A类素面镜时已经提到了,有纹镜周缘的演变与素面镜是相同的。十二台营子镜的周缘与本溪梁家镜的周缘都能比较清楚

---

① 吉林省文物管理委员会:《吉林怀德大青山发现青铜短剑》,《考古》1974年第4期。

② 旅顺博物馆:《旅顺口区后牧城驿战国墓清理》,《考古》1960年第8期。

③ 郑绍宗:《热河兴隆发现的战国生产工具铸范》,《考古通讯》1956年第1期。

地看出是向上突起,它的断面呈近半圆的弧形;五道岭沟门镜和赵家堡镜以及西荒山屯镜的周缘都十分明显地向上卷起为棱状,它的断面已经成为三角形。

铜镜周缘的这种变化的原因,推测应是防止镜体的变形和折断。因此,这一演变是在生活实践中逐渐完成的。

东北先秦镜的发展序列和各类型的相对时间已如前述,从这一发展序列和相对年代上我们可以看出,第二松花江流域和鸭绿江流域使用铜镜的时间较晚,经过一个传播过程和发展变化,松花江流域和鸭绿江流域到了战国中期才开始使用 C 类镜,作为这一情况的旁证,还可以从西团山文化内涵的早晚期不同方面找到一些线索。西团山文化存在的年代正值东北先秦镜的使用流行时期,已经围绕第二松花江、吉林地区为中心发现了多处这个文化的遗址和墓葬群,学术界对这些遗址和墓葬的时间顺序有个大略相同的看法,其中永吉星星哨[1]是西团山文化较早的类型;吉林猴石山为较晚的类型[2]。永吉星星哨 A 区 M19 中出土曲刃剑一柄,其形制与宁城南山根、朝阳十二台营子所出曲刃剑相同,时间较早,C14 测得星星哨的时间距今 3055±100 年,约在西周早期,在这一墓群的 D 区 M16 一座大型石棺墓中曾出土有包铜片的木梳、铜钏等较丰富的装饰品,表明墓主人是较有地位的氏族首领一类人物,未见有铜镜或"镜形饰"。吉林猴石山是距今约 2355±100 年的一处西团山文化遗址,时间大约为战国中期以后,在这一遗址的石棺墓中许多墓出有"镜形饰"。"镜形饰"后文将专题谈到,它是由先秦镜衍生出来,作为镜的代用品的一种器物,因此它的存在时间是和铜镜相同的。由此可见作为第二松花江流域商周时代居住于这里的西团山文化的原始居民,直到战国中期以后才开始使用铜镜。

我们已经论证了东北先秦镜的起始与发展线索,它的存在时间是从西周末期直到战国晚期将近 6 个世纪的历史时期内,但我们在谈到 C 类镜之后就惊奇地发现,东北先秦镜在东北地区突然地销声匿迹了,比青铜短剑存在时间较晚的西丰西岔沟[3]在时间上似乎是与青铜短剑相衔接的,这可以从它出土的触角式铜柄铁剑与西荒山屯短剑墓所出铜柄铜剑一脉相承这一点上看得比较清楚[4]。但西岔沟墓所出铜镜已完全是汉镜。那么,作为曾经十分活跃、发达的

---

①② 董学增:《试论吉林地区西团山文化》,《考古学报》1983 年第 4 期。

③ 孙守道:《匈奴西岔沟文化的发现》,《文物》1960 年 8 月、9 月合刊。

④ 参见张锡瑛:《试论我国北方和东北地区的触角式剑》,《考古》1984 年 8 期。

东北系青铜短剑和它的伴出物——东北先秦镜究竟去向了何方？许多学者在东北亚其他地方找到了它的踪迹，那就是，随着曲刃剑的向北、向东、向南传播发展为有节带的朝鲜半岛和日本诸岛上的所谓"细形剑"，先秦镜仿佛孪生兄弟一样地跟随到上述各地。1959年3月在苏联远东的滨海地区迈黑河鸽子岗石棺墓中，出土了1面双钮镜（图五）①。这面镜的造型和花纹酷似西荒山屯镜，不同的是，用来把镜纹分区的凸起的弦纹正进一步发展成一条窄带，上面同样装饰了一圈小的三角斜线；中心的钮座实际上已失去了"座"的意义，因为它不再环绕在钮周围，而是在镜的中心了，并且有模糊的斜线装饰，铜镜的花纹已明显的分成三区，即内区、中区、外区。这三区的纹饰内容是相同的。这个墓内同样也出有短剑和铜矛，不过短剑已不再是曲刃剑，而是有节带的"细形剑"。鸽子岗这面双钮镜与朝鲜半岛的诸多被日、朝学者称之为"精文镜"的形制十分相似，它无疑也是所谓"精文镜"的先期形式。朝鲜半岛的西古都里五金山、平安南道成川、全南道高兴郡小鹿岛、扶余莲花里、大田市槐亭洞等地都出土有与东北先秦镜C类镜相类似的铜镜（图七）②，除了它们纹饰相近似，它的多钮偏心以及镜缘都与C类镜相同。因此，梅原末治和全荣来等人都一致认为十二台营子镜是日本、朝鲜半岛多钮镜的祖型。全荣来在他的《韩国青铜器文化的系谱和编年》一文中列举了许多他称之为"精文镜"的纹饰，我们从这些纹饰中可以清楚地看到东北先秦镜C类叶脉纹与三角斜线纹的发展与结合。"精文镜"的年代下限已到了汉置四郡的时期。至于这类镜又是如何由北向南，由朝鲜半岛向日本传播的，已不是本文论述的范围了。

---

① ［苏联］А. П 奥克拉德尼科夫、Э. В 萨夫库诺夫：《迈黑河（滨海地区）青铜短剑墓葬》，姚义田摘译，《辽宁文物》第6期。

② 全荣来：《韩国青铜器的系谱与编年》。

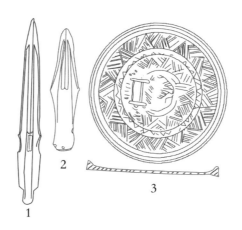

图五　苏联滨海地区迈黑河鸽岗出土铜镜及铜剑、矛

上面我们已经把东北先秦镜的分期、编年以及来龙去脉交代清楚,归纳以上所谈,可以把东北先秦镜的发展顺序列如下表:

东北先秦镜分期编年表

时代	西周晚期	春秋			战国			汉代
		早　中　晚			早　中　晚			
类型	A 类→BⅠ型→BⅡ型　　　　　　　→CⅠ型→CⅡ　　　→朝鲜半岛"精文镜"							

四、关于"镜形饰"

前面所列东北地区出土的"镜形饰"共24面,这个数字只是就已发表的原报告中称为"镜形饰"者统计的。从已发表的报告分析,有些墓中出土的有钮的圆形饰也应是这类"镜形饰",如宁城南山根所出"盖形器"。

所谓"镜形饰"是一种圆板具钮、形类铜镜的片状铜器。这一名称的由来是因为沈阳郑家洼子的墓葬中出土了这类器物,发掘者认为"推测生前可能是随身佩带的……镜背的桥形钮应是为了连缀衣襟钮带而设的"①,因此起名曰"镜形饰",意即像镜子一样的佩饰。但这一看法大有商榷的必要。

---

① 沈阳故宫博物馆、沈阳市文物管理办公室:《沈阳郑家洼子两座青铜短剑墓》,《考古学报》1975年第1期;沈阳市文物工作组:《沈阳地区出土的青铜短剑资料》。

所谓"镜形饰"的特点是体薄,多单钮,多平面或微凹面,放置的位置是在死者的头顶、胸部、腹部、胯下(两大腿间)、脚下(图六:右),沈阳郑家洼子第三地点6512号墓看得十分清楚。其实,这种用"镜形饰"放于死者头上脚下以及身上的做法在宁城南山根、朝阳十二台营子就已存在。南山根石椁墓已遭早期扰乱,无法看清葬式与随葬品位置,但墓内出土有一种发掘者称为"盖形器"的铜器,报告说这种"盖形器""一面稍鼓起,顶上有小钮。……略成椭圆形,直径10.5—11.3厘米"。这一叙述与吉林猴石山石棺墓中出土于死者胸、腹、胯下的"镜形饰"是相同的,不仅形制相同,而且直径大小也略同,说明它确实也是一种"镜形饰"。十二台营子墓内所出的几面铜镜,M1、M2所出其位置在死者的头顶脚下,发掘者认为"似非原来位置",这一推测似是一种误解。实际上,这些铜镜的位置并未改变,是当时人们有意放置的。从十二台营子、郑家洼子以及猴石山各墓所葬此类器物位置完全相同分析,这种位置可能是由某种宗教意识所形成的葬俗,这一葬俗在东北地区的流行地域较广,并且延续了很长的时间。从十二台营子墓随葬铜镜位置可以看出,这种葬俗起初是用生活中实用的镜子随葬的,但铜镜的制造和磨光需要化费许多功夫,为了减少铜镜的消耗,就出现了铜镜的替代物,这就是所谓的"镜形饰",这种"镜形饰"无论大小、重量和质量上都比铜镜相差甚多,且省去了花纹雕缕的工序。正面也不加磨砺,有的很薄,厚仅1毫米左右。

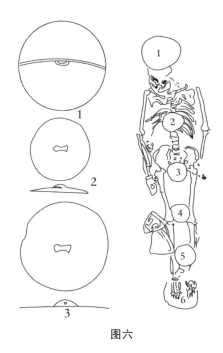

图六

左：1.沈阳郑家洼子M6512 2.建平水泉城子M7710 3.吉林猴石山M19
右：沈阳郑家洼子M6512镜形器出土位置

认为"镜形饰"是衣襟上佩饰的看法，可能是因为其钮向下，器上有布纹造成的，但如果看看朝阳建平水泉城子、吉林猴石山的"镜形饰"有的钮向上，尤其是水泉城子的一面"粘附有麻布痕迹多层，镜之凸面（有钮面——引者）尚附有刻纹骨片痕迹"。就会改变原来的看法。何况，人们怎么会把衣襟上的佩饰戴在头上、脚下乃至腿间呢？因此，我们认为，"镜形饰"并非佩饰，应改称为"镜形器"更妥当一些。

我们在前边分析东北先秦镜的分期与编年时，把每一类型都与同时期中原铜镜做了比较，从而找到了它的渊源。这一情况表明，自古以来东北地区的古代文化就与中原地区有着密切不可分割的联系，东北地区古代文化是我们华夏文化的一个重要组成部分。但中原文化是通过什么渠道传到了东北地区的？这一问题已引起了许多历史学家、考古学家的关注，并有种种猜测。考古资料是说明这一问题的最好证据。近三四十年间，在老哈河上游、努鲁儿虎山东麓、大凌河流域的凌源、喀左一带先后出土过不少商周铜器，重要的发现有：

1941年在喀左县城西咕噜沟村发现商周铜鼎[①];1955年在喀左县城东南的马厂沟发现"匽候盂"等20件青铜器[②];1967年在北票东官营子发现"燕王职戈"[③];1973年在喀左北洞村发现2个铜器窖藏,共出土商周铜器12件[④]。

对以上这些重要发现,许多学者曾作过考证,有人认为北洞村一号窖藏出土的"光亚罄"铭文中的 🐾 即竹字,因而推论 🐾 族即孤竹,唐兰先生认为喀左一带是商孤竹国的范围[⑤],辽宁考古界根据郭沫若先生推断商代的北𢃼在安阳以北千里之遥的说法认为喀左即𢃼地[⑥],近来吉林大学张博泉先生更从考古发现和史籍记载论证了𢃼器的出土说明商周时期的箕族"最初活动地区在今辽河以西大凌河流域"[⑦]。上面的种种揣测与论证,无论北𢃼还是孤竹与箕,其共同点都认为大凌河流域商周时是"殷民六族"的一支所活动的区域,诸多青铜礼器和具有独特风格的青铜短剑,以及本文所谈先秦铜镜就是他们所创造的文化。由此可见,大凌河一带是古代中原通往东北的必经之路,中原文化就是通过这一途径传到了东北。在我们上面所谈到的先秦镜的早期形式和青铜短剑的一些形式,是考古命名为"夏家店上层文化"内涵的一部分。夏家店上层文化在东北地区先秦文化中占有很重要的地位,它对同时期的东北地区其他文化有过很大的影响,如吉林地区的西团山文化,在铜、石、陶各方面都与夏家店上层文化有着千丝万缕的联系,这一情况将另文叙述。这一联系和影响说明,东北地区先秦镜是从大凌河一带产生兴起并传到了东北各地的。

本文原刊载于《考古》1986年第2期。

作者简介:

张锡瑛,男,1938年生,河北省饶阳县人,1964年毕业于北京大学历史系考古专业,1980年由吉林省考古研究所调入南开大学历史系

---

① 见《西周铜器断代》(二),《考古学报》,第十册。

② 热河省博物馆筹备组:《热河凌源县海岛营子林发现的古代青铜器》,《文物参考资料》1955年第8期。

③ 张震泽:《燕王职戈考释》,《考古》1973年第4期。

④ 喀左县文化馆、朝阳地区博物馆、辽宁省博物馆:《辽宁喀左县北洞村出土的殷周青铜器》,《考古》1974年第6期;《辽宁喀左县北洞村发现殷代青铜器》,《考古》1973年第4期。

⑤⑥ 唐兰:《从河南郑州出土的商前期青铜器谈起》,《文物》1973年第3期。

⑦ 张博泉:《从东北出土殷周铜器说起》,《辽宁文物》第6期。

筹建博物馆专业,讲授《考古学通论》《博物馆应用技术》等课程,教授,硕士生导师,专著《中国古代玺印》、合著《中国古代物质文化》(史前部分),在《考古》《博物馆研究》等杂志发表《试论东北地区先秦铜镜》《原始宗教考古学研究》等论文二十余篇。

鹤壁刘庄先商墓地亲属组织和社会组织研究

陈　畅

鹤壁刘庄墓地[①]是迄今发现数量最多、考证最完整的二里头文化时期以商人为主体的墓地,被学界称为"先商文化考古和研究的重大突破"[②]。整个墓地338座墓葬中,随葬陶器墓211座,《鹤壁刘庄墓地分期与年代研究》[③]一文通过对刘庄墓地随葬陶器分类、排序研究,结合墓葬的叠压打破关系,将墓地194座墓葬分为三期。与相关考古学文化进行对比可知,刘庄墓地一期至三期的年代,大体上和白燕四期文化、下七垣文化相当,刘庄墓地二至三期与东下冯文化二至三期相当,刘庄墓地二期与二里头文化二期年代相当。刘庄墓地随葬陶器的文化属性具有多元性,A型鬲的属于白燕四期文化,B型鬲、C型鬲属于下七垣文化,夹砂罐属于东下冯文化,鬶、爵、角属于二里头文化。(图一)在刘庄墓地里,白燕四期文化、东下冯文化与下七垣文化并行存在的实质,是不同文化谱系人群的共存关系。现以年代学研究为基础,结合墓地资料,对墓地人群的亲属组织与社会组织进行分析。

一、墓地布局结构

1.墓域和墓区的划分

刘庄墓地大致分布在东西长110米,南北宽55米的范围内,平面分布形状近似"U"字形。由随葬炊器的墓葬分布特征来看(图二),夹砂罐只见于墓地东半部,西半部没有发现;C型鬲只见于墓地西半部,东半部没有发现,整个墓地东半部、西半部墓葬的随葬品之间存在着对立与对应关系,据此分为东墓域与西墓域,墓域的划分是墓地布局的第一个层次。东墓域北部分布随葬夹砂罐、

---

① 河南省文物局编著:《鹤壁刘庄——下七垣文化墓地发掘报告》,科学出版社,2012年。

② 李伯谦:《先商考古的重大突破 读〈鹤壁刘庄——下七垣文化墓地发掘报告〉有感》,《中国文物报》2012年7月27日。

③ 陈畅:《鹤壁刘庄墓地分期与年代研究》,《华夏考古》2019年第3期。

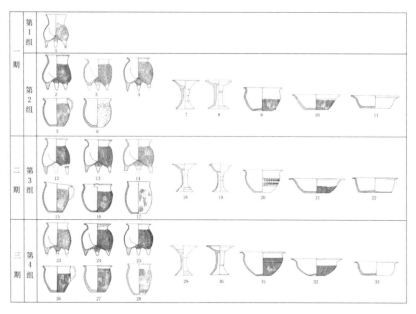

图一　随葬陶器分期图

1.A 型 I 式鬲(M94:1);2. A 型 II 式鬲(M89:2);3. B 型 I 式鬲(M318:1);4.C I 式鬲(M52:1);5. A 型 I 式罐(M116:1);6.C 型 I 式罐 (M102:3);7. A 型 I 式豆(M37:2);8. B 型 I 式豆(M102: 2);9.A 型 I 式盆(M23:1);10.B 型 I 式盆(M117:5);11.C 型 I 式盆(M103:2);12.A 型 II 式鬲 (M275:1);13.B 型 II 式鬲(M278:2);14.C 型 II 式鬲(M258:1);15.A 型 II 式罐(M112:1);16.C 型 II 式罐(M215:1);17.B 型 I 式罐(M211:1);18.A 型 II 式豆(M99:5);19.B 型 II 式豆(M99: 1);20.A 型 II 式盆(M127:2);21.B 型 II 式盆(M89:1);22.C 型 II 式盆(M118:2);23.A 型 III 式鬲 (M331:1);24.B 型 III 式鬲(M240:4);25.C 型 III 式鬲(M290:1);26.A 型 III 式罐(M210:1);27.C 型 III 式罐(M1:1);28.B 型 II 式罐(M70:1);29.A 型 III 式豆(M254:1);30.B 型 III 式豆(M236:2); 31.A 型 III 式盆(M254:2);32.B 型 III 式盆(M96:1);33.C 型 III 式盆(M87:3)。

A 型鬲的墓葬,南部分布随葬夹砂罐、A 型鬲、B 型鬲的墓葬。西墓域北部分布随葬 A 型鬲、B 型鬲、C 型鬲的墓葬,南部分布随葬 B 型鬲、C 型鬲的墓葬。据此东墓域分为甲、乙两个墓区,西墓域分为丙、丁两个墓区,墓区的划分是墓地布局的第二个层次。由墓地分期可知,甲、乙区成排或成行埋葬,丙、丁墓区成团埋葬,埋葬规则的差异也反映出东西墓域的区别。随葬酒器墓每个墓区恰好只有 1 座,即甲墓区 M227、乙墓区 M159、丙墓区 M262、丁墓区 M147。随葬绿松石墓每个墓区也只有 1 座,即甲墓区 M28,乙区 M208,丙区 M178,丁区 M109,这四座墓葬的位置几乎在墓地内侧边缘,在墓区划分上起到一定的定位指示作用(图三)。

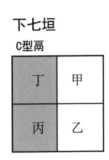   

图二　四种文化四种炊器分布示意图

2.墓群和墓团的划分

根据葬俗和随葬品的差别,可将每个墓区进一步划分为两个墓群。甲一墓群有墓葬35座,随葬A型鬲和B型、C型夹砂罐,酒器墓M227、绿松石墓M28同在这一墓群。甲二墓群有墓葬31座,随葬A型鬲和A型、B型、C型夹砂罐。两个墓群死者头向有所区别。

乙一墓群有墓葬47座,随葬A型、B型、C型夹砂罐和A型、B型鬲,酒器墓M159在这一墓群。乙二墓群有墓葬45座,随葬A型、C型夹砂罐和A型、B型鬲,绿松石墓M208在这一墓群。两个墓群死者头向有所区别。

丙一墓群有墓葬50座,随葬B型、C型鬲,酒器墓M262在这一墓群。丙二墓群有墓葬34座,随葬B型、C型鬲,绿松石墓M178在这一墓群。两个墓群死者头向有所区别。

丁一墓群有墓葬45座,随葬A型、B型、C型鬲,酒器墓M147、绿松石墓M109同在这一墓群。丁二墓群有墓葬45座,随葬B型、C型鬲。两个墓群死者头向有所区别。

每个墓群都包括一、二、三期墓葬,因此刘庄墓地的墓域、墓区、墓群是同时存在的,墓地布局的各个组成部分在墓地启用至废弃的过程中并行存在,墓地结构从始至终没有发生改变。从墓葬平面布局(图三)可以看到,东、西墓域的分割线是墓地规划的中轴线,两个墓域各包含两个墓区,每个墓区各包括两个墓群,墓地布局沿轴线方向对称展开。

郜向平认为,在商人为墓葬定向的过程中,其基准坐标轴并不与正方向坐标轴重合,而是顺时针偏转了10°左右,墓葬方向的偏差源于基准坐标轴的偏差,这种偏差也同样存在于建筑的方向中①。刘庄墓地的布局,其轴线与绝大多数的墓葬方向基本一致,为磁北向东偏转10°左右,这个方向与商代墓葬和建筑的定位方向一致。

许宏认为,磁北向西偏转4°—6°左右为"二里头方向"②。刘庄墓地墓向在350°—360°、170°—180°、80°—90°的极少数墓葬(占总数2%),或随葬下七垣文化炊器,或无炊器,不见二里头文化陶器。随葬二里头文化酒器墓的头向不遵循"二里头方向",而与商系墓葬头向保持一致(表一)。

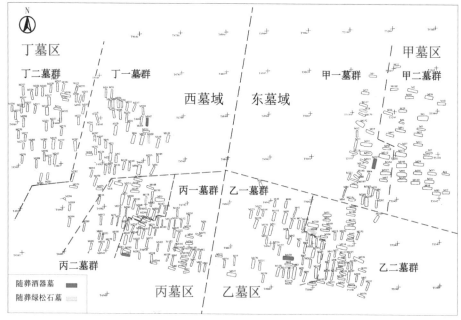

图三　刘庄墓地布局示意图

表一　随葬酒器墓葬信息表

墓号	墓区	头向	墓葬面积(m²)	葬具	随葬陶器
227	甲	15°	1.87	无	斝、B型豆、A型盆
159	乙	98°	2.06	木棺	鬲、角、A型鬲、B型豆、豆? 泥质罐
262	丙	105°	0.89	无	鬲、爵、A型豆
147	丁	186°	1.13	无	鬲、A型盆、泥质罐

① 邵向平:《商系墓葬研究》,科学出版社,2011年。
② 许宏:《何以中国:公元前2000年的中原图景》,生活·读书·新知三联书店,2014年。

在划分墓群的基础上,进而发现每个墓群中面积小于0.7m²的小墓把墓群分割成更小的墓团,大墓则居于中间。整个墓地分为18个墓团,这些墓团大致同时存在,各个墓团随葬炊器有所不同,每个墓团的俯身葬死者的文化属性有别,毁器葬俗只出现在特定的墓团。

3.墓地整体布局结构

刘庄墓地整体布局结构为:墓地—墓域—墓区—墓群—墓团,如图四所示。刘庄墓地布局结构如此清晰完整,充分反映出使用墓地的人群对于墓地细致的规划和严格的管理。《周礼·春官》记载[1],"冢人"管理王、诸侯、贵族的"公墓之地"。"墓大夫"管理平民的"邦墓之地","令国民族葬,而掌其禁令,正其位,掌其度数,使皆有私地域。"刘庄墓地的情况与《周礼》记载很接近,整体布局按族埋葬,并且有禁令、位次、度数和私地域。

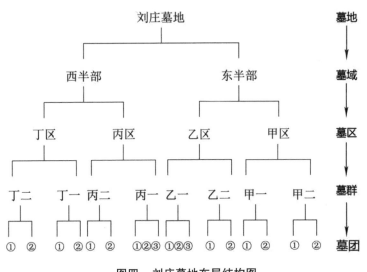

图四 刘庄墓地布局结构图

二、亲属组织

1. 从人骨看各种文化人群的关系

墓地现象提供了研究社会关系的途径,死者的埋葬方式往往是生者的居

---

①《周礼》,载(清)阮元校刻:《十三经注疏:附校勘记》,中华书局,1980年,第786页。

住方式的写照。使用夹砂罐的东下冯文化人群与使用C型鬲的下七垣文化人群在墓地中分别葬于东、西两个墓域,折射出两个人群生前分居两处,没有交集式的混居。而使用A型鬲的白燕四期文化人群从东墓域向西墓域流动,使用B型鬲的下七垣文化人群从西墓域向东墓域流动,与现实的考古学分布与流动方向相反,墓地形成了现实的映像,致使墓地形成你中有我、我中有你的一个整体,(见图二)整个墓地人群形成具有亲属关系的群体。刘庄墓地的四个人群彼此之间的关系不同,但它们保持着作为同一整体,各部分之间必须具有的相关性,在这里族外婚规则提供了解决差异和统一之间对立平衡的手段①。

刘庄墓地人骨由于标本保存状态差,从形态学角度对性别进行判定有一定难度,具体婚配情况因性别鉴定个体数量仅40人,而无法进一步研究②。但整个墓地有199例个体具有年龄鉴定结果,由此可知刘庄墓地是成人墓地,进入墓地成人年龄的界限为18—20岁③。《鹤壁刘庄》认为,青壮年死亡个体以因难产和产后感染等疾病死亡的妇女为主体④,可以认为,青壮年死者的主体是死于生育期的女性个体,因此可以将死者文化属性和年龄相对应,根据生育年龄从侧面推测不同文化人群的婚配情况。

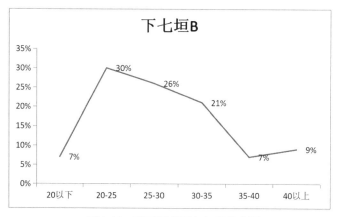

1. 下七垣B型鬲死者死亡年龄分布图

① [法]列维·斯特劳斯:《野性的思维》,李幼蒸译,中国人民大学出版社,2006年,第124页。
② 根据墓葬登记表,死者可判定为男性的20人,可能为男性的1人,女性19人。
③ 整个墓地中,仅有两例为未成年,其墓葬分布在甲一墓群。未及成年提前获得成人的待遇,意味着从较小的年龄等级跨入到了较大的年龄等级,两位死者有着不同于其他未成年人的身份,才受到特殊的对待。
④ 河南省文物局编著:《鹤壁刘庄——下七垣文化墓地发掘报告》,科学出版社,2012年。

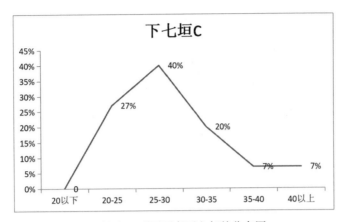

2. 下七垣C型鬲死者死亡年龄分布图

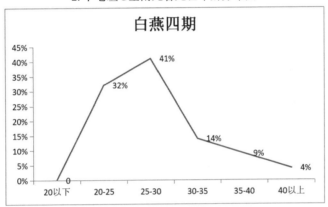

3. 白燕四期文化死者死亡年龄分布图

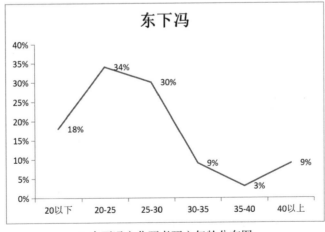

4. 东下冯文化死者死亡年龄分布图

图五　三种文化属性人群死者死亡年龄分布图

根据年龄统计,下七垣文化B型鬲人群死亡年龄峰值在20—25岁(占同类人数的30%),(图五:1)下七垣文化C型鬲人群死亡年龄峰值在25—30岁(占同类人数的40%)。(图五:2)白燕四期文化人群的死亡年龄有两个峰值:20—25岁(占同类人数的32%),25—30岁(占同类人数的40%)。(图五:3)东下冯文化人群死亡年龄有两个峰值:20—25岁(占同类人数的34%),25—30岁(占同类人数的30%)。(图五,4)

如果"青壮年死亡个体以因难产和产后感染等疾病死亡的妇女为主体"基本符合事实,四种人有两种生育高峰期,一个高峰是在20—25岁,一个高峰是25—30岁。下七垣文化人群内部,使用B型鬲和使用C型鬲的人群各只有一个生育高峰,且年龄区间不同,体现两个群体生育习俗有所区别。白燕四期文化人群的生育高峰分别对应了下七垣文化B型鬲人和C型鬲人群,其生育习俗能适应下七垣文化的两个群体,说明白燕四期文化人群以交换妇女的形式参加到下七垣文化人群人当中,即与之产生配婚。而白燕四期文化人群中20—30岁死者占72%,为刘庄墓地人群配婚提供了最多的妇女。从图五来看,东下冯文化人群的生育习俗接近白燕四期文化人群,推测是以配婚的形式与东墓域的下七垣B型鬲人群、白燕四期文化人群结合。

2. 从高领鬲看白燕四期文化人群与下七垣文化人群的关系

邹衡认为,先商文化与山西境内的考古遗存有着密切的关系,文献记载和商人通婚的有娀氏在今天山西境内,山西境内的考古学文化遗存里面很可能存在着有娀氏的考古遗存[1]。王振中认为,有娀氏是商族渊源中的母方支系,有娀氏本身究竟是在晋南还是在其他什么地方,也是需要讨论的[2]。许伟认为,根据类型学的排比,河南新乡潞王坟、河北磁县界段营和下七垣、邯郸涧沟等地的"先商文化"中某些陶鬲应是晋中陶鬲的继承者。这样,"先商文化"中的某些因素应是由晋中地区夏代遗存里派生出来的[3]。最近他又进一步提出,白燕式高领鬲是先商文化商式鬲的祖型,河北、河南发现的白燕式高领鬲都是从晋中派生出去的[4]。

① 邹衡:《试论夏文化》,《夏商周考古学论文集》,文物出版社,1980年。
② 王震中:《商族起源与先商社会变迁》,中国社会科学出版社,2010年。
③ 许伟:《晋中地区西周以前古遗存的编年与谱系》,《文物》1989年第4期。
④ 许伟:《先商文化商式鬲探源》,故宫博物院编:《纪念张忠培先生文集·学术卷》,故宫出版社,2018年。

刘庄墓地A型陶鬲属于许文的白燕式高领鬲系统,演变逻辑与白燕遗址的同类器一致。B型、C型鬲属于许文的商式鬲系统。B型Ⅰ式鬲、C型Ⅰ式鬲的出现,仅晚于整个墓地唯一的A型Ⅰ式鬲(M94∶1),此后一直与A型鬲并存,延续到墓地终止使用。目前在河北、河南发现白燕式高领鬲的遗址、墓地几乎也都可以找到商式鬲,两种陶鬲形影不离。河北唐县北放水[①]、磁县南城[②]、河南辉县孟庄[③]等遗址出土的白燕式高领鬲,形态有早有晚,有的还带有地域特征,但都符合白燕式高领鬲的演变规律。

根据本文对刘庄墓地的分析和文献记载,使用白燕式高领鬲的白燕四期文化人群与使用商式鬲的下七垣文化人群应当是两个通婚集团,这就是在一个遗址或墓地里两种文化性质陶鬲共存的原因。白燕四期文化很可能是有娀氏的考古遗存,但不可能是下七垣文化的源头。

3. 墓地人群的亲属组织

《左传·定公四年》记载卫国祝佗讲述周初鲁国分封的情况,分鲁公“殷民六族,条氏、徐氏、萧氏、索氏、长勺氏、尾勺氏,使帅其宗氏,辑其分族,将其类丑,以法则周公,用即命于周”[④]。由此可知,殷民六族是由氏—宗氏—分族—类丑构成的多层级亲属组织。人类学研究表明,在澳大利亚的原始民族中,一个部落通常区分为两个部分,称为婚姻集团或氏族,通常每一氏族又分为两个次氏族,所以一个部落便分为四部分[⑤]。刘庄墓地的布局结构是墓地人群多层级亲属组织在墓地上的反映,考虑到墓地人群所处的历史阶段是父系社会,那么造成刘庄墓地现象的原因,应是父系集团具有血缘关系和姻缘关系的死者埋葬在一起的结果。其对应关系为:墓地/社群—墓域/宗族—墓区/分族—墓群/大家族—墓团/小家族,这样的五层亲属组织。墓地中没有同一文化性质人

① 许海峰:《北放水遗址》,载韩立森编著:《河北考古重要发现 1949—2009》,科学出版社,2009年,第82页;许海峰:《太行山东麓北部地区夏时期考古学文化述论》,载北京大学震旦古代文明研究中心等编:《早期夏文化与先商文化研究论文集》,科学出版社,2012年,第273页。

② 石磊等:《南城遗址》,载韩立森编著:《河北考古重要发现 1949—2009》,科学出版社,2009年,第75页;石磊等:《河北磁县南城遗址浅析》,北京大学震旦古代文明研究中心等编:《早期夏文化与先商文化研究论文集》,科学出版社,2012年,第357页。

③ 河南省文物考古研究所编:《辉县孟庄》,中州古籍出版社,2003年。

④《春秋左传》,载(清)阮元校刻:《十三经注疏:附校勘记》,中华书局,1980年,第2336—2337页。

⑤ [法]高宣扬:《结构主义》,上海交通大学出版社,2017年。

群集中埋葬的现象,墓地人群按亲属关系划分墓地布局结构,各区域死者由血亲亲属和他们的配偶组成。

三、社会组织

1. 从墓葬反映的社会分层看社会组织

在分层社会中,社会划分为各个等级[①]。不同等级的人群财富地位与埋葬方式及随葬品多少有直接关系。对墓域、墓区、墓群的墓葬面积、随葬陶器、使用葬具(棺)的情况进行量化分析(表二),发现墓葬面积和随葬陶器能象征死者生前财富占有量的多少,但二者的统计结果并不完全重合,所以应属于两种不同的表达方式;使用葬具(棺)则象征了死者生前社会地位的高低。在刘庄墓地随葬陶礼器(酒器),也是身份地位的象征,但考虑每一个墓区只包含一座酒器墓,墓区之间没有数量上的差别,因此在比较墓域、墓区地位时未考虑酒器墓这一影响因素。刘庄墓地使用不同的物化标志象征死者生前拥有的财富与地位,应是价值观念和意识形态的区别。多层次的墓地结构是死者生前各种亲疏关系和社会等级的曲折反映。

表二　墓域墓区社会分层情况统计表

墓域	东墓域		西墓域	
平均墓葬面积(m²)	1.10		0.90	
平均随葬陶器(件)	1.29		0.99	
用棺比例(%)	14.6		2.3	
墓区	甲墓区	乙墓区	丙墓区	丁墓区
平均墓葬面积(m2)	1.19	1.03	0.86	0.93
平均随葬陶器(件)	0.89	1.58	0.94	1.03
用棺比例(%)	15.2	14.1	2.4	2.2

由表二可以看出,东墓域死者财富和地位普遍高于西墓域,墓区的财富等级排列大致为乙墓区最高,甲墓区、丁墓区次之,丙墓区最低。墓区的社会地位等级排列为甲墓区最高,乙墓区次之,丙、丁墓区都很低,而丙区略高于丁区。在同一墓地中,社会至少被划分为两个阶层,葬于东、西墓域的两个宗族

---

① [美]亚当·库珀(Kuper, A.)等编:《社会科学百科全书》,上海译文出版社,1989年。

处于不同的社会阶层①,两个阶层社会地位的差异似较财富的差异更为显著。同一墓域的两个墓区中财富等级和地位等级的分配机制互为反比关系,即财富相对多的墓区社会地位相对低;而进一步统计发现,在同一墓区的两个墓群的财富等级和地位等级的分配机制是一致的,即财富相对多墓群的社会地位也相对高。可以认为,在宗族内部,财富和社会地位被分别对待,用以平衡两个分族之间的关系,以保证两个分族共同发展,但在分族内部权力分配机制又是不平衡的,各个家族的财富地位彼此有别。

从东、西墓域的社会分层和各自埋葬的不同文化性质人群可知,东下冯文化人群社会阶层普遍高于下七垣C型鬲代表的人群;而在白燕四期文化人群和下七垣B型鬲代表的人群中,有些人与东下冯文化人群结合,葬在东墓域,有些人与下七垣C型鬲代表的人群结合,葬在西墓域,前者的社会地位高于后者,可见这两个文化性质人群内部均产生了阶层的分化,由二者的血缘纽带连接着不同阶层的社会成员。

综上所述,刘庄墓地人群的社会组织是由亲属关系构建的、有一定地缘性质的、具有社会分层的两合组织。在墓地规划中,把纵向的社会分层,体现在平面的墓地布局上,表现为方位的对立,是社会关系可视化的表现,墓地的布局的规划思想就是为了显示社会组织结构。刘庄墓地人群社会以亲属关系的亲疏远近作为社会分层的解释和依据,以亲属关系作为社会控制的一个重要手段,使严格的等级制度得以合理化。刘庄墓地人群的社会组织是否与商族社会组织完全一致无法得知,但可以确定刘庄墓地人群社会组织至少在形式上和商族社会组织属于同一类型。

2. 从酒器看刘庄墓地人群和二里头文化人群的关系

二里头文化时期,陶酒器作为陶礼器以赐予形式扩散到各地,陶礼器成为政治秩序和政治关系的主要象征性器物,在某些礼仪活动中起着重要的作用②。刘庄墓地四个墓区各有一座陶酒器墓(见表一),墓主身份与其所在人群其他死者有所不同。然而陶酒器墓的墓葬形制及其他随葬品,如豆、盆等盛

---

① 刘庄墓地以墓葬面积大小作为区分人群阶层的现象和二里头文化墓葬类似,参见李志鹏:《二里头文化墓葬研究》,载中国社会科学院考古研究所编:《中国早期青铜文化——二里头文化专题研究》,科学出版社,2008年,第1—123页。

② [日]西江清高、久慈大介:《从地域关系看二里头文化期中原王朝的空间结构》,载杜金鹏、许宏:《二里头遗址与二里头文化研究》,科学出版,2006年,第446—456页。

器,又与其他墓葬没有区别,头向也依商人头向,表明酒器墓死者与其所在墓区其他死者在亲属关系方面具有联系。从埋葬位置来看,东墓域陶酒器墓与周围的墓葬墓向垂直,在墓区内被其他墓葬围绕;而西墓域酒器墓在墓地边缘,墓葬的位置不甚突出,也没有墓葬围绕。陶酒器墓死者的财富等级与所在墓区财富等级相符合,没有证据显示随葬陶酒器墓死者,在墓地中具有很高的特权,因此陶酒器墓的政治象征意味比较强烈。4座陶酒器墓不仅反映出二里头文化的政治控制,而且还反映出二里头文化人群对刘庄墓地人群社会组织的认可、协调和维系。

刘庄墓地 M159、M262、M147 随葬二里头文化酒器。M159 随葬白燕式高领斝,其他三座墓葬不随葬炊器。虽然位于西墓域的 M262、M147 没有随葬炊器,但整个西墓域都属于使用鬲的人群,显然使用鬲的人群必须接受并服从二里头文化的礼制。东墓域 M227 随葬东下冯文化陶罕,东下冯文化人群在与使用鬲的人群相结合后可以使用自己的酒器,其深层次的原因或许因为东下冯文化与二里头文化都属于以罐为炊器的文化传统,而有别于以鬲为炊器的文化传统。

辉县孟庄[①]先商墓葬 M8 随葬盆、瓮和二里头文化陶酒器罕,东下冯遗址[②]三期墓葬 M401 随葬单耳罐和二里头文化陶酒器爵、盉。这两个例子也和刘庄酒器墓一样,说明了二里头文化用陶酒器作为社会秩序的象征,用礼制作为社会控制的手段。

四、社会组织与认知逻辑的关系

通过对刘庄墓地人群亲属组织和社会组织的分析可知,在刘庄墓地中存在两个相互区别又相互联系的系统,一个是亲属关系系统,一个是社会分层系统。但墓地人群的认知规定了亲属关系的意义与发展方向,在不同文化性质人群的不断碰撞和融合中,亲属关系的系统与社会分层的系统有了一种逻辑等价关系,社会按照亲属关系比拟着社会等级,以保证社会不同层次间的观念具有可转换性。这样的社会至少被看成是由"自然的"等级制度所组成——换

[①] 河南省文物考古研究所编:《辉县孟庄》,中州古籍出版社,2003年。
[②] 中国社会科学院考古研究所编辑:《夏县东下冯》,文物出版社,1988年。

言之,社会中的文化被看作是作为自然的投影或反映①。刘庄墓地人群的思维方式是以二分法为基本分类模式,把亲属关系和社会分层同态化。社会借助亲属关系对人群进行分化,表达着社会分层的合理性,反过来社会分层又约束、限制了亲属关系的发展方向。

本文原刊载于《华夏考古》2021年第1期。

作者简介:

陈畅,女,1980年生,天津市人。2008年毕业于吉林大学文学院考古学及博物馆学专业,获博士学位,现任南开大学历史学院副教授。从事中华文明探源、边疆人类学、考古学理论方法研究,研究内容涉及中国先秦时期物质文化、社会形态和认知考古,发表论文三十余篇。承担中国史前考古、文化人类学、西方考古学、西方博物馆学方向本科及研究生教学工作,指导学生论文获中国李济考古学奖学金、全国史学新秀奖、南开大学优秀毕业论文。

---

① [法]列维·斯特劳斯:《野性的思维》,李幼蒸译,中国人民大学出版社,2006年,第124页。

殷墟卜辞集合神主"示"之丛识

贾洪波

殷墟卜辞中的"示"绝大多数指称殷先王之神主,但除"示壬""示癸"外,各先王单独称谓一般以庙号而不缀以"示"称,即都不以"某示"或"示某"相称。[①]"示"一般是对多个祖先进行合祭或选祭时的称呼,陈梦家谓之"集合的庙主"[②]。其在卜辞中出现的类型有:大示、元示、上示、下示、小示、二示、它示以及若干数字形式的几示等。现今学术界多认为小示是指直系以外的旁系先王,而对其他类型集合神主的含义和范围,看法殊不相同。笔者以为,以下述看法较为达信,即:大示是上甲和其后大乙、大丁、大甲、大庚、大戊五个庙号冠以"大"的直系先王,下示是仲丁以后的直系先王,小示是旁系先王(或可能包括报乙至示癸五示)。[③]在此基础上,笔者不揣浅陋,对其他几个集合神主的含义和范围亦略谈一己之见,正于方家。

一、关于"下示"的补辨

过去一般以为下示与小示相当。然卜辞云:

> 己亥贞,卯于大其十牢,下示五牢,小示三牢。
> 庚子贞,伐卯于大示五牢,下示三牢……(《屯》1115。前大下漏刻示字)

最早《小屯南地甲骨考释》的作者已指出下示与小示显然有别,但以大示

---

① 或以为卜辞有先公先王单独称示的情况,实是误读卜辞,学者已有辨。参见朱凤瀚:《论殷墟卜辞中的"大示"及其相关问题》,《古文字研究》(第16辑)。

② 陈梦家:《殷墟卜辞综述》(以下简称《综述》),中华书局,1988年,第460页。

③ 参见朱凤瀚:《论殷墟卜辞中的"大示"及其相关问题》。同时晁福林先生就大示亦有相同的研究结论,见《关于殷墟卜辞中的"示"和"宗"的探讨》,《社会科学战线》1989年第3期。按朱、晁二位先生皆以为卜辞所见大示所含神主数目最多也就是"六大示",甚是。或以为卜辞中还有"七大示",依据是《屯》1015一片,但审此辞"七"与"大示"之间所空距离特多,字当有残泐,不宜连读。

为自上甲至示癸六示、下示指大乙至仲丁六示,当非正确,学者已有辨。[1] 有学者以下示为直系大示和旁系小示之外的未曾即位的诸王之兄弟行,依据是下辞:

丁亥卜,侑岁于下示父丙眔戊(《合》22098)

认为下示中有父丙、父戊二人,当是武丁的父辈亦即阳甲、盘庚、小辛、小乙的兄弟行而未曾即位者。[2] 但未曾即位为王的兄弟在祭礼待遇上似不应高于旁系先王,既然"大示并非所有的直系先王,而小示亦已推定为旁系先王,则处在大、小示间的下示仍应归入直系先王内"[3],即下示是大示以下的直系先王。那么,对《合》22098一辞的问题又该如何看待呢?

该辞之"下示",或隶释为"二示"。时刻难精,后有残泐,各家著录清晰程度亦复不同,卜辞中的"下"与"二"有时的确不易分辨。同样的情况还见诸与"上甲廿示"同辞并卜的"二示"身上,此后文再论。本辞若要隶作"下示",则不能视"父丙及戊"为"下示"的同位语,因为迄今卜辞中尚未见到在"大示""小示""下示""它示"之称下继列其具体神主名号的情况,所以下示与父丙及戊应为并列关系。该辞属所谓午组卜辞。午组卜辞,现多认为是武丁时期或祖庚时期的非王卜辞(此从后说),而过去认为在午组卜辞中没有对商王先祖系统之祭祀的看法也并不正确。[4] 该辞乃是祭自下示至于父丙及戊的意思,父戊是午组主人(祖庚的庶兄弟)的生父、武丁的兄弟,亦即武丁卜辞中的兄戊,而父丙可能与祖庚、祖甲之父丙是同一人。既然午组卜辞中有起祭自祖乙、祖丁、小乙、武丁等直系先王之例,就有将这些先王合称下示而起祭的可能。不过,考虑到《合》22098同版并有"癸巳日卜次日甲午岁祭内乙"之辞,据陈梦家和陈建敏先生的考证内乙即是小乙[5],自属下示之列,又是同旬所卜,故笔者认为此

① 参见朱凤瀚:《论殷墟卜辞中的"大示"及其相关问题》,《古文字研究》(第16辑)。
② 杨升南:《从殷墟卜辞中的"示"、"宗"说到商代的宗法制度》,《中国史研究》1985年第3期。
③ 朱凤瀚:《论殷墟卜辞中的"大示"及其相关问题》,《古文字研究》(第16辑)。
④ 参见李学勤:《小屯南地甲骨与甲骨分期》,《文物》1981年第5期;彭裕商:《非王卜辞研究》,《古文字研究》(第13辑);陈建敏:《论午组卜辞的称谓及时代》,载《全国商史学术讨论会论文集》,《殷都学刊》增刊1985年2月。
⑤ 陈梦家以小乙为午组主人之父(《综述》,第417页),陈建敏以小乙为午组主人之祖,此从后者。

辞还是释作"二示"为妥①,"父丙及戊"作为"二示"的同位语辞意也较通达。卜辞亦可见在三示、五示、十示等下继列具体神主名号的,如:"□亥卜,贞,□三示:钔(御)大乙、大甲、祖乙五牢"(《合》14867),"己丑卜,大贞,于五示告:丁、祖乙、祖丁、羌甲、且辛"(《合》22911)。

有学者认为上示、下示是将直系先王按世次先后分为两大祭祀群,其分界线康丁以前在祖乙与祖辛之间,康丁以后(含康丁)在祖丁、小乙之间;直系、旁系先王在一起的合祭也分前后两大群,就是武丁时的元示和二示,其分界线也在祖乙与祖辛之间。②关于元示与二示的问题后文再论。至于上示,明确的辞例目前仅一见(《合》102),没有与其他示的对比关系(曹文所引其他几例卜辞都不能肯定为上示与下示对卜,可以有其他合理的解释),学者或谓其相当于大示,可备一说。就上引《屯》1115一辞,曹先生也承认下示与小示不是同一概念,同理上示与大示也不是同一概念,但又说:"'大示'不大可能是自上甲至康丁的全部直系先公先王,而应是其中的一部分先公先王,是这一部分先公先王与'下示'相对,故这一部分先公先王之集合庙主实为'上示'……'上示'加'下示',等于祭祀从上甲开始的全部直系先王,亦即全部'大示'。而该辞后面的'小示',则是与前面整个'大示'('上示'加'下示')相对,故为全部旁系先王,亦即全部'小示'。所以该版卜辞实际上是祭祀从上甲至康丁的全部直系、旁系先王。只因这三组集合庙主地位不同,而卜问是否分别给以'十牢''五牢''三牢'之祭奠。"③既然如此,辞若径作上示、下示、小示三者并列岂非一目了然,何必要契作"大示"呢?

二、识"下上示"——兼论卜辞无"中示"

学者指出,卜辞中"示"字上部作两横者的字形通例是上横短于下横。④由于"二示"和"下示"中,上下两字的横笔容易混同,一般在契刻时会有意做些特殊处理以便区别,如上一字的横笔较长而"示"字横笔特短(《合》25025、34120),或"示"字横笔较粗(《合》34120),或上下两字左右略微错开(《合》

---

① 细审《乙》3521、《合》22098著录,"二示"之"二"的两横与"示"字上部的两横均作自左下至右上的斜刻,"二"之两横斜直且基本等长,确为"二"字而不是"下"字。

②③ 曹定云:《论殷墟卜辞中的"上示"与"下示"》,载《刘敦愿先生纪念文集》,山东大学出版社,1998年。

④ 晁福林:《关于殷墟卜辞中的"示"和"宗"的探讨》,《社会科学战线》1989年第3期。

14822、22098,《合补》4138、4139),或两字间所空较多(《屯》1115、1015)。下面
两条卜辞:

　　……卯贞,其大钔(御)王自上甲,血用白豤九,三示……牛,在祖乙宗
卜(《屯》2707)

　　丁未贞,其大御王自上甲,血用白豤九,三示……在父丁宗卜(《合》
32330)

　　前一条,合"示"与其上一字横笔有四,第一横略长,第三横特长,第四横短
而下连竖笔,以"示"字字形通例衡之,第三横笔只能属上字而不能属下字,应
隶为"三示";后一条,"示"与其上字紧邻,四横笔长短相差无几,最上一横略
长,第二横略短,辞例与前者近同,故亦当隶为"三示"。卜辞"三"字,自于省吾
先生释作"气"(乞)①,学者多从,只是于字之构形未明。笔者认为,"三"本是
下、上二字的合文。②卜辞常言"下上若""下上弗若""下上自""下上于""下上
至"等,成为习语,具有从上到下、由此及彼、上上下下、全部地或普遍地之义,
言其情况之多、经常、彻底或严重,多用为副词。《佚》60和《佚》351(反)两辞之
"三"字释作"下上"应无疑问。于省吾先生所释"乞"之第一义训"乞求"的辞例
其实皆当释作"下上",其第二义训"迄至"之迄、第三义训"终止"之讫也都是从
"下上"之义递转引申而来,而且这部分辞例有很多也可以直接释为"下上"。
检《殷墟甲骨刻辞类纂》,集非合文形式"下上"辞例50条,除一条三期卜辞外
(《合》27107),余皆一期;集非合文形式"上下"辞例8条,除一条一期卜辞外
(《合》6457反),余皆五期。另有一条二期卜辞作"兹下……若"(《合》24980),
所残亦可能是"上"字。可见,殷人习惯说"下上"而不说"上下",大概在殷商晚
期则多改说"上下",从而就与周初金文及《尚书》中的习惯说法相一致了。与
此若合符节的是,合文形式亦皆作"三"形,只有一例作"三"形(《合》11018反)。
所以上引《屯》2707和《合》32330二辞中的"三示",当释为"下上示",所指有两

---

① 于省吾:《双剑誃殷契骈枝三编·释气》,1944年石印本;《甲骨文字释林·释气》,中华书局,
1979年。

② 早年商承祚先生曾有此见。《佚》351(反):"丁未三若",《佚》60:"癸巳卜……来艰三
至……"商先生疑"三"在此是下上二字的合文,并说"三字十之九与至连文,疑为古成语",只是
未敢遽定。见《殷契遗存考释》,金陵大学中国文化研究所,1933年影印本,第14页b、第48页b。

种可能，一是指上示和下示，一是指自上甲以下所有先王之示的大合祭，似以后者可能性较大。

卜辞"三"字，晁福林先生创释为"中"，认为其造字方法与上、下二字同，也是指事见意，短横在两长横之中，表示上下之间，应即上中下之中。①此解于《佚》60和《佚》351（反）明显卜辞，于其他一些卜辞辞例也有不能通释之处。若依此构字方法，"中"字当作"三"形，长横居中，既可对"中间"突出显示，也使"上""下"顺位自然，而不当短划居中而使"上""下"位序颠倒。其实，甲骨文作旌形之"中"字，无论其构形本义如何，都足可表达四周之中和上下之中两层意思：字形多作上下皆有旌形，或上中下三旌，或上下二旌间以旗杆贯穿一方框，若单纯表达平面之"中"意则凡旗杆中下部之构形皆无必要，亦无论释中间突显的方框为何物都可会意表达上下高低之间的"中间"概念。其造字之初，此平面与立面两个"中间"概念的表达或可略有先后，但应是基本同步、合二为一的，乃至后来又引申表达时间前后上的"中间"概念，皆同源同构同一"中"字，实毋须另造。

基于此种"中"字之释，晁先生提出了一个"中示"的概念："卜辞里以示相称的殷先王的集合称谓，可以分为大示（含上示、元示）、中示、小示（含下示、杶示即它示）三组"，其"区别不在于地位尊卑，而只在于时代早晚"，"上示是殷人心目里时代较早的有重大影响的祖先的集合称谓；中示则是时代居中的祖先神的集合称谓"，"下示、小示应当是晚近先王的集合称谓"，"'中示'之称仅见于三、四期卜辞"，"是殷代中期以后才产生的一个集合称谓。殷代前期仅有大小示，后来世系增多，才在大、小示中间划分出中示"。同文中晁先生对大示范围的考订十分正确，即也认为是上甲加上其后五位冠以"大"字的先王。这样，大示是一个有明确神主范围的固定集合，但中示和下示却是两个具有可变性的不确定集合，原先属下示的神主后来可能会属中示，"各组所包括先王的数量在殷代不同的时期也有所变化"，但在某一个具体时期或王世，究竟如何确定划分中示和下示界限的原则呢？这至少在目前的卜辞资料中还反映不出来。再者，从用牲的规格数量来看，不能说它们没有地位尊卑的区分。殷代晚期重对直系和近亲先王祭祀的趋势是学界公认的，作为晚近先王集合的小示在祭祀规格上似不可能低于中示。

---

① 晁福林：《甲骨文"中"字说》，《殷都学刊》1987年第3期。

至于前引《屯》1115一辞,细审著录,"庚子贞"条:"下示"之"示"字上部漫漶不清,仅约略可辨似有二横痕迹,但横笔长短及其与上下关系皆已不能辨识;"下"字两横都较长,即右端残断亦只能略损微末,所存基本等长,所以此辞所谓"下示"实有释"二示"的可能,断不能释为"中示"。"己亥贞"条:所谓"三示"之"三"字的上两横笔紧邻而与下一横笔之间所空特多,下一横笔是与"示"字紧邻结合的,明明是构成"示"字两横中的上一横,且即使算上此横笔右端可能的残漶部分,"示"字的两横至多是基本等长,而不是上横长于下横,故是"下示"确然无疑,不能无根据地怀疑是"契刻者漏刻下横划或是土锈未剔净所致"。综上,笔者认为殷墟卜辞中并不存在"中示"这一先王神主集合称谓。

三、"二示"为主祭时王的上二代直系先王

卜辞中与二示同辞并卜的分别是廿示或上甲廿示、元示或上甲元示。

据郭沫若考释,廿示是自上甲至武乙的二十世直系先王,卜辞时代盖在文丁之世。[1] 现今学术界多认为廿示卜辞是武丁卜辞[2],是周祭祀谱中自上甲至羌甲二十世直旁系先王的合祭。但也有学者认为是自上甲至祖乙的二十世,上甲廿示也就是上甲元示,二示即它示但非旁系之小示,元示、二示是按世次先后将商先王区分为两大祭祀群,其界限是祖乙(即下乙,元示的最后一位),它们与按直、旁系区分的大、小示有着严格的区别。[3] 很显然,这种计算方法是捏合周祭卜辞与《史记》中上甲以下的先王世次而成,殊无道理,学者已有驳。[4]

笔者以为,二示是指主祭商王的上二代直系先王,即他的祖与父。具体到武丁的上甲廿示卜辞来说,二示就是祖丁和小乙。那么在廿示与二示之间为何略去了南庚、阳甲、般庚、小辛四王呢?首先,合祭很多情况下也是选祭,选祭对象的总和并不一定就是处于祀首和祀尾之间所有世次的直系或直旁系先

---

[1] 郭沫若:《殷契粹编考释》,东京:文求堂,1937年石印本,第36页b。

[2] 据石璋如《殷墟地上建筑复原第七例———论乙一及乙三两个基址》(《"中央研究院"历史语言研究所集刊》(台北)第66本4分,1995年)一文,《甲》3321一版背面有辞为"示廿",也就是"廿示",其正面辞云:"□亥卜,亘贞,巳己巻"(宾组)。若无明确证据证明正、背之辞为不同时期所刻,则为"廿示"卜辞属于武丁时期又添一佐证。只是此片卜辞背面情况,《甲》3321和《合集》2430都没有著录,仅见石氏说。另外要指出的是,廿示卜辞应与所谓历组卜辞无关,一些坚信历组卜辞属于武乙、文丁时期的学者也认为廿示卜辞属于武丁时期。

[3] 曹定云:《论"上甲廿示"及其相关问题》,《文物》1990年第5期。

[4] 参见卞仁:《也谈殷卜辞中的上甲廿示》,《考古》1993年第9期。

王(即使不算上三报二示),这样的例子在卜辞中很多。其次,所略先王也可有解释的原因:合祭时有意要把祖丁、小乙父祖二代划出单列,界限在祖丁与羌甲间划开,自然也就无法再安插南庚至小辛四个旁系先王了,因为无论是将他们排在二示之前还是之后,势必要违反顺祀原则,只有略去。

元示,陈梦家认为当指上甲一人,故称"上甲元示"。但卜辞有"六元示"之称(《合》14830)。今学者多认为"元"与"大"字构形同源,含义一致,卜辞的元示与大示相同。只是卜辞见有元示与二示相对并卜,大示与下示、小示相对并卜,而不见大示与二示、元示与下示及小示并卜者。所以,使用元示的含义或与大示有所分别,可能是为了突出二示之与众不同。二示的概念体现出在殷墟前期商人已有重视上二代直系先祖之观念。卜辞也见单独祭祀二示之例。过去陈梦家认为二示是指示壬、示癸[1],现今学者虽然对二示所指仍有不同意见,但皆认为除了与三报合称的二示,与其他神主集合称谓相对的二示都不指示壬、示癸。至于单独的二示之称(辞少、多残并缺少用牲情况),可能仍不指示壬、示癸。诚如学者所指出,三报二示在先祖神中的地位是很低的,在合祭时常常不被计入直系祖先的集合,甚至可以看到将它们与旁系先王集合为一神主群的情况[2],而且三报二示的示字常作一种特定的书写格式。[3]而单独的二示却有受御祭之辞,大御祭礼隆重,用牲颇丰,似不可能是祭示壬、示癸。学者指出大御所祭先王有三类,一类是"自上甲六大示",第二类是"自上甲至多毓",第三类是个别的先王如"高祖王亥",多为殷人心目中的圣王。[4]如加上"二示",大御之祭所祭先王实可有四类,故此二示极可能也是指上二代近亲直系先王。常玉芝先生通过分析所谓"祊祭卜辞"说明,在日常例行的周祭制度外还对近亲直系先王进行某些特祭,反映了在商代末期一种重近亲、疏远亲观念的产生与发展。[5]朱凤瀚先生通过分析卜辞所见商王室的宗庙制度说明,自祖甲以后专为上二代以内近亲先王及其配偶增设祭所,更将此种尊崇近亲直系先王的观念之产生追溯到祖甲时期。[6]而在笔者看来,由二示概念的含义则

---

① 《综述》,第460—461页。
② 参见朱凤瀚:《论殷墟卜辞中的"大示"及其相关问题》,《古文字研究》第16辑。
③ 参见曹定云:《论"上甲廿示"及其相关问题》,《文物》1990年第5期。
④ 朱凤瀚:《论殷墟卜辞中的"大示"及其相关问题》,《古文字研究》第16辑。
⑤ 常玉芝:《论文武帝——兼略述商末祭祀制度的变化》,《古文字研究》第4辑。
⑥ 朱凤瀚:《殷墟卜辞所见商王室宗庙制度》,《历史研究》1990年第6期。

更可将此种观念的产生上溯至武丁时期。问题的另一方面,卜辞反映以上甲为首的直系远祖"六大示"在殷人宗教祭祀观念中的地位是至尊的,作为先王合祭集团中的首领用牲最丰,大示又称为元示,固然仍有大的意思,但也强调了"首、始、第一"这样的含义;二示固然是两位神主,同时也表达了"次、亚、第二"之义,故以元示与二示对称最为适宜。二示被从先王神主集合中提炼出来,与元示相对,这本身就已是一种很高的礼遇了,尊崇近亲直系先祖观念的产生,还不足以冲击上甲六大示的特殊地位,所以反映在用牲规格上,二示要低于元示,如:"元示五牛,二示三牛"(《合》14822。此辞或摹释为"元示三牛,二示三牛")。从总体来看,二示之于元示和下示之于大示的用牲规格大略相仿。而多数情况下,言下示可能是包括二示在内的,只是在需要的时候分离出二示以与元示相对,是故卜辞不见元示(或大示)、下示、二示三者同辞并卜之例。至二期卜辞合祭先王时对二示的用牲规格有时与元示相差不大,如:"辛巳卜,大贞,虫自上甲元示三牛,二示二牛"(《合》25025。此辞或释作"元示二牛,二示二牛")。这种情况与文献记载也有相合之处。《尚书·高宗肜日》载祖庚在祭武丁时,因牺牲粢盛特丰,祖己规劝说:"典祀无丰于尼",伪孔传:"祭祀有常,不当特丰于近庙。"结合卜辞,这段记载可说明三点:(1)此时殷人已有"近庙"也就是近亲直系先祖的观念;(2)殷人有祭祀近亲直系先王用牲规格不高于其他直系先王(特别是元示)的传统;(3)此时已有用牲特丰于近亲直系先王的趋势。就合祭卜辞总体情况来看,第(2)点传统还是基本能够保持的。随着周祭制度的形成和完善,为近亲直系先王增设祭所并行特祭,至武乙、文丁之世合祭卜辞已显著减少,尊崇近亲直系先祖的观念逐渐得到强化。

四、"它示"是旧臣集合神主称谓

卜辞有龜示、伊龜示、伊尹龜示及求示,蔡哲茂先生训龜、求为舅之假借字,龜示、求示就是舅示,它们都是先臣伊尹神主之称即伊示,认为商族通过婚姻关系和伊尹之族联合灭夏,成汤的母舅伊尹也成为商初的辅政大臣,在原始舅权制的孑遗下甚至不能排除他本有继位的资格。①刘宗汉先生则训求、龜为舊,认为商人祭祀伊尹是因为他是自己族姓所出的东夷集团少皞氏的嫡系后

---

① 蔡哲茂:《殷卜辞"伊尹龜示"考——兼论它示》,载《"中央研究院"历史语言研究所集刊》(台北)第58本4分(1987年)。

裔,同时也利用这种祭祀巩固自己对东夷集团的统治①。

因伊尹的特殊地位,在卜辞中屡见祭祀伊尹甚至向他祈求风调雨顺、粮食丰收,他可以配享从祀于上甲、大乙,或是与殷先王同时合祭,用牲亦颇丰。卜辞又有"伊五示""伊又九""伊廿示又三"一类,对其含义一般有三种看法:伊尹与若干殷先王的合祭;以伊尹为首的历世功臣的合祭;伊尹家族的累世合祭。笔者认为,无论伊尹在商人心目中的地位有多高,都绝不会以他来作合祭某一群先王的集合庙主祀首(何况其中可能会有上甲、大乙、祖乙、武丁等殷人心目中的圣君),故第一种观点不能成立。卜辞中伊尹之外的伊氏人名还有两个,一是伊奭,说或为伊舅或为伊尹之配偶或另外的旧臣,但多认为其与伊尹是一人;另一位是伊永,只一见:"其令伊永,唯丁令,唯甲令"(《英藏》2262),其受命于王,或属伊氏家族后裔。文献记伊尹有子伊陟、伊奋继立,伊陟是大戊之相,或谓其与卜辞中的伊永或戊陟相当。此外,卜辞、文献再无其他伊氏之人的记载,故第三种看法的可能性也不是很大。这样看来,所谓伊若干示卜辞最有可能是指以伊尹为祀首的若干商代旧臣的合祭。

卜辞中关于商代旧臣的情况虽然也不是特别清楚,但至今能知名的已有十多位,其中除伊尹称示外,有黄尹也称黄示(或以为与伊尹是一人)。商代功臣配享从祀之制,卜辞、文献都有可查寻,各家亦多所论述。周代也是如此,《周礼·夏官·司勋》:"凡有功者,铭书于王之太常,祭于大烝,司勋诏之。"陕西周至出土的西周共懿之世的青铜器"敔簋"铭云:"王才(在)康宫,格齐白(伯)室,召敔……"据考订此齐伯为齐太公②,是周王室宗庙"康宫"之中更有功臣庙室矣。如此说来,卜辞在旧臣与先王合祭之外,并有单独的旧臣合祭也是毫不足怪的,如:"己亥卜,出贞,出(侑)伐于黄尹,亦出于蔑"(《合》970),"其出蔑罞伊尹"(《合》30451),"出咸戊、学戊乎"(《合》20098)。

卜辞有它示。张政烺先生根据元示分别与二示、它示同辞并卜的关系,考证它示即二示,也就是小示,指旁系先王。③此说为学术界普遍接受。后来裘锡圭先生将元示分别与二示、它示并卜的两条卜辞缀合④,才显出二示与它示

---

① 刘宗汉:《卜辞伊尹鼂示考》,《文史》2000年第4辑。
② 刘自读、路毓贤:《周至敔簋铭文考释》,《考古与文物》1991年第6期。
③ 张政烺:《释它示——论卜辞中没有蚕神》,《古文字研究》(第1辑)。按此说非张先生首创,最早贝塚茂树在《京人》2979辞下略说柂示与旁系的二示相当,或指与大示相当的小示。
④ 裘锡圭:《甲骨缀合拾遗》,《古文字研究》(第18辑)。

的不同。下辞云：

> 庚辰卜，酚自上甲一牛至示癸一牛，自大乙九示一牢，柜示一牛(《合》22159)

大乙九示，是大乙以下至祖丁的九位直系先王，此种认识学术界相当一致。大乙九示实际包括了我们所认定的大示与下示，故它示也不会是下示。又下辞：

> ……大示十牢，求五牢，它示三牢(《合》14353)

求示既如上述是伊𧮫示，其列于大示与它示之间(有学者释求示为"尾示"或"终示"，此辞可证其非)，则它示就只能是先王以外的神主了。

笔者以为，这个它示正是指从祀合祭的旧臣集合称谓。因为只是功臣来充陪衬的角色，其集合的范围与内容，即选择谁、选择多少并无一定的标准，可能完全随主祭者个人的意愿而变化无常，所以也不需说出"示"的数目(功臣的单独合祭可能例外)，只是笼统的概之以"它示"之称，"它"或如有的学者所说具有旁的、别的、其他的这样的意思，是一个无定代词。[1]是故它示之称在卜辞中只用于旧臣与先王合祭，从不单独出现[2]，而旧臣单独合祭时需指出神主数目故言"伊若干示"。旧臣合祭以伊尹为首，但求示既可与它示分言并列，表明它示亦可不包括伊尹(或是为了突出伊尹)，又如下辞亦是：

> 丙寅贞，重𠂤(以)羌眔它于𧮫示用(《合》32033)

张政烺先生读为"……以羌眔，它于𧮫示用"，眔犹及，言祭之所及(动词)，于犹与，𧮫示与它示并提，皆为祭祀的对象。但若仅言它示时，则伊尹很可能包括在内并是祀首。这种情形与上甲之于大示的关系有点类似，即大示是指

---

① 参见李学勤：《关于自组卜辞的一些问题》，《古文字研究》(第3辑)。
② 《续》3·1·1(《合》6257)和《龟》1·11·3(《合》6229)两辞并言"九示"，张政烺先生以为过去陈梦家所释"九示"应是"它示"之误，但蔡哲茂先生经目验认为张说错误，仍是"九示"而非"它示"。

上甲和其后五个名"大"的直系先王集合,但大示既可与上甲分言,表明大示亦可不包括上甲,连言时则上甲肯定在大示内。①

附注:本文引用甲骨著录简称,《合》指《甲骨文合集》,《屯》指《小屯南地甲骨》,《合补》指《甲骨文合集补编》,余均依王宇信著《甲骨学通论》(中国社会科学出版社,1989年)之附录二"甲骨文著录及简称"。

本文原刊载于《历史研究》2004年第5期。

作者简介:

贾洪波,男,1967年生于河北省怀安县,1994年南开大学历史系博物馆学专业硕士研究生毕业。现为南开大学历史学院考古与文物博物馆学系教授,博士生导师,主要从事夏商周考古与物质文化、中国古代青铜器、中国古代建筑的教学与研究,在《历史研究》《中国史研究》《南开学报》《故宫博物院院刊》《江汉考古》《华夏考古》《中原文物》等学术期刊发表论文多篇,著有《中国古代建筑》《图文新解〈鲁班经〉》。

---

① 参见朱凤瀚:《论殷墟卜辞中的"大示"及其相关问题》,《古文字研究》(第16辑)。

郑州地区晚商社会重组的考古学观察

刘亦方　张　东

　　早商时期,郑州地区作为王畿区域,先后形成了郑州商城与小双桥这两个具有中心都邑性质的大型聚落。学界对这一时期郑州地区的聚落形态高度关注,而对晚商时期却涉及不多。随着近些年考古工作的深入,当地有关晚商时期文化遗存的材料逐渐丰富起来,为我们研究政治权力中心转移后郑州地区的文化、聚落与社会状况提供了材料基础。

　　笔者曾将郑州当地晚商文化分为三期,并探讨了当地不同社会阶层使用的物质文化与都邑(安阳)地区的联系及变化过程。其中,郑州晚商文化第一期相当于殷墟一期或偏晚(含洹北商城阶段),其陶器文化面貌与二里冈早商文化联系密切,具有明显的过渡性;晚商文化第二期是郑州地域特色的形成阶段,年代相当于殷墟二、三期;第三期的年代下限进入了西周早期,文化面貌总体上与殷墟最晚阶段相同①。在上述分期研究的基础上,本文进一步探讨晚商时期郑州地区的聚落变迁,从而考察当地在早商都邑迁移之后的社会重组织过程,以及晚商王朝对"旧都"的地域管理。

一、晚商时期区域聚落形态

1.聚落选址的变迁

　　作为商王朝都邑转移至安阳之前的区域中心聚落,郑州商城和小双桥在晚商时期均呈现出废弛的状态。而从整个郑州地区晚商聚落的分布情况来说,聚落数量和规模均有所下降,且聚落选址也较早商时期发生了明显的变化。

　　以郑州商城和小双桥为代表的都邑,不仅规模宏大且内涵丰富。但在晚商阶段,二者范围尤其是核心区域,均少见人们活动的迹象,在这一阶段

---

① 刘亦方、张东:《郑州地区晚商文化研究》,《考古》2017年第8期。

大体属于废弛的状态。郑州商城范围内,已发现的晚商遗址包括人民公园和黄河路口两处,均处于外郭城边缘的位置。[1]郑州商城内城作为早商时期都城的核心区域,鲜见晚商遗存。而时间相对偏晚的小双桥遗址也没有发现晚商遗存。

作为早商王畿腹地,在郑州商城、小双桥这两处都邑性中心聚落的外围,存在规模不等且数量众多的其他聚落[2](图一)。但进入晚商阶段,早商都邑外围的聚落分布密度明显减小,已发现的晚商聚落基本都位于距早商都邑所在地5—8千米及其以外的范围。[3]而郑州地区目前已发现的晚商聚落大都属于新兴聚落,只有陈庄、东赵和马良寨等少数聚落可追溯至早商阶段。索河及枯河流域的聚落数量较早商时期锐减,分布相对均匀。须水河及贾鲁河一带,聚落数量基本呈直线下降的态势(图二)。

综上所述,在进入晚商阶段以后,郑州地区的聚落分布密度和规模均呈缩减态势。已发现晚商聚落的位置大多与早商时期并不重合,避开了早商都邑的核心区,且晚商时期当地存在外来的文化因素,上述现象表明伴随中心都邑的转移,郑州地区晚商时期人口数量下降的同时,也应存在一定程度外来人口的迁入。

2.聚落分层与控制等级

在聚落分层上,郑州地区作为早商王畿腹地,区域内发现的早商聚落按照规模和文化内涵,至少可分为三个层级[4],而聚落分层与区域管理的控制等级息息相关:第一层级是以郑州商城、小双桥为代表,规模大都在百万平方米以

① 河南省文物考古研究所:《郑州商城——1953—1985年考古发掘报告》,文物出版社,2001年。郑州市文物考古研究院:《郑州黄河路109号院殷代墓葬发掘简报》,《中原文物》2015年第3期。

② 有关郑州地区早商及晚商遗址信息主要根据第三次全国文物普查以及索、须、枯河流域的考古调查。下文涉及郑州地区商代聚落分布图也大体以此为基础绘制。参见:阎铁成主编:《郑州市第三次全国文物普查重要新发现》,中州古籍出版社,2014年。郑州市文物考古研究院、北京大学考古文博学院:《河南省郑州市索、须、枯河流域考古调查报告》,《古代文明》(第10卷),上海古籍出版社,2016年。

③ 如眢㐌王以及近年来发掘的梁湖遗址等,后者距郑州商城约8千米。参见河南省文化局文物工作队第一队:《郑州眢㐌王村遗址发掘报告》,《考古学报》1958年第3期。郑州市文物考古研究院:《郑州市梁湖龙山文化与商代遗址》,载《中国考古学年鉴(2011)》,文物出版社,2012年,第308—311页。信应君:《梁湖遗址商代大型建筑基址性质初探》,《华夏文明》2017年第5期。

④ 侯卫东:《郑州商城肇始阶段王畿区域聚落变迁与社会重组》,《江汉考古》2018年第2期。

上的中心都城。第二层级聚落则是具有城垣或环壕、大型夯土宫室、出土青铜礼器的畿内城邑，包括大师姑、西史村和东赵等在内，规模多在10万平方米左右，最多不超过50万平方米。[①]第三层级则为规模大体均在5万平方米以下，罕见铜礼器的基层聚落。

晚商时期，郑州地区5万平方米以上的大型聚落很少，已经发表的材料中，关帝庙与马良寨的规模均不超过3万平方米。[②]与此同时，上述这些聚落尚未发现大型城垣或环壕，聚落内以半地穴房屋为主，未发现相对考究的地面建筑[③]，少见或罕见高等级的墓葬。总体来看，相比早商阶段，已发现的这一时期郑州区域聚落分层基本只能划分一级，大体相当于早商时期第三层级的普通聚落。

---

① 大师姑遗址二里头文化时期的面积可达50万平方米左右，但到了早商文化时期，虽然沿用了部分二里头时期的城垣及城壕，但聚落规模已经缩小。而已发现的该阶段其他城址的面积皆不超过50万平方米，大都在10万平方米左右。参见郑州市文物考古研究院、北京大学考古文博学院：《河南省郑州市索、须、枯河流域考古调查报告》，载《古代文明》（第10卷），上海古籍出版社，2016年。

② 河南省文物考古研究所：《河南荥阳市关帝庙遗址商代晚期遗存发掘简报》，《考古》2008年第1期。河南省文物考古研究所：《河南郑州马良寨晚商文化遗存发掘简报》，《考古》2017年第4期。

③ 据报道，梁湖发现有一处较大面积的商代地面式建筑基址，发掘者根据基址周边发现的晚商遗迹，推测其也属于晚商，但因有效的地层关系缺乏以及相关考古信息较少，该建筑基址的确切年代仍然有待进一步探索。参见：郑州市文物考古研究院：《郑州市梁湖龙山文化与商代遗址》，载《中国考古学年鉴（2011）》，文物出版社，2012年，第308—311页。信应君：《梁湖遗址商代大型建筑基址性质初探》，《华夏文明》2017年第5期。

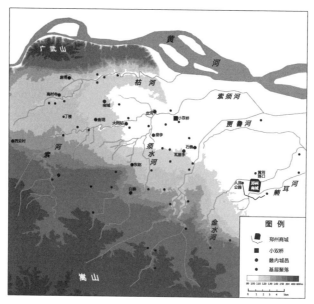

图一　郑州地区早商时期聚落分布图

改绘自侯卫东:《郑州商城肇始阶段王畿区域聚落变迁与社会重组》,《江汉考古》,2018年第2期。

图二　郑州地区晚商时期聚落分布图

改绘自刘亦方:《郑州地区晚商文化及聚落研究》,北京大学,2014年,第71页。

晚商时期的墓地反映了更为细节化的社会分层信息。人民公园(郑州晚商文化一期)和小胡村(郑州晚商文化二期)贵族墓属于晚商文化的不同阶段,代表了当地晚商时期早晚相继的地域管理阶层。作为郑州地区的高级贵族和区域管理者,二者日常居住地应当就是晚商时期的区域中心。从地域控制等级的角度看,晚商时期当地除了普通村落,早、晚分别存在一处中心聚落来实现地区控制。而在距离上述晚商贵族墓地约5千米范围内,确实存在晚商时期的聚落,其中应当包含有郑州地区晚商时期的区域中心聚落,但具体情况还需进一步的考古工作予以揭示。

与郑州地区晚商聚落选址变迁相呼应的是,伴随中心都邑自郑州转移至安阳,当地已发现的晚商聚落的内涵和聚落分层均呈现简单化的趋向。这与早商时期当地具有多层级聚落且呈现出的复杂化局面大不相同。郑州地区晚商时期从早到晚都只存在一处高等级贵族墓地,说明在基层聚落之上,还应存在一处高等级聚落,来实现地域控制。这也与同时期安阳地区的聚落形态大体保持一致:在安阳地区,除洹北商城及殷墟外,王畿附近罕见其他大型及次级中心聚落①,呈现出一种"二级结构"的特征②。这可能反映了晚商时期区域管理的新模式。

二、基层聚落与平民墓地

郑州地区晚商时期的基层聚落和墓地形态,为我们提供了关于当地基层社会的重要信息。虽然当地目前揭示较完整的晚商聚落和墓地仅见关帝庙一处③,但由于这一阶段晚商基层聚落大都与之规模相近,结合已有的考古发现,我们可以大体推知晚商时期地区基层聚落和墓地的一般特征。

1.基层聚落形态

在聚落布局上,关帝庙应该可以代表郑州晚商基层聚落的一般情况:其外围开挖界沟,日常生活区域看不出明显的等级差别,聚落内存在较为固定的祭

① 中国社会科学院考古研究所、美国明尼苏达大学科技考古实验室中美洹河流域考古队:《洹河流域区域考古研究初步报告》,《考古》1998年第10期。唐际根、荆志淳:《安阳的"商邑"与"大邑商"》,《考古》2009年第9期。

② 唐际根、荆志淳:《安阳的"商邑"与"大邑商"》,《考古》2009年第9期。

③ 河南省文物考古研究所:《河南荥阳市关帝庙遗址商代晚期遗存发掘简报》,《考古》2008年第7期。

祀场所,公共墓地主要集中于围沟外侧,也有部分在聚落范围内与祭祀区大体重合[1](图三)。有学者推算关帝庙聚落鼎盛阶段最多也只能容纳100人[2],同期郑州地区其他基层聚落的情形也应大体如此。

图三　荥阳关帝庙晚商聚落遗迹分布图

改绘自 Suting Li, Roderick Campbell, Yanfeng Hou, 2018. Guandimiao: a Shang village site and its significance, *Antiquity*. Vol. 92.

　　具体到建筑形式上,郑州地区晚商基层聚落大都采用半地穴房屋建筑形式。这些半地穴房屋大都为单间,个别存在连间的形式。[3]房屋面积多为5—10平方米,基本可满足一个核心家庭的居住空间需求。房屋内设有灶或火塘、壁龛等,具备了最基础的生活设施。值得注意的是,这类房址是商代平民主要

---

　　① 河南省文物考古研究所:《河南荥阳关帝庙遗址考古发现与认识》,《华夏考古》2009年第3期。

　　② Suting Li, Roderick Campbell, Yanfeng Hou, "Guandimiao: a Shang village site and its significance", *Antiquity*, Vol. 92, 2018.

　　③ 郑州市文物考古研究院、刘青彬、刘彦峰:《河南郑州高庄遗址发现晚商遗存》,《中国文物报》2017年1月27日。 郑州市文物考古研究院:《郑州高庄遗址商代晚期遗存发掘简报》,《中原文物》2021年第1期。

的居址类型,广泛发现于商代都邑内的普通居民点和手工业作坊区①。由此可见,郑州地区晚商基层聚落中,人们的居住形式与都邑的平民相比,早晚并无太大差别。

郑州地区晚商聚落普遍发现有陶窑②。根据关帝庙聚落陶窑紧邻房址的空间关系,我们推测当地晚商时期陶器的制作和流通主要限于各个聚落内,以各家户自给自足为主,并不存在集中规模化的生产和分配。这一点从关帝庙出土同类陶器所呈现出形态多样、标准化程度低的特点也可证明。

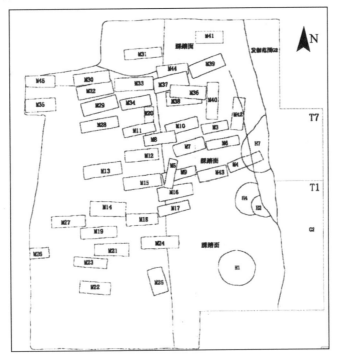

图四 郑州黄河路口晚商墓地平面图

改绘自郑州市文物考古研究院:《郑州黄河路109号院殷代墓葬
发掘简报》,《中原文物》2015年第3期。

---

① 袁广阔、朱光华:《关于郑州商城小型房基的几点认识》,《中原文物》2010年第5期。殷墟孝民屯考古队:《河南安阳市孝民屯商代房址2003~2004发掘简报》,《考古》2007年第1期。何毓灵:《试论安阳殷墟孝民屯遗址半地穴式建筑群的性质及相关问题》,《华夏考古》2009年第2期。

② 郑州市博物馆:《郑州市陈庄遗址发掘简报》,《中原文物》1986年第4期。河南省文物考古研究所:《河南郑州马良寨晚商文化遗存发掘简报》,《考古》2017年第4期。郑州市文物考古研究院、刘青彬、刘彦峰:《河南郑州高庄遗址发现晚商遗存》,《中国文物报》2017年1月27日。郑州市文物考古研究院:《郑州高庄遗址商代晚期遗存发掘简报》,《中原文物》2021年第1期。

2.平民墓地

晚商时期,在郑州地区基层聚落中发现的墓葬均为竖穴土坑小型墓,墓室面积基本不超过2.5平方米,不见殉人,但有腰坑和殉狗,随葬品种类少,少见铜、玉石器。结合有学者对早晚商代墓葬的等级分类,当地晚商基层聚落的墓地大都属于平民阶层。①

就墓地内墓葬的排列方式看,郑州地区晚商时期的平民墓地可分为两种情况:一种是墓地之中墓向基本保持一致,绝大多数为东西向,如黄河路口晚商墓地②(图四),与当地早商时期的墓葬存在显著差异。另一种则是在同一墓地之中,南北向与东西向墓相互穿插排列,如关帝庙(图三)。上述现象说明墓地内死者应存在不同的社会身份认同。结合当地晚商时期存在较多新兴的聚落,我们认为晚商时期郑州当地基层聚落的人群构成有多种情况,既有单纯外来人口组成的聚落,也存在与原住民混合定居的聚落。这在一定程度上表明当地存在以血缘为基础的地缘关系组织,并可延续至西周早期。③

从随葬品种类和数量看,晚商时期当地平民墓地还存在一定贫富差异,有的墓地也出土零星铜器,可分为两种情况:第一种情况,墓地之中普遍不出随葬品,以关帝庙为例,已经发掘的近300座墓葬之中,唯有一墓出有铜铃和铜镞。第二种情况,墓地较普遍地使用陶器随葬品,其中往往有极个别墓葬(目前大都仅有1例)出土1—2件青铜酒器,高庄、黄河路口、汪沟以及偏晚的西司马等大都应属于这种情况,其中高庄出土铜器还带有铭文"舌父癸"④(表一)。这一状况反映了郑州地区晚商时期基层聚落还存在一定的贫富差距。与此同时,由于从聚落内的居住形式上看不出明显的等级分化,不同墓地随葬铜器的

---

① 郜向平:《商系墓葬研究》,科学出版社,2011年,第19页。

② 郑州市文物考古研究院:《郑州黄河路109号院殷代墓葬发掘简报》,《中原文物》2015年第3期。

③ 西司马墓地出土各遗存的形态特征表明其年代应该已进入了西周早期阶段。参见张家强、蔡宁、雷兴山:《郑州西司马墓地结构与社会结构分析》,《华夏考古》2018年第5期。陈翔:《西司马墓地与殷遗民》,《江汉考古》2010年第1期。

④ 郑州市文物考古研究院:《郑州黄河路109号院殷代墓葬发掘简报》,《中原文物》2015年第3期。荥阳文物志编纂委员会:《荥阳文物志》,中州古籍出版社,2011年,第226页。郑州市文物考古研究院、刘青彬、刘彦峰:《河南郑州高庄遗址发现晚商遗存》,《中国文物报》2017年1月27日。郑州市文物考古研究院:《郑州高庄遗址商代晚期遗存发掘简报》,《中原文物》2021年第1期。

墓主显然与墓地内其他成员同属于普通平民,但其生前在聚落中可能拥有较高的威望或承担特殊的社会职能,例如关帝庙出土铜器的墓发现于祭祀区内,就可能与其生前职能有关。而拥有青铜酒器的墓葬则应来自社会上层人员的授权。

三、中心聚落与贵族墓地

目前为止,郑州地区尚未发现晚商时期大规模的中心聚落,却存在早晚相继的两处高等级贵族墓地,即人民公园和小胡村,它们代表了当地晚商不同阶段的地域管理者。从墓地的分布位置看,晚商时期郑州地区中心聚落应当距离墓地不远,并且还存在向西北方向转移的趋势。虽然我们难以考察当地中心聚落的布局,但贵族墓地仍然反映了这一时期郑州与都邑的相互关系。

与目前已知晚商时期高等级贵族墓相比,人民公园和小胡村墓地没有带墓道的大墓,随葬铜器均为典型的商式青铜礼器,罕见使用多套觚、爵,也不见白陶及原始瓷等其他奢侈品。总体上,郑州地区晚商不同阶段的地区管理者仅为中小型贵族,在商王朝贵族集团中的地位均不高。[1]其铜器的获取应当来自都邑的分配,其自身也不太可能具备铸铜的权力。

值得注意的是,时代较早的人民公园墓地均为东西向墓[2],这与早商郑州都邑和小胡村发现的南北向贵族墓明显不同。其随葬铜器也并没有采用早商郑州都邑阶段就已经确立的爵、罍和觚组合。这说明伴随晚商时期外来人群定居当地,郑州地区的管理最初也可能是由外来贵族实现的。而偏晚阶段小胡村墓地墓向的变化,则说明晚商时期早、晚阶段郑州地区的管理者很可能存在人群差异。由此可见,安阳都邑对于郑州地区的控制应是通过"委派制"实现的,郑州和安阳均见"舌"铭铜器也应与这种地域控制形式有关。

小胡村墓地出土铜器多带"舌"铭[3],安阳薛家庄也曾出有"舌"铭铜器,并

---

① 刘亦方、张东:《郑州地区晚商文化研究》,《考古》2017年第8期。

② 河南省文物考古研究所:《郑州商城——1953—1985年考古发掘报告》,文物出版社,2001年。

③ 贾连敏、曾晓敏、梁法伟等:《河南荥阳胡村发现晚商贵族墓地》,《中国文物报》2007年1月15日。河南省文物考古研究院:《河南荥阳小胡村墓地商代墓葬发掘简报》,《华夏考古》2015年第1期。

被认为是出自同一墓①。目前已知"舌"铭在除此以外的安阳其他地区较为少见，表明无论"舌"代表族氏还是官职②，使用"舌"铭铜器的人群相对固定，并且可能具有亲属关系。安阳的"舌"铭铜器多集中于殷墟三期，与小胡村铜器的年代基本相当，且至少包含了两套以上（含）觚、爵，出土"舌"铭的种类和组合形式也多于小胡村③（表一），墓主的社会地位也应该高于小胡村。郑州地区的"舌"铭铜器可能就是从安阳都邑拥有同铭的贵族那里获得的。

　　人民公园、小胡村代表了郑州地区晚商不同阶段的贵族团体，是区域内不同时期的执政者和权力拥有者。但从墓葬形制、随葬品种类及数量上看，二者在晚商王朝社会权力阶层中地位均较低，商王朝中心对当地实行委派制管理，派遣到当地的管理者也会发生改换，早、晚阶段区域的管理者相互之间只是权力的交接，而不存在血缘上的关联。

表一　郑州与安阳地区发现的"舌"铭形式④

---

　　① 董作宾：《王孙舌考》，载《董作宾先生全集：甲编》（第三册），艺文印书馆，1977年，第793—801页。齐文心：《关于商代称王的封国君长的探讨》，《历史研究》1985年第2期。汤威：《舌族探微——1933年安阳薛家庄殷墓稽考》，《中原文物》2011年第3期。

　　② 目前学界对晚商铜器族徽铭文的内涵仍存在争议。一般认为族徽铭文指代血缘宗族，但也有学者指出铭文代表了亲属职称，和官职有关。参见曹大志：《"族徽"内涵与商代的国家结构》，《古代文明研究通讯》2018年第1期。

　　③ 汤威：《舌族探微——1933年安阳薛家庄殷墓稽考》，《中原文物》2011年第3期。

　　④ 本文对传世"舌"铭铜器出土信息的认识均依据汤威先生的研究。参见汤威：《舌族探微——1933年安阳薛家庄殷墓稽考》，《中原文物》2011年第3期。

四、结语

随着政治权力中心的转移,郑州地区丧失了王畿的地位,成为安阳王都统治下的一般地区。区域聚落形态也随之发生了巨大变化。当地晚商聚落的数量、规模及层级均存在大幅度地缩减。晚商时期不同阶段,郑州地区有且应该只有一个中心聚落来实现地区控制,这与安阳都邑地区"二级结构"的聚落形态特征相一致。①

伴随着原住人口的大量迁出,郑州地区还汇入了部分外来人口,与留在当地的居民一起组成了自给自足的基层聚落。当地晚商基层聚落并非全是具有血缘关系的同一亲族,而对聚落发挥重要作用的人员,在墓地之中还会随葬稀有的青铜器来标明身份。郑州地区的贵族阶层行使区域管理权,在整体晚商国家贵族集团中的地位较低,并且是由中心都邑进行委派,因而还存在由外来人员实行管理的状况。人民公园和小胡村前后并没有血缘上的联系,却代表了前后接受任命的地区管理者,可见晚商时期郑州地区属于安阳都邑的地域管辖范围内。

本文原刊载于《华夏考古》2022年第2期。

作者简介:

刘亦方,1988年生,河南洛阳人。先后就读于郑州大学、北京大学,2021年自中国科学院大学博士后流动站出站,现为南开大学历史学院考古学与博物馆学系讲师。主要研究方向为城市考古、夏商周考古。

---

① 唐际根、荆志淳:《安阳的"商邑"与"大邑商"》,《考古》2009年第9期。

西周金文中的"贮"和土地关系

王玉哲

一、铜器铭文中出现的"贮"

甲骨文、金文有字作、、、诸形,字从贝从宁,可以隶定为"![字形]"。从第一形看,像置贝于宁中,"宁"大概是储贝器。"![字形]"实即《说文》的"贮"字。许慎说:"贮"是"从贝宁声",笔者看似应改为"从贝从宁,宁亦声"。这个字在西周到底怎么解释,金文学家的说法是很有分歧的。为了讨论的方便,我们不妨将有关铜器铭文的部分辞句,按其时代的先后,撮录出来。含有"贮"字的西周铜器,截至现在,据笔者所知,除了用作人名的不计外,共有下列八器:

(1)周成王时器《中甗》:"乇(厥)贮者言曰……"

(2)周昭王时器《沈子簋》:"休沈子肇田,敚、狙、贮、賨。"

(3)周共王时器《颂鼎》:"王曰:颂,令女(汝)官司成周贮廿家,监司新籍(造),贮用宫御。"(按另外还有五个颂簋,铭文与此基本相同,惟贮字下省略"廿家"两字。王国维谓此系"阙夺",恐非。)

(4)周共王时《格伯簋》(即《倗生簋》):"王才(在)成周,格白(伯)受良马乘于倗生,乇(厥)贮卅田,则析。……用典格白(伯)田。"

(5)周共王时器《卫盉》:"矩白(伯)庶人取堇(瑾)章(璋)于裘卫,才八十朋,乇贮其舍田十田;矩或(又)取赤虎(琥)两、![字形]两、![字形]鞸一,才廿朋,其舍田三田。裘卫迺歔(矢)告于白(伯)邑父、樊白(伯)、定白(伯)、琼白(伯)、单白(伯),白(伯)邑父、樊白、定白、琼白、单白迺令叁(三)有司……眔

---

① 编者注。参见董作宾编:《殷虚文字乙编》上(1948),中(1949),下(1953),"中央研究院"历史语言研究所出版。

② 编者注。参见罗振玉编:《殷虚书契后编》(1916),仓圣明智大学广仓学会1916年影印出版。

(逮)受田。"

(6)周共王时器《五祀卫鼎》(或卫鼎甲):"卫目(以)邦君厉告于井白(伯)、白(伯)邑父、定白(伯)、琼白(伯)、白(伯)俗父曰:厉曰:'父执龚王卹工(功),于邵大室东逆 燹 二川。'曰:'余舍女(汝)田五田。'正延讯厉曰:'女(汝)贮田不?'厉晒许曰:'余审贮田五田。'井白(伯)、白(伯)邑父、定白(伯)、琼白(伯)、白(伯)俗父廼觐。吏(使)厉誓。酒令叄有司……师履裘卫厉田四田。……邦君厉眔(逮)付裘卫田……卫用乍(作)朕文考宝鼎。卫其万年永宝用。隹王五祀。"

(7)周宣王时器《毛公鼎》:"王曰:'父……勿龘(雍)律庶民;贮,毋敢龚橐,龚橐廼敄(侮)鳏寡……"

(8)周宣王时器《兮甲盘》:"王令甲政龠(治)成周四方賨(积),至于南淮夷。淮夷旧我臽晦(贿)人,毋敢不出其臽、其賨、其进人,其贮,毋敢不即𬇙(次)、即𡉚(市)。敢不用命,则即井(刑)㡱(扑)伐。其隹我者侯(诸侯)百生(姓),氒贮,毋不即𡉚(市),毋敢或入𧷴(蛮)宄贮,则亦井(刑)。"

这些器铭中的"贮",或释为"予",或释为"价",或释为"租",或释为"赋",还有解释成"奴隶"的。各种说法,似乎都可以据以通读一两处,但都不能贯通诸铭。

二、"贮"不是予、奴隶、田价、田租,也不是土地的出租

王国维在《颂壶跋》中说:"按贮、予古同部字,贮甘家,犹云锡甘家也。贮用宫御犹云锡用宫御也。"[1]以贮为予在这里似乎可以读通,但与《颂鼎》《颂壶》同人同时所作的《颂簋》,铭文几乎全同,可是在"贮"字下,没有"甘家"二字,作"令女(汝)官司成周贮",这就决不能释贮为予了。

平心和杨宽两位先生则认为"贮"是一种成家的奴隶。[2]如平心在《卜辞金文中所见社会经济史实考释》中说:

> 金文常记锡臣或锡仆,少则四五家,多则三百五十家。奴隶有家,是

---

① 王国维:《观堂集林》附《观堂别集》(卷二)。
② 平心:《卜辞金文中所见社会经济史实考释》,《中华文史论丛》(第1辑);杨宽:《论西周时代的奴隶制生产关系》,《古史新探》,中华书局,1965年,第79页。

我国古代蓄奴制的一个特点。贮以家计,当亦为奴隶之类。"官司成周贮甘家",即是管理成周官徒二十家。……除非解为奴隶,是很难说得通的。

但是,《格伯簋》说:"格伯受良马乘于倗生,乎贮卅田。"这个"贮"字若解释为奴隶,与卅田加在一起,就很难讲通了。平心于是只得把"受良马乘于倗"的"于"字训为"与",又毫无根据地训"倗生"为"贱官",同时把"乎贮卅田"的"田"字划到下句,认为整个句子是说"格伯受王所赐良马四匹及贱官(倗生非人名),并受臣仆三十名"。你看,绕了那么大弯,问题还是没有解决。第一,怎么知道格伯是受赐于王?铭文中半点迹象也没有。第二,倗生训贱官,有何根据?《叀仲作倗生壶》铭可证倗生确是人名,决非贱官。第三、铜器铭文中凡提到"贮"的往往与田有联系(详后),则"乎贮卅田"的"田",从文义上说,决不能与"贮"分开。可见释"贮"为奴隶是难以取信于人的。1975年陕西岐山新发现的《五祀卫鼎》(或称卫鼎甲)铭文,有"女(汝)贮田不"和"余审贮田五田",两句话中的"贮",是动词,当然更不能解释为奴隶了。

还有人把《格伯簋》和《卫盉》中的"贮"读为"价"。最早见于杨树达的《格伯簋跋》中。他说:"乎贮卅田,贮疑读为贾,即今价值之价,谓其价三十田也。"[1]林甘泉先生肯定这一读法,认为"这是以四匹马交换三十田",并又提出:《卫盉》的"矩白庶人取堇章于裘卫,才八十朋乎贮,其舍田十田",也应读为"才八十朋其价"。即是说,"矩伯庶人向裘卫索取觐见周王的玉璋,价钱相当于贝八十朋。矩伯庶人以田十田作为代价"[2]。

这种说法,在《格伯簋》《卫盉》的铭文中,从文理上看,似乎可通。但是,在其他器铭中,如《沈子盉》《颂鼎》《五祀卫鼎》《毛公鼎》《兮甲盘》等中的"贮"若解释为"价",都是难以读通的。其中尤其是《五祀卫鼎》中的两个"贮"字都是动词,决不能读为"价"。林先生也看到这一点,所以,他只把《卫盉》的贮释为价,而把《五祀卫鼎》的贮解作"租"。他说:"贮字可以释为租,又可以释为价,并不抵牾。地租从一定意义上说来,就是出让土地的代价。"

应当说明,地租和地价不是一回事[3]。地租和地价既不相等,为什么把《卫

---

① 杨树达:《积微居金文说》,科学出版社,1959年,第27页。

② 林甘泉:《对西周土地关系的几点新认识——读岐山董家村出土铜器铭文》,《文物》1976年第5期。

③ 参见《资本论》(第三卷),人民出版社,1975年,第911页和第702—703页。

盉》的"贮"释为"价",而把《五祀卫鼎》的"贮"又释为"租"呢？唐兰先生就曾经指出："把卫盉的贮字读为价格的价,而把卫鼎的贮字读为租,这两件器物,制作出于一人,制作时间前后仅隔两年,所记内容又都是土地问题,如果把所用的同一个贮字作两种解释,恐怕是不恰当的。"①

郭沫若先生根据《吕览·乐成篇》所引古谚有"我有田畴,子产赋之,我有衣冠,子产贮之",贮与赋对文,因谓"贮有赋义""贮者赋也、租也"②。这种诠释是精当的。他举《颂鼎》"官司成周贮廿家"、《格伯簋》"氒贮卅田"、《毛公鼎》"贮毋敢龚橐"、《兮甲盘》"毋敢或入蛮宄贮"为例。郭先生的说法,反映了部分史实。林甘泉先生也说《兮甲盘》铭文中的贮,是"指淮夷和诸侯百姓向周王缴纳的贡赋"③。这也说得很对。不过,这种租赋的性质是什么? 如果不进一步分析清楚,也会引起对当时历史的误解。

笔者同意把"贮"解释为"租赋",是说"贮"属于租赋这一范畴,并不认为就是出租土地的"租",或田租的"租"。有人谓《格伯簋》说的是倗生以三十田的田租去换格伯的良马④。既然是拿田租去买良马,为什么还"用典格伯田"呢?

笔者认为"贮"作为名词用,不是田租,作为动词用,当然也就不会是出租或承租的"租"了。

近年来,一些学者主张《五祀卫鼎》铭中的"贮田",是指周共王时贵族私人间出租和承租土地的事。⑤但是,从西周具体的政治经济发展史上看,那时不可能产生贵族之间的租佃关系。马克思从历史上对地租做过全面的科学分析。他说："地租直接就是土地所有者对劳动力的这种超额耗费的占有。""地租的本质就在于地租是剩余价值或剩余劳动的唯一的占统治地位的正常形式。"⑥马克思又指明地租在不同的社会发展阶段上有本质差别,这种差别受制约于一定生产方式的基本经济法则的要求。他特别强调要避免"把适应于社

---

① 唐兰:《用青铜器铭文来研究西周史》的第五注,《文物》1976年第6期。
② 郭沫若:《两周金文辞大系考释》中的《沈子簋》《毛公鼎》等铭释文。
③ 林甘泉:《对西周土地关系的几点新认识——读岐山董家村出土铜器铭文》,《文物》1976年第5期。
④ 郭沫若:《两周金文辞大系考释》中《格伯簋》释文。
⑤ 此说最早正式提出的是林甘泉的《对西周土地关系的几点新认识——读岐山董家村出土铜器铭文》,《文物》1976年第5期。
⑥《资本论》(第三卷),人民出版社,1975年,第892—895页。

会生产过程不同发展阶段的不同地租形式混同起来"①的错误。地租虽然早在奴隶制度时就已产生,但那时地租只表现在小农经济对奴隶主的各种不同形态的赋役。到封建制度的初期,才出现了封建主对农奴的剥削形式:劳动地租和产品地租(货币地租产生较晚)。奴隶社会和初期封建社会的"地租",主要的是存在于直接剥削者与被剥削者之间。一直到封建社会后期和资本主义社会时,土地剥削者中除了土地所有者外,又出现了转手的剥削者,也就是马克思所说的"租地农场主"②。根据马克思的推论,西周的社会不管是奴隶制度,还是初期封建制度,在那个时期绝不会出现转手的剥削者,也就不可能出现贵族之间的出租和承租的租佃关系。

三、西周土地多级所有制和"贮"的贡纳义务

西周既不会出现租佃关系,那么,金文中的"贮田"是属于什么性质呢?要解决这个问题,还需要从土地所有制上说起。

过去,笔者曾对西周的土地所有制做过研究③,对一些人主张西周土地国有制我是不同意的。详细论证在这里就不再重复。简单说来,他们的所谓西周土地国有制最大的根据,是土地不能买卖和地租与课税的合一。其实,不能买卖的土地不一定就属于土地国有。如明清时封建贵族所占有的庄田,依法是不能买卖的。但是,耕种庄田的农民的剩余劳动,大部分归庄田主人所有,而不归国家。这种庄田实质上已为领主贵族所私有。所以,不能一看到西周的土地不能买卖,便认为是土地国有制。至于说到地租与课税的合一,这确是西周土地制度所具有的情况,问题在于这并不是土地国有制的必要条件。因为土地国有制的特征是地主与国家政权的合一,而不单单是地租与课税的合一。地租与课税的合一,是地主与国家合而为一的结果。西周的具体情况,全国耕地的地租和课税的占有者,既不是周天子,也不是与地主合而为一的各诸侯国政府,而是分散在各地的各级领主贵族。当时,周天子只是具有作为一个最大的领主的资格,直接剥削耕种首都附近土地的那部分农民,绝对没有向全国各诸侯领地上的农民进行直接地租剥削的史实。既然占有全国耕地的课税

---

① 同上,第715页。
② 《资本论》(卷三),人民出版社,1975年,第37章《导论》,第693—720页。
③ 王玉哲:《论西周不是土地国有制》,载杨向奎:《中国古代社会与思想研究》(下册),上海人民出版社,1964年,第1038—1049页。

与地租者,并不是与地主合一的国家,那怎么能说是土地国有制呢?

从历史上看,周人克商后,周天子推行分封制,使土地所有制变成了多级领主贵族所有制。最初的土地分封,是用"采地"的形式赏赐的,而这种"采地"后来才变成"领地"。大的功臣得到领地,便是这个地区的领主,也就是诸侯。后来,诸侯也同样地从其领地中拿出一部分土地,赏赐给他自己的亲属和臣属,使之成为采邑主,即卿大夫。卿大夫也照样在自己采邑中拿出一部分土地赏赐他自己的臣属,是为士。就是这样大小贵族从上到下,一级级地赏赐下去,变成"一个隶属一个"的土地多级所有主。赏赐的采地实际是一种"职田"或"禄田",是上级官吏对其下级有功者的报酬,所以叫作"采地"。采邑主只能采取其地之租赋,不含有对土地的完全所有权。①不过,马克思说:"地租的占有是土地所有权借以实现的经济形式。"②封邑主在其采地上既可以征收租税,又有权分赐其下级,那就是已具备了部分的所有权了。这种土地占有关系是下级服从上级的必要条件。一块土地不只有一个所有主,而是属于"一个隶属一个"的多级所有主。在这一系列所有主中,最高的是周天子。因此,当时的诗人说,"溥天之下,莫非王土,率土之滨,莫非王臣"③。多级所有主的土地,当然,也就势必造成"田里不鬻"④了。

这种情况,与西方日耳曼人所建的法兰克王国的历史极为相近。法兰克在墨洛温王朝时,查理·马泰尔实行对赐田的改革,创立了采地制。这就是受赐的土地,终生使用,并附有一定的义务。倘若违背受赐者应尽的义务,上级便以收回采地作为处罚。其从上到下的采邑主的身份等级,据恩格斯在《法兰克时代》一文中说:"由采地制所创造出来的社会等级制度,从国王起,经过大采邑主(帝国直属公爵的前身),到中等采邑主(即以后的贵族),并且从这里起,下至生活在马克公社以内绝大多数的自由的与不自由的农民——在这里,我们已经看到了以后闭锁的封建等级的基础。"⑤这种封建主义土地所有制的等级性质,是阶梯式的。政治上和经济上都有上下级的臣属关系,下级对上级

---

① 参见《左传》庄公元年《正义》,《公羊传》(襄公十五年)何休注和《汉书·刑法志》颜师古注。

②《资本论》(第三卷),人民出版社,1975年,第714页。

③《诗经·小雅·北山》。

④《礼记·王制》。

⑤[德]恩格斯:《德国古代的历史和语言》,人民出版社,1957年,第83页。

的尽忠是以负担一定的义务为条件的。

西周和法兰克所实行的这种土地制度,都可以说是领主贵族的多级所有制。受赐者对土地有部分的支配权,对其上级是隶属关系,其义务是矢忠服从、供应赋役、听其政教号令。如果违反了这些条件,就算是非法。西周金文中一些有关"锡田"的记载,都是属于这类性质的。所谓"贮"则是属于下级对上一级的一种贡纳义务。

《卫盉》铭文说,周共王三年矩伯庶人赏赐其下级裘卫田十田,裘卫以值八十朋的瑾璋作为贡纳义务(贮),献给矩伯。矩伯又赏赐他田三田,裘卫又以值二十朋的礼物作为贡赋(贮)献给矩伯。又如共王时的《格伯簋铭》说的是格伯赐给佣生三十田,而佣生用四匹良马作为贡赋义务献给格伯。①这种赐田邑因为也是国家的政治制度所规定的,有一定的权利和义务,所以,赐田的仪式往往是在周室的执政大臣主持下进行的。受田邑的一方如果不履行对赐田者的赋役或贡纳义务,赐田者就可以向上级控告。像这类事件在金文中也是有反映的。如周厉王时器《𬍡攸从鼎》就是一篇因不履行租赋义务而酿成诉讼的铭文:

　　　𬍡从目攸卫牧告于王曰:'女(汝)□(受)我田牧(亩),弗能许隔从。'王令省。史南目即虢旅,虢旅廼吏(使)攸卫牧誓曰:'我弗具付𬍡从其且(租),射(谢)分田邑,则放'。攸卫牧则誓。从乍朕皇且丁公、皇考㲼公陇鼎。

铭文中"女"下一字残渺不清,杨树达未释,郭沫若先生释为"觅",非是。因"觅"不见于《说文》,当为后起之字。细审原铭字的上部残留所从之爪,似为"受"字。"汝受我田牧"之"牧"读为"晦"。牧、晦二字古时互相通用。②声韵上"晦"字在《初韵》时代虽然与入声的"牧"音似较远,但根据古韵学,"晦"字的韵

① 按《格伯簋》:"格伯受良马乘于佣生",句法与《左传》襄公八年说晋文公"受彤弓于襄王,以为子孙臧"的句法同。《左传》是说周襄王赐给晋文公彤弓。同样的《格伯簋》说的是佣生给格伯四匹马。过去有些人说成为"格伯付良马四匹于佣生",认为格伯用良马去换佣生的卅田,这就把文法搞错了。其实佣生是得田者,又是作簋者。所以,唐兰先生把《格伯簋》改名为《佣生簋》是正确的。

②《尚书·牧誓》及《诗经·大明》文中的"牧野",《说文》(坶字下)及《水经·清水注》作"晦野"。郑氏《书序注》谓《礼记》及《诗》作坶野,古字耳。"(见《诗经·大雅·大明》的《正义》引),是牧、坶、晦三字可通转。而"坶"字从每得声,则牧、晦同音,当可通假。

尾古有舌根辅音-g,后世失落[1],二字的上古音可构拟为:"晦"*mwəg,"牧"*miwək。两字同为明纽,而元音与韵尾又极相近。段玉裁的《六书音均表》把这两字同列入第一部,江有诰的《二十一部谐声表》《入声表》把二字同列入"之部",都是合理的。据此,铭文中"田牧"的"牧",可能是晦的假借字,我们把"田牧"读为"田晦"应当是可以的。

《矞攸从鼎》全铭说的是:矞从封赐给他下级攸卫牧田地,而攸卫牧背约,不肯执行向他交付赋税(租)的义务。于是矞从把攸卫牧控告到周王那里,说:你接受了我的田晦,可是不履行对我应尽的义务。周王把这个案件交付给虢旅处理。虢旅叫攸卫牧立誓说:如果再不交付给矞从租赋,情愿受罚。两人于是作这个鼎以为纪念。

另外,如周共王时器《五祀卫鼎》铭也是一篇因为一个贵族对其上级不履行贡纳义务,而受到控告的铭文。不过,这篇铭文还需要解释一下。因为现在学者都把这篇铭文误认为是土地出租或土地交易的记事。[2]

怎么知道《五祀卫鼎》铭是记载打官司的铭文呢?

第一,铭文云:"卫以邦君厉告于井伯、伯邑父、定伯、𤷍伯、伯俗父曰",这种句型与《曶鼎》的"以限讼于井叔""以匡季告东宫",和《矞攸从鼎》的"以牧卫攸告于王曰"的句法相同。《曶鼎》是说曶和限诉讼于井叔前,曶第二次又向东宫告了匡季一状。《矞攸从鼎》我们在前面已谈了是篇有关诉讼的铭文。以此类推,可知《五祀卫鼎》是指的卫向井伯等执政大臣控告邦君厉。

第二,铭文中一则曰:"厉廼许",再则曰:"使厉誓"。厉一定是对卫有什么亏理的事,或有什么义务未履行,所以他才在执政大臣面前又"许"又"誓"。杨树达说在金文中"许为诉讼之恒用语"[3]。

第三,如果是一般的土地出租或土地交换,牵涉不到周王的利害,周王没有必要派遣五名执政大臣监督执行,也没有使厉立誓的必要。如果把厉看成是被告,而执政大臣乃是案件的处理者,一切问题就焕然冰释。

《五祀卫鼎》全铭的意思是说,裘卫控告他下级邦君厉于执政大臣前。卫

---

① 参看瑞典高本汉(B. Karlgren):《分析字典》(英文本)绪论,第27—29页。

② 参见《文物》1976年第5期、第6期有关文章。

③ 杨树达:《矞攸从鼎跋》,《积微居金文说》(卷一),科学出版社,1959年,第28页。

说,厉以协助共王勤政有功,我(裘卫)曾封赐他田五田(余舍汝田五田)。①邦君厉因未履行贡纳义务,所以裘卫控告了他。执政大臣讯问厉说:"你履行贡纳吗?"(汝贮田不?)厉许诺说:"我一定交纳五田的贡赋。"(余审贮田五田。)执政大臣命令厉立下誓言,并勘查了裘卫赐给厉的四田,余下一田叫邦君厉交还裘卫,以示惩罚(邦君厉罙付裘卫田)。卫胜诉了,于是作鼎以为纪念。

从金文中所透露的这些赐田的事例看,受田者必须履行贡纳义务,而"贮""'是贡纳义务中的一项,另外还有"贲"(《沈子簋》《兮甲盘》)、"舀"(《兮甲盘》)、"且"(《爾攸从鼎》),等等,其具体内容虽然不一样,但性质是相同的。《周礼》说,诸侯向天子纳贡有九种不同的品种:祀贡、嫔贡、器贡、币贡、材贡、货贡、服贡、斿贡和物贡②。低级贵族间贡纳的品种,当然不会这样复杂,有的只有几种,最少的或者只有"贮"一项。

四、小结

通过上面的讨论,我们可以简单地归纳为以下几点:

第一,从金文史料中看,贮既不能释为予,又不能释为奴,它虽然和田地有联系,但不能说是田价、田租,更不能说是土地的出租。因为依照马克思主义的理论看,春秋以前,还没有产生租佃关系的历史条件。

第二,西周在分封制度下,土地变为多级的领主贵族所有制。土地的授受关系和政治上的君臣隶属关系是一致的。"贮"就是受田的下级向赐田的上级履行的封建贡纳义务。如果违反了这种贡纳义务,就要受到控告、遭到判刑或被迫退还赐田之类的惩罚。在这种条件下,自然就形成了"田里不鬻"。

第三,"贮"既确定是属于贡赋性质,这就牵涉到对西周社会经济上的一些具体问题的看法。比如有人根据《格伯簋》认为西周已有用马和田的等值交换,或根据《卫盉》认为当时每田的田值为八朋到七朋,等等,这些说法是否合适,由于对"贮"的理解不正确,都值得重新考虑了。

以上这几点粗浅的看法,是在各家的基础上提出的,不见得完全合理。目的是抛砖引玉,供学术界进一步商榷。

---

① 按《五祀卫鼎》铭文中的"曰:余舍汝田五田",这个"曰"字的主辞是谁? 有的说是周王,认为周王赐给厉田五田。其实这个"曰"和第一个"曰"相同,主辞都是裘卫。

② 参见《周礼·天官·大宰之职》。

附记:

于省吾先生的《甲骨文字释林》一书于1979年出版,其中有《释心》一篇,纠正了过去有人把甲骨文中的"心"与"贝"二字混淆为一的错误,这是非常正确的。但是,这两字在甲骨文中字形确极相近,也不能排除当时即有混用的可能。卜辞中"**卤**"字,从各辞文义观之,有些辞条似仍以释贮为是。

此稿成于1978年1月。近两年报刊上也出现过几篇讨论本问题的文章,笔者已写了再论贮田问题的小文,打算在适当的时候陆续提出来。

本文原刊载于《南开学报(哲学社会科学版)》1983年第3期。

作者简介:

王玉哲(1913—2005),字维商,河北深县人。1936年考入北京大学历史系,师从钱穆先生学治中国古史,1940年大学本科毕业,获文学学士学位。旋即考入北大文科研究所,为史学部研究生,导师为唐兰先生。1943年研究生毕业,获硕士学位。先后受聘于华中大学、湖南大学、南开大学历史系,历任副教授、教授及博士生导师。1979年主持筹建南开大学博物馆学专业并任首任专业主任。曾任天津市高等院校教师晋升职称评审委员会委员、南开大学学术委员会委员、南开大学学位委员会委员、天津市文物保护管理委员会委员、天津市文物博物馆系列高级职称评审委员会主任委员等职。兼任中国先秦史学会副理事长、中国孔子基金会副会长、中国博物馆学会理事、中国殷商文化学会理事等。主要著作有《中国上古史纲》《中华远古史》《古史集林》等,在诸如商族起源、商代社会史、先秦民族史、西周社会性质等研究领域,均作出了重要贡献。

论中国东北地区与朝鲜半岛出土的
短茎曲刃青铜短剑

朱凤瀚

东北地区东周时期的青铜器,仍以不同类、不同型式的青铜短剑为最基本的器类,最富特征,所以讨论东北地区青铜器的资料,亦主要是散布于这一地区各地点的青铜短剑墓出土之器物,而青铜短剑墓的分布按所在地望可以分作四个地区,即辽西、辽东、鸭绿江流域及吉长地区。

一、辽西地区出土东周时期青铜器

辽西地区指今辽宁省之辽河以西地区,主要包括今朝阳地区与锦州市所辖地区,也包括今内蒙古昭乌达盟东部靠近辽宁的宁城一带。

辽西地区的青铜短剑型式较丰富,为了下面讨论的方便,有必要先做一下型式分类。按照短剑的剑叶形制,辽西地区青铜短剑可以分为直刃与曲刃两类,直刃短剑主要发现于今宁城、建平一带,在地域与时间上有一定范围。曲刃短剑则分布广泛,时间延续长,所以需要对其型式做具体的分析。根据已刊资料,辽西地区的曲刃短剑大致可分为三类:

一是甲类 宽实柄。此型剑之柄部可以直接握持(或缠以丝织物)而不用再附加铜或其他质料的剑柄。其形作动物形、人形或扁平形、首部加动物形饰。剑叶两边刃呈波曲状,有凸起的节尖一至三对(图五:6)。

二是乙类 细实茎,即茎作实心的扁柱形或圆柱形,较短,不便直接握持,需另套加剑柄,此种剑茎皆与剑脊连成一体,同西周早期在今关中与中原地区出现的与春秋早、中期在中原地区出现的"柱脊剑"有相近处。由于此种形制的剑较典型的形式是剑叶似琵琶,故考古学者亦称之为"琵琶形剑",东周时期盛行于今中国辽宁及吉林省,在朝鲜半岛也有发现,并成为战国以后流行于朝鲜与日本的"细形剑"的渊源。

短茎曲刃剑虽分布地区广泛,但基本形制特征与形制演变趋势有共性。为了论述的方便,在这里先对短茎曲刃剑做一下型式分类。根据已刊资料,短茎曲刃剑大致可分为三型。

A型 剑叶片双边刃之间有明显凸起的节尖,形成束腰状。

但A型剑从外观上看,还存在剑叶较窄长与较扁宽的两种不同形制,反映了在同一种考古学文化或同一区域中并存的两种工艺设计(如图一:2之AaⅠ式与9之AbⅡ式同出于大连金州亮甲店赵王村一座石板底墓中),而且剑叶较宽阔的形制还有一个特定的主要分布区域(详下文)。从这点上看,将A型再细分为二亚型还是有必要的。在此问题上,已有学者做过区别二者的型式分类工作①,但对此两亚型剑各自的发展系统、空间分布等问题,以往研究似仍有未尽之处,有必要再做进一步讨论。

如上所述,A型短茎曲刃剑基于剑叶呈现窄长与扁宽(实际上这种宽扁主要是靠近茎部的剑叶作扁宽状,使剑叶依节尖为界的前后段显得宽窄差别明显)的两种形制差异,而可分别划分为Aa亚型与Ab亚型。用数值来表示此二亚型的区别,则可以将对此二亚型大致的划分标准表述如下(图一):

Aa型:剑叶近茎部部分最宽处之宽度与剑叶总长之比值在0.24以下(不含0.24)。

Ab型:同上比值在0.24以上(含0.24)。

Aa、Ab型之下式别的划分可以采用以下方法,即以节尖为分界,以剑柄一端为后,以剑锋一端为前,按照剑叶前后段比例数值的不同,并参考其他形制(叶尾、脊突、锋部)的变化情况,可将Aa、Ab型各自按此标准分式,Aa型可分为六式(Ⅰ—Ⅵ),Ab型分为四式(Ⅰ—Ⅳ),诸式具体比值为:

Ⅰ式 前后段比值在0.30—0.59间。叶尾作缓弧形内收,剑脊在与节尖相应的部位也上下突起,形成脊突。剑锋甚短(图一:1、2、8)。

Ⅱ式 同上比值为0.60—0.69。形制特征近同于Ⅰ式(图一:3、9)。

Ⅲ式 同上比值为0.70—0.79,余近同于Ⅰ、Ⅱ式。部分叶尾略显斜折(图一:4、10)。

Ⅳ式 同上比值为0.80—0.99,叶尾或仍同Ⅲ式,但已有作斜折内收的,脊突的鼓出程度弱于以上诸式。锋部加长(指锋部与剑叶全长之比值增大,下同)。通体已较Ⅲ式瘦长(图一:5、11)。

Ⅴ式 同上比值为1.00—1.20,叶尾多作斜折内收,脊突消失,锋部更长,通体亦较Ⅳ式更显得瘦长(图一:6)。

---

① 王建新:《东北亚系青铜短剑分类研究》,《考古学报》2002年第2期。

Ⅵ式 同上比值一般在1.80以上。叶尾作很小角度斜折,锋部极长,与剑叶长度的比值多在0.4以上。通体窄长(图一:7)。

以上Aa型、Ab型诸式中,叶尾由缓弧形向斜折形转变,似非绝对的,尤其是辽东地区流行的Ab型剑中此种变化就不明显或无变化。

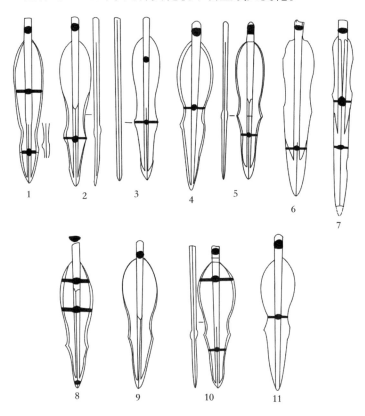

图一　A型短茎曲刃剑诸型式

1~7.Aa型 8~11.Ab型 1~2.Aa型Ⅰ式 3.Aa型Ⅱ式 4.Aa型Ⅲ式 5.Aa型Ⅳ式 6.Aa型Ⅴ式 7.Aa型Ⅵ式 8.Ab型Ⅰ式 9.Ab型Ⅱ式 10.Ab型Ⅲ式 11.Ab型Ⅳ式
1.新金双房M6 2.大连金州亮甲店赵王村 3.朝阳羊山北广富营子 4.旅顺楼上M3 5.朝阳十二台营子M1 6.长海上马石M3 7.长海大长山乡哈仙岛徐家沟 8.吉林永吉星星哨 9.大连金州亮甲店赵王村 10.清原土口子乡门脸村 11.旅顺岗上M3

Aa、Ab二亚型可以认为是在大的工艺特征相同的情况下做局部变化的两种设计形式,但剑叶前、后段比值的变化,应是作为短茎曲刃剑共有的发展趋势,是此种形制特殊的短兵器,在使用中不断总结经验,而逐步进行改进以提高其性能的表现,故可将 Aa、Ab 二亚型的式别变化视为近于同步。

B 型 节尖已不明显或已消失,剑叶靠茎部有一段宽阔,两边刃作缓弧状,其前靠锋部的较长部分两刃较细,向前斜直缓收成锋。叶尾斜折。此型按剑叶有无束腰形制可分二式:

Ⅰ式 剑叶靠近茎部的部分明显宽阔,两刃由此部分向前锋先略收缩,微内凹,再向前呈弧突形后即作斜直状内收成锋,使剑叶略显束腰状(图二:1)。

Ⅱ式 剑叶靠近茎的部分较宽阔。其前部剑叶两刃径作斜直状内收成锋,已无收缩部分,通体较细长(图二:2)。

C 型 剑叶近茎部的较宽阔部分两边刃作直线,略向茎部收缩,与窄叶间平折,形成钝角。又分两个亚型:

Ca 型 剑叶近茎部的宽阔部分较长,窄叶部分两刃平直,至锋部呈弧线内收成尖(图二:3)。

Cb 型 剑叶近茎部的宽阔部分甚短,窄叶部分细长,两刃作斜直状(图二:4)。

以上 B、C 型实际上是从 Aa 型(Ⅳ式)进一步发展形成的,可被视为 A 型这种典型的短茎曲刃剑的变形。

以上乙类 Aa、Ab 型的Ⅰ、Ⅱ式一般不具备铜质 T 字型剑柄,从出土实物看,当时在茎上缠物后安装木柄,柄端绑缚加重器。Ⅲ式则一般已接 T 形铜质剑柄。

关于此类剑所附铜剑柄的形制变化,林沄先生认为可按柄端盘底形状分式,即按盘底两端上翘——平直——两端下垂——两端下垂且盘深凹,边沿呈阶梯形[1]。唯两端上翘是否早于平直似可再斟酌。

---

[1] 林说请参见《中国东北系青铜剑再论》(收入《林沄学术文集》,中国大百科全书出版社,1998 年)。

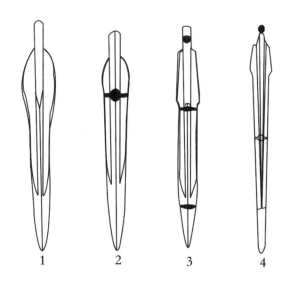

图二　B型、C型短茎曲刃剑诸型式

1、2.B型　3、4.C型　1.B型Ⅰ式　2.B型Ⅱ式　3.Ca型　4.Cb型

（1.凌源三观甸　2.旅顺铁山镇尹家村　3.新宾大四平马架子　4.昌图长发乡霍家村后托拉山）

　　三是丙类 銎茎。茎作喇叭筒形,透顶。因可直接握持(或缠后握持),故称"銎柄"。剑身皆柱脊,贯通至锋尖或至于近锋尖处,剑叶均细长,单曲或双曲,但波曲程度不同,有波曲较大的,或出节尖,亦有微呈波曲状的,无明显波折,无节尖与剑突。按有无格,可分为二亚型:

　　A型 无格,叶尾斜折内收或呈弧形(图三:1、图五:8)。

　　B型 有格,叶尾之上向下斜生短条形剑格,其顶端作重圈形(图二:1)。

　　现已发现的辽西地区以青铜短剑为代表的青铜文化遗存包含有不同类型,在年代上也有早晚之分,需要依据典型青铜器墓资料做具体的分析。

二、诸型式短茎曲刃剑的流行时期

　　综合以上对东北地区各区域出土的短茎曲刃剑年代的分析,诸型式短剑主要流行的时期如图表所示:

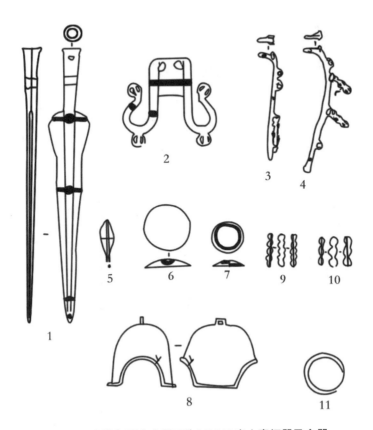

图三　宁城甸子乡小黑石沟 M8061 出土青铜器及金器

1.短剑（208）2.銮（209-1）3、4.马镳（210）5.镞（211）6、7.圆饰件（6、207）8.盔（212）
9、10.联珠形饰　11.金耳环（金器2）

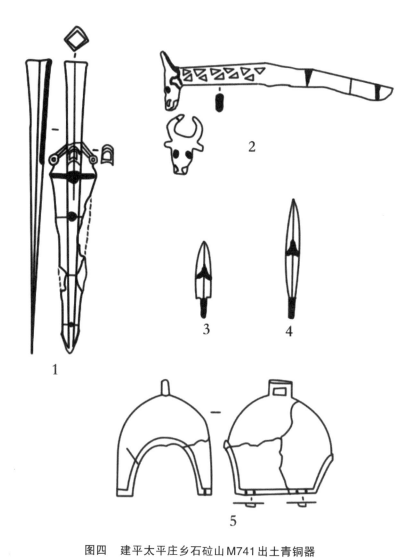

图四　建平太平庄乡石碰山 M741 出土青铜器

1.曲刃短剑(1)　2.牛首刀(5)　3、4.镞(2、3)　5.盔(4)

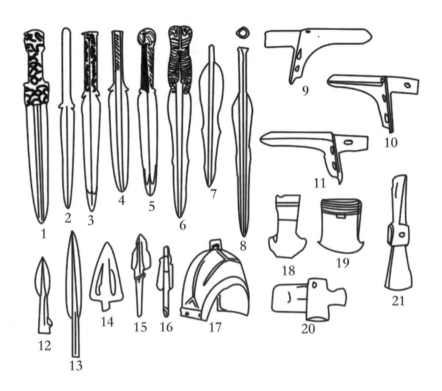

图五 宁城南山根M101出土青铜器(二)

1~5.直刃短剑(35、31、34、32、33);6、7、8.曲刃短剑(35、37、20);9~11.戈(15、16、17);12、13.矛(18、20);14~16.镞(41、40、39);17.盔(29);18~20.斧(48、46、47);21、22.镐(13、14);23~30.刀(50、51、54、53、58、56、55、57);31.马衔(80);32.兽形饰牌(66)

表一　短茎曲刃青铜短剑诸型式流行时期表

型式		西周晚期	春秋时期			战国			西汉
			早期	中期	晚期	早期	中期	晚期	早期
A型（a、b亚型）	I式								
	II式								
	III式								
	IV式								
	V式								
	VI式								
B型	I式								
	II式								
Ca型 Cb型									

A(Aa、Ab)型 I 式约在西周晚期至春秋初，II 式在西周、春秋之际，III 式在春秋早、中期，IV 式在春秋中晚期，V 式在战国早期，VI 式在战国中晚期。B型 I 式约在春秋晚期至战国早期，II 式在战国中晚期至西汉初（在辽东是战国中期，在吉长地区是战国晚期至西汉初）。Ca、Cb 型约在战国晚期至西汉初。

三、诸型式短茎曲刃剑的区域分布

由上文论述东北地区含青铜短剑的诸文化遗存时可知，短茎曲刃剑可以说是此一区域最主要的青铜器类，由此类青铜短剑伴随时空发展而表现出来的型式差别自然有助于从一个重要侧面了解东北地区青铜文化的区域特征与演变情况。现在上文分区域做具体讨论的基础上，对含诸型式短茎曲刃剑之文化遗存的区域分布状态与其产生分布差异之原因，仍按短茎曲刃剑主要分布区域，即辽东、辽西两大区域做归纳与分析。

（一）辽东

辽东地区所出短茎曲刃剑已知所属文化类型的，有双房类型、岗上类型与郑家洼子类型。出短茎曲刃剑的双房类型墓葬，其分布区域从辽东半岛向北经过辽阳、抚顺一带，又向东北经清源，直抵接近吉林的西丰。岗上类型在随葬陶器形制、墓葬形制与葬式诸方面与双房类型有别。可以推定出属岗上类型的短茎曲刃剑的墓葬主要分布在辽东半岛南部旅顺、金县（今金州）一带。属郑家洼子类型的1965年发掘的沈阳郑家洼子M6512为竖穴木椁墓,有独具特色的随葬品与葬俗,不仅不同于以上辽东诸文化类型,也有异于辽西诸类型。

囿于资料报道的简略或出短茎曲刃剑墓保存状况的原因,辽东区域内未能收入上述三种文化类型的出短茎曲刃剑的遗存尚有不少,主要集中于两个区域,一是辽东半岛的大连地区与大连附近海域内长海县诸岛屿,二是辽阳、本溪、抚顺地区。鉴于上述原因,其所属文化类型并不明确。

辽东之东北部、东部除上述属双房类型文化的遗存分布地点外,短茎曲刃剑还出土于昌图、新宾、桓仁及宽甸等地,其存在已属短茎曲刃剑流行之尾声。

(二)辽西

辽西出土短茎曲刃剑的墓葬集中分布于三块区域;

其一,辽西东部沿海地区,锦西、绥中一带。[①]

其二,以朝阳为中心,东及义县。其中可知所属文化类型的,重要者为十二台营子类型。属此种类型或与之有关的含短茎曲刃剑的遗存,不仅在朝阳地区有分布,在此区域以西附近地区,如建平一带,以及沿海的锦西(如锦西乌金塘遗存),甚至辽东中部的本溪一带都有所发现。

其三,是辽西西端的宁城、建平、凌源、喀左一带,属于夏家店上层文化分布区域。代表性的文化类型为南山根类型。如上文所论,1980、1985年发掘的宁城甸子乡小黑石沟遗存亦可归为南山根类型范畴。1966年发掘的喀左南洞沟石椁墓遗存则代表了战国早期以后辽西西部与燕文化密切接触后的青铜短剑遗存之面貌。此一区域内尚有不少短茎曲刃剑遗存属零散发现,所属文化类型不可确知,但与上述南山根类型等可能有密切关系[②]。

为了说明以上辽东、辽西区域内诸文化类型、诸区域所含短茎曲刃剑之型式及其发展脉络,下面以列表(表二)形式将诸型式短茎曲刃剑的文化类型与区域分布做一概括的登记。

---

① 孙守道、徐秉琨:《辽宁寺儿堡等地青铜剑与大伙房石棺墓》,《考古》1964年6期。王云刚:《辽宁绥中县近年发现的青铜短剑》,《北方文物》2002年4期。

② 靳枫毅:《大凌河流域出土的青铜时代遗物》,《文物》1988年11期;辽宁省文物考古研究所、喀左县博物馆:《喀左和尚沟墓地》,《辽海文物学刊》1989年2期;李殿福:《建平孤山子、榆树林子青铜时代墓葬》,《辽海文物学刊》1991年2期;义县文管所:(义县出土青铜短剑),《辽海文物学刊》1993年1期;辽宁省文物考古研究所:(辽宁北票喇嘛洞青铜时代墓葬),《文物》2004年5期;刘大志、柴贵民:《喀左老爷庙乡青铜短剑墓》,《辽海文物学刊》1993年2期。

表二　辽东、辽西出土短茎曲刃剑诸型式的分布

区域	所属文化类型或地区	短茎曲刃剑型式的分布												
		Aa型						Ab型				B型		C型
		AaI	AaII	AaIII	AaIV	AaV	AaVI	AbI	AbII	AbIII	AbIV	BI	BII	Ca	Cb
辽东	双房类型	√							√	√					
	岗上类型			√	√	√					√		√		
	辽东半岛其他地点(大连、旅顺)	√			√	√	√		√	√			√		
	郑家洼子类型			√								√			
	辽阳、本溪、抚顺			√	√									√	√
	昌图、新宾、桓仁、宽甸、岫岩											√	√		√
辽西	东南沿海(绥中,锦西)			√	√							√			
	十二台营子类型		√	√											
	朝阳地区其他地点(朝阳、北票、义县)		√	√	√	√									
	南山根类型			√	√										
	辽西西部(凌源、喀左、建平)			√	√	√						√			

由此表可以将辽东、辽西短茎曲刃剑诸型式之分布的特点做如下归纳：

第一，短茎曲刃剑AaI式仅发现于辽东双房类型文化及辽东半岛上，说明双房类型文化可能是短茎曲刃剑最早出现的文化载体，辽东半岛也是短茎曲刃剑最早出现的区域。如上文所论，双房类型AaI式剑约出现于西周中期，此可视为辽东始出现短茎曲刃剑的时间。

第二，辽东半岛发现的短茎曲刃剑目前仅AaII、AbI暂缺(待发现)外，其余诸型式俱备，可以认为是短茎曲刃剑得到独立、系统发展的区域。

第三，辽西的短茎曲刃剑尚未见AaI式，AaII式出于朝阳地区，而以AaIII、AaIV式为主体，不排斥是受到辽东半岛影响而产生并得到较系统发展的。AaII式约在西周晚期至春秋早期，此也应是辽西始出现短茎曲刃剑的时期。

第四，Ab型短剑主要存在于双房类型中。双房类型遗存虽暂未发现AbI式(见于吉林西团山文化一例)，但在可确定属双房类型的青铜短剑墓中多数出有

此型 II、III 式短剑,说明双房类型文化极可能是 Ab 型短茎曲刃剑萌生的母体。双房类型剑止于 AbIII 式,其下限约在春秋中期,也是此文化类型存在之下限。

第五,Ab 型短剑除存在于双房类型文化中外,仅存在于辽东半岛诸类型文化中。辽东半岛非双房类型诸文化中出现的 Ab 型短剑极可能是受双房类型 Ab 型剑的影响所致,取自双房类型,或为仿制。迄今在辽西地区未见 Ab 型短剑,是辽西地区短茎曲刃剑仅接受了辽东 Aa 型剑的工艺传统。

第六,辽西地区短茎曲刃剑的发展止于 BI 式,BI 式存在于春秋晚期至战国早期,表明辽西地区约自战国中期始不再流行短茎曲刃剑,这无疑与燕的势力在战国中期后东据辽西有关。

第七,BII 型剑仅存在于辽东半岛与辽东中部、东部地区,此是短茎曲刃剑在辽东半岛存在的最晚型式。BII 式剑约行用于战国中期后,下限约在西汉初,此可视为辽东短茎曲刃剑发展之下限。

第八,C 型剑包括 Ca、Cb 二亚型,是由短茎曲刃剑演变而来,已非严格意义上的短茎曲刃剑,只是此类剑的孑遗。目前所知,此型剑流行于战国晚期至西汉早期,仅存在于辽东中部与东部,是短茎曲刃剑在离燕势力稍远地区而得以延续发展的例证。

属西团山文化的永吉星星哨墓地,1979 年在 AM19 中发现 AbI 式剑,参考 AaI 式剑年代,AbI 式剑亦当流行于西周中期至春秋早期。因为短茎曲刃剑非西团山文化之特征性器物,所以不排除是由双房类型遗存与西团山文化遗存交往所致。诸型式短茎曲刃剑在东北诸区域内的分布有一定差异的原因,当与东周时期燕与当时的东北古代民族及各古代民族间的相互关系有关。

据《史记·匈奴列传》记载,燕将秦开曾为质于胡,受胡人信任。"归而袭破走东胡,东胡却千余里……于是燕设置上谷、渔阳、右北平、辽西、辽东以拒胡"。关于秦开破东胡的年代,史书未有明确记载,据陈平先生考证,约在燕昭王三十至三十二年间,即公元前 282 年至前 280 年间[①],时代属战国中期末叶。

东胡在被秦开击破东迁以前,主要活动于辽西,而辽东在燕设辽东郡以前,主要是史载之秽貊族的活动区域。使用短茎曲刃剑的东北古代民族应以此两个民族为主体。春秋至战国早期,辽西、辽东 A 型诸式短茎曲刃剑的盛行及 B 型 I 式短茎曲刃剑的行用,说明此一阶段,东胡、秽貊势力尚强大,而燕国势

---

① 陈平:《燕史纪事编年会按》,北京大学出版社,1995 年。

力尚未能东伸。

战国早期以后的短茎曲刃剑在辽西未见出土,除了未能发现的原因外,似乎亦表明东胡的势力自战国中期始即已在辽西地区有所衰落。前文曾言及,战国中期时,中原式剑已在辽东半岛出现,正是燕势力已经辽西东进逼近辽东的表现。战国中期时在辽东尚有BII式剑流行,但战国晚期以后,BII式剑在辽东已基本不复存在,仅在辽东半岛南端等偏远地带还存在着AaVI式与C型短茎曲刃剑,这正是因为自战国晚期始,燕国已在辽东设立辽东郡,辽东的大部分地域已在燕国控制之下,主要使用短茎曲刃剑的东胡族以及原居住于辽东的秽貊族均已被燕国逐走。

战国晚期至汉初,在吉长地区曾流行剑叶带穿孔的BII式剑,应当是此前在辽东地区流行的BII式剑的遗留,或是受BII式剑影响并略加改造的地方制品。

至于战国晚期至汉初、在辽东东部(今新宾、昌图一带)与鸭绿江流域曾流行过D型短茎曲刃剑,当是因为这两块区域在当时已处于燕辽东郡以外。此时期在燕国控制下的辽东、辽西地区已是中原式剑的天下。

四、附论:关于朝鲜半岛出土的短茎曲刃剑

朝鲜半岛亦出土有与我国东北地区短茎曲刃型剑形制基本相同的铜短剑,出土地点在与我国辽东半岛相毗邻的朝鲜半岛的西部与南部沿海地区。鉴于此类剑形制特征明显,加上出土地地域空间相近,则显然应将朝鲜半岛与我国东北地区的此类短茎曲刃剑作综合考虑,因此,可将上文对东北地区此类剑所做型式分类的标准施用于朝鲜半岛的同类剑。

朝鲜半岛出土的短茎曲刃剑中,笔者从图像中见到,形制完整可以做型式分析的有如下几件:

黄海南道延安郡复兴里金谷洞出土Aa型剑(图六:1),[①]剑叶部分节尖前后比例数为0.78,可归属上述AaIII式,长约24.6厘米。据云出土于泥炭层,有可能出于土圹墓中。[②]此柄剑是目前所知朝鲜半岛短茎曲刃剑中形制较早者。

忠清南道夫余郡松菊里出土Aa型剑(图六:2),同上比数为0.92,可归入

---

①[日]冈内三真:《朝鲜民主主義共和國發現の新資料》,《考古學ジャーメル》,1975年115号。

②[日]小田富士稚、[韩]韩炳三编:《日韩交涉考古学》,六兴出版社,1991年,第102页。

AaIV 式,长 33.4 厘米。剑出于以长椭圆形大石做盖的长台形石棺墓中,同出有磨制石剑、石镞,与用残的短茎曲刃剑之茎及脊下部改造而成的铜凿一件。①

全罗南道丽川市积良洞墓地石棺墓出土剑,已刊图像的共三件,其中一件与刃均残,形制已不太清楚。余二件,一件(图六:3)出于 7 号墓,同上比数为 0.88,当属 AIV 式,长 33 厘米;另 1 件(图六:4)出自 2—1 号墓,已断裂为三段,中有缺损,但仍可看出形制,亦大致可归入 AaIV 式,残长 28.3 厘米,原长当在 30 厘米以上。同墓还出有已残的柳叶铜矛一件。②

庆尚北道星州郡出土剑,已见图像者两件。其一,同上比数为 0.94,可归为 AIV 式,全长 42 厘米;其二,同上比数为 1.07,可归入 AV 式,全长 38.3 厘米。出土状况不清,旧传为茂朱出土,应有 3 柄。同出有双翼式铜镞 1 件,镞身较瘦,双翼尾部较短,呈倒锋伸出关外,③其形制同我国中原地区春秋时期镞有差异。

庆尚北道清道郡礼田洞出土剑,共两件,其一前锋部残。完整的 1 件属 Ab 型(图六:5),同上比数为 0.93,亦当归为 AbIV 式,长 34 厘米。出土地点系用石块堆积之墓葬(或说是祭祀遗迹)。④

平壤兄弟山区西浦出土剑(图六:6),同上比数为 1.02,可归为 AaV 式,长约 26 厘米。⑤

此外,梅原末治曾报道,在平安南道大同江西石岩里出土短茎曲刃剑一。⑥

平安南道价川郡龙兴里出土剑(图六:7)。此剑 1939 年出土,同时还出有青铜小刀、磨制石斧、陨石制饰玉等。其他遗物、出土地点与遗迹情况均已不清。剑身狭长,已无节尖与脊突,剑尾部稍宽阔,两边刃成弧线前收,双边刃作平行状前伸至前部缓收成锋,⑦形制已近于东北地区 BII 式剑。

平安北道义州郡泰山里葛村出土剑(图六:8),形制近同于以上龙兴里剑,

---

① [日]小田富士雄、[韩]韩炳三编:《日韩交涉考古学》,六兴出版社,1991 年,第 252 页,图版 10:1。

② 全南大学:《发掘遗物特别展》,1979 年。

③ [日]小田富士雄、[韩]韩炳三编:《日韩交涉考古学》,又见顾铭学编译:《金元龙教授论朝鲜青铜时代(之一)》,收入《东北亚历史与考古信息》(吉林省文物考古研究所)1990 年 1 期。

④《日韩交涉考古学》引金锺微《庆尚北道清道郡礼田洞出土的辽宁式铜剑》,原文收入《东亚考古与历史》。

⑤ 资料与图像均引自靳枫教:《论东北地区含曲刃青铜短剑的文化遗存》(上、下),《考古学报》,1982 年 4 期、1983 年 3 期。

⑥ 梅原末治:《朝鲜发现の"平形系剑"》,《人类学杂志》,45 卷 8 号。

⑦ [日]小田富士雄、[韩]韩炳三编《日韩交涉考古学》,六兴出版社,1991 年,第 253 页。

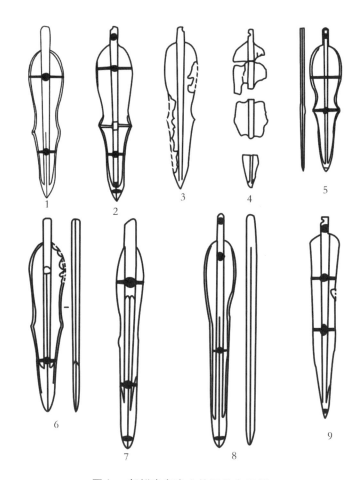

图六　朝鲜半岛出土的短茎曲刃剑

1.Aa型Ⅲ式　2-4.Aa型Ⅳ式　5.Ab型Ⅳ式　6.Aa型Ⅴ式　7、8.B型Ⅱ式　9.Aa型Ⅳ式改造
（1.黄海南道金谷洞 2.忠清南道夫余郡松菊里 3.全罗南道丽川市积良洞M7 4.全罗南道丽川市积良洞M2—1 5.庆尚北道清道郡礼田洞 6.平壤兄弟山区西浦 7.平安南道价川郡龙兴里 8.平安北道义州郡泰山里葛村 9.庆尚南道义昌郡镇东里）

唯剑尾较宽,锋部较短,[①]亦可近似地归属BII式剑。

　　除上述诸剑外,见报道的资料中尚有几件器形需讨论者,现分述如下。

———

　　① 李慧竹译、金志铁:《与琵琶形短剑和细型制短剑有关遗物的新发现》,《东北亚历史与考古信息》1999年1期。

庆尚南道义昌郡镇东里出土剑(图六:9)。此剑现存形制已作短茎、直刃,但脊上近中部仍存曲刃剑之特有的脊突,所以此剑显然是将短茎曲刃剑改造而成。由脊突处可知节尖部位,并由此可测出此剑节尖前后比数为0.93,因此亦当属AaIV型。同墓亦出有柄式石剑与尖链石镞二[①],与上文所述松菊里出土的兵器组合及形制近同。

全罗南道升州郡牛山里8号墓出土剑,此剑现存形制作矛叶形[②],显然是将已折断的短茎曲刃剑的后部加工而成。在牛山里38号石棚墓也出土有2件将残短茎曲刃剑加工所制成的短剑。[③]

类似的情况还见于另两个地点石棺墓中出土的短剑。一是黄海南道白川郡大雅里石棺墓出土的剑,剑身已无曲刃,自剑后向前斜收成锋,斜度较大,前部过尖,且柱脊前伸抵锋部,已不类通常所见剑形。疑亦当是将残损的短茎曲刃剑改制而成。另一例是黄海北道新坪郡仙岩里石棺墓出土的剑,形制特征近于大雅里剑,唯中腰略收缩,可能也是改造品。[④]

上述朝鲜半岛所出短茎曲刃剑,与东北地区同类剑在一些细部上有差异,主要表现在以下三点:

一是部分剑在叶刃节尖部位与脊部多有经锉磨留下的横向凸棱节带,此点靳枫毅已经指出。[⑤]

二是部分剑在茎部靠末端处做一缺口。

三是未有十字形铜剑柄及各式加重器与短茎曲刃剑同出。

这些差异虽存在,但可以视为对东北地区同类剑所做的细微改造,似不影响彼此基本形制的相同。

朝鲜半岛出土的A型短茎曲刃剑中除Aa型外,也有Ab型,而Ab型仅流行于辽东地区。而且朝鲜半岛的诸型式短茎曲刃剑,剑叶尾部多作缓弧线内收于茎部,较晚型式中亦无明显的斜折变化,这点与我国东北辽东地区出土的同

① [日]小田富士雄、[韩]韩炳三编《日韩交涉考古学》,六兴出版社,1991年,第253页。
② 全南大学:《发掘遗物特别展》1979年。
③ 《住岩水坝淹没区发掘报告书》II,1988年,转引自徐光辉译、金荣来:《朝鲜半岛石棚的类型学研究》,《东北亚历史与考古信息》1999年1期。
④ 以上资料转引自徐光辉译、金荣来:《朝鲜半岛石棚的类型学研究》,《东北亚历史与考古信息》1999年1期。
⑤ 靳枫毅:《论东北地区含曲刃青钢短剑的文化遗存)(上、下),《考古学报》1982年4期、1983年3期。

型剑很相近。

迄今为止,朝鲜半岛出短茎曲刃剑的墓葬较零散,缺乏系统的、成批的资料,而且在朝鲜半岛虽然已有多处细形剑铸范发现,[①]但并未发现有以上短茎曲刃剑的铸范,所以出土的这些短茎曲刃剑是否在朝鲜半岛本土制作仍有待研究。由上举几个将残损的短茎曲刃剑再加工改造后继续使用的例子,亦可知在当时的朝鲜半岛,短茎曲刃铜剑还是较珍贵的,这也从侧面证明,当地的短茎曲刃剑很可能是从我国东北地区传入的。

朝鲜半岛出土的短茎曲刃式剑从形制上看,最早的是AaIII式,而多数为AaIV式剑(AbIV式剑)及更晚的形制。据上文所论,在我国东北地区,AaIII式剑流行于春秋早中期,AaIV式剑流行于春秋晚期,AaV式剑流行于战国早期。因此可以认为,朝鲜半岛存在的同型式剑是在相同流行时期或稍晚些时期,由我国东北地区特别是辽东地区传至并使用于当地的。在东北地区,BII式剑在战国中期以后流行于辽东,而朝鲜半岛所出的BII式剑当是同时代的产物,其重要意义在于,此式剑很可能是由A型短茎曲刃剑向产生于朝鲜半岛的细形剑转变的过渡形式。

本文节选于朱凤瀚:《中国古代青铜器综论》,上海古籍出版社,2009年。

作者简介:

朱凤瀚,江苏淮安人,1947年5月生于北京。北京大学博雅讲席教授,曾任南开大学文博专业主任(1987)、南开大学人文学院副院长兼历史系主任(1995)、中国历史博物馆馆长(2000)、中国国家博物馆常务副馆长兼党委副书记(2003)。主要研究领域为中国上古史、古文字、青铜器与商周考古学。著有《商周家族形态研究》《中国青铜器综论》《先秦史研究概要》(合著)、《北京大学藏西汉竹书(一)》等代表作,在《中国社会科学》《历史研究》《考古学报》《考古》《文物》等刊物发表学术论文百余篇,承担国家社科基金重大项目与"冷门绝学"研究专项团队项目、国家重大出版项目、国家文物局委托项目及教育部

---

① 参见[日]阔内三真:《朝鲜におけみ青铜器の制作技术》,收入其《古代东アジアの青铜器制作技术の研究》(研究成果报告书)1990年3月。

哲学社会科学研究重大课题攻关项目多项。兼任全国古籍整理出版规划领导小组成员、国家文物鉴定委员会委员、教育部甲骨文等古文字研究与应用专家委员会委员等职。获"做出突出贡献的中国博士学位获得者"(1991)、国家级"中青年有突出贡献的专家"(1999)等荣誉称号及天津市优秀图书一等奖(2006)、全国古籍优秀图书奖一等奖(2010)、中国出版政府奖(2011)、高等学校科学研究优秀成果奖(人文社科)一等奖(2013)、首届"华人国学大典"之"国学成果奖"(2014)等奖项。

春秋战国组玉研究

杨东明

一、引言

玉石质地坚韧,色泽悦目。为我国物质文化发展史上的重要物类。早在新石器时代,古代先民就利用玉石制成精美的工具、武器和装饰品,其用于仪仗、祭祀和佩带者,应是最早的原始礼器和装饰。古人把礼玉称为瑞玉,《左传·哀公七年》:"禹合诸侯于塗山,执玉帛者万国。"所谓"化干戈为玉帛",就是把兵器变为礼器的意思。汉许慎《说文》:"玉,石之美,有五德,润泽以温,仁之方也;䚡理自外,可以知中,义之方也;其声舒扬,专以远闻,智之方也;不桡不折,勇之方也;锐廉而不忮,絜之方也。"此中虽杂有汉儒发挥的成分,但古人以玉喻人,足见对玉石器的重视。

春秋战国时期,玉器的发展形成了一个高峰期,随着西周奴隶制的没落,封建势力的兴起,以井田制为基础的旧礼乐制度日益崩坏。商周以来,以单件玉器作为礼器和玩赏的传统,已不能满足新的社会思想观念的需要,而赋予玉器以政治、道德、宗教色彩的组成玉器开始盛行并日益完善。

成书于战国至初汉的《礼记》,在《玉藻》篇说:"古之君子必佩玉,右徵、角,左宫、羽,趋以《采齐》,行以《肆夏》,周还中规,折还中矩,进则揖之,退则扬之,然后玉锵鸣也……君子无故,玉不去身,君子于玉比德焉。"

《周礼·大宗伯》:"以玉作六瑞,以等邦国。王执镇圭,公执桓圭,侯执信圭,伯执躬圭,子执穀璧,男执蒲璧。"

又曰:"以玉作六器,以礼天地四方,以苍璧礼天,以黄琮礼地,以青圭礼东方,以赤璋礼南方,以白琥礼西方以玄璜礼北方。"

依文献记载,当时根据社会活动的性质将玉器配成不同的体系,组成装饰以象征道德理想,限定种类尺寸以标明等级身份,编排方位以祭祀天地四方。组玉的使用,寓意着当时种种时代精神的追求。因此探索春秋战国时期成组玉器的真实面貌,对于我们了解当时物质文化的特点,认识春秋战国时社会制度,生活习俗的演变,发掘传统文化深邃的思想含义无不具有特殊的意义。同时认清此时玉器发展的线索对于中国发展史的研究也是不可缺少的一个环节。

由于《周礼》《礼记》《仪礼》等古文献所载古玉使用的制度十分简略,关于各类性质的成组玉器的玉件形制、组合及串联关系,均无明确可考的记载,再加上"三礼"的成书与注释,掺杂了大量战国和数代儒生主观臆想的成分,不能完全信之必然。所幸科学的考古发掘已积累了大量的春秋战国时期可靠的实物资料,为我们了解当时玉器的真实情况提供了条件。郭宝钧先生曾于新中国成立前,根据辉县琉璃阁战国墓群出土的材料做过有益的尝试①。夏鼐先生在总结两汉玉器的发展时,更进一步提出立足于考古发掘资料,参考古文献记载,以考古学方法研究古玉的新途径②。

现据已发掘的春秋战国墓葬情况看,随葬玉器极为普遍,其中尤以璧、璜、圭、环、琥、珑、觽等成组配列的玉器为最多,在纹饰诸方面,均具有新的特点。然而,对于这一历史时期成组玉器所属性质以及使用情况,学术界的认识至今仍较为混乱,一是因为当时周代礼制虽已呈崩坏之势,但旧的传统仍在相当长的时间内部分延续,有的更融为新体系的一部分,这种旧礼制在各地区的反应强弱不一,也为了解春秋战国玉器使用的真实情况增加了困难。二是春秋战国时期,长期的割据局面,使不同地区的区域文化特色加重,各文化地区在制度、习俗等方面形成各具特色的系统,互相间既有统一又有差异。三是汉初尊崇儒术,汉儒将春秋战国时的传统,加以系统化整理,创造出符合儒家思想的古礼制。两千多年来,以"三礼"为依据,用诠经解义式的方法研究东周的古玉,一直是我国玉器研究的传统,影响甚巨。时至今日,虽然在结合实物方面有重大的进步,但旧的框架对于揭示春秋战国用玉的真面目,有极大的束缚性。四是近代考古学传入我国以来,科学发掘的春秋战国墓葬已达数千座,但玉器资料的整理发表一直是薄弱环节。这些原因造成的春秋时期玉器使用问题的认识,出现了莫衷一是的混乱局面。

目前用考古学的方法研究春秋战国玉器尚未深入,许多概念还不清楚,影响了古玉研究的科学性,而首先需要解决的是:

---

① 郭宝钧:《古玉新诠》,《历史语言研究所集刊》(第27本下册),1948年。

② 夏鼐:《汉代的玉器——汉代玉器中传统的延续和变化》,《考古学报》1983年第2期。

　　典型墓葬玉器的年代序列；

　　组成玉器的分类与定名；

　　考古发掘品与古文献记载的异同关系。

　　只有解决好这三个问题，才能突破诠经释义式的方法对古玉的研究束缚。从分析研究考古发掘的实物资料入手，结合文献，对其进行科学的分类与复原，从而逐步揭示春秋战国成组玉器使用的真实面目，进而考察当时礼仪制度与社会习俗的部分内容，便是试图写作本文的目的。

　　这里需要注明几点：

　　文章中所选取的墓葬资料，着重于未被扰乱、盗掘的典型墓和小部分虽经扰乱，但所遗玉器资料仍有重要价值的墓葬。

　　目前我国考古学界所使用的"玉器"一词，是古人所言玉的含义。今日矿物学家则限定玉专指软玉（nephrite）和硬玉（jadeite）[①]。

　　研究古玉的使用情况，矿物学家关于玉的定义无疑过于狭小，因此本文关于玉的含义仍取《说文》"玉为美石"的范畴，包括墓葬中用石质的代用品和明器，下文将不再一一说明。

二、春秋战国典型玉器墓考古年代

（一）考古学区域的划分与春秋战国各地物质文化的差异

　　古玉研究的最大困难，便是玉器自身很少有铭文记载年代与名称。虽然考古发掘已出土了大量的玉器实物资料，但仅依靠玉器自身的特点很难总结其演化发展的规律，判明其年代，也无法进行分区分类的研究。因此，必须借助于春秋战国考古研究的整体成果。随着近代考古学的发展，在考古学文化的区域、类型方面研究上，大大地超越了前人。在春秋战国墓葬断代、分期、分类以及青铜器等典型器类的礼制和形制演变等方面的认识都取得了重大进步。利用已判明年代、国别的墓葬推断同一墓葬中玉器的年代，根据青铜器、其他随葬品及墓葬形制的规格，以考察玉器使用的等级问题，将弥补玉器资料自身的不足，本文主要依据现有条件排列出玉器发展的序列，从而勾画出春秋

---

　　① 夏鼐：《有关安阳殷墟玉器的几个问题》，《殷墟玉器》，文物出版社，1982年。

战国墓葬玉器发展的轨迹。

目前考古发掘的春秋战国墓葬数量较多,资料较丰富的墓地或墓葬有:河南三门峡上村岭虢国墓地、河南光山宝相寺黄君孟夫妇合葬墓、河南洛阳中州路西工段东周墓地、山西侯马上马村晋国墓地群、河南淅川下寺楚墓地、安徽寿县蔡侯墓、陕西宝鸡福临堡秦墓、山西长治分水岭战国墓群、河南辉县战国墓地、山西潞城潞河战国墓、河北邯郸百家村战国墓、山东临淄郎家庄一号战国墓地、河北平山中山国墓、湖北随县曾侯乙墓、湖北江陵雨台山楚墓地、河南淮阳平粮台十六号楚墓等。这些墓群分布于不同地区,考古学界根据考古发掘实物资料同文献记载相结合,将春秋战国时各地划分为7个文化圈,[①]即周晋文化、北方文化、齐鲁文化、吴越文化、巴蜀文化、楚文化、秦文化7个区域。由于各地区在物质文化的内涵、特征等方面均有各自的特点,相互间发展并不平衡,因此考察玉器的发展也必须首先考虑各文化圈的发展历程,进而把握春秋战国时期玉器演进的总体规律。

春秋玉器墓地现已发现者多集中在河南的周晋及楚国北部的江、汉、淮水一带,其他地区材料较少。战国玉器墓分布很广,尤以中原的周晋文化和楚文化境内数量较多,时代前后相连,其他地区多是孤例,限于资料,这里仅以中原文化区域和楚文化区域的玉器发掘为重点,考察年代序列。

(二)各区域典型墓葬玉器断代

1.中原文化圈,以周为中心,东到郑卫,北到晋国南部,地处黄河中游,这一地区发现的玉器墓葬最多。

(1)河南三门峡上村岭虢国墓地,[②]发掘于1955—1959年,是出现成组玉器最早的一个墓地。春秋初,虢公为周王卿士,东周王室建立之初,曾起过重要作用,公元前665年虢国被晋国假道于虞所灭。虢国墓地下限应在虢灭之前即春秋早期。上村岭M1820等墓出土有成组串饰,其他各墓也有大量玉器。如玦、璧、环、璜、簪、腰带饰,以及各种肖生或几何形装饰品,包括鱼形、龙形、两头兽形、蚕形、卵形、牙形、球形、圆柱形等。

(2)河南光山宝相寺黄君孟夫妇合葬墓[③]。1983年发掘,墓中出土记有"黄

---

① 李学勤:《东周与秦代文明》,文物出版社,1984年。
② 中国科学院考古研究所编著:《上村岭虢国墓地》,科学出版社,1959年。
③ 河南信阳文管会、光山县文管会:《春秋早期黄君孟夫妇墓发掘报告》,《考古》1984年第4期。

君孟"和"黄子作黄夫人孟姬"铭文铜器数件。黄国为嬴姓国,故城在潢川县西北6千米,古城遗址至今尚存。《春秋公羊传·僖公十二年》:"冬,楚人灭黄。"即公元前648年,故知此墓年代应早于公元前648年。墓中出土的青铜器风格也是呈现出春秋早期偏晚的特征,直耳鼎已发展成浅腹矮足,鬲的裆和足均较矮,无簋和簠的组合,出现豆等新器物,纹饰出现了春秋中叶流行的细密蟠虺纹等。黄君孟夫妇墓有大量玉器出土。

(3)河南洛阳中州路西工段东周墓地①。中州路西工段260座东周墓的发掘和整理,是20世纪50年代取得的一个重要考古成果。根据陶器的形制和组合,结合地质关系,当时将全部墓葬分为七期。一至三期为春秋时期,四至七期为战国时期,这一断代标准至今仍在沿用。西工段出土玉石器的墓共139座,根据玉石器在墓中摆布的位置和编排形式,《西工段》报告将其分为Ⅲ、Ⅳ、ⅠA、ⅠB、ⅠC、ⅡA、ⅡB七种组合,并总结出玉石器演变的四个阶段。

(4)山西侯马上马村晋国墓群②,上马村墓群是1961年发掘的。春秋时期侯马属晋国,此次发掘的14座墓葬依其陶器的演变可分为四组,其M7、M14出土的Ⅰ式陶鬲与洛阳中州路西工段出土的西周陶鬲近似,铜鼎的形制,纹饰具有西周晚期风格,时代应在春秋早期。第二组M9出土陶器为晚期风格。M5、M11出土的Ⅲ式及Ⅴ式平盖铜鼎,器型也为春秋晚期风格。第三组、第四组陶器组合为鼎、豆、壶、鬲,出现了盘、匜,这些陶器与这一地区的战国陶器相近似。上马村墓地早晚墓葬均有玉器出土。

(5)山西长治分水岭战国墓群,③长治分水岭墓地先后发掘出三十余座古墓。战国时长治为上党郡,处于韩、赵、魏三国交界地带,自三家分晋至秦昭王四十五年(公元前262年)属于韩,这些墓葬多属于这一时期,早、中、晚均有,出土的成组玉器很是丰富。

(6)河南辉县战国墓群④,辉县春秋时属卫,战国时属魏,其墓地包括琉璃阁、固围村、赵固、褚邱四地,1950年发掘的固围村M1、M2、M3为现在已知魏墓

---

① 中国科学院考古研究所编著:《洛阳中州路(西工段)》,科学出版社,1959年。

② 山西省文物管理委员会侯马工作站:《山西侯马上马村东周墓葬》,《考古》1963年第5期。

③ 山西省文物管理委员会:《山西长治分水岭古墓的清理》,《考古学报》1957年第1期。山西省文管会、山西省考古所:《山西长治分水岭战国墓第二次发掘》,《考古》1964年第3期。山西省文物工作站委员会晋东南工作组、山西长治市博物馆:《长治分水岭269、270号东周墓》,《考古学报》1974年第2期。边修成:《山西长治分水岭126号墓发掘简报》,《文物》1972年第4期。

④ 中国科学院考古研究所编著:《辉县发掘报告》,科学出版社,1956年。

中规格最高者,应是魏王室的异穴合葬墓,由于这3座墓多次被盗掘,只有M1、M2出有2个埋玉坑,有两组完整的玉器。辉县墓地的年代,琉璃阁出土成组玉器的M105,其陶器为战国中期风格,褚邱墓地属战国中至晚期,固围村和赵固同属战国晚期。

新中国成立前,辉县琉璃阁墓地曾进行发掘,战国早、中、晚期墓均有发现,出土完整成组玉器很多①。

(7)河北邯郸百家村战国墓②,邯郸战国时代为赵国都城,赵敬侯元年(公元前386年)建都于此,前后相继159年。百家村发现了41座战国墓,多数被盗掘。从现存完整的陶器组合看,墓中基本陶器鼎、豆、壶3种,代表早期的鬲与盂未见发现,因此其时代应为战国中期,未被盗掘的几座墓中,出土玉器较丰富。

2.与中原文化圈相邻的东部的齐鲁文化,北边的燕、赵(北部)、中山文化,西部的秦文化,现已发表的玉器资料很少,且零星不成系统,其墓葬有以下四例。

(1)陕西宝鸡福临堡秦墓③,陶器组合以鼎、簋为主,与斗鸡台M19、M32很接近,出鬲、盒、豆的墓与上村岭和中州路一期同类组合墓相似,因此推断福临堡的几座秦墓,应为春秋早期。

(2)陕西户县宋村秦墓④,宋村墓地葬制和铜礼器风格,为明显的春秋早期特征,应属春秋早期墓地。以上两墓地所出玉器风格与西周相似。

(3)山东临淄郎家庄一号墓⑤,郎家庄距齐国都临淄半千米,地面原有高大夯土堆,主室曾被多次盗掘,所存器物不多,椁室周围环绕17个陪葬坑,尚有7个完整,出土了大量精美的成组玉石水晶串饰、佩饰。此墓已无文字可考,从残存的铜器、陶器碎片看,其时代当属春秋末期至战国初期。

(4)河北平山中山王墓⑥,1974—1978年发掘的平山中山王墓,M1、M6规模巨大。M1出土的铁足大鼎,方壶和圆壶三器,器身刻长篇铭文,铭文追述了公元前316年燕王哙让位给相邦子之,以致"邦亡身死"的史实,推测M1入墓年代

① 郭宝钧:《古玉新诠》,《历史语言研究所集刊》(第27本下册),1948年。
② 河北省文化局文化工作队:《河北邯郸百家村战国墓》,《考古》1962年第12期。
③ 中国科学院考古研究所宝鸡发掘队:《陕西宝鸡福临堡东周墓葬发掘记》,《考古》1963年第10期。
④ 陕西省文管会秦墓发掘组:《陕西户县宋村春秋秦墓发掘简报》,《文物》1975年第10期。
⑤ 山东省博物馆:《临淄郎家庄一号东周殉人墓》,《考古学报》1977年第1期。
⑥ 河北文物管理处:《河北平山县中山国墓葬发掘简报》,《文物》1979年第1期。

应在伐齐燕以后,即公元前310年前后①。中山王墓出土了数量较多的玉器。尤为可贵的是,墓中出土了一批上面书有名称的玉器。

3.南方的楚文化在春秋战国时影响很大,且目前楚墓发掘的数量最多,江陵雨台山②,长沙市郊均发现有大量楚墓群③,但两湖地区成组玉器极少,其他玉器的种类和数量也不多。

已发掘的玉器资料较丰富的楚墓有以下几例。

(1)河南淅川下寺楚墓地④,M1出土的青铜器,从器形和纹饰上看,与安徽寿县蔡侯墓出土器物相似。M2的升鼎盖上有"王子午"的铭文。"王子午"见于《左传·襄公十二年》"楚司马子庚聘于秦"。杜注所称"子庚,庄王子,午也"即公子午,公子午死于楚康王八年(公元前552年)。那么此墓的绝对年代应在本年,这一墓地的时代则为公元前6世纪中叶,属春秋晚期。下寺楚墓出土有大量玉器,与两湖地区墓葬有别。

(2)湖北江陵天星观1号楚墓⑤,1978年发掘,该墓早年被盗,但残存器物仍很丰富,据所存竹简记载,墓主为邸殇君番(潘)勑,表明该墓墓主应是封君。墓中出的"卜筮记录",三条简文记有"秦客公孙紻(鞅)闻(问)王于菽郢之岁"。《天星观》报告推测"秦客公孙鞅"即是秦商鞅。《史记·楚世家》楚宣王三十五年(公元前340年),秦封卫鞅于商,简文的年代应在商鞅受封三年,即公元前361—前340年,天星观M1的年代与之约相仿。

(3)河南淮阳平粮台十六号楚墓⑥,淮阳春秋时为陈国都城,公元前478年陈为楚惠王所灭⑦,楚设陈县。公元前278年秦破郢后,楚重迁都于此,称"陈郢",历时38年。平粮台十六号楚墓出土大量精美的玉器,与辉县魏墓有相似之处,其陶器与江陵第八期(战国晚期)器物相近,时代应在楚都于陈时期。

① 王世民:《三晋地区和中山国的墓葬》,《新中国考古发现和研究》,文物出版社,1984年。
② 荆州地区博物馆:《江陵雨台山楚墓》,文物出版社,1986年。
③ 中国科学院考古研究所编著:《长沙发掘报告》,科学出版社,1957年。
④ 河南省博物馆、淅川县文管会、南阳地区文管会:《河南淅川下寺一号墓发掘简报》,《考古》1981年第2期。
⑤ 湖北荆州地区博物馆:《江陵天星观1号楚墓》,《考古学报》1982年第1期。
⑥ 河南省文物研究所、淮阳县文物保管所:《淮阳平粮台十六号楚墓发掘简报》,《文物》1984年第10期。
⑦ 曹桂岑:《楚都陈城考》,《中原文物》特刊1981年。

(4)安徽长丰杨公战国墓①,1977—1979年长丰杨公清理发掘的9座楚国大墓,都曾被盗掘,但M2、M8、M9仍出有79件精美玉器。据《史记·楚世家》记载,杨公地区为春秋战国时楚国辖地。今实测距后期郢都寿春20千米,出土的陶器,鼎、敦、壶与湖北江陵、湖南长沙等晚期楚墓相似,墓式亦保持楚墓特点,因此其时代应为战国晚期。

(5)安徽寿县蔡侯墓②,蔡国春秋时与楚邻境。公元前493年楚昭王伐蔡,蔡因吴人的解救迁到州来(寿县)。1955年,在寿县发现了蔡昭侯墓,蔡国于公元前447年被楚所灭,从迁都到灭国,仅46年,所以此墓应在公元前493—前447年之间,是春秋晚期。蔡侯墓中出土有排列清晰的一组玉饰,对考察这一时期成组玉饰的情况有重要意义。

(6)湖北随县擂鼓墩曾侯乙墓③是一座年代和墓主都明确的战国早期大墓,其大型铜镈上的铭文记载,为楚惠王五十六年制作的"曾侯乙宗彝"。此墓年代当稍晚于此,曾侯乙墓出土有大量玉器,惜资料尚未全部发表。

此外,东南的吴越和西南的巴蜀地区,先秦时期大型墓葬很少,玉器材料更为分散。1984年发掘的绍兴306号墓,出土玉器较为丰富④,此墓与侯马上马村M13及淅川下寺M2所出铜器风格较为接近,时代应在春秋晚期至战国初期。

(三)典型墓葬考古年代的排列

以上所列各地墓群,由于时代明确或相对明确,按其发展可排出年代顺序

1.中原文化圈典型墓葬玉器群年代排列(见表一)

表一 春秋战国周晋文化区典型墓葬玉器登记表

时代	地点	墓号	随葬玉器	备注
春秋	上村岭	M1052	石戈(圭)石璧、玉玦、鸡血石串饰	列鼎7
		M1852	石圭、石璧、玉玦串饰	列鼎3
	光山黄君孟夫妇合葬墓	G1	石圭、玉瑗、玦、环、虎、圆柱状玦、鱼、管、兽面纹玉饰、人首形玉饰、玛瑙串珠	列鼎2豆2壶2等青铜礼器

① 安徽文物工作队:《安徽长丰杨公发掘九座战国墓》,《考古学集刊》第2集,中国社会科学出版社,1982年,第47—60页。

② 安徽省文物管理委员会、安徽省博物馆:《寿县蔡侯墓出土遗物》,科学出版社,1956年。

③ 随县擂古墩一号墓考古发掘队:《湖北随县曾侯乙墓发掘简报》,《文物》1979年第2期。

④ 浙江省文物管理委员会、浙江省文物考古所、绍兴地区文化局、绍兴市文管会:《绍兴,战国306号墓发掘简报》,《文物》1984年第1期。

续表

时代	地点	墓号	随葬玉器	备注
		G2	璧、环、璜、虎、鱼、牌形玉饰、兽面玉饰、三角形饰、玉雕人头、玛璃串珠、黑色串珠	
	洛阳中州路西工段	M2415	石圭、兽面形玉片、长条形玉片、玉珠	
		M1	石珏、长方形有穿方片(组)柱状石珏	
		M2729	片状石珏(佩玉一组)、长方形有穿石片、石璜(2)、玉珠、松石、石环、长方形石片	
		M467	圆角长方形石璧、石珏、有穿圆形石片、有穿长方形石片	
战国	洛阳中州路西工段	M1316	一组人脸型石片,长方形石片,圆角长方形石璧,玉髓环,虬龙形佩,水晶珠,石璧,石环,石璜	
		M1402	一组人脸形石片,水晶环,水晶珠,绿松石串饰,蓍形石片,长方形石片	
		M2721	石壁,石璜,长方形石片,棱形石片,石环	
		M2717	玉壁,紫晶珠,虬龙玉(一组),石璜,长条形玉,料珠,兽形玉(二组)	
		M1723	脸部有人脸形镂空石片,兽形石片,齿边有孔石片,长条形石片	
春秋	侯马上马村	M14	石圭、玉珏、玉片	
		M13	石圭、玉环、玉璜,圆柱状时石器,石碑,玉鱼,玉兽,玉蚕,玉片,玛璃饰,玉珠	列鼎7
战国	长治分水岭	M269	璧、璜、珏、觽、石片、石圭、扁条形佩玉	
		M270	石圭、石璋、石璧、玉璜、玉环、玉龙佩、玉兽、琥、玉柱、玉牙、玉簪、玉管、玉珏珠、玉片、玛璃环、瑙管、玛璃珠、水晶珠、琉璃珠	
		M126	石圭、玉璧、玉璜、玉琮、玉章、玉牙、玉柱,玛瑙串饰,料珠,水晶珠	
		M25	石圭、玉环、玛瑙环、玉龙佩、玉柱、玉璧、水晶珠、玉片饰、料珠	
		M53	玉璧、玉琮、玉龙、玉柱、玉饰片	
		M14	圭、璜、环、龙、鸥鹞形玉饰、玉珠	列鼎7

时代	地点	墓号	随墓玉器	备注
战国	潞城潞河墓	M7	圭、璧、琮、珑、虎形佩、方玉片棒	
	邯郸百家村	M13	石圭、玉璧、玉环、玉片	
		M20	石圭、玉环、玉片饰	
		M57	石圭、玉璧、玉璜、玉琮、石片饰、玉管、玛瑙环、水晶珠	
		M60	玉璧、玛瑙环、玉牙、方玉、管状玉条、玛璃珠	
	辉县琉璃阁	M1	玉璧、璜、玛璃环、水晶环、珠雕玉佩	
		M75	璧、环、璜、璋、珑、方形玉、有穿玉片、柱玉	
		M105	玉环、璜、片、矣形玉、玉牙	
	固围村	M1（祭坑中）	玉圭、玉筒册、大玉璜、小玉璜、龙佩、环、管、石圭、琉璃珠	
	赵国	M1	璜、龙佩、璧、环、圆玉、方形玉、玉具剑（首、璏、珥、珌）琉璃珠	
	褚邱	M2	玉璜、琮、圆形玉饰、佩玉片饰（一组）、缀玉片（一组）	

春秋早期：

三门峡上村岭虢国墓地玉器群

光山黄君孟夫妇合葬墓玉器群

春秋中期：

洛阳中州路西工段一、二期玉器群

侯马上马村晋墓玉器群

春秋晚期：

洛阳中州路西工段三期玉器群

侯马上马村晋墓玉器群

战国早期：

洛阳中州路西工段四期玉器群

辉县琉璃阁魏墓玉器群

长治分水岭M269、M270玉器群

战国中晚期：

洛阳中州路西工段五至七期玉器群

三门峡上村岭秦国墓玉器群

辉县魏墓玉器群

邯郸百家村赵墓玉器群

2. 楚文化圈典型玉器墓年代排列（见表二）

表二　楚墓典型墓葬玉器登记表

时代	地点	墓号	随墓玉器
春秋	江陵	M201	玉环
	雨台山	M113	玉璧
	淅川下寺	M1	玉璧、瑗、环、玦、虎形璜、牌、梳、笄、玉饰、石珠
战国	江陵天星观	M1	
	江陵望山	M1	玉璧、料珠
		M2	玉璧、璜、瑗、玉佩
	淮阳平粮台	M16	玉璧、璜、方形穿孔玉佩、鼓形佩、玉带钩、玉环、管、玉龙形佩、玉条
	安徽长丰杨公	M2、M8、M9	玉璧、璜、龙佩、圭、环、玉牙、三角形片饰、瓶形饰、条形饰、管形饰

春秋晚期：

淅川下寺楚墓玉器群

战国早中期：

江陵天星观一号楚墓玉器群

战国晚期：

淮阳平粮台楚墓玉器群

长丰杨公楚墓玉器群

3. 其他地区典型玉器墓年代（见表三）

表三　其他地区典型墓葬玉器登记表

时代	地点	墓号	随墓玉器
东周	陕西宝鸡福临堡	M1	石圭、石管、石珠、石蚕、玉鱼
春秋	陕西户县宋村	M3	玉圭、玉戈、玉玦、玉管、玉牌、串珠
春秋	安徽寿县蔡侯墓		璧、璜、长方形条饰、管形饰、环形饰、龙形饰、玉珠、牌、牙
战国	湖北随县曾侯乙墓	M1	璧、环、瑗、璜、玦、佩、梳、带钩
	随县擂鼓墩	M2	玉璜、玉环、石璧、料珠

续表

时代	地点	墓号	随墓玉器
战国	河北平山中山王墓	M1	璧、瑗、环、琥、珑、玉带钩、鼻塞
秦国	河南泌阳秦墓	M	玉璧
战国	绍兴战国墓	M306	圭形玉佩、瑗、琥、龙形佩、璜龙形佩、璜、蝉形佩、牙形佩、方形佩、玉兽面、长方形玉饰、玉扣、玛瑙管、玛瑙笄、玛瑙珠

春秋早期：

宝鸡福临堡秦墓

户县宋村秦墓

春秋中晚期：

寿县蔡侯墓

绍兴306号越墓

战国初期：

临淄郎家庄一号齐墓

平山中山王墓

随县曾侯乙墓

三、成组玉器的演进与分类

(一)春秋成组玉器的发展与分类

商代、西周玉器的主要类别多为单件的几何形和像生形器类①。东周初年,由于礼仪的完善和奢靡之风超越前代,致使标明等级身份,象征权力财富的编组器物风行,列鼎编钟车马成套。玉器也进入成套配列的时期,并用于贵族生前的礼仪佩戴,死后丧葬等事。今日所见最早的成组玉饰,出土于三门峡上村岭虢国墓地。M1052在相当于死者耳部的位置放置一对石珏,颈部有一组鸡血石串饰,由管形珠69枚、马蹄形玉饰4件、圆形玉饰1件组成,胸部有石璧。此墓出有铜戈两件,戈内上铸有"虢太子之徒戈"六字,知墓主人为虢国太子。上村岭墓地从M1820出土玉石装饰品为最多。死者耳部有玉珏,颈部绕一组串饰,胸部置一组串饰,腹部放一组串饰。上村岭墓地共发现58

---

① 郑振香、陈志达:《近年来殷墟新出土的玉器》,《殷墟玉器》,文物出版社,1982年。杨建芳:《西周玉器的特色》,《中国文物世界》1986年第6期。

组串饰,其绝大多数配置比较简单,为以石饰、鸡血石单独串成项链性质的装饰和用圆形、马蹄形小玉饰间隔串列的项链。值得注意的是 M1619∶3—4(见图一)、M1820∶34(见图二)两组,前者出于人架头侧,上边以一件玉璜为挈领,中间分两行,每行各13件鸡血石石珠,下面并穿一件铜珠和一件贝形石饰。后者由577颗鸡血石石珠和21件管形石饰组成,将鸡血石珠纵分为12节,每节又横分若干行,上下各节串联成一条带,有的行节杂串管形石饰,总长52厘米[①]。上村岭墓地还出土了不少石戈(圭)、石璧。这里的玉石器组合主要以串饰为主,具有较多的原始性。

图一　水晶配饰(坑4∶27)

图二　串饰

　　光山黄君孟夫妇合葬墓,出土玉石器为二百余件,可谓春秋早期河南地区玉石器的典型代表,黄君孟夫妇同穴异棺,黄君孟棺椁已被扰乱,其夫人椁室保存完整,棺内玉石器出土时的位置是头骨下散落玉石102件,胸前存有1玉璧,左腰间有1玉雕人头和2件黑玉虎,左脚下散落玉器12件,脚下的玉器计有玉环1件,琥2件,牙形饰2件,牌形玉饰5件,兽面玉饰、蚕纹饰1件。其中牌形玉饰、兽面玉饰、蚕纹玉饰均为扁平状,尺寸在2厘米左右,表面有穿孔,身上的

---

① 中国科学院考古研究所编:《上村岭虢国墓地》,科学出版社,1959年。

缀物,环、珑、牙形饰可组成一组佩玉,头骨下散落玉器包括:玉玦5件,璜2件,虎12件,鱼2件,牙形器4件,牌形器12件,兽面玉饰12件,小玉珠1件,黑色串珠27件,螺旋形器2件,兽首纹饰1件,玉雕兽头1件,三角形饰1件,方形饰1件。这些器物应属几组不同的玉饰,参照脚下的玉饰,璜、虎、鱼、牙形器等,当属悬佩之用,牌形、兽首、三角、方形等器物,器小且多,每件有1—4个穿孔,都是缀于织物之上的玉饰。限于现有资料,墓中玉器怎样排列,尚无法断定,此墓中所出牌形玉饰,不见于前代,但在春秋战国时各地的墓葬中却很常见。黄君孟夫妇墓中出土玉器的种类远较上村岭墓地丰富,据玉器出土位置及各类玉器特点观察,此时成组佩列玉器用于佩戴和服玉形饰,已经确立。同穴中的黄君孟墓虽然被破坏,但出土玉器也十分丰富。

同属于春秋初期的关中地区宝鸡福临堡秦墓出土玉器,却更多地保留有西周风格,其M1出土的玉石器为玉圭、玉玦、石管、石珠、玉鱼、玉蚕。串珠由石管、石珠组成,置于胸前,尚不见成组配列的玉石器。[1]户县宋村秦M3,出土的玉石器与宝鸡福临堡墓相似,但有2件玉牌出土。[2]这种现象表明玉器的发展,在各地区存在着不平衡性,洛阳西工段一期M2415,为该墓地春秋早期墓出土玉器最多者,骨架腹部有玉圭,胸部放置兽形玉片,腹部有长方形玉片、石珠。该墓为铜鼎墓,规格稍低,所出玉器均不成组。春秋早期的几个典型玉器墓,以黄君孟夫妇墓最为完备,已出现由环、璜、虎、牙等配列的佩玉组成和缀于织物上的牌形、兽形小玉饰。

洛阳西工段二期墓葬,相当于春秋中叶,这一时期的M1、M6、M4出土的玉器状况为:耳部有2件片状玉玦,颈部有数件齿边有穿的长方形石片(有的被压左颈下)。M1在颈部左侧出一件柱形石玦,左右手掌各有一件长方形石片。M105、M133等墓只出玉玦,或有石圭。《洛阳中州路西工段》报告,将前者定位玉器组成IA类,后者定为玉器组合IB类。齿边石片,长2厘米左右,四角有细穿孔,个别者饰有涡纹,其作用应与黄墓所出土的玉器一致。

春秋晚期,以洛阳中州路西工段第三期为代表,M2729玉器排列位置:两耳各有1件片状石玦,脸上有6件平边有穿长方形石片,两耳下各有3件相互对称

① 中国科学院考古研究所宝鸡发掘队:《陕西宝鸡福临堡东周墓葬发掘记》,《考古》1963年第10期。

② 陕西省文管会秦墓发掘组:《陕西户县宋村春秋秦墓发掘简报》,《文物》1975年第10期。

的水晶和绿松石珠,颈部有4件水晶和绿松石珠,腹部有1组由2件玉璜和3件绿松石和石珠组成的佩玉。脚部有碎石片,棺外有长方形石片和石环。该墓主身上的玉器组合为两组。属于同一时期的西工段M467,玉器等较特殊,头顶上有1件长方形石璧,脸上及两侧有2件片状有穿石块和11件有穿圆形石片,胸部有11件齿边有穿上方形石片,腹部有1件石璜和1件石片,脚下2件长方形石片。《洛阳中州路西工段》报告将上述墓玉玦与脸部石片定位IC类组合同时将颈部有数件至十数件齿边或平边有穿长方形石片的玉器定为IP组合。春秋晚期此类墓葬数也不少。这时期西工段还出现另一类型即IA类组合:脸上有1组像人脸型石片,用像人五官形的石片排列于面部,在头骨上或下放一件方璧,两耳处放一件有穿圆形石片,两颊部位排列若干兽形石片,再在石片的两侧和下边放数件至数十件长方形石片,这些石片大部分穿孔。《洛阳中州路西工段》报告,将春秋墓葬中成组玉器划分为IA、IB、IC、ID、IIA,主要是依据人头骨部玉石片的形制和位置区分的。使用这种方法很难看出各类成组玉器的性质差别和玉片之外其他玉器的演化历程。头骨部位的玉片,虽然随时代的不同和墓葬不一而在出土位置和形制上有所差别,但就其使用来讲,IB与ID、IC与IIA无疑为同一性质,关于这类玉器的用途问题,下文将做叙述。

　　山西侯马上马村M13,时代为春秋中晚期,与中州路第二、三期相当,这座墓规模较大,出土器物丰富,青铜礼器出土铜鼎7件,簋4件。玉石器出土位置明确,骨架面部有7件完整,整件残碎的扁平长方形四角有穿玉片,耳部有2件玉玦,下颌部发现玉璜1件,人身上放置由玛瑙珠、玉珠、骨珠、玉环、玉兽组成的串饰2串(见图三)。此外还有小玛瑙环、玉兽、柱状形器、石碑等。上马村M13出土的玉器中,玦、片状长方形玉饰的位置形状与西工段三期IC类似,身上所置2组串饰明确,为研究春秋中期成组玉饰提供了可靠的例证。与上马村M13时代相仿的山西长子县东周墓M7[①]为晋国大墓,出土列鼎5件,玉器出土位置多集中在人骨架上半身,计有蝌蚪纹玉瑗1件,青玉瑗(环)29件,玛瑙瑗(环)14件、玉环11件、璜13件,较独特的是在人骨架上半身放置斜长方形玉片2件,长18.7厘米,上有文身,长方形玉片2件,长26.4厘米,上有穿孔。另外还有圆形玉片7件,玉柱3件;龙形佩19件;虎头形玉雕9件,弧背,中间有穿孔。这些与西工段三期所出玉器均有差别。

---

① 山西省考古研究所:《山西长子县东周墓》,《考古学报》1984年第4期。

图三　侯马上马村M13串珠

　　楚文化区域内,春秋早中期的墓在江陵地区、长沙地区发现的数量虽然很多,但所出玉器较少,种类主要有环、璧、珠等,未见成组玉器出土。①淅川下寺墓地位于河南南部,当属楚国北部,这里发现了春秋晚期9座楚国贵族大墓。M1墓室西北部放置一组玉石器包括玉璧2件、玉瑗2件,玉环2件、玉玦2件、龙形玉璜2件,玉牌(齿边长方形玉片)2件,大者表面为兽面纹,小者为窃曲纹,玉梳1件,玉笄2件,另有小玉环、长方形玉片、蚕形玉璜等39件,石珠2串。该墓所出小玉牌与黄君孟夫人墓所出G2:25B、37相同,2件玉虎与黄墓Ⅱ式虎相同。邻近楚国的安徽寿县蔡侯墓,时代为春秋晚期,该墓出土玉器51件,出土时位置明确,可为参考。蔡侯墓坑漆棺痕迹处,满铺1层朱砂,朱砂下面有排列整齐的1组玉器,由玉璧2件、玉璜2件、管形饰2件、环形饰2件、扁形饰1件、龙形饰2件组成。靠近头部出1组长方形有穿玉片。这组玉器,长方形玉片,与黄君孟墓、中州路出土者相同,亦为缀于织物之玉饰,其余各器当为悬佩玉,其主干为环、璜、璧、龙。淅川下寺M1所出玉器种类与此相仿。其散落的璧、瑗、环、璜、琥亦当为成组配饰。蔡侯墓棺西邻出土1组笄形玉饰5件与黄君孟夫妇墓所出龙纹玉牌形制相近。黄西南出土8件觽形玉饰,两两成对,另外墓中出土玉珠4件,紫晶珠5件,绿松石1518件。

　　春秋成组玉器发展的线索,以周晋地区较为清楚,典型玉器墓按时代基本可上下相连,从上述总的情况看,这一时期成组玉器依其形制使用的形制可以分为3类:

---

　　① 山西省考古研究所:《山西长子县东周墓》,《考古学报》1984年第4期。

串饰类

组佩类(悬挂、佩戴的玉器组合)

服玉与葬玉类(缀于织物覆面或覆身)

关于串饰的玉石珠,自原始社会出现装饰品时,即已存在,到春秋早期发生了新的变化,春秋串饰又可分为3小类:(1)串珠;(2)串珠杂合小型玉件;(3)由小玉环、冲牙小玉璜、兽形玉组成的组串。第1种类型的串珠从春秋早期到晚期一直存在,串珠的治料以石、玛瑙、松石等为主。第2种类型实例最早见于上村岭墓地,M1720、M1662:7、M1820:43为此类典型形态。串饰用圆形、马蹄形玉、杂石玉、玛瑙珠,间隔串成①,这种类型在上村岭墓群中较为流行,春秋中后期,佩玉兴起,这种串饰较少,也不如前期规整。如春秋中期侯马上马村M13所出串玉,系由玛瑙珠、骨珠、玉珠、玉环及玉兽组成②。第3种类型的串饰,完整的例子最早见于寿县蔡侯墓,该墓出土的八件觿形玉饰出土时为一组,两两成对,均一端有孔③。与此时代相仿的淅川下寺M1所处的小玉环,玉觿形器,半管状玦形饰,与蔡侯墓用法应为一致。中川路第2、3期墓葬中有为数不少的各种类型的小玉片、小玉饰出土,这些玉器出土时位置散乱,但多数有穿孔,是否用作串饰,尚无法确定。

组佩(成组悬佩玉器),关于组佩的名称,历来比较混乱,《周礼·玉府》:"掌王之金玉玩好兵器,凡良货贿之藏。共王之服玉、佩玉、珠玉。"这里所称的服玉应是指缀于衣服之玉,佩玉是指悬挂之玉,珠玉则指各种质料的串饰而言。郭宝钧《古玉新诠》仍用佩玉之名,然古人及近代学者也有称成组佩玉为"玉佩"者④,考古界也往往将墓中所出成组玉饰一概称为"佩玉"。依笔者之见,对于佩带的成组玉饰应专称为"佩玉"或"组佩","玉佩"之名由于现代含义较狭小,易引起混乱,不用为宜。

组佩初见端倪于上村岭M1820:34,这组串饰,系由石管和石珠串成纵行,

① 中国科学院考古研究所编著:《上村岭虢国墓地》,科学出版社,1959年,见书中图二十四、二十五。

② 山西省文物管理委员会侯马工作站:《山西侯马上马村东周墓葬》,《考古》1963年第5期,见文中图一七。

③ 安徽省文物管理委员会、安徽省博物馆:《寿县蔡侯墓出土遗物》,科学出版社,1956年,见书中图二十九。

④ 此称法见(清)俞樾《玉佩考》,《皇清经解》(卷35);劳干《玉佩与刚卯》,《历史语言所集刊》(27本),台北,1956年。

佩戴于死者的腰部,虽然不能称之为"组佩",但其装饰性与组佩相似,可谓开春秋战国成组配列的先河。春秋组佩的玉件种类主要有:环(或璧)、璜、龙、牙、鎏(扁管状玉)、虎、珠等。已见其串联方式可分为3种,一是挈领下单行悬佩,二是挈领下双行悬佩,三是挈领下以环或璜为中心,其下再分行悬佩。现已出土的数组佩玉,玉件种类组合多不相同,似标明当时没有形成一致的体例。用作挈领的多数为环或璜。如中州路M2717,第3组佩玉以璜为领,下垂双兽形玉,M2729,2件玉璜下悬4个玉管、1个玉珠。黄君孟夫妇墓出土的玉组佩和蔡侯墓出土的组佩均以环为挈领。由璜管、牙(或龙)珠等组成。根据出土时的位置考察这2组玉器当系双行并列悬佩的形式,这种形式还见于淅川下寺M1所出1组玉饰,由环、璧、瑗、璜、牙组成,2件虎形璜均一端有孔,当为佩玉,两行悬坠之用,因此此组佩玉也是环、璧为挈领双行悬佩的方式。

　　服玉与葬玉为春秋时兴起的玉类,《周礼·玉府》所言之"服玉",应属春秋墓中普遍出土的长方形平边或齿边有穿玉石片及兽面形饰、石牌等。考古学界一直倾向认为此类玉器为覆于死者面部的"幎目"[1],此说源于《礼仪·士丧礼》"幎目用缁"的记载,观察这些玉石片出土时的位置和形态,这一说法不能成立。①出土时遗物位置明确的墓葬,墓玉石片不在人头骨面部,今所见最早的1例为黄君孟夫人墓中的2组,1组出于头骨下靠颈部,1组出于左脚下。中川路西工段第2、3期墓葬中出此类玉器的,无一不在头骨下,典型如M1出于颈部,M67出于胸部。仅上马村M13一例,报告谓出于面部,但根据两耳玦的观察,此组玉玦亦应在靠近颈部。如为面饰,绝无黄夫人墓置于脚下之理,寿县蔡侯墓所出明显成一列,排于颈部。②黄君孟夫妇墓、蔡侯墓、淅川下寺M1等所出玉片,玉兽面饰,玉牌等表面均刻有精美的花纹(图四)。幎目为用于殓葬之用,而以上所出均可作为日常生活中配饰之用,中州路所出石片虽多为明器,但不能谓此类型器物只能为丧葬用。③户县宋村秦墓,侯马上马村M14等仅出玉石片(长方有穿)2件,用于幎目,数量较少。

---

① 贾峨:《关于河南出土东周玉器的几个问题》,《文物》1983年第4期。

图四　辉县琉璃阁战国墓M105出土玉片

古文献中记载服玉,专指饰于冠饰上的玉器。《周礼·玉府》郑注引郑司农云:"服玉,冠饰十二玉者。"贾公彦疏:"案,弁师掌五冕,衮冕十二旒,鷩冕九旒,毳冕七旒,绨冕五旒,玄冕三旒,皆十二玉。冕则冠也。弁师又有皮弁、韦弁、冠弁,亦皆十二玉,故云冠饰十二玉也。"①《说文》:"弁,冕也。"②郑、贾二人认为服玉专指饰于冠饰上的玉器但未言服玉形状如何,此类玉片为缀附于织物上的玉饰可以无疑,如上所述,它一般处于头颈部位,如黄君孟夫人墓,但也有处于身上者,如长治小山头、洛阳西工段,表明"服玉"仅指冠饰玉,不足以盖全。《礼记·玉藻》:"天子玉藻:十有二旒,前后邃延,龙卷以祭。"③意指天子祭祀,佩戴缀有玉饰的藻绘的冠冕、服装,并未专指冕饰。孙诒让《周礼正义》在《玉府》按语中说:"弁师又有玉笄,玉瑱,当亦在服玉之内。"玉笄,属发饰,玉瑱为耳饰,也不在冠饰之列。从已掌握材料观察,服玉还应包括缀于衣服上的玉片。依黄君孟夫人墓出土情况看,孙说有一定道理,在考古发掘的玉石器中,属装饰品一类的串饰(珠玉),组佩(佩玉)已经确定,而此类"服玉"即缀于冠饰服装上的玉饰,正与古籍记载相合。

葬玉专指用于埋葬的玉器,通常指玉含、玉握、玉面幕(汉代演化成玉衣)、玉塞。其中玉含、玉握商代已经出现,其演变较清楚,④玉塞为汉代葬玉,这里不详述。"玉面幕"为春秋战国时期出现的玉器种类,"幎目"一词两见于《礼仪·士丧礼》"幎目用缁""商祝掩瑱设幎目",注:"幎目,覆面者。"春秋末战国初,洛阳中州路西工段三期的IA类组合,当属此种用途。其社会根源、思想根源与当

①《周礼·玉府》,《十三经注疏》,中华书局,1929年。
②(清)段玉裁:《说文解字注》,上海古籍出版社,1981年。
③《礼记·玉藻》,四部备要本。
④ 夏鼐:《汉代的玉器—汉代玉器中传统的延续和变化》,《考古学报》1983年第2期。

时阴阳五行学说兴起有关。帽目的出现,就器物的形制来讲,与服玉有直接联系。中州路西工段三期墓葬表明,当葬玉组合出现时,原属服玉的饰于颈部的长方齿边有穿石片混杂其中的现象,这些玉石可能直接由服玉转化为葬玉。同时这一时期服玉仍然用于一些墓葬中,反映出社会风气处于变化之中。葬玉的形式,一种为人五官部位玉石片,耳、目、口、鼻各有形象相近的石片,两颊排兽形石片。另一种是胸腹部放圆形、方形石片、石璧,或在手脚部放二三件兽形或方形石片。有的学者考证手边的石片为《礼义·士丧礼》所记载"握手用玄,缥里,长尺二寸,广五寸,牢中旁寸,着,组系"中的"握"。[①]

(二)战国各类组玉的发展与完善

战国时期,成组玉器更为盛行。由于诸侯势力兴起,井田制的彻底破坏,奴隶社会所残存下来的礼制,此时已基本不复存在。社会生活呈现出"礼崩乐坏"的局面。新兴地主阶级在摆脱旧等级制的严格束缚后,于生活上日益追求奢华,厚葬之风更重。各地区墓葬中出土玉器的数量大大超过春秋时期。依考古发掘品的使用性质区分,战国玉器类别与春秋时基本相同,形制上却有许多新的发展与变化。

战国组玉在春秋的基础上继续发展与完善。类别仍分为3种:串饰、组佩、服玉与葬玉。这三类中串饰仍较简单,易于区分;佩玉中的璧与前代礼器的璧较难做出明确的分辨。尤其是该时期数量众多的玉璧开始用作辟邪,更增加了识别其使用性质的难度。大量的穿孔玉片饰广泛出土于战国北方墓葬中,是属于随葬的服玉,还是为敛尸的葬玉,在许多墓中也不易一一识别。我们只能根据出土位置明确,串联关系清楚的墓葬特例,对成组玉器发展的规律和组玉的面貌进行推论。

串饰,I类串饰在战国早至晚期各地墓葬中都有大量出土,不再详述。II类,战国早期者,以临淄郎家庄M1陪葬坑出土得最完整。[②]坑1、10、12,各出1串由枣核形方解石珠夹以方形、璜形青石片串成的串饰(报告分串珠为甲、乙、丙3种,此为甲种)。出土位置在颈部或腕部。出土位置在颈部或腕部,坑8出1组由枣核形方解石和2枚扁圆骨珠相间穿成,中间杂以方形蚌片,最下用条形蚌片相连(乙种)。另外坑2还出1串内由玉髓管串成的串饰。

---

① 贾峨:《关于河南出土东周玉器的几个问题》,《文物》1983年第4期。
② 山东省博物馆:《临淄郎家庄一号东周殉人墓》,《考古学报》1977年第1期。

组佩,战国各地墓葬中出土最多,典型材料有:战国早期洛阳西工段M1316、M2717,出土了完整的2例。M1311组,上边是玉髓环,中间分两行,一行是石璧,另一行是玉髓环,下边并穿一件虬龙佩,各层间杂以绿松石和水晶珠。M2717出土了3组玉佩,两组在人架腹部,排列为:上边玉璧,中间穿瑬玉(扁管状玉器),最下系一件虬龙形玉器,另1组为以环为挈领,中间1条瑬玉,下垂2件兽形玉饰。长治分水岭M11时代当属战国中期,出土玉佩种类有玛瑙环4件,龙形玉佩2件,玛瑙觿(牙)2件,方形玉饰1件。M12、M53等墓所出的玉饰种类与M4相似,均可佩成以环为挈领,下垂龙、牙、方玉的组配形式。这一形式与前述中州路M1316、M2717出土地2种以环为挈领的组佩,在结合与串联上都有不同,与春秋时期的光山黄君孟夫人墓、寿县蔡侯墓出土的佩玉形式相近。

临淄郎家庄M1陪葬坑中,出土了20组完整玉髓、水晶成组佩饰,这些佩饰均以环为挈领。此墓地位于齐鲁文化的范围内,该地区组佩的早期形态尚不清楚,但它对于了解战国初期各文化圈组佩差异性,复原组佩的串联方法有重要价值。M1七个陪葬坑共出20组佩饰,分为玉髓和水晶两类:玉髓佩饰6组,一种由环和蚕形饰组成,环与蚕形饰数量多少不一,表明此种玉佩的穿结似无严格的定制。依蚕形饰的形状及头端的撞痕推测,佩饰的串联为上端以环为挈领,提环环下垂双行蚕形饰;另一种只一组,由26个玉髓环组成(坑13)。推测该组佩的串联可能:上以两个较大的环为挈领,下分三行,每行八环,中行环较大。组佩呈"玉连环"状。

水晶佩饰出土14组。《郎家庄》报告将类分为甲、乙、丙、丁4种串法。甲种7组,出于坑10的两组,仍保持着原状。它以水晶环为挈领和饰尾,中间串以各种水晶珠、紫晶珠,或少数石珠、玛瑙珠。珠的配合有一定规律,乙种3组以环为挈领,玉髓璜为饰尾,中间串各类珠子。丙种3组,由5至8枚水晶环组成。丁种是水晶管串饰。

从佩饰在坑中的位置观察,甲、丙两种多出于腿部或足旁,可能与玉佩饰一样是悬挂在下身的。乙种佩饰出于胸部,应属胸饰。郎家庄M1出土的玉髓,水晶组佩与中州路西工段,上村岭等地同期墓葬所出的玉组佩差别甚大,当为地域文化间差异所致,同时这种情况也表明,在齐鲁文化范围内,组佩已形成一个独具特色的系统。

河南、安徽地区战国楚墓出土了大量玉石器、两湖地区楚墓同春秋时一样,玉器仍较少。现今所见江陵雨台山墓地,长沙墓地战国玉器仍以环、璧、管、珠为主。雨台山三期(战国早期)M403出土玉环9件、玉管20件,M471出土玉环2件、玉璧6件、璜1件,可配列成组佩。江陵望山M2,出土玉石器50件,是当地楚墓出土玉器较丰富的一座,棺内出有玉璧、玉璜、玉龙形佩可成组佩①。安徽淮阳平粮台十六号楚墓出土玉器35件,其中25件出于棺内,另有1组出于棺东北角。棺内玉器排列有序,墓主人头枕玉璧、足蹬玉璧、胸部又放1件玉璧、龙形玉佩、方形玉佩、玉管、玉璜置于身上。在棺东北角的1组玉器计有玉环1件、玉璜2件、玉龙3件、料珠几枚。玉环为椭圆形,有一金钿镶在玉环上,应是组佩和挈领。这里玉器的组合推测为:

环+$\begin{matrix}兽首形璜\\兽首形璜\end{matrix}$+龙形佩

棺内死者左上部的环(M16:10)、椭圆形环(M16:58)、龙(M16:18)应为1组佩玉。置于身体下部璜(M16:18)、鼓形佩、龙形佩(M16:19)2件又成1组佩玉。此墓棺内的2件青玉残璜及数件玉龙的悬佩组合难以断明。楚墓组佩以环璧为挈领的较多,两湖楚墓和平粮台楚墓此特点十分明显,这种特征与春秋楚墓是一致的。

三晋墓葬中玉组佩的出土相当普遍,组佩的形式复杂,种类较多。辉县琉璃阁M60多战国初年贵族墓,死者胸前佩玉119件,郭宝钧先生将其配为6组②。

第一组:瑬(长条状玉管)1、珩(璜状)1、珠玑3、瑬1、珠玑14、璧1、瑬12。

第二组:系璧、珩(璜)、玑、冲(方形玉)、牙。

第三组:系璧、珩(璜)、瑬、冲(方形玉)、珠玑、牙。

M1为战国晚期一女子墓,出土珠玉水晶35件,内计玉珩(璜)4件、玉璧2件、玉环4件、玛瑙环5件、水晶环3件、雕玉佩3件、玉瑬1件、水晶松石珠13件。郭先生配其为8组,其中第六组玛瑙饰,置于下腹出土时位置明确,其串联为:

玛瑙小环(白)+水晶珠玑(各色相间)+玛瑙大环(白)+玛瑙小环(黄)

这组水晶玛瑙佩饰,类似郎家庄M1陪葬坑的水晶串饰四种串法。

辉县琉璃阁M105③出土玉饰37件,其中玉片29件,应为服玉或葬玉,佩玉出璜3件、珩(大璜)2件(参见图四)。赵固M1棺室左部被明代打井毁坏一部

---

① 荆州地区博物馆:《江陵雨台山楚墓》,文物出版社,1986年,见图72—74。
② 郭宝钧:《古玉新诠》,《历史语言研究所集刊》(第27本下册),1948年,见图六。
③ 中国科学院考古研究所编著:《辉县发掘报告》,科学出版社,1956年。

分,头颈和身体右部玉石器出土时位置依然明确,右臂出玉璜1件、谷纹璧1件、白玛瑙环1件、龙佩1件,系1组佩玉。固围村1号大墓,在墓室外发现了2座埋玉坑。一号坑出土玉环2件、料珠2枚,成1组佩饰。二号坑内藏圭、册、璧、璜、料珠二百余件。璧、璜、料珠放在坑西段,珠璧相叠,放置有序似当时盛于匣内。玉佩饰包括大玉璜1件、由7块美玉、2个鎏金铜饕餮头,璜两端上翘与其他璜异制。小玉璜3件、玉龙配1件、玉环42件、玉璲1件、琉璃珠56枚,这些玉器当为几组玉佩饰。大玉璜形制较大可能是一组玉佩的主干。

山西潞城战国韩墓M7出土1组玉片和佩饰,玉佩饰的种类有珑6件、璜13件、空心玉柱1件、琮2件、璧2件、矮圆柱2件,另有滑石龙2件,这组玉石器制作粗糙,当是明器。内中的琮与璧究竟属于佩饰器还是礼器,由于材料所限,暂时无法断明。此墓玉璜、玉龙出土数量较多,可配成几组佩饰。

现在美国佛利尔博物馆的战国金链玉佩,传为新中国成立前洛阳金村出土①。这组玉佩形制较为特殊,它上部以三个玉璲为契领,中悬一个玉雕双人,下部在一个玉璲下悬一件璜形双兽首连体器,两端兽首处、各垂一件角状兽形玉。该组玉没有璧环,也无典型的璜。

葬玉,中州路西工段战国墓除继续保持春秋时的特点外,又出现了新的葬玉形式。《中州路西工段》所定的IIB类型始于战国中晚期,特征是:脸上有镂空像五官形石片,胸腹手脚部位放置长方形齿边圆形、圆形、镂空兽形石片若干,部分石片有穿。如M1223出土的一组。这种类型的葬玉亦见于战国晚期的洛阳烧沟M637、M651。②

西工段东周墓地流行于春秋时期的IA、IB、IC类组合(性质应属服玉)至战国已消失。葬玉组合已完善为由脸部石片、胸腹部石片、于脚边石片组成的完整体系,初具玉衣的性质。战国葬玉发展的另一个特点,是洛阳以外的各地战国墓普遍发现类似的玉石片。三晋墓葬出土的数量最多,潞城潞河M7,为战国初期韩墓,出土圆玉片110件,一种稍厚,四周作齿边,表面刻云纹,另一种素面形状不规整。此墓还出土大型圆玉片2件,长方形玉片2件,后者四角有穿孔,用途不明。长治分水岭战国早期的M270,中期的M53、M12、M25等墓也出土了大量的长方形玉饰片,但未见洛阳出土的如人五官形式的片饰。邯郸百家

---

① [日]梅原末治:《支那古玉图录》,日本同朋舍1984年重印版。
② 王仲殊:《洛阳烧沟附近的战国基葬》,《考古学报》(第八册),1955年,第127页。

村战国中期赵墓群、中型以上的墓普遍出土方形玉片饰,出土时或于脸上(如M3)或于身上(如M1)。M57为一座大型墓,出石片饰14件,一组出于死者脸部,2件大玉石片放在两肋,两手各持1件石璜,脚部出有石圭,配置比较完备,与中州路西工段葬玉排列相似,只是脸部玉片形状不同,主要为方形玉片。

辉县琉璃阁M105出土一组玉片共29件,完整者23件,其中18件为长方形,5件梯形,齿边素面有穿。这组玉片与邯郸百家村赵墓所出十分相似。褚邱M2出土一组22件、排列在胸部。计有长方形8件、梯形10件、磬形1件、半圆形1件、椭圆形1件、弧形1件。玉片均有1至2个穿孔,形制与琉璃阁M115略同。相当于战国晚期的赵固M1在相当于人架面部、颈部处也出1组石片共32件,当是面葬,其形制与洛阳所出有别,由壁形、牙形、三角形、桃核形、正方形等组成。

楚墓里成组玉片发现得很少,江陵、长沙等地战国楚墓基本不见葬玉类型出土。战国晚期的淮阳平粮台M18与安徽长丰杨公楚墓出土一些拥有穿玉佩饰,如平粮台M16:60,方形白玉质,饰同心圆"S"纹,上下各有3个对称缺口而成齿边状,表面有5个小穿孔。长丰杨公M9:34,呈三角形,有小穿孔,这些当是缀于织物上的服玉。

(三)各类组玉的分期

从现有资料看,春秋战国成组玉佩的发展大致经历了4个阶段。

西周末春秋初年,玉佩的发展仍未完全脱离西周的风格,玉器以像生形为多,未见形态比较完善的组佩。如三门峡上村岭虢国墓、宝鸡福临堡秦墓等。

春秋早中期,起始在春秋早期偏晚,玉佩已成组配列,如光山黄君孟夫妇墓,当时的组佩形态较为单纯,现有资料表明佩玉组成有壁、环、虎、璜、牙等。各玉件的造型、纹饰较为一致,式样变化不大,而且明显遗留有西周玉器风格。

春秋晚期至战国初年,成组玉佩发展进入高峰时代。玉佩组合出现多种形态,各地区间差异明显,已形成不同的区域特色。佩玉的成组多者数十件,少者仅两三件,寿县蔡侯墓洛阳中州路西工段M2717,临淄郎家庄一号墓殉葬坑、辉县琉璃阁M1、随县曾侯乙墓出土了数组串联关系明确的组佩,可作为该阶段组佩形态的标志。

战国中晚期,佩玉继续发展,玉件的造型与组合形态出现许多变式,成组玉佩的使用,一方面在大型墓中日趋精巧富丽,另一方面形态较为简单的组佩广泛用于中小型墓中。今所见辉县固围村魏墓，淮阳平粮台十六号楚墓，长丰杨公楚墓以及洛阳金村出土的金链玉佩等组佩，玉件造型复杂，花纹雕刻精巧，玉佩串联变化更多，出现了许多新形式。同时中小型墓中出土的器物多为石质，制作一般较粗糙。楚、韩、赵、魏、中山国墓等出土的玉石器均体现了明显的地方特色。

服玉与葬玉的发展，整个春秋战国时期可分为3个阶段。

春秋早中期，此阶段为服玉占主导地位时期，各地墓葬中普遍出土有长方形或兽面形片饰。这些纹饰多表面刻精细花纹，黄君孟夫妇墓、淅川下寺楚墓及中州路西工段二期墓等所出的玉片、玉牌，其性质的判断前文已述，成组服玉出土的数量不等，一般在10件左右。此时期各地玉片的差别不大，典型的葬玉面幕还未见有出土。

春秋末战国初，成组玉片的性质发生分化，典型的用于殓尸的葬玉片出现，并与服玉共存。最早的实例见于洛阳中州路西工段三期墓葬和侯马上马村春秋墓，玉石片覆于死者脸部，当系文献中记载的缀于织物上用于覆面的面幕。葬玉的形制在各地区间存在着较大的差异，洛阳地区出土的像人五官形石片，与其他地区墓中出土的长方形、三角形、梯形石片明显不同。此时服玉仍然流行，如蔡侯墓出土的玉片饰即是典型的服玉形式。服玉与葬玉造型接近，但性质有别。春秋战国之交，正是阴阳五行合流，迷信思想大盛的时期，推测葬玉可能是受此思潮影响，直接以服玉的形式而发展起来的。

战国中晚期，葬玉形式盛行，服玉已基本衰落。洛阳地区典型的服玉形式已经不见，其他地区能明确识别的也不多。葬玉形式则有了新的发展与完善、洛阳中州路西工段、烧沟均出土了像人脸形镂空玉片组合。手、身、足部也出现葬玉片与脸上面幕相配合。另外葬玉片普遍见于各地大墓中。辉县疏璃阁、褚邱战国晚期墓，邯郸百家村战国中期墓所出的葬玉片均呈几何形，仍与洛阳战国墓葬玉片有明显的差异。

以上对春秋战国组佩和服玉葬王的发展分期，主要立足于从各地总的发展趋势去分析与归纳，但该时期组玉在各地间的发展并不均衡，既有类别的差异，又有发展前后的差异，因此它不能取代各文化圈内组玉发展的细部分期。这一问题下文将予以进一步论述。

(四)关于组佩的类型与其物质文化含义的几点分析

上文我们已把春秋战国组玉划分成为串饰、组佩、服玉、葬玉4个不同性质的类别。其中串饰、服玉、葬玉性质明确,配列方式单纯。本文不再对其做进一步的类型区分。成组玉佩出土的实物资料串联关系明确的有十几例,表现为多样的形式。另外古来对成组玉佩串联关系的研究说法各异,疑义甚多。下面本文依上列实物资料对组佩的面貌和性质试做几点推测。

古文献中有关玉佩记载最详尽者见于《周礼·玉府》郑注引《诗传》曰:"佩玉上有葱衡,下有双璜,冲牙、珍珠以纳其间。"①《大戴礼记·保傅篇》曰:"上车以和鸾为节,下车以佩玉为度,上有双衡,下有双璜,冲牙、玭珠以纳其间、琚瑀以杂之。"②历代学者一直以之为玉组佩的标准,来考释复原当时佩玉的形式。郭宝钧先生依据这些记载,参照辉县疏璃阁战国魏墓的出土玉器,提出了一套战国玉佩的完备体制。他认为文献中所载玉佩的实际形式是:以环(或璧)为佩玉主体,上边有一珩系之,珩形状如残环,在环璧之下,悬以件珩与上珩对称,此珩下再垂三列玉器,中间方形玉为冲,两旁为牙。郭先生以为此种组合是战国时玉组佩的正常制、完备制,当时实际存在的组佩均以此为本,或简或繁,或为变例。这一看法多年来一直为学术界认同。从现已掌握的春秋战国一些完整的佩玉形式观察,这一复原与有的实例确有相符之处,但若以此作为春秋战国佩玉的完备制和正常制,却恐是以一概全。

分析归纳组合串联关系明确的出土玉佩,如把每个重要玉件作为一个空格单位,那么已见的组佩串联方式可归属3种定式:

第一种形式见于中州路M2717的2组佩玉,上为璧、下为龙,中间穿以扁状玉管。郎家庄M1出土的水晶佩饰甲种上下为环,中穿管珠,I种上为环,下为璜,都属此种定式。

第二种形式见于黄君孟墓G2:30B,上为环,下垂两行各悬一虎形璜、一龙。蔡侯墓出土的组佩也应属此种串法。中州路M1316以大环为絜领下垂两行环并穿1件龙形饰成变例1。M2729两璜下垂两列鎏玉,则是一种简化形式,即变例2。

第三种形式与郭宝钧先生的佩玉复原图串法相似,河南信阳M2楚墓出土的彩绘木俑下身绘有3种佩玉的图样。组配的主干为环璜,环、璜两角未见悬

① 《周礼·玉府》,《十三经注疏》,中华书局,1929年。
② (清)王聘珍:《大戴礼记解诂》,中华书局,1983年。

垂的牙饰,估计这几组佩玉是此类串法的一种简单的形式(变例1式),分水岭M269、赵固M、平粮台M16等墓出土的玉组佩用于两端下垂的多为玉龙、玉虎,战国玉佩用牙相对较少。中州路M2717出土的第三组佩玉,1璜下垂2件兽形玉,系此种定式的简化,洛阳金村所出金链玉佩则为该定式的变例。第三种串式与文献所载较相近,文献所载佩玉组合中的"珩"究竟为什么样,学术界一直没有定论。河北平山中山王墓出土的玉器中,书有"珩"墨记的,一件为卷曲龙形,另一件为双龙蛟尾状(为璜的变形)。两者器型并不一致,因此"珩"可能是指位于第三种定式主干中心部位用于系下垂玉件的器物,而不限定为某种器型,从现已出土的情况看,璜形器较多用于"珩"。

以上3种定式,并存于春秋战国时期,相互间的区别在于串联体系的不同,而非繁简之别,以一种串联方式作为战国佩玉串联完备制的看法显然有误。同时由于春秋战国各地区文化习俗并不一致,表现在选用玉佩的种类组合上又呈现出多样的变化。楚墓出土的组佩大量使用环、璧,洛阳东周墓与三晋墓中以璜作为佩玉主体的情况较多,齐鲁墓葬中出土的连环组佩又另具特色。同一种串联定式,由于所用玉件不同,便体现出不同的风格。

《礼记·玉藻》:"孔子佩象环五寸而綦组绶。"文中所言的"佩"当是以环连成的组佩,而不应是《玉府》郑注中的佩。鲁与齐相邻文化风格相近,物质文化的特色也基本相似。郎家庄出土的完整组玉佩以环相连当时属"像环"一类的佩玉。

春秋战国墓葬出土的组玉情况表明当时各地区间并无统一的佩玉制度。古代学术界关于春秋战国佩玉存在统一形制的误解,实源于汉代儒生注释和先秦有关玉佩的记载过于简略。西汉武帝罢黜百家,独尊儒术,于思想文化上推行一体化,从而使儒家依据上代所遗传统,掺和阴阳五行思想而理想化的种种礼仪系统得以传世,其主导精神便是天下一体,等级分明。至《后汉书·舆服志》所称明帝所为之大佩,上下珩璜,便是这种儒家理想佩玉的具象化产物。郭宝钧先生限于当时考古资料较少,复原的佩玉实际只与战国流行较普遍的一种形制相近,而不是此时佩玉的统一正规形式。

佩玉出现于春秋早期,其用途是装饰品和人们精神面貌、理想品德的象征物。佩玉盛行时正值中国历史经历一个思想解放的时代,旧的奴隶制礼系制度已经衰败,思想上、文化上是百家齐放。反对建立在氏族血缘关系基础上的宗法思想,各派学说普遍提倡尊重个人的感情与力量。巩固新兴起的地主阶级的政治权利,在政治上得以贯彻。这样一种社会环境,自然无法形成以日渐没落的东周王室为中心的佩玉礼制。《礼记·玉藻》:"天子佩白玉而玄组绶,公侯佩山玄玉而朱组绶,大夫佩水苍玉而纯组绶,世子佩瑜玉而綦组绶,士佩瓀玫而缊组绶。"这一体系既没有发现实际的例证,又与当时的社会状况不符,当属撰者臆想的蓝图。

随着各地墓葬规格的大小不同,玉石器出土的数量往往为之变化,却又找不到明确的制度性的对应关系。墓葬中出土玉石佩饰的多少在许多情况下是出于财富与性别的差异。如长治分水岭墓地,6对墓葬里女性墓出土的玉石器大大超过男性墓。形成春秋战国组玉形式多变的原因是多方面的,时代早晚、地区差异、性别不同等都能导致佩玉的形式产生差别、服玉与葬玉发生变化,深入研究、细致辨别其中的差异目前仍是一个十分困难的课题。

四、结论

传统文献认为春秋战国时期佩玉的形式存在着统一制度,但从目前发现的考古材料分析,这个制度并不十分严格,各地存在比较明显的地域性差异。文献记载的形式主要存在于河南、山西地区的晋周王室势力范围内。另外,考古资料发现的玉器,也不都是佩玉,一些是服玉和葬玉,原来也都归入佩玉范畴。春秋末期始盛,用于装饰的成组玉佩,是该时期玉器的主流,其配列方式有多种类型,未见制度的统一规定。葬玉中的"玉面葬",于春秋末年出现,其渊源应是受服玉的启发并在阴阳五行思想的影响下发展出来的。战国时期,服玉和葬玉两种形式曾同时存在,但服玉已成衰弱之势,这一趋势与汉代玉器的发展线索相符。

春秋战国玉器研究,目前尚存在着许多问题有待于我们今后去解决,如器物类型学研究,产地和工艺的研究,玉器所含的礼制、习俗、社会思潮的揭示,等等。上述春秋战国玉器的分期分类,如能对这些研究起一些参考作用,则是作者的幸事。

本文原刊载于《南开文博考古论丛》,中国社会科学出版社,2014年,第149—178页。

作者简介:

杨东明,1962年生人。1980年就读于南开大学历史系文物博物馆专业,是我国"文革"后设立文博专业首批毕业生之一。1984年攻读由南开大学与中国历史博物馆共同招收的研究生,师从国内著名的文物学专家史树青先生。1987年毕业留校,任历史系博物馆教研室讲师。早年从事中国古代玉器研究,主攻上古玉方向,对于春秋战国至两汉时期礼玉向佩玉的历史转变有许多独到的见解。在古代家俱及工艺杂项等领域,也进行了深入的研究与探讨。在古代家俱的继承与创新方面颇有造诣,受到了业界的一致肯定。

橐驼、毛驴与古代民族文化交流

傅同钦

　　橐驼(今骆驼)和毛驴原为我国古代"塞外牧畜"之物,也是古代重要的交通工具之一。橐驼、毛驴性皆温驯、食粗草、抗病力较马强。橐驼在沙漠地区更有负重远行的耐性,号称"沙漠之舟"。橐驼在战国时期,见于燕、赵、秦等地区。自汉代以来,渐为中原地区居民所资用,可驾车、单骑,可载负货物远行。其皮、毛、肉、乳可供衣食之用,驼峰等可入药,至明代已见于李时珍所著《本草纲目》。

　　自秦以上,传纪无言驴者,其意虽有而非人家之常畜。顾炎武《日知录》:"尝考驴之物至汉而名"①。亦见,驴自汉以后渐为中原地区资用矣!因地理气候等因素,驴渐渐在全国各地安居下来,而号称"沙漠之舟"的骆驼仍留在西北地区繁衍,肩负远播中国丝漆等交通运输任务,并架起了世界性的物质文明和精神文明大交流的桥梁。

一、古橐佗其种出塞外

　　橐佗(驼)原为野生之"兽",后为人们所畜养之奇畜。据我国古代文献记载,其种大抵出于大夏、莎车、匈奴、楼烦、月氏等地区,即今我国西北及中亚细亚一带。古代对橐佗的称谓甚多,如朋牛、封牛、明驼、鸣驼、名驼以及驼驰、橐驰、骆驼等。朋牛之称见于《穆天子传》:"天子饮于文山下,文山人献'朋牛'二百以行流沙",反映了周代与西北少数民族的交往,此时尚无"橐佗"之称,又据《山海经》之《北山经》:"号山阳之光山,兽多橐驰,善行流沙中,日三百里,负千斤"。《山海经》中《山经》约在战国早期成书,从上可知战国时已有"驰"之名。大约此前是野生者多,故《山经》将橐驰列为山兽,其意非牧畜之动物。《史记·匈奴传》:"匈奴奇畜即驴、骡、橐驼"《汉书·西域传》:"鄯善国有驴、马、多橐驰、乌秅国有驴无牛",反映了先秦时期,西北少数民族在驯化野生动物为家畜的过

---

① (明)顾炎武:《日知录》(卷29)。

程中，做出了巨大的贡献。

橐佗为古之奇畜。

驼有一封和二封者。今呼封为峰。双峰驼多产于我国及中亚细亚；单峰驼多产于阿拉伯、印度及非洲北部。据我国古代文献记载，自汉至清，西北地区和北方诸民族常以骆驼、良马及驴、骡等特产为贡纳，如《东观汉记》"河西（黄河以西，甘、陕、鄂尔多斯地区）太守窦融遣使献橐驼。"自汉以后，西北地区诸族，每贡献土物，多有良马、橐驼。此不赘述。[1]

西北地区多良种骆驼。据《山海经》记载，驼"日行三百里"，这大约是指当时的一般的骆驼。

此外尚有行五百、七百至千里者。于阗（今和田）有小鹿，角细而长，与驼交生子曰风脚驼，"日行七百里"[2]。明驼，是驼中良种驼，驼卧腹不（贴）地，屈足漏明[3]，文献上有作"鸣"或"名"者，行甚快，故古乐府中有"明驼千里"之佳句。上述日行里数，大抵皆为赞驼能远行，但亦能窥良驼沙漠行速之一斑。

二、战国时"奇畜"已见于中原等地

春秋战国以来，中原地区与西北和北方诸族的关系更加密切。中原文化广泛向四国伸展，与此同时边远地区民族文化也流入中原。新、奇、事、物（动物、植物）在中原得到踊跃的展示。

燕、赵、秦与匈奴接近，因此在战国时期彼此交往的机会更多。中原人进入匈奴地区不少。在人们足迹所至之处，也就是相互交往圈内，交换、引进的事、物种类不断的增多。赵武灵王引胡服骑射，以胡服（上衣下裤）为军队的常服。同时被中原人视为"奇畜"的驼、驴等，也渐为燕赵（今河北地区）诸国所畜养。艺术品常常是生活的折影。1977年在河北燕下都遗址辛庄头第30号战国墓中出土的二十余件服饰的金属饰件中，曾发现有人物骑骆驼的饰牌[4]，在河北长城沿线的墓葬中出现骆驼饰牌，揭示战国时期匈奴与诸国间（长城沿线）发生频繁的接触，以及民族间多方面的物质文化交流。

骆驼与驴等北方奇畜，自北向南资用于中原等地。如《博物志》中记载齐

---

[1]（明）王圻：《续文献通考·土贡考》。
[2]（清）《古今图书集成》（卷103）。
[3]（唐）段成式：《酉阳杂俎》。
[4]《燕国衡制》，见《中国考古学会第二次年会论文集》，文物出版社，1980年。

桓公与管仲对话:"自敦煌西涉流沙,驼佗知水源……",此见管仲、齐桓公对驼佗已不陌生,大约此时驼佗已踏进到齐国地界。又据《史记》记载,苏秦说楚威王曰:"大王诚能用臣之愚计,则燕代囊驰、良马必实外厩"①,亦见战国末囊佗已为长城沿线诸国所畜牧。战国时期各地区民族的交往形式是多样的,如关市、使聘、战争、婚姻、归附、俘虏等,从而双方在生产上(农牧畜业等)、生活上(衣食住行)以及娱乐方式上,都相互模仿,相互学习,相互融合,骆驼在各族的交往中,起着穿引、密切联络的作用。

三、秦汉时期驼、驴畜养业之空前发展

秦之首功是统一六国文字,这是培养共同精神文明的基础。而车同轨、修驰道、开河渠是全国进行共同经济建设,构建共同经济体系的先决条件。

汉代牧畜业发展迅速,故在社会经济中占重要位置。汉代在重视养马业的同时也重视驼、驴等的牧养。良马、奇畜等的来源:一是产地的纳贡,二是通过战争。在古代长城以北和西北、东北,居住着以牧畜业为主的古民族,除匈奴外,还有乌桓、西羌、鲜卑以及西域诸族。他们经常以纳贡土特产骆驼、良种马等,换取汉王朝的缯絮、食物等,有时也通过战争获取所需。如汉宣帝三年(公元前71年),汉与乌桓联兵出击匈奴,校尉常惠等共获其马、牛、羊、驴、骡以及囊驼七十余万头。②又:东汉和帝永元元年(89年),汉将窦宪大破北单于,获其马牛羊以及囊驼百余万头③,如此众多的牲畜,多牧畜或饲养在长城内外,这些地区,汉代已设郡县屯田,这里的土地、城镇建设,在各民族共同努力开发下,其经济由畜牧逐渐形成了半农半牧区。

汉设牧囊令丞。上述地区所牧养的马、驼等有政府官方养牧者,有居民人家自养者。牧囊即牧养骆驼。《盐铁论·力耕》:"匈奴骡驴骆驼,衔尾入塞,而骎騾骒马,尽为我畜",反映了汉代牧囊业的发展。在汉代的官印中有"黄金玺、囊驼纽"④,一方面反映了汉政府与地方的关系,另一方面也反映了汉王朝对民族地区的重视。驼纽印是民族团结的呈现。

汉代西北、北方一些地区,由原来畜牧为主的经济,而渐渐成为半农半牧

①《史记·苏秦传》。
②《汉书·匈奴传》。
③《后汉书·窦宪传》。
④《汉官仪》。

区或农业区。汉人生活同样受到少数民族的影响,吸收少数民族习俗爱好,如东汉灵帝"养驴数百头常自骑之,驱驰遍京师,有时驾四驴入市"①。灵帝好胡俗、胡床、胡饼,并常于后宫列市,在明代万历时刻的《帝鉴图说》尚刻有灵帝列市图,亦可见东汉时商业的发展并不低于西汉,东汉亦是民族间文明的相互学习的重要历史时期。

骆驼在汉代对外商队运输上起着极其重大的作用,是丝绸之路的主要交通工具。其艺术形象屡见于各地的考古出土文物。如在宁夏回族自治区同心县倒墩子汉代匈奴墓地,出土有透雕停立状双骆驼图案的牌饰。②内蒙古自治区察右后旗二兰虎沟,1956年出土金银动物形饰片,其中亦有骆驼饰牌。③1965年在河北省定县墓122号出土的一件西汉时金银错狩猎纹铜车饰,长26.5厘米,径3.6厘米,器身分为四节,饰以菱形绿松石,其纹饰内容:第一段,三人在一个大象上,象后有长颈的龟,此外有羽人、龙马、熊鹿、飞鸟、翔鹤等;第二段,骑马猎人,反身射虎,其他动物与第一段略同;第三段,一人骑于骆驼背上,其他与上略同;第四段,有孔雀开屏鸣叫,远方有小孔雀及羽人等。此车饰上以金银错成各地动物,不仅是件罕见的古代艺术品,而且是东西南北各地土特产大交流的呈现。在山东长清(曾属历城、肥城)孝堂山石刻车马出行图中,有二人坐于骆驼上。④山东大学旧藏一些汉代画像石拓片,其中有人骑驼纹。⑤此外在山东沂南画像石中也有"驼上击鼓"⑥,图像中骆驼负鼓而行,似为官吏出行骑吹队列之一。骆驼艺术形象从北方而渐渐步入南方。如在四川新都一批画像砖中,有骆驼出行,其时代约在东汉晚期(或至蜀汉)。⑦骆驼在四川盆地的出现,不仅给四川画像砖增添了艺术内容,而且反映了在西南交通线上,骆驼在沟通蜀与外地的经济联系及物品交换上起着重要的输运作用。在西北丝绸之路上,曾发现过著称于世的蜀锦,此当为"沙漠之舟"的显功。此外蒙古

①《太平御览》(兽部)。

②宁夏回族自治区博物馆、同心县文答所、中国社科院考研宁夏考古组:《宁夏同心县倒墩子汉代匈奴墓地发掘简报》,《考古》1987年第1期。

③《简明中国历史图册》。

④葛超雄著:《孝堂山石祠画像年代及墓主人试探》,《文物》1984年第8期。

⑤《考古》1981年第1期。

⑥南京博物院编著:《沂南古画像石墓发掘报告》,文化部文物管理局,1956年。

⑦王有鹏:《四川新都发现一批画像砖》,《文物》1980年第2期。

诺音乌拉发现"工官"制的纪年铭漆器①。在今朝鲜平壤境内(汉代乐浪郡)王盱、王光墓发现西汉和帝永元十二年(100年),蜀西工夹纻胎的漆盘,其铭文"永元十二年,蜀西工,夹纻三丸,宜子孙卢氏作"。蜀锦、蜀漆等远播到邻国和世界亦非牛马所能独任,骆驼耐饥劳,是远程跋涉对外商队重要的对外运输工具之一。

骆驼把我国丝绸、漆器等物质文明远播于欧亚诸地,同时也运回了胡麻、胡椒、黄瓜、石榴等,丰富了古代人们的生活。骆驼作为交通工具沟通了各地物资交流,同时使各民族的交往更加频繁,使民间的友谊更加密切。由于汉代交通运输业的发展,促使了社会生产力的提高和社会经济的繁荣。

四、骆驼是商队活跃的象征

骆驼在古代交通运输上有着极重大的作用。其艺术形象始见于战国时期的北方,汉代已作为墓葬装饰,但尚不多,到了唐代,墓葬中大量的出现陶三彩驼,这是唐代对外商队活跃、经济政治文化诸方面文明开放的呈现。

魏晋南北朝是历史上各民族文明交融的又一高峰。如后魏孝文帝定四姓,"陇西李氏大姓,恐不入,星夜乘鸣骆,倍程至洛时,四姓已定讫,故至今谓之'驼李'焉"②。墓葬中以陶驼为明器随葬渐兴。1955年山西太原北齐张肃墓出土文物中有一件骆驼,其身躯比例虽不太准确,上身大,腿部短,但引人注目的是长大的颈部。骆驼背驮重物,捆扎考究,在一般同类动物中是罕见。塑作细腻光滑,富于概括性。③在洛阳市老城东北四里,元祀肥墓出土陶明器一百多件,其中马、驴、骆驼各一件。④元祀不见《魏书》《北史》,他是孝文帝之孙,丞相清河文献王之第二子。随葬品明器是反映死者生活方式或爱好之物,从某种意义上讲,是现实生活的写照。

隋唐时期,关于骆驼的文献记载增多,各地墓葬中的陶三彩骆驼屡出不鲜,其姿态逼真,形式多样。其最引人注目者是"胡人"骆驼乐舞(陕西西安出土)⑤,或"胡人"牵驼负载丝绸等,其雕塑结构比例准确,姿态优美健壮,反映了

---

① [日]石田干之助:《东洋文库论丛》(第27册)。
② (唐)张鷟:《朝野佥载》。
③《中国古代雕塑百图》。
④《洛阳市文物志》。
⑤《简明中国历史图册》。

民族关系的和睦以及唐王朝的政策开放和对外商队的活跃。

隋唐时期骆驼主要供给北方交通运输。唐明皇时，"哥舒翰镇青海，路既遥远，遣使常乘白骆驼以奏事，日驰五百里"①，又如唐德宗贞元初"关辅宿兵……以飞驼负永丰米半仓给禁军"②。此外是皇室私用，如杨贵妃私用明驼，运交趾进贡龙脑香"持永丰三枚遗(安)禄山"③，反映贵族生活奢华之至，更有"以骆驼负函盛水养鱼而自给"④，以见其生活之一斑。明末清初诗人吴伟业《橐驼》诗曰"独任三军苦，安西万里行，铸铜疑鹤颈，和角废驴鸣，山负祁连重，泉知鄯善清，可怜终后载，汗血擅功名"⑤。骆驼为古代物质文明的交流立下显功，故在唐代考古发掘中多见其型，亦应是当时人对其劳苦的铭记！骆驼步缓，却促进了汉代社会经济发展，并把古代中原与边远地区的经济和文化连接在一起；把古印度、波斯、阿拉伯、古希腊、古罗马几大文化带入中国，据《法苑珠林》："鸠摩罗什在关中行佛事，遂乘骆驼，负书来入长安"⑥，虽是佛家故事，但亦反映骆驼在沟通世界物质文明和精神文明上的重大贡献。

五、驼、驴丰富了人们的生活

宋代已有关于骆驼的专著。西夏、宋、辽在历史上军事交战虽多，但彼此之间的交流往来的机会也是频繁的。《宋史·哲宗本纪》：夏人以其母遗物、马、白驼来献。甚至有笃好畜养驼、马者，如薛怀让，好畜马养骆驼，"及罢节镇后，环卫禄薄，犹有马百匹、橐驼三十头，倾资以给刍粟，朝夕阅视为娱，家人属劝鬻以供费，怀让不听"⑦。由此可见私人养驼之一斑。宋代梅尧臣《橐驼》："鸣驼出西域，衔尾自连连，汉驿凌云去，胡人踏雪牵。常时识风候，过碛辨沙泉，老觉肉封侧，犹蒙锦帕鲜"⑧。作为一代文人，已对骆驼有了一定的认识和较为科学的观察。《宋史·艺文志》记载了有关骆驼的医方，如有朱遵度《论驼经》一卷，《疗驼经》一卷，这是较早的医驼专著，反映了牧养骆驼的增多和发展。

辽、金官民皆牧养驼，如《金史·章宗本纪》：以北边粮运，括群牧所三诏讨

---

① 《明皇杂录》，转引自《古今图书集成》。
② (宋)欧阳修、宋祁等：《新唐书》(卷35)。
③ 《杨太真外传》，转引自《古今图书集成》。
④ 《隋书·虞庆则传》。
⑤ 《佩文斋咏物诗选》。
⑥⑧ 《古今图书集成》(卷103)。
⑦ 《宋史·薛怀让传》。

司及西京太原官民驼五千充之。

　　元蒙自沙漠入主中原,虽迅速的完成向封建制的转化,但在某些礼仪习惯方面,仍然沿袭着畜牧民族的传统,因此西北地区的诸王入贡,骆驼仍为不可缺少的贡物。仅以元世祖忽必烈至元八年(1271年)迁都(北京)后为例,其间西北诸王每贡骆驼不绝,如元仁宗皇庆元年(1312年)二月额森布哈遣使贡珠玉、皮币及骆驼。三月又遣使以囊驼方物入贡。皇庆二年(1313年),西北诸王又进马、驴、璞玉,又如泰定帝时,泰定三年(1326年)正月诸王保赛音遣使献西马等,同年七月遣使献驼、马。八月又献独峰驼及玉等①。其余诸帝时亦屡献不绝,此不赘述。西北地区诸王献骆驼,主要是因就地利牧畜,以供军用和皇室的乘骑等用。驼皮毛轻暖而御寒,驼乳可供饮用,驼峰为美食,列为八珍之一,"其味甘脆、如熊白、奶房而尤胜,若驼之老者,两峰偏觯,其味淡韧如嚼败絮"②。自元以来,北方燕赵之地嗜饮驼乳之人很多,喜食驴肉者亦多(冀州驴肉最为著名)。驼之粪可烧,其烟直上如狼烟,"有杀蚊避虱"③作用。又:匈奴旧俗"单于岁祭三龙祠,走马斗囊驼,以为乐事"④。元蒙来自沙漠,虽在中原建王朝,但仍保留部分原有生活习俗,"凡行幸,先鸣鼓,千驼以威振远迩"⑤,故除军用外,尚需大批骆驼以资宫廷贵族之用。在元代的诗文中谈及骆驼较多,如元代刘秉忠《驼车行》:"驼顶丁当响巨铃,万车轧轧一齐鸣,当年不离沙陀地,辗断金原鼓笛声。"又如酒贤《塞上曲》:"杂沓毡车百辆多,五更冲雪渡滦河,当辕老妪行程惯,倚岸敲冰饮囊驼",都反映了元代来往于塞北、中原间交通运输的发达,同时也使草原人民和中原居民之间的关系更加密切。

　　元人的生活习惯给后代人以深远的影响,如食囊。明代大学士解缙和尚书吕震议论吃驼峰的故事。一日谈及食中美味"吕曰驼峰珍美,震未之识也,解云:仆尝食之,诚美矣! 吕知其诳,已他日得一死象蹄胫,语解曰:昨有驼峰之赐,宜共吃焉,解因大嚼去。吕寄诗曰:"翰林有个解痴哥,光禄何曾杀骆驼,不是吕生来说谎,如何嚼的这般多"⑥。反映明代官僚的饮食尚以驼峰为佳品。

---

①《古今图书集成》(卷103)。

②(宋)周密:《癸辛杂识》,转引自《续文献通考·土贡考》。

③《博物志》。

④(东汉)刘珍:《东观汉记》。

⑤《元中舆服志》。

⑥《九朝野纪》。

南开史学百年文存
——文博考古卷

大约在北方民间,沿元习饮驼乳、食驼肉者当不鲜。明代李时珍的《本草纲目》中对于骆驼的体形皮毛乳以及内脏各部位入药的用途,都有详细的介绍。草原牧区冬取狐类而裘成,夏取毛于驼类而褐成。"凡织绒褐机,大于布机"①,大约自汉以来毛织技术及良种羊传入陕西等地"机织、羊种,皆彼时归夷传来……故至今织工皆其族类"②,亦见不少的民族机工入居内地,为古代毛织业的发展,做出了贡献。

驴和骆驼由古代西域同时同步走入中原地区。据《史记·匈奴传》记载,其"奇畜"有驼、驴、骡。又《汉书·西域传》:"鄯善民随率牧逐水草,有驴、马、多橐驼"。又记载:乌秅国有驴无牛。乌孙、大宛不仅产良种马、羊,并产驴,故知驴其种亦源于古西域。

驴之名始见于汉代文献。如司马相如《上林赋》中,有驼、驴、骡等。在贾谊《吊屈原赋》中"腾驾罢牛,骖蹇驴兮",故考驴之为物至汉而名。自汉始成为中原地区和山区的主要役畜之一。

驴性格温驯,堪粗食、抗病性强。历史上以陕西关中平原的"关中驴"为最良,其体型高大,姿态健美,可用于乘、挽、驮,尤善拉磨。汉灵帝曾于宫中西园"驾白驴躬自操善,驱驰周施以为大乐。于是公卿贵戚转相仿效……其价与马齐"③,而民间多用于交通运输及拉碾、磨。在汉代的墓葬明器中,已有碾磨模型,最早的石磨见于栎阳秦的遗址中,西汉时渐渐推广使用。在河北满城中山王刘胜墓北室出土大石磨,旁有马骨,看来贵族之家用大马拉磨,而一般农村多以小驴代役。可知汉代推广石磨和面食和毛驴以资用不无关系。在桓谭《新论》中也谈及此。

驴虽自战国与骆驼同时入中原,但由于其外形类马,故在艺术表现形式上,难与马区分。至唐代,慕葬中生动多样的驼、马多见,而驴却极少出现。目前见到的有1956年陕西西安出土的一件三彩釉驴,背负鞍具,其形态生动,形体比例科学,为唐代牧畜雕塑中之上乘,收藏于陕西省博物馆。④

驴自加入中原地区家畜以来,默默无闻的在民间畜养服役。其在艺术形式上得到充分表现是在宋代以后。如著称于世的张择端的《清明上河图》,此

①②《天工开物·褐毡》。
③《汉书·五行志》。
④《中国古代雕塑百图》,或《简明中国历史图册》。

为北宋晚期的作品,主要反映的是12世纪初的都市和交通运输面貌。宋的都城汴京(今开封),在京畿一带交通运输发达、城内商业林立,据统计全图有五百多人,牲畜五十余,船二十余。陆路交通工具除骡马车外,就是驴和骆驼。画面有骆驼一列,约七八头运货过城门,反映汴京同样是陆路交通枢纽,从这里运出的货物将供西北边远地区,通过骆驼的穿线把汴京与北方诸地连在一起。画面上用驴的场面更多,有驮物、乘骑、拉车等。如:其一,小毛驴驮数只炭筐,筐尚未卸,毛驴在茶棚低头觅食;其二,有拉"串车"(同一商号车)的小毛驴;其三,有三驮物毛驴,被急速驱赶;其四,有三男子,把东西驮上驴背;其五,有包头巾骑毛驴的妇女;其六,有农村少年率五匹驮炭毛驴走近桥头……反映了宋代城市内需要大量的燃料,这正是城市生活的特点。总观《清明上河图》有牲口五十余,而骆驼和六组驴的场面,已占牲口总数的一半左右,这不仅反映了宋代马多用于军事,骡供富家驱使,而毛驴已升到民间交通运输的主力地位。明代徐光启《农政全书》已把驴列为重要的家畜之一。

自宋以后,驴的美姿多见于绘画艺术中,画驴的专家也层出不穷。如元代任仁发《张果老见明皇图》①。明代有徐渭《驴背吟诗图》②,此外见于著录的画驴专家如陈端、钱世庄等。故宫藏有明代李士达《关山风雨》③,以及清代董邦达《灞桥觅句》,皆为有神韵的人物骑驴图。又有明清时期查士标《秋山行旅图》④,此外见于文献记载的清代画驴专家更多,如施原,扬州人,画驴入神品,人称施驴儿。尹埜,安徽凤阳人,人呼为尹驴。印廷宝,善画蜀道策蹇,虽数十头无相同者,自谓胸中无成驴。相良,扬州人,善画驴,人称杨驴子。今人黄胄更有《百驴者》,其姿健美各不相同,堪称佳作。

总之,交通运输是社会经济发展的动脉。骆驼和驴虽来自西北地区,在漫长的历史岁月中,为各地区的社会经济建设、文化交流、嫁娶通婚以及对外的商队活动、居民生活的改善……做出了重大的贡献。通过对古代骆驼和驴的饲养、资用的历史动向梳理,更可以证实,灿烂光辉的古代社会文明是各族人民共同铸就的。

---

①② 王云五主编:《中国绘画史》。

③ 民国二十三年(1934年)故宫藏画台历。

④ 1988年故宫藏画挂历。

本文原刊载于《思想战线》1989年第6期。

作者简介：

傅同钦，女，1932年6月生于河北省冀县。1955年毕业于北京大学历史系，毕业后在中国社会科学院历史研究所明清史组图谱组工作，1963年初调入南开大学历史系，在中国古代史组教书1979年参与筹建南开博物馆专业，曾任南开大学历史系文博专业主任、副教授，对南开文博专业做出重大贡献，主要从事古代物质文化史的教学和研究，主讲中国古代通史、中国古代物质文化史、中国古代服饰等课程，参与《中国古代物质文化史》（高等教育出版社1990年5月第一版）夏、商、周至秦汉部分的撰后，在《南开大学学报》《思想战线》《历史教学》《学术研究》等学术刊物发表论文二十余篇。等学术刊物发表论文数篇。

汉代墓葬的双重空间与三维世界

刘尊志

汉代是我国古代墓葬发展的重要时期,西汉与东汉两个王朝统治期间,与墓葬有关的内容均有较强的统一性,同时也体现出继承和沿用、摒弃和改进、创新和推广等特征,而两汉之际,墓葬的诸多内容发生了较大转变,反映出汉代墓葬的发展和演进。除墓葬形制与结构、葬具与葬式、敛葬品与陪葬器物之外,两汉墓葬还有较多不同类型、不同功用的墓外设施,综合体现出汉代墓葬的构成,与之有关的内容与内涵也得到延伸和发展。本文拟以考古资料为基础,结合文献及相关资料,对墓葬的内外空间、墓葬与外部世界的关系等做相关论述。就目前而言,学界还鲜有这方面的研究和论述。

一、汉代墓葬内部与外部内容

汉代墓葬多有封土,一般将其视为墓葬形制与结构的组成之一,以封土表层为界,汉代墓葬的内容可分为内外两部分。

1.内部内容

主要包括封土及封土下或封土中的相关设施、墓穴及设施、葬具、敛葬品与陪葬器物等。

汉代,封土墓葬极为流行,除少数墓葬如文帝霸陵[①]、河北满城中山王刘胜墓及其夫人墓[②]等之外,多数墓葬有封土。相关墓葬,尤其是西汉早中期的一些等级较高墓葬,封土内或封土下墓葬旁侧有一定数量的陪葬坑,如临淄大武

---

① 杨武站、曹龙:《汉霸陵帝陵的墓葬形制探讨》,《考古》2015年第8期。
② 中国社会科学院考古研究所、河北省博物馆等:《满城汉墓发掘报告》,文物出版社,1980年,第10、216、338页。

乡窝托村齐王墓①、章丘市洛庄汉墓②、泗阳大青墩汉墓③等。上述墓葬的陪葬坑埋藏内容丰富,是墓葬外藏系统的一部分,不仅体现了墓主的身份地位,也是追求物质厚葬的充分体现。

墓穴是墓主尸身的安葬之处,最重要的为棺室,可视作墓葬的核心。西汉时期,较多墓葬为竖穴式,墓穴内相对封闭。虽然低等级墓葬墓穴内的设施较为简单,但棺室是墓穴的主体,有相应等级的汉墓设有棺椁,并与其他设施有明显区分。随着发展,墓内设施渐趋于第宅化,仿现实生活居所的特征增多,而一些横穴崖洞墓第宅化的特征更加突出,呈前后布局,且较多墓室的功用和特征明显。西汉早期偏晚阶段之后,瓦顶木构建筑在这些墓葬中得到使用,并影响到一些等级稍低的墓葬。东汉墓葬多数为横穴式,等级低的墓葬多数仅有一木棺,而有相应等级或相应财力者的墓葬,大部分为多室,棺室外有前堂,有的还有中室、耳室、侧室等,一些耳室象征厨厩仓储,前堂后寝的特征虽在西汉墓葬中已有体现,但在东汉墓葬中更为突出和明显,第宅化已十分突出。

陪葬品方面,等级低的汉墓,棺内有少量随葬之物,棺外则有一定数量的陪葬品;有相应等级的汉墓中,西汉墓葬的棺椁之中可以摆放较多的陪葬品,有的还有其他一些设施,这在王侯墓葬尤其是横穴崖洞式的王墓中表现得尤为突出;较多的东汉墓的室内摆放陪葬品,内容多样。从整体来看,汉墓中的陪葬物品体现着墓主的身份地位,象征着对财富的拥有,满足了死者在地下的享用的愿望等。

封土是墓葬封填及其保护墓葬的重要设施,墓穴、葬具、敛葬物品等为墓主尸身的安葬与地下所居提供了保障。墓葬形制的第宅化及其设施的多样性、陪葬品的丰富与日渐生活化、葬具设置及敛葬物品的使用,加之封土内或封土下墓葬旁侧的陪葬坑等,为古人想象中死者地下的拥有和享用提供了足够的物质内容,满足了死者在地下的生活所需,这应是汉代普遍追求厚葬的重要体现。

---

① 山东省淄博市博物馆:《西汉齐王墓随葬器物坑》,《考古学报》1985年第2期。

② 济南市考古研究所、山东大学考古系、山东省文物考古研究所、章丘市博物馆:《山东章丘市洛庄汉墓陪葬坑的清理》,《考古》2004年第8期。

③ 陆建芳、杭涛:《泗阳县大青墩汉墓》,载中国考古学会编:《中国考古学年鉴(2003年)》,文物出版社,2004年,第176—177页。

2.墓外内容

多位于封土之外,部分叠压或打破封土,也有少量与墓内相连并延伸至封土外,亦可称为墓外设施及相关内容。主要服务于墓葬或墓地,以墓葬(多个墓葬组成的墓地以主墓)为核心,绝大多数附属于墓葬,为配套设施。

墓外设施中,墓域或茔地是相对宽泛的概念,体现出墓地的选址,这与当时人们在丧葬上追求形胜吉地及重视堪舆术等有较大关系。墓域或茔地也与墓地规划有关,如墓位的安排、设施的设置及其交通、防排水,等等,这又与墓葬修建、墓主下葬、墓地祭祀等有着相应关系。

陵园或墓园对墓地及墓葬具有守护功能,也可作为墓地的标识或象征,是墓主或家族地位、等级的体现。陵园或墓园多以园墙或围沟为界隔,并配以门、阙,甚至还有罘罳等,这些设施在实用的基础上还形成一些与丧葬有关的礼制性内容,如墓阙在墓祭时可作为迎宾送客的象征。帝陵设有陵邑,王侯墓葬设园邑,均具有奉园陵的作用,而前者还有较强的政治目的。园寺吏舍与丧葬的关系较为直接,服务丧葬的功能突出,也体现出墓主的身份等级。中小型墓葬外的墓庐或冢舍等体现出中下阶层居丧的内容。《礼记·丧大记(二)》载:"父母之丧,居倚庐,不涂。寝苫枕凷,非丧事不言。"[1]寝园或寝类设施及其与之有关设施、陵庙或祠庙等为汉代帝王陵墓葬外的祭祀设施,在具体功能上有差别,但均反映出与墓祭有关的丧葬内容。祠堂则是列侯墓葬与中小型墓葬外常见的祭祀设施,且较多墓葬外仅有祠堂(含配套设施),有些中小型墓葬外还有祭台、供台或其他祭祀设施,反映出汉代墓祭的普及和普遍。祭祀坑是墓祭的另一种形式,是将祭祀物品埋入地下这一丧葬活动的载体。

墓垣、围墙、围沟及相关设施具有保护墓葬的功能,与墓地的规划布局也有一定关系,同时也体现了堆筑封土、家族葬等内容。在一些中小型墓地还发现有取土坑,这与封土堆筑及后期覆土等丧葬行为有一定关系。

异穴合葬墓反映出夫妻合葬于同一茔地的密切关系,同时也体现出男女墓主在丧葬上的尊卑和差别。祔葬墓对于家庭、家族葬有较好体现,陪葬墓则反映陪葬者与被陪葬者在丧葬及其他方面的等级差别和依附关系等。异穴合葬、祔葬及陪葬还体现出墓位的安排及其规划布局等。

---

[1] (清)孙希旦:《礼记集解》(卷四十四),中华书局,1989年,第1170页。

　　墓外陪葬坑多数与墓葬时代接近,也有稍后阶段埋藏的可能。时代相近者可视为墓主陪葬物品的专门性埋藏,如车马陪葬、陶俑陪葬、器物陪葬等,由于墓内空间有限,在追求物质厚葬的推动下,设置陪葬坑是一项很好的措施,而足够的空间又可进行专门性埋藏。众多陪葬坑的埋藏内容与墓内的一些陪葬品有相似之处,是将现实所有物件埋入坑中以供死者往生后享用,满足了死者的需求。为更好地满足死者的地下生活,还有在墓主下葬后继续开挖陪葬坑并埋藏相关物品的现象,往往与祭祀有关,同时也为死者的地下生活提供补充供给,以求达到长期、持续使用的目的。

　　防排水设施的主要功用是对墓葬或墓地进行保护,相关设施有对现实生活建筑的模仿。供水设施则是服务于守冢人员等的生活,也为开展相关活动提供用水。与墓葬修建有关的设施反映出墓葬修建时的程序,也体现出对安葬死者墓穴的重视。墓区附近的一些作坊遗迹,有的为墓葬修建提供铁质工具,有的提供石灰,而陶窑多是烧造建墓时所必需的建材,主要是砖,另有瓦或其他材料,一些还烧造陪葬所需的陪葬品等。墓外的塘、池有辅助墓葬防排水的功能。墓外石刻种类较多,有人物、动物、柱、碑等,既与相关设施关系密切,也反映出墓地的规划和布局。一些标识物可辅助于墓地规划,同时还对同穴合葬等有重要作用,如安阳西高穴曹操墓顶端两个砖砌的竖洞[1],可能是先葬者下葬后将墓道掩埋并为后葬者开挖墓道进行合葬提供参考。墓树也有标识的作用,同时还能够反映身份、保护墓地或墓葬等。

二、两重空间

　　汉代墓葬的内部内容位于封土内或封土之下,包含埋葬墓主尸身的墓穴等,可视为墓葬的本体;墓外设施位于封土之外或叠压、打破封土等,为墓葬配套设施,二者为内外不同的两重内容,并以封土表层为界,形成内外两重空间。

　　内部空间包含封土、封土下或封土中的陪葬坑、墓穴与相关设施、葬具等,墓主尸身及敛葬品、陪葬器物等位于内部空间,外部空间的内容也较丰富,大致包括与墓葬选址、合葬与祔葬、陪葬制度与习俗及其墓葬修建、墓葬或墓地保护、墓地规划和布局、墓主下葬、守冢与居丧、墓地祭祀等有关的设施等,二者综合构成了汉代墓葬的总体内容,反映出汉代丧葬的丰富与多样性,也综合

---

[1] 河南省文物考古研究院:《曹操高陵》,中国社会科学出版社,2016年,第35页。

体现出汉代墓葬的整体发展。内部空间及相关内容的埋藏与墓葬的封填基本同步,在埋藏后基本无变化或改动,墓外设施的修建与墓葬的封填既有同步性,也有提前和滞后,设施内容则有一定的灵活性,可改动或不断补充与完善。内部空间及其相关内容一次性服务于墓穴与尸身,尽可能满足死者地下所需,墓葬形制的复杂化及趋于第宅化、陪葬品的多样性与日趋生活化等皆是体现。墓外设施及相关内容主要涉及墓葬与墓地守护、墓祭、墓区规划和布局及合葬、祔葬、陪葬等,较多设施在功用上还有交叉和互补,如较多设施与墓区规划和布局皆有一定关系,很多设施具有守护功能等。就墓外设施而言,一部分还服务于内部空间的相关需求,如墓葬修建、墓葬排水、墓主下葬及部分陪葬品的制作等,但综合来看,这些设施并不是墓外设施的主要内容,即非墓外设施主体。

从考古资料看,墓葬的内外两重空间在先秦时期就已存在,但基本局限于等级较高的墓葬,秦代有所发展,亦基本见于秦始皇帝陵。西汉时期,两重空间得到推广和普及,最突出的体现是较多中小型墓葬开始使用不同类型的墓外设施,而内部空间也在不断完善,但整体上还属探索发展的模式,很多内容没有定型。东汉时期,第宅化的横穴墓葬已普及定型,陪葬品的生活化基本完成,墓外设施亦形成体系,较多设施配套存在并能持续稳定的发展,而且对后世诸代的墓葬有着较多影响,标志着墓葬内外相对独立的两重空间已全面、正式形成。

内部空间及其内容与外部空间的诸多设施共存于汉代墓葬或墓地,二者体现出内外两重空间的独立性,也反映出不同的丧葬内容。内部空间是逝者尸身安置之所,也是逝者地下所居之处,相关设施、敛葬器物、陪葬品等均服务于此。以陪葬品为例,其在发展过程中不断去礼器化,且愈来愈接近生活器物,有些仿铜陶礼器也仿照现实器物,如江苏徐州九里山 M2 出土陶钫和陶鼎,器上分别有刻写的"酒上尊""宜肉宜羹"等铭文[1],"这种真实的模仿,不仅仅是厚葬的结果,也与该时期人们的灵魂观、生死观、等级观等密切相关"[2]。内部空间及其相关内容在其发展过程中,将死者去世后和生前一样对待的特征日趋明显,这是"事死如事生"丧葬思想及其内容的充分体现。再如汉代墓葬中

---

[1] 徐州博物馆:《江苏徐州市九里山二号汉墓》,《考古》2004年第9期。
[2] 韩国河:《秦汉魏晋丧葬制度研究》,陕西人民出版社,1999年,第278页。

有较多的食物陪葬,这与丧葬中认为的"鬼犹求食"①相对应,同时也是"事死如事生"丧葬内容的体现。

汉代墓葬的内外两重空间及其内容均服务于墓葬,服务于死者,即有共同的核心和服务对象,故二者又有着密切关联,互为依存。以外部空间的墓祭设施为例,其在汉代得到不断发展、完善和普及,随着墓葬内外两重空间的发展,墓祭设施成为汉代墓葬外不可或缺的设施,而其在墓地中的地位也不断提高,至迟东汉时期已成为墓外设施的核心。另有很多设施辅助于墓祭,相关功能围绕墓祭设施开展,相互之间有机结合,构成较完备的墓外祭祀设施体系。墓祭是生者在墓前或附近开展的相关活动,是生者怀念逝者、祭祀逝者,为逝者尽孝的最佳及最常见的方式,很多会辅以物质,以达到祭祀目的,这应是墓祭设施在墓外设施中地位不断提高并成为墓外设施核心的重要原因,东汉墓葬尤其是东汉中小型墓葬体现得尤为明显。在事死如事生的丧葬思想和行为的推动下,内部空间及相关内容得到极大发展,但如上文所言,内部空间及其相关内容一次性服务于墓穴与尸身,尽可能满足死者地下所需,但基本无变化或改动,即死者在地下的所需无法得到补充和更新,这在某种程度上可能会影响死者地下的生活。墓祭设施及墓祭活动很好地弥补了这一欠缺,通过祭祀可持续为逝者提供所需,而逝者通过受祭可得到所需,而生者在祭祀时,不仅为逝者在地下的生活提供相应物质上的补充,达到行孝的目的,还可与逝者灵魂沟通。较多墓外设施是生者实际使用,或死者埋葬后由生者通过相关设施开展相关活动并服务于死者的载体,体现出生者对逝者的态度和行为。生者对墓外祭祀设施的使用具有持续性,高等级墓葬有日祭、月祭、时祭,还有日四上食、岁二十五祠、岁四祠及月一游衣冠,等等②。生者以墓外的相关设施为媒介,将逝者当作在世或活着时一样对待,并通过墓外设施达到相应目的,而祭祀设施在这方面表现得较为明显。

厚葬是汉代丧葬发展的主线,其得以盛行与汉代社会经济的发展及儒家思想统治地位的确立、谶纬和升仙思想泛滥、尚孝意识风行等有较大关系,也和人们的灵魂与宗族观念、对死后世界的想象与希望、丧葬目的与需求等密不

---

① 《左传·宣公四年》载:"鬼犹求食,若敖氏之鬼,不其馁而?"载(西晋)杜预等注:《春秋三传》(卷八),上海古籍出版社,1987年,第259页。

② (东汉)班固:《汉书·韦贤附子韦玄成传》(卷七三),中华书局,1962年,第3115—3116页。

可分。墓葬的内外空间对厚葬有较多反映,这在文献资料中有相应体现。与物质内容相关的记载有的涉及内部空间,如"厚资多藏,器用如生人"①。而汉武帝营造茂陵时,"多藏金钱财物,鸟、兽、鱼、鳖、牛、马、虎、豹、生禽,凡百九十物,尽瘗藏之"②。"比崩,陵中不复容物"③。有的则涉及内外两重空间,如权臣霍光死,朝廷赐物极丰,并"发三河卒穿复土,起冢祠堂,置园邑三百家",成帝时,又为光置守冢百家,吏卒奉④,而"太夫人显改光时所自造茔制而侈大之。起三出阙,筑神道"⑤。另如《潜夫论·浮侈》篇所载:"今京师贵戚,郡县豪家,生不极养,死乃崇丧。或至刻金缕玉,檽、梓、梗、楠,良田造茔,黄壤致藏,多埋珍宝偶人车马,造起大冢,广种松柏,庐舍祠堂,崇侈上僭(务崇华侈)。"⑥墓外设施的厚葬内容体现出墓葬或墓地保护、墓区规划和布局、开展墓祭及合葬、祔葬与陪葬等内容,作为外部空间的内容,其丧葬目的是服务于逝者,但随着社会发展又具有了其他作用。因相关设施位于墓外,且较为明显和直接,可外显于世人,并成为生者宣扬和推行厚葬及自身孝行等内容的载体。上文所引"生不极养,死乃崇丧"可以体现,另有"废事生而营终亡,替所养而为厚葬"⑦;"崇饰丧纪以言孝,盛飨宾旅以求名"⑧;"生不能致其爱敬,死以奢侈相高,虽无哀戚之心,而厚葬重币者,则称其为孝,显名立于世,光荣着于俗。黎民相慕效,至于发屋卖业"⑨;"世以厚葬为德,薄终为鄙,至于富者奢僭,贫者殚财,法令不能禁,礼仪不能止"⑩;"吏民踰僭,厚死伤生"⑪。针对当时追求厚葬成风的现象,《潜夫论·浮侈》篇指出:"此之费功伤农,可为痛心";"此无益于奉终,无增

---

① (西汉)桓宽:《盐铁论·散不足》(卷六),载王利器校注:《盐铁论校注(定本)》,中华书局,1992年,第353页。

② (东汉)班固:《汉书·贡禹传》(卷七二),第3071页。

③ (元)马端临:《文献通考·王礼考》(卷一二五),中华书局,1986年,第1115页。

④ (东汉)班固:《汉书·霍光传》(卷六八),第2948、2959页。

⑤ (东汉)班固:《汉书·霍光传》(卷六八),第2950页。

⑥ (东汉)王符:《潜夫论·浮侈》(卷三),(清)汪继培笺:《潜夫论笺校正》,中华书局,1985年,第137页。(南朝宋)范晔撰,(唐)李贤等注:《后汉书·王符传》(卷四九写作"务崇华侈")(中华书局,1965年,第1637页)。

⑦ (南朝宋)范晔撰,(唐)李贤等注:《后汉书·赵咨传》(卷三九),第1315页。

⑧ (东汉)王符:《潜夫论·务本》(卷一),载(清)汪继培笺:《潜夫论笺校正》,第20页。

⑨ (西汉)桓宽:《盐铁论·散不足》(卷六),载王利器校注:《盐铁论校注(定本)》,第354页。

⑩ (南朝宋)范晔撰,(唐)李贤等注:《后汉书·光武帝纪》(卷一),第51页。

⑪ (南朝宋)范晔撰,(唐)李贤等注:《后汉书·和帝纪》(卷四),第186页。

于孝行,但作烦搅扰,伤害吏民"①。《潜夫论·务本》亦称"此乱孝悌之真行,而误后生之痛者也"②。

在逝者墓外修建相关设施可充分显示生者的孝行和尽力厚葬的行为,一些墓葬外相关石刻的文字中也有较直接的体现。《从事武梁碑》记有"竭家所有"③,许安国祠堂题记中有"以其余财,……作治连月,功扶无呕"④,芗他君石祠题记中有"经日甚久,……更逾二年,迄今成已"⑤等。一些石刻文字则记有采优质石材、聘请良匠等内容。较多的祠堂题题记中有修建祠堂的开支和花费,且多数直(值)万或数万。这些均应是追求厚葬背景下,生者显示孝行、宣扬自身的最直接体现。

就墓葬的内外两重空间来讲,内部空间及其内容经历汉代之前及两汉时期的持续发展已较为完备,外部空间及其设施在汉代则获得较大发展,内容、种类、功能、作用等皆可体现。二者均反映出与丧葬的密切关系,而墓外设施在汉代丧葬发展过程中的地位和作用又得到不断提升,逐渐成为十分重要和不可或缺的物质内容,这也正是汉代墓葬内外两重空间正式形成的重要原因。

三、三维世界

汉代墓葬存在着内外两重空间,经西汉一代的发展,至东汉时期,内外两重空间的体系正式形成,二者相对独立又存在密切关联。与内外两重空间关系较为密切者为生人,即活着的人,其与逝者存在于地上和地下两个世界,而墓葬也有外部空间,很多还有服务于逝者同时又为生人在墓地或墓区活动提供条件和服务的外部设施,有些设施则是生者与逝者"沟通"和"联系"的媒介,所以生人所在现实世界与墓葬的内外空间又构成了三维的世界。

生活在现实世界的人与逝者墓葬的内部空间有着一定关系。虽然有预作寿陵的现象,即墓主在去世之前可以直接或间接参与墓葬内部空间的相关工作,但对应墓主的身份地位一般较高,相关工作则由他人具体执行和操作,这

① (东汉)王符:《潜夫论·浮侈》(卷三),载(清)汪继培笺:《潜夫论笺校正》,第134、137页。
② (东汉)王符:《潜夫论·务本》(卷一),载(清)汪继培笺:《潜夫论笺校正》,第20页。
③ 蒋英炬、吴文琪:《汉代武氏墓群石刻研究》,山东美术出版社,1995年,第17页。
④ 济宁地区文物组、嘉祥县文管所:《山东嘉祥宋山1980年出土的汉画像石》,《文物》1982年第5期。
⑤ 罗福颐:《芗他君石祠堂题字解释》,《故宫博物院刊》1960年总第2期。

是现实世界与墓葬内部空间的一种关联。多数墓穴并非提前做好的,且很多内容应在人去世之后完成,相关内容包括墓穴的开挖、相关设施的修建、葬具的构筑、敛葬物品的使用、陪葬品的制作与摆放及其墓主下葬和墓葬的封填等完成。这一阶段,内部空间多属开放式的,现实世界可直接与之产生多种关系,甚至一些内容如死者的敛葬等并不在墓穴内或相关设施中进行;而是在现实世界空间内开展。但是,墓葬完全封填之后,现实世界与墓葬内部空间完全被隔绝。也有再次开挖及打开墓穴后的合葬,其主要活动针对合葬者或后去世者;亦有对先去世者的墓内祭祀,但均是生人在墓穴中或附近举行的活动,合葬时墓穴与外界也是开通的,相关内容与上所述早去世者有较多相似。在现实世界的生人与逝者墓葬内部空间产生联系的过程中,也可能会产生或使用一些墓外设施,如墓葬修建、墓主下葬时的临时设施,但这些设施在墓主下葬后或毁弃不用,或转型为其他设施,如墓葬修建时的临时设施可能经改建成为墓庐或冢舍等。

墓葬封填后,墓葬内外形成两重空间,外部空间的相关设施在墓主下葬前、下葬过程中及其下葬后均有可能修建。较多设施与内部空间有着相应关系,如异穴合葬与祔葬、陪葬墓及具有守护或保护功能的设施等,同时也体现出墓地的规划和布局。这些设施的形成和针对墓葬或墓地的功能发挥均与现实世界的人有着密切关系,而一些设施也服务于现实世界的人,体现出三维世界的联系及其内容、内涵等。

祭祀设施是汉代墓葬外部空间中的重要内容,两汉皆有,种类较多,并体现出渐趋普及和不断发展完善的态势。一些具有特殊性,如江苏邳州山头东汉墓群西南角发现的有一定面积的红烧土痕迹①,其他地区或墓地基本没有发现,反映出发展过程中的内容和特点。最为常见的是墓前或墓上的房屋或院落式祭祀设施,另有墓前或墓上的祭台或供台。从某种程度上讲,墓前或墓上的祭台或供台可视为房屋或院落式祭祀设施的简化形式。随着墓祭的发展,大致在西汉晚期开始出现,并在东汉墓葬外得到普及和推广,对应的墓主身份一般不高,而一些房屋或院落式祭祀设施亦有祭台或供台。因此,可将祭台或供台与房屋或院落式祭祀设施合并共述,称为墓外常见的固定性祭祀设施。

统观汉代墓葬外祭祀设施,西汉时还处于不断发展之中,有创新和特殊

---

① 南京博物院、邳州博物馆:《邳州山头东汉墓地》,科学出版社,2009年,第15、156页。

性,也有改进和摒弃,但影响不断扩大,使用渐广。西汉早期,帝王陵墓较多使用祭祀设施,列侯及一些有相应等级的墓葬外也修建有祠堂,但并不普遍;一些墓葬外有特殊的祭祀设施,如汉景帝阳陵东司马道北第一排10号陪葬墓园,门阙以南与阳陵东司马道北界沟之间发现东西向一字排开的小型灶坑,共57处,可能与墓葬的祭祀有关①,但别的墓葬未有发现。其他还有较多体现。诸侯王墓的祠庙部分修建在坟丘或所在山头的顶部,寝与寝类设施不断改进完善,寝园渐趋普遍。王侯与中小型墓葬外的祭祀坑在西汉早中期有一定数量,但至西汉晚期基本不见。西汉晚期在墓祭推广的背景下及相应设施的影响下,出现了祭台或供台,石祠堂出现并在东汉普及开来。就房屋或院落式祭祀设施来讲,西汉帝王陵墓外为两大类并存,即陵(祠)庙与寝园(或寝类设施)并存,列侯墓葬多数仅有祠堂,个别如江西南昌海昏侯墓外还有专门的寝②。可以看出,西汉墓葬外的祭祀设施存在较多的不统一性,相应的体系还没有形成。

两汉之际,古代墓葬的很多内容发生了较大转变,墓外祭祀设施在西汉发展的基础上至东汉时期已逐渐定型,墓外常见的固定性祭祀设施成为主流,其他形式已很少见。就位置而言,也多数位于墓前或旁侧,墓上的较少,较高等级的墓葬也由两大类并存发展为仅有一类,祠庙不见,王侯墓葬外的寝与中小型墓葬外的祠堂有很大相似,体现出较强的统一性。墓外常见固定性祭祀设施的核心作用日渐突出,很多设施与其有关,相关功能也围绕其开展,如阙、神道、石像生、碑、柱及冢舍、窖藏、水井,乃至于一些排水设施等,而如合葬、祔葬、陪葬及守护或保护设施亦与之有着较多关联。众多设施互有联系,构成了以墓祭设施为核心的一个有机整体。东汉时,墓外祭祀设施并不是完全一致或固定不变的,而是具有统一中的多样性,并处于不断发展之中。如列侯及中小型墓葬,砖(石、土)墙瓦顶祠堂和石祠堂并存,部分为祭台或供台,石祠堂又衍生出多种不同的类型。就影响而言,除推动墓地祭祀的发展外,也为一些地区墓葬的形制、结构等带来新内容,如西南地区崖墓内享堂的出现、使用和推广等。

汉代墓葬外的祭祀设施,尤其是墓外常见的固定性祭祀设施,对汉代墓祭

---

① 曹龙:《西汉帝陵陪葬制度初探》,西北大学硕士学位论文,2009年,第26页。
② 江西省文物考古研究所、南昌市博物馆、南昌市新建区博物馆:《南昌市西汉海昏侯墓》,《考古》2016年第7期。

的发展具有十分重要的促进作用。一方面，多数墓外祭祀设施是现实世界里的生人祭祀逝者的场所，祭祀者从生活所居的世界来到墓地，在墓外祭祀场所进行祭祀，而祭祀坑及其埋藏内容则是祭祀后的遗存和物质遗留。通过祭祀，可达到与逝者灵魂沟通，为逝者地下生活补充或供应所需，还可起到宣传教化、显示孝行等目的。另一方面，多数墓外祭祀设施又是逝者享祭之处，其灵魂可在受祭时与生者沟通，同时祭祀的物品又可使其地下的生活有保障或更加美好。有的祠堂中有祭台或供案，可放置祭品，也可能摆放有祠主(逝者)的神位，如山东长清孝堂山祠堂①。还有的石祠堂如安徽宿州宝光寺石祠②、褚兰胡元壬祠堂③等，后壁画像下部正中有"凸"字形图案，并刻写一定数量的文字，包括祠主信息、吉语等，可能与墓主牌位或神位有关。墓主的牌位或神位在一定程度上可代替祠主(逝者)，另外也是墓主(祠主)灵魂的依附载体，这样可让祭祀者与被祭祀者共同处在祭祀设施这一特殊的世界或空间中。由此，现实世界、墓外设施、内部空间这三个世界通过墓外祭祀设施和谐地联系在一起，甚至可让生者与逝者灵魂在祭祀时处在同一世界中，三维世界由此形成。西汉时期，三维世界虽已存在，但还处于发展和不统一的阶段，至东汉时期，墓外常见的固定性祭祀设施体系基本形成，相关配套设施也日臻完善，三维世界得以确立并不断发展完善。需做说明的是，较多墓葬外没有发现祭祀设施，尤其是墓外常见的固定性祭祀设施，这与后期破坏可能有关，如较多散存画像石或再葬画像石墓中的画像石，相当部分原为祠堂画像石。笔者推测，较多西汉晚期至东汉时期的墓葬尤其是中小型墓葬，特别是等级稍低墓葬外原可能有祭台或供台，形制与目前考古所见墓外祭台或供台相似或更简单，抑或是形制简单的石祠堂或砖(石、土)墙瓦顶祠堂，随着时间的推移，损毁或遭到破坏而不存，而它们应是三维世界中的墓外祭祀设施，即三维世界中极为重要的一环。

墓外祭祀设施是汉代墓葬外部设施的主要内容，同时又是三维世界的重要内容，起到联通地下空间与现实世界的功用，并为三维世界的确立起到不可代替的作用。三维世界的确立是一个逐步发展的过程，并在确立后逐步完善，形成一些与自身相符并能够满足内部空间、墓外设施与现实世界需求的内容。

---

① 蒋英炬等：《孝堂山祠堂》，文物出版社，2017年，第20—28页。

② 王化民：《宿州宝光寺汉墓石祠画像石》，载安徽省文物考古研究所、安徽省考古学会：《文物研究》(第8辑)，黄山书社，1993年，第64—70页。

③ 王步毅：《安徽宿州褚兰汉画像石墓》，《考古学报》1993年第4期。

主要表现在以下三个方面。

西汉晚期或稍晚阶段,等级稍低的墓葬外使用了祭台或供台,抑或是单开间的小型石祠堂等,在此之前的较长时间内,墓外常见的固定性祭祀设施及其具有特殊性的祭祀设施多属于具有一定等级的墓葬,很可能相当数量等级稍低的墓葬外没有类似设施。东汉时期,墓祭设施的普及率大大提高,帝王陵墓外为寝类设施,列侯与中小型墓葬外为祠堂或祭台或供台,还有的墓葬为更简单一些的设施,而祠堂在较多等级相对低的墓葬外得到普及和应用。这是三维世界逐步发展并确立和继续发展的一个体现。

就墓外祭祀设施来讲,其主要功能是开展墓祭与相关活动。西汉时期,墓外常见的固定性祭祀设施等多属有相应等级的墓葬,祭祀活动也应有相应的礼制、仪式、过程和场面,从一些墓葬的祭祀坑并结合祭祀的基本目的等来看,西汉时期物祭可能是主要内容之一,而一些祭祀的物品在祭祀过程中或祭祀后被埋入地下,以供逝者使用。随着三维世界的确立,西汉时期作为主要内容的物祭逐渐趋于淡化,虽然也有相当数量的祭品,但多摆放于祭祀设施内外或案台之上,王侯与中小型墓葬中,除具特殊性或既有特殊性且等级较高墓葬如河南安阳西高穴曹操墓外,基本不见有埋藏祭祀物品的祭祀坑。祭祀活动更加注重礼制、仪式、过程和场面,更强调墓主灵魂的受祭,也更关注于生者与逝者灵魂在受祭时的交流。这是三维世界逐步发展并确立和继续发展的另一体现。

第三方面,墓外祭祀设施及其祭祀活动、内容在其发展过程中,除祭祀墓主的功能外,也逐渐衍生出一些新的作用,尤其是三维世界确立之后,物祭淡化,形式更为突出,并有一些新的内容出现。针对逝者的祭祀设施和祭祀活动在某种程度上也间接服务于现实世界的生者,特别是祭祀者,这与追求厚葬外显于世人有关,同时也是生者孝行和品行的展示,而在当时的社会背景下,这与祭祀者的主观需求也较为相符。墓外常见的固定性祭祀设施中,祠堂使用较为普遍,较大比例的石祠堂刻有画像,而砖(石、土)墙瓦顶祠堂多数仅余基础、墙、顶已不存,是否存在壁画或画像已不可知,但从西汉霍光墓祠堂周围发现的大面积壁画和不少柱础石等遗存①来看,至少有一部分祠堂内可能有壁画,但具体内容不详。西汉晚期至东汉时期尤其是东汉时期,石祠堂逐渐普及,画像内容也更丰富,有升仙题材,这与祭祀的基本作用较一致,还有很多宣

---

① 咸阳市文物考古研究所:《汉武帝茂陵钻探调查简报》,《考古与文物》2007年第6期。

传孝行、教化,让人从善祛恶、尊礼守制等的图像,与之相对应,较多祠堂还刻有文字,亦对上述内容有所宣传。这些画像和文字在某种程度上可起到思想上保护墓葬、墓外祭祀设施及其他设施的作用,也反映出祠堂作为祭祀设施与现实世界的关联,同时在一定程度上又与地下世界产生了一定关系。以祠堂画像为例,很多祠堂刻有祠主受祭的画像,特别是单开间小祠堂,后壁为祠主(多数为夫妇)受祭画像,东侧多为迎宾、庖厨,西侧为宴饮、送客,体现出较完备的祭祀画面。这一方面反映出祠堂与祭祀者和受祭者的关系,另一方面将祭祀内容以画像的形式刻在祠壁上,可达到思想上常祭久祀的目的,也体现出立祠者的孝心和孝行。东汉时期,帝陵陵寝获得较大发展,与陵寝有关的上陵之礼等取得相应发展。帝陵的上陵之礼有其程式:"东都之仪,百官、四姓亲家妇女、公主、诸王大夫、外国朝者侍子、郡国计吏会陵。昼漏上水,大鸿胪设九宾,随立寝殿前。钟鸣,谒者治礼引客,群臣就位如仪。乘舆自东厢下,太常导出,西向拜,折旋升阼阶,拜神坐。退坐东厢。西向。侍中、尚书、陛者皆神坐后。公卿群臣谒神坐,太官上食。太常乐奏食举,舞《文始》《五行》之舞。"①上陵之礼是陵园内举行的祭祖、朝拜等礼仪活动,推行上陵之礼,一方面是推行"以孝治天下"的国策,另一方面是为了更好达到巩固刘氏天下的目的。②可以说,上陵之礼的推广施行,标志着以祭祀、朝拜为主要内容的陵寝制度完全确立。东汉时期,汉代王侯与中小型墓葬的内外两重空间及与现实的三维世界基本确立,诸侯王墓外的寝、列侯与中小型墓葬外的祠堂及一些墓葬外的供台或祭台,为墓葬外部空间中的祭祀设施,生者要通过这些常见的固定性祭祀设施祭祀逝者。这一时期,祭祀与形式并重,东汉帝陵有以祭祀、朝拜为主要内容的陵寝制度,就王侯与中小型墓葬尤其是后者来讲,祭祀者通过祭祀可以增强家庭和谐,加强家族团结,同时又可宣传教化、显示孝行等,墓外祭祀设施与祭祀活动的内容和内涵也因此得到拓展,进而体现出祭祀设施在墓外设施中的核心地位。

综上所述,两汉时期,古代墓葬以封土表层为界形成了内部与外部两组不同的内容。在经历西汉一代的发展及两汉之际转变的基础上,墓葬的内外两重空间体系在东汉时期正式形成,与之同步,地下空间、墓外设施、现实世界的三维世界也得到确立,墓祭设施在墓外设施中的核心地位亦愈来愈得到加强,

---

① (南朝宋)范晔撰,(唐)李贤等注:《后汉书·志第四礼仪上》,第3103页。

② 韩国河:《东汉帝陵有关问题的探讨》,《考古与文物》2007年第5期。

同时还体现出较多的丧葬内容和社会内涵,标志着古代墓葬的内容已从先秦时期重地下转向墓葬自身与墓外设施的并存和并重,综合反映出汉代墓葬的全面发展和演进。

本文原刊载于《南开学报(哲学社会科学版)》2020年第1期。

作者简介:

刘尊志,男,江苏丰县人,1971年12月出生,南开大学历史学院考古学与博物馆学系教授,博士生导师,主要从事秦汉魏晋南北朝考古与物质文化的研究、教学工作。主持或参与国家级、省部级项目多项,发表学术论文及发掘简报等百余篇,出版著作4部,其中一著作入选2019年国家哲学社会科学成果文库;主编著作2部,第二主编发掘报告1部,参编"马工程"教材1部及其他著作多部。多篇论文被中国人民大学复印报刊资料转载,论文与著作多次获奖。

曹魏、孙吴墓葬比较研究

——以宗室墓为中心

王 音

三国时期虽历时不足百年,但它上承汉帝国的灭亡,下接西晋短暂的南北统一,之后又经十六国东晋南北朝长达二百五十余年的大分裂时代,直至581年后隋唐两朝才重新在中国大地上建立起了大一统的帝国。因此,三国时期不仅是中国社会、文化实现汉晋之变的重要过渡期,更可被视为汉唐之变的开启阶段。

三国时期的社会文化情况,在以墓葬为代表的考古材料中有较多体现。20世纪50年代以来,全国各地公布的三国时期墓葬材料已积累达到了相当数量,据不完全统计在三百座上下,其中有明确纪年的墓葬约四十座,尤以曹魏、孙吴的墓葬材料较为丰富。近年来,又有数座属于曹魏、孙吴宗室成员的墓葬得到发掘,为我们理解这一时期的丧葬模式提供了新材料。目前学界针对三国墓葬的考古学综合研究仍属寥寥[1],鉴于此,本文拟对最能反映政权官方丧葬规制和主流葬俗的曹魏、孙吴宗室墓葬进行横向的比较研究,在此基础上考察墓葬背后所关涉的礼仪政策和社会文化情况,以求进一步明晰三国考古学文化在中国社会、文化实现汉晋之变乃至汉唐之变的过程中所扮演的角色。

一、曹魏宗室墓的发现情况及总体特征

目前发掘并正式公布材料的曹魏宗室墓,计有河南安阳西高穴曹操高陵[2]、河南洛阳孟津大汉冢ZM44[3]、河南洛阳西朱村M1[4]和山东东阿曹植墓[5]4座。兹将四墓的具体信息归纳为表一。据表一,曹魏宗室墓的总体特征可归纳如下:

---

① 韩国河、朱津:《三国时期墓葬特征述论》,《中原文物》2010年第6期。

② 河南省文物考古研究所、安阳县文化局:《河南安阳市西高穴曹操高陵》,《考古》2010年第8期;河南省文物考古研究院:《曹操高陵》,中国社会科学出版社,2016年。

③ 洛阳市第二文物工作队:《洛阳孟津大汉冢曹魏贵族墓》,《文物》2011年第9期。

④ 洛阳市文物考古研究院:《河南洛阳市西朱村曹魏墓葬》,《考古》2017年第7期。

⑤ 刘玉新:《山东省东阿县曹植墓的发掘》,《华夏考古》1999年第1期。

表一　曹魏宗室墓葬信息

墓名	墓主	年代	身份	地面建筑	墓圹与封土（主墓圹长/米）	墓室形制与规模（全长/米）	墓内设施	随葬器物
河南安阳西高穴曹操高陵	曹操	黄初元年（220年）	魏武帝	有寝园；陵前和陵南有建筑遗存	无封土；墓道土圹内收7级台阶，20.5	双主室砖墓，正方形前室，四侧室，13.5	后主室或有石棺床一具；后室南北侧室出有铁质帐构件，原应张设有帷帐	可复原的遗物约400件，计有金、银、铜、铁、玉、骨、漆、瓷、釉陶、陶、石器等；高规格有石圭、璧，刻铭石牌，陶鼎、煤精石虎雕、铜带钩、鎏金盖弓帽、玉佩、珠、玛瑙珠、饼、水晶珠等
河南洛阳孟津大汉冢ZM44	曹休	太和二年（228年）	长平侯，曹操族子	未发现墓园遗址	无封土；墓道和墓室土圹内收7级台阶，15.6	双主室砖墓，横前堂，三侧室，一耳室，12.3	—	被盗严重，出土遗物80余件，计有陶、铜、铁器和金银饰等；高规格器有铜印、带钩，金步摇饰等
山东东阿曹植墓	曹植	青龙元年（233年）	陈思王，曹操子	不详	不详	双主室砖墓，正方形前室，11.4	—	出土遗物132件，计有陶、铜、玉、石器等；高规格器有石圭、璧、玉璜、珠、玛瑙球等
河南洛阳西朱村M1	不详	曹魏晚期	曹魏宗族，祔葬魏明帝高平陵	未发现墓园遗址	无封土；墓道土圹内收7级台阶，墓室土圹南、北、东三壁存6—7级台阶，18.2	双主室砖墓，正方形前室，14	出有铁质帐构件和石帐座，墓室内原应张设有帷帐	出土遗物约400余件，计有石、陶、铁、铜、漆木器和少量玉、骨等；高规格器有石圭、璧、刻铭石牌、玉臂韝、琥珀串饰等

墓葬形制结构方面。地面无封土。地下部分多采用方坑明券的方式建造,墓道为长斜坡式,墓圹内多设置有内收的台阶,基本为7级,主墓圹全长在15—21米之间。墓室全长在11—15米之间,为砖或砖石混筑结构,在中轴线上自前向后主要由甬道、前主室、过道和后主室构成(图一),前主室多呈方形;孟津大汉冢ZM44虽仍采用横前堂,但较东汉之形制已明显变宽变方(宽4.25、长3.5米)。早期墓葬主室两侧多附有大型侧室或耳室(西高穴高陵、孟津大汉冢ZM44),并且在侧室内发现有葬人迹象,反映同墓多人合葬的习俗此时仍有所延续;而在青龙元年的曹植墓和时代更晚的西朱村M1中,侧室被取消,耳室亦未见设置,砖室仅保留中轴线上的主室部分,或说明曹魏宗室墓存在结构逐步简化之趋势。

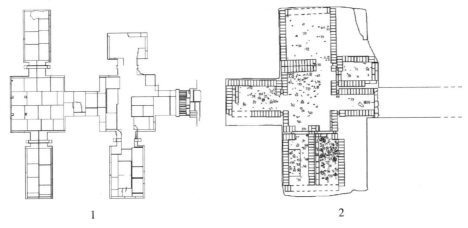

图一　曹魏宗室墓形制

1.西高穴高陵　2.孟津大汉冢ZM44

随葬器物方面。以陶器为大宗,常见器型中的碗、盘、耳杯、勺、灯、案等器具,灶、井、厕、家禽家畜俑等模型明器以及侍俑基本延续了东汉时期的特征;同时新出现了四系罐、双系罐等器类,在西高穴高陵中还出有青瓷四系罐,昭示出曹魏时期涌入北方的新文化因素。而在东汉诸侯王墓中仍维持着的陶礼器制度[①]已被破坏殆尽,除西高穴高陵尚随葬陶鼎外,其余墓葬完全不见。这

---

① 韦正、方笑天:《两汉墓葬陶礼器的变化与原因试探——两汉之变之一端》,载《古代文明》(第14卷),上海古籍出版社,2020年,第83—92页。

一时期更能彰显墓主身份的是石质礼器和刻铭石牌,前者主要为圭、璧组合,代表墓主身份为帝王或诸侯王①,或可视为两汉玉礼器的"低配版";此外,玉佩、璜、臂韝等佩饰以及玛瑙、水晶、琥珀串饰也应为墓主具有较高社会地位的体现。(图二)

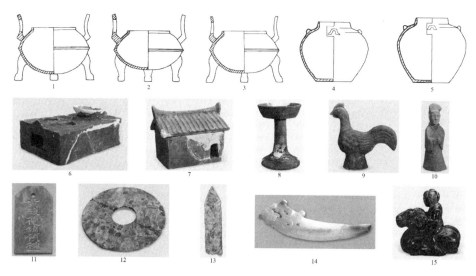

图二　曹魏宗室墓典型随葬器物拾例

1—3.陶鼎(西高穴高陵);4—5.陶四系罐(孟津大汉冢ZM44);6.陶灶(西朱村M1);7.陶厕(西朱村M1);8.陶灯(西朱村M1);9.陶鸡(西朱村M1);10.陶俑(西朱村M1);11.刻铭石牌(西高穴高陵);12.石璧(西朱村M1);13.石圭(西朱村M1);14.玉佩(西高穴高陵);15.琥珀串饰(西朱村M1)

墓内设施方面。在西高穴高陵和西朱村M1中出有铁质帐构件和石帐座,说明墓室内原应张设有帷帐。在高陵的后主室靠后部发现6个石葬具痕迹,并且采用特制的大型青石板铺地,而余三墓基本不见石质墓内设施,显示高陵应代表了曹魏最高规格墓葬的面貌。

地面建筑方面。在西高穴高陵的东、南、北面发现了夯土垣墙,东墙外有南北向的壕沟,可能为高陵的寝园遗存;墓道四周和墓南还存在呈规律密集分布的土坑,可能是大型地面木构建筑的遗留。余三墓则未发现墓园遗址和其他地面建筑。这可能是高陵为最高规格墓葬的又一表现。

---

① 韦正、方笑天:《两汉墓葬陶礼器的变化与原因试探——两汉之变之一端》,载《古代文明》(第14卷),上海古籍出版社,2020年,第83—92页。

二、孙吴宗室墓的发现情况及总体特征

目前发掘并正式公布材料的孙吴宗室墓,计有安徽马鞍山宋山大墓①、苏州虎丘路新村土墩三国孙吴 M1②、湖北鄂州鄂钢饮料厂 M1③、安徽当涂"天子坟"吴墓④、江苏南京江宁上坊 M1⑤、湖北武汉江夏流芳吴墓⑥、武汉黄陂滠口古墓⑦、湖北鄂城孙将军墓⑧8座。兹将八墓的具体信息归纳为表二。

表二　孙吴宗室墓葬信息

墓名	墓主	年代	身份	地面建筑	墓圹与封土(主墓圹长/米)	墓室形制与规模(全长/米)	墓内设施	随葬器物
安徽马鞍山宋山大墓	不详	孙吴早期	孙吴宗室	封土或堂之筑上有享殿祭类建筑	覆斗状封土	双主室砖墓,横前堂,双耳室,17.68	后甬道和横前堂、横前堂与过道交接处各有一石门;横前堂内砌对称砖台	被盗严重,出土遗物约46件,计有陶、瓷、石、漆器等
苏州虎丘路新村土墩三国孙吴M1	不详	孙吴早期	孙吴宗室⑨	不详	有封土;墓圹口大底小	双主室砖墓,正方形前室,双耳室,14.2	甬道内有两道石门	被盗严重,出土遗物66件(组),计有瓷、陶、石、玉、琥珀、琉璃、铜、金、银器等;高规格器有瓷堆塑罐、金步摇饰、玉蛙形串饰等

---

① 安徽省文物考古研究所、马鞍山市文物管理所:《安徽马鞍山宋山东吴墓发掘简报》,《江汉考古》2007年第4期。

② 苏州市考古研究所:《江苏苏州虎丘路新村土墩三国孙吴M1发掘简报》,《东南文化》2019年第6期。

③ 鄂州博物馆、湖北省文物考古研究所:《湖北鄂州鄂钢饮料厂一号墓发掘报告》,《考古学报》1998年第1期。

④ 叶润清、殷春梅、杨彭、罗海明:《安徽当涂"天子坟"孙吴墓发掘收获》,载国家文物局主编:《2016中国重要考古发现》,文物出版社,2017年,第106—109页。

⑤ 南京市博物馆、南京市江宁区博物馆:《南京江宁上坊孙吴墓发掘简报》,《文物》2008年第12期。

⑥ 武汉市博物馆、江夏区文物管理所:《江夏流芳东吴墓清理发掘报告》,《江汉考古》1998年第3期。

⑦ 武汉市博物馆:《武汉黄陂滠口古墓清理简报》,《文物》1991年第6期。

⑧ 鄂城县博物馆:《鄂城东吴孙将军墓》,《考古》1978年第3期;南京大学历史系考古专业、湖北省文物考古研究所、鄂州市博物馆:《鄂城六朝墓》,科学出版社,2007年,第24—25页。

⑨ 赵娜:《孙吴宗室墓葬的考古学研究》,山东大学历史文化学院,2020年,第4页。

续表

墓名	墓主	年代	身份	地面建筑	墓圹与封土（主墓圹长/米）	墓室形制与规模（全长/米）	墓内设施	随葬器物
湖北鄂州鄂钢饮料厂 M1	孙邻	赤乌十二年（249年）	都乡侯，孙吴宗室	不详	封土情况不详；墓圹为在棕色砂岩层中凿穴而成，14.72	双主室砖墓，横前堂，双耳室，14.5	横前堂内砌对称砖台；砖台上张设有帷帐	出土遗物 412 件，计有瓷、陶、铜、铁、金银器等；高规格器有瓷坞堡、金步摇饰、鎏金铜弩机等
安徽当涂"天子坟"吴墓	孙休	永安七年（264年）	吴景帝	不详	有封土；墓圹口大底小，17.7	双主室砖墓，正方形前室，双耳室，15.4	前主室顶部嵌覆顶石，四隅各设一石牛首灯台；前主室和东耳室各砌一砖台	出土遗物共 179 件（套），计有金、银、铜、铁、陶、瓷、石、琉璃、玻璃、漆器等；高规格器有陶鼎、簋、掐丝金龙头、蟾蜍戏龙金片、神人驭龙银饰、龙鸟纹银衡末、龙首形铜车軑等
江苏南京江宁上坊 M1	不详	孙吴晚期	孙吴宗室	封门前侧有类建存；墙南现寝陵墓遗存；东发陵墓筑	有封土；墓圹内有二层台，21.5	双主室砖墓，正方形前室，四耳室，20.16	甬道口处设一石门，前主室顶部嵌覆顶石，前、后主室四隅各设一石牛首灯台，后主室后部置石棺座	出土遗物计有瓷、铜、铁、漆木、金银器等，瓷器有 100 余件；高规格器有瓷俑群，金步摇饰、冥币等
湖北武汉江夏流芳吴墓	不详	孙吴晚期	孙吴宗室[1]	—	有封土；长方形墓圹	双主室砖墓，正方形前室、双耳室、双侧室，13.8	—	出土遗物共 47 件，皆为瓷器；高规格器有瓷坞堡
湖北武汉黄陂滠口古墓	不详	孙吴晚期	孙吴宗室[2]	不详	不详	双主室砖墓，正方形前室，双耳室，11.4	前主室内砌一砖台；砖台上张设有帷帐	出土遗物共 80 件，计有瓷、陶器等高规格器有瓷坞堡
湖北鄂城孙将军墓	孙述	吴末晋初	将军，武昌督，孙邻子	不详	不详	双主室砖墓，横前堂，双耳室，9.03	横前堂内砌对称砖台	出土遗物共 79 件，计有瓷、金、铜、漆器等高规格器有瓷坞堡、金步摇饰等

　　据表二，孙吴宗室墓的总体特征可归纳如下。

　　墓葬形制结构方面。地面有封土。地下部分以在竖穴土（石）坑中开挖墓室的方式建造，墓道为长斜坡式，墓圹多口大底小，圹壁多向下直收，江宁上坊

---

　　①② 徐劲松、李桃元：《武汉黄陂滠口古墓与孙吴宗室墓葬》，载《长江文化论丛》（第 1 辑），中国文史出版社，2002 年，第 218—229 页。

M1墓圹内有一二层台,主墓圹全长在14—22米之间。墓室全长在9—21米之间,为砖或砖石混筑结构,在中轴线上自前向后主要由甬道、前主室、过道和后主室构成。早期墓葬仍延续汉传统采用横前堂,之后则以方形的前主室为主。主室两侧多附有一对及以上的大型对称耳室(图三)。

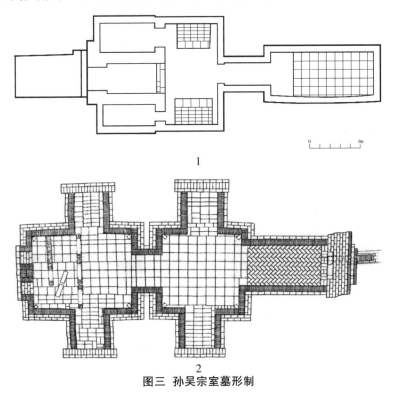

图三 孙吴宗室墓形制

1.马鞍山宋山大墓 2.江宁上坊M1

随葬器物方面。以陶瓷器为大宗,瓷器在随葬器物中的占比远高于陶器,江宁上坊M1、江夏流芳吴墓和鄂城孙将军墓中甚至已不见陶器。常见器型中碗、盘、盆、耳杯、勺、灯、案以及仓、灶、井、厕、家禽家畜俑等模型明器仍沿袭东汉的风格,同时涌现出了诸多新器形,如双系罐、四系罐、鸡首罐、盘口壶、洗、熏、多子槅、堆塑罐、牛车、镇墓俑等,多为青瓷质,尤以流行于长江下游的堆塑罐和流行于中游的各类镇墓俑展现出鲜明的地方特色。除当涂"天子坟"吴墓中尚有"九鼎八簋"[①]外,陶礼器制度在孙吴宗室墓中亦难觅踪迹。其他或具有

_____

① 安徽省考古研究所叶润清研究员曾介绍当涂"天子坟"吴墓出土九鼎八簋。

等级内涵的随葬器物有：长江中游的瓷坞堡模型可能是具有地域性的孙吴社会上层人员特有的随葬器物①；江宁上坊 M1 出土的以坐榻俑为中心的瓷俑群可能是为高等级墓主专门烧制的丧葬用品②；当涂"天子坟"吴墓所出龙首形铜车轭和龙鸟纹银衡末应为与天子所乘之车相关的构件③。(图四)此外，步摇饰一类的金银饰及鎏金铜器也应为墓主具有较高社会地位的体现。

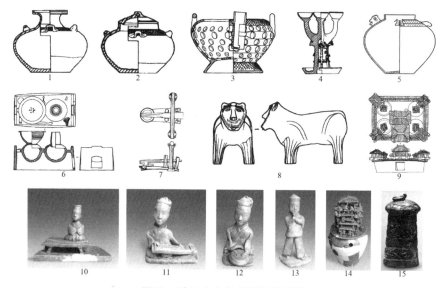

图四　孙吴宗室墓典型随葬器物

1.瓷盘口壶(鄂钢饮料厂 M1)；2.瓷四系罐(鄂钢饮料厂 M1)；3.瓷熏炉(鄂钢饮料厂 M1)；4.瓷五联灯(鄂钢饮料厂 M1)；5.瓷鸡首罐(马鞍山宋山大墓)；6.瓷灶(鄂钢饮料厂 M1)；7.瓷碓(鄂钢饮料厂 M1)；8.瓷镇墓兽(鄂钢饮料厂 M1)；9.瓷坞堡(鄂钢饮料厂 M1)；10-13.瓷俑(江宁上坊 M1)；14.瓷堆塑罐(江宁上坊 M1)；15.龙鸟纹银衡末(当涂"天子坟"吴墓)

---

① 王志高、马涛、龚巨平：《南京上坊孙吴大墓墓主身份的蠡测——兼论孙吴时期的宗室墓》，《东南文化》2009 年第 3 期。文章认为瓷坞堡模型是"具有地域性的孙吴宗室墓葬特点"，但鉴于新发现的江西南昌七星村吴墓中亦出有瓷坞堡模型，其墓主身份当与孙吴宗室无涉，将其使用阶层界定为"社会上层"或更稳妥。

② 南京市博物馆、南京市江宁区博物馆：《南京江宁上坊孙吴墓发掘简报》，《文物》2008 年第 12 期。

③《续汉书·舆服志上》："乘舆、金根、安车、立车……金薄缪龙，为舆倚较，文虎伏轼，龙首衔轭，左右吉阳筩，鸾雀立衡，……是为德车"；《晋书·舆服志》："玉、金、象、革、木等路，是为五路，并天子之法车，……金薄缪龙之为舆倚较，较重，为文兽伏轼，龙首衔轭，左右吉阳筩，鸾雀立衡……故世人亦谓之金鸥车"。孙吴介于汉、晋之间，史载其朝仪拾采周、汉，加之上述文献又可证实晋代车制基本承袭汉制，因此龙首形铜车轭和龙鸟纹银衡末在孙吴朝亦当为与天子所乘之车相关的构件。

墓内设施方面。墓葬前主室内多砌对称砖台,其上或张设有帷帐。在长江下游的孙吴宗室墓内发现有较多石质设施,江宁上坊 M1 甬道口处设一石门,前室墓顶嵌覆斗状覆顶石,前、后室四角各嵌一牛首形石灯台,后室内置 3 组 6 件虎状石棺座,更是于一墓内涵盖了孙吴时期石质设施的全部种类;而中游的宗室墓内则不见石质设施,或反映了两地宗室成员社会地位的差异。

地面建筑方面。在长江下游孙吴宗室墓的封土之上或墓前有寝殿类的墓地建筑遗存,中游宗室墓似未发现地面建筑。这可能是两地宗室成员社会地位差异的又一体现。

三、曹魏、孙吴宗室墓的共性与交流

曹魏、孙吴宗室墓的共性主要表现在墓室形制方面:一是中轴线上的主室为前后两间;二是前主室的平面多呈方形。方形墓室两汉时已有之,主要见于北方地区,但使用方形墓室的汉墓等级并不太高。[①]三国时期,方形墓室逐步流行和普及,尤其在前后双室墓中作为前室,一改东汉晚期横前堂普及南北之态势;至西晋时期,又形成了以方形单室墓为主流的局面。[②]

在当时南北对峙、三足鼎立的政治形势下,一种丧葬样式能够跨江流行,暗示了在政治分裂的表象背后,实际存在着文化上的互动与共通。尤其是方形前室并非流行于一般的中小型墓葬,而是为曹魏、孙吴两政权的高等级大墓所采纳,意味着其背后应存在人为的规划和经营。"连年的战乱造成了知识分子不断向各地分散,而且分散的区域非常广泛,在北起朝鲜半岛的带方郡,南至越南北部的交趾郡,西至敦煌的广大范围里形成了知识分子的人际网。这些知识分子服务于不同的国家,在政治上互相对立,但是……有着共通的文化素养"[③]曹魏、孙吴的宗室大墓多采用方形前室,或许就是具有共通素养的文化建设者士大夫知识分子阶层干预作用的结果。而文化建设者之所以会选择方形墓室这一形制,很有可能是基于其所具有的某种特定内涵,这种内涵与当时社会、政治、文化的发展大势存在契合之处,使其能够在这一时期得以推广

---

① 洛阳市第二文物工作队、严辉:《曹操墓和曹休墓的比较与研究》,《中国文物报》2010年9月17日。

② 刘斌:《洛阳地区西晋墓葬研究——兼谈晋制及其影响》,《考古》2012年第4期。

③ [日]金文京著:《三国志的世界:后汉 三国时代》,何晓毅、梁蕾译,广西师范大学出版社,2014年,第180页。

和扩散开来。

其次,与两汉诸侯王墓相较,先前入殓所用的各类葬玉被减省,玉衣制度被废除,陶礼器制度亦基本不存。这是两政权宗室墓共同反映出的新的时代特征。

同时,如前文所述,在三国割据的分裂表象之下,各地区间实际存在着频繁的接触与交流。在曹魏宗室墓中新出现并具备一定流行度的四系、双系陶罐,器型明显仿自南方的同型瓷器;西高穴高陵中还出有青瓷四系罐,很可能是直接从南方输入的产品。而从东汉晚期延续流行至魏晋时期的墓内设帐习俗①,亦见于长江中游的孙吴宗室墓中,昭示出了长江中游与中原北方所保持的紧密联系。

四、薄葬与厚葬:曹魏、孙吴宗室墓的差异

汉唐之间丧葬礼俗的演变是历史时期考古学的重点关注对象之一。杨泓先生曾将其基本发展脉络归纳为厚葬—薄葬—厚葬②,而"薄葬"之风始于曹魏,这点已在学界取得共识。与之相较,孙吴政权控制下的南方丧葬规制与墓葬面貌,因文献中有孙皓为葬宠妃张氏于苑中"大作冢,使工匠刻柏作木人,内冢中以为兵卫,以金银珍玩之物送葬,不可称计"③的记载,以及虞耸"疾俗丧祭无度"④之形容,往往被以"厚葬"概括之。不过,结合新近发掘的曹魏、孙吴宗室大墓材料,对南北两政权的丧葬礼俗以及"薄葬""厚葬"模式的研究,尚有可再深入、细化分析的空间。

关于曹魏政权所倡导的"薄葬"政策,文献辑录颇丰。《三国志·魏书·武帝纪》记载,"(建安二十三年,曹操)令曰:'古之葬者,必居瘠薄之地。其规西门豹祠西原上为寿陵,因高为基,不封不树'"⑤,"(建安二十五年,曹操)遗令曰:'……葬毕,皆除服。其将兵屯戍者,皆不得离屯部。有司各率乃职。敛以时

---

① 李梅田:《曹魏薄葬考》,《中原文物》2010年第4期;张鸿亮:《洛阳地区汉晋墓研究》,郑州大学历史学院,2017年,第186页。

② 杨泓:《谈中国汉唐之间葬俗的演变》,载《汉唐美术考古和佛教艺术》,科学出版社,2000年,第1—10页。

③(晋)陈寿撰,(宋)裴松之注,陈乃乾校点:《三国志》,中华书局,1982年,第1202页。

④(晋)陈寿撰,(宋)裴松之注,陈乃乾校点:《三国志》,中华书局,1982年,第1327页。

⑤(晋)陈寿撰,(宋)裴松之注,陈乃乾校点:《三国志》,中华书局,1982年,第51页。

服,无藏金玉珍宝'"①。《晋书·礼志》载:"魏武以礼送终之制,袭称之数,繁而无益,俗又过之,豫自制送终衣服四箧,题识其上,春秋冬夏,日有不讳,随时以敛,金珥珠玉铜铁之物,一不得送。文帝遵奉,无所增加。及受禅,刻金玺,追加尊号,不敢开埏,乃为石室,藏玺埏首,以示陵中无金银诸物也。汉礼明器甚多,自是皆省矣。"②《宋书·礼志》载:"汉以后天下送死奢靡,多作石室、石兽、碑铭等物。建安十年,魏武以天下凋敝,下令不得厚葬,又禁立碑。"③又《三国志·魏书·文帝纪》载魏文作《终制》载:"封树之制,非上古也,吾无取焉。寿陵因山为体,无为封树,无立寝殿,造园邑,通神道。……吾营此丘墟不食之地,欲使易代之后不知其处。无施苇炭,无藏金银铜铁,一以瓦器,合古涂车、刍灵之义。棺但漆际会三过,饭含无以珠玉,无施珠襦玉匣。"④

对于曹魏"薄葬"政策的落实情况,宗室墓提供了可资利用的最直接材料。以下逐项进行考察。首先,虽然目前发掘的曹魏宗室墓尚未见封土,但在西高穴高陵周围发现了寝园遗址和建筑遗存,并且《晋书·礼志》还有"高陵上殿皆毁坏,车马还厩,衣服藏府"⑤的记载,说明"无为封树"的规定可能是在帝陵级别以下墓葬或文帝即位之后得以推行的。其次,虽然曹魏宗室墓墓圹内收台阶的做法是对两汉高等级墓葬营建方法的承袭⑥,但与东汉晚期中原北方地区动辄便前中后三主室、全长超过15米的大型墓以及诸侯王所采用的回廊型墓⑦相比,曹魏宗室墓确实简化显著。不仅中轴线上的主室数量减为两间,至中期以后附于主室两侧的侧室和耳室亦被减省;除高陵外墓内不再使用石质设施,营建墓葬的整体耗费明显降低。再次,"饭含无以珠玉,无施珠襦玉匣"的规定似得到较好的贯彻。然而,曹魏宗室墓的随葬器物群依然相当庞大,如西高穴高陵和西朱村M1在被盗后剩余遗物仍有四百余件。另外,墓中随葬的玉佩饰

---

① (晋)陈寿撰,(宋)裴松之注,陈乃乾校点:《三国志》,中华书局,1982年,第53页。

② (唐)房玄龄撰:《晋书》,中华书局,1974年,第632页。

③ (梁)沈约撰:《宋书》,中华书局,1974年,第407页。

④ (晋)陈寿撰,(宋)裴松之注,陈乃乾校点:《三国志》,中华书局,1982年,第81页。

⑤ (唐)房玄龄撰:《晋书》,中华书局,1974年,第634页。

⑥ 张鸿亮:《略论东汉至西晋时期的台阶式墓圹——以洛阳大中型墓葬为中心》,《洛阳考古》2016年第4期。

⑦ 黄晓芬:《汉墓的考古学研究》,岳麓书社,2003年,第155页。黄指出,东汉中期以后出现的前中后三主室大墓墓主基本都属于地方豪族阶层,而属于皇室、诸侯王或与之有亲缘关系者比较稀少。

和玛瑙、水晶、琥珀串饰等较贵重之物,虽然有学者指出应为墓主身前佩戴或珍爱之物,与衣物一样属于"随时以敛"的"用器"而非"汉礼明器"①,但这也反映出曹魏"薄葬"并未达到"一以瓦器"的节约程度。

关于孙吴的丧葬政策,文献记载颇为简略。故直接从宗室墓材料出发,将其与曹魏的情况一一进行比较,以考察其"厚葬"程度究竟如何。首先,孙吴宗室墓地面上多有封土,并且也发现了寝殿类的墓地建筑遗存,《宋书·五行志》中还有"太元元年……大风……拔高陵(孙坚陵)树二株,石碑磋动"②的记载,反映了汉代墓葬地面上的标记性设施和祭祀性设施为孙吴墓葬所承袭。与曹魏宗室墓多"不封不树"相比,这类地上纪念性建筑物是孙吴宗室墓厚葬的一大表现。其次,孙吴宗室墓的主墓圹规模与曹魏宗室墓基本相当(约15—20米),并且,除江宁上坊M1墓圹内有二层台外,孙吴宗室墓的墓圹壁多为平直斜收,营建难度反较曹魏的台阶式墓圹为低。墓室形制方面二者也表现出了较强的共性,前文已有所述。若说孙吴宗室墓有所"厚葬"之处,即大型对称耳室沿用至吴末晋初,以及墓内较多见石质设施。再次,汉代的葬玉亦不见于孙吴宗室墓中,且未发现类似石圭、璧的玉礼器的替代品。在同样遭到盗掘的前提下,孙吴宗室墓剩余遗物数量也未超过曹魏宗室墓(鄂钢饮料厂M1最多,为412件),并且在种类上还不及曹魏丰富(罕见玉器、骨器等种类)。至于墓中随葬较多的制作精美的瓷器,主要与这一时期南方手工业的发展水平及特点相关,并不能作为孙吴行厚葬的关键性证据。

综上所述,曹魏、孙吴宗室墓入葬的厚薄差异主要反映在地面有无封树方面,而墓葬地下部分的差异并不十分突出。以两政权级别、年代大体可对应的西朱村M1与江宁上坊M1来说,二者主墓圹全长分别为18.2米和21.5米,规模相差不多,只是后者附有两对大型耳室;但前者出土随葬器物四百余件,包括石、陶、铁、铜、漆木、玉、骨器等,在数量和种类上都超过了后者。虽然史载孙皓大兴厚葬之风,但观两墓之规模,似并未在入葬的厚薄程度上拉开明显的差距。

由此观之,所谓的曹魏"薄葬",实际更多体现在与同地域先前东汉墓的纵向对比之中,包括减省地面设施的营建、减少中轴线上的主室数量和回廊、取

---

① 李梅田:《曹魏薄葬考》,《中原文物》2010年第4期。
② (梁)沈约撰:《宋书》,中华书局,1974年,第981页。

缔玉衣制度和各类葬玉等。但"这种简化并不意味着简陋,仍然要体现帝王之尊,也要遵循一定的礼制"[①]。因此在曹魏宗室墓中,依然可见墓圹内收台阶[②]、石质礼器、刻铭石牌等具备等级色彩的因素。

而所谓的孙吴"厚葬",也是与东汉时期南方地区同等级墓葬相比,规模有所增益。东汉时南方地区的砖(石)室墓主室全长鲜有超过10米者[③]。江苏邗江甘泉二号墓[④]和邗江甘泉老虎墩汉墓[⑤],前者墓主为某一代广陵王,后者为某一代广陵侯或其重臣,可代表南方东汉墓最高规格的面貌。甘泉二号墓为一回廊型砖室墓,全长8.8米;甘泉老虎墩汉墓由甬道、双耳室以及前、后主室组成,全长14.04米。可见,与中原北方相较,南方东汉墓的规模要逊色得多。虽然曹魏、孙吴墓较同地域东汉墓有"薄""厚"之变化,但最终反映在三国时期的墓葬面貌上,呈现出的其实是江北江南曹魏、孙吴两政权旗鼓相当的局面。

韩国河先生曾指出,"魏晋的薄葬,作为历史的产物和厚葬的主流相左,又相对转化,充分显示出在以儒家丧葬观为导向下的不彻底性"[⑥]。综观曹魏、孙吴宗室墓的情况,还可知"薄葬"与"厚葬"是两个具有较强相对性的概念。只有在言明具体比较对象的前提下,才能更好地将其与所处的社会状态和所承载的思想观念相结合,对其的讨论也才更具学术价值。

本文原刊载于《中原文物》2021年第3期。

作者简介:

王音,1990年生,本科、硕士及博士研究生阶段均就读于北京大学考古文博学院,获历史学博士学位,同时辅修获哲学学士学位。现为南开大学历史学院考古学与博物馆学系讲师,研究领域为魏晋南

---

① 李梅田:《曹魏薄葬考》,《中原文物》2010年第4期。

② 据张鸿亮的研究,曹魏列侯及以上级别墓葬,墓圹内收7级台阶;等级较列侯略低的墓葬,墓圹内收5级台阶。参见张鸿亮:《洛阳地区汉晋墓研究》,郑州大学历史学院,2017年,第236—237页。

③ 黄晓芬:《汉墓的考古学研究》,岳麓书社,2003年,第140—145页。

④ 南京博物院:《江苏邗江甘泉二号汉墓》,《文物》1981年第11期。

⑤ 扬州博物馆:《江苏邗江县甘泉老虎墩汉墓》,《文物》1991年第10期。

⑥ 韩国河:《论秦汉魏晋时期的厚葬与薄葬》,《郑州大学学报》(哲学社会科学版)1998年第9期。

北朝考古和美术考古。已在《故宫博物院院刊》《南方文物》《中原文物》《中国社会历史评论》《古代文明》《文物春秋》等刊物上发表论文多篇,主持教育部人文社会科学研究青年基金项目一项。

吴晋堆塑罐上的"太阳-鸟"组合形象初探

梁金鹏

  堆塑罐是三国吴、西晋时期墓葬中比较常见的随葬明器,主要分布在浙江、江苏、安徽等长江下游地区,福建、江西也有少量发现,其名称不统一,有神亭(又名魂亭、五壶罐)[①]、堆塑罐[②]、谷仓罐[③]、魂瓶[④]、神亭壶[⑤]等多种称谓。堆塑罐是一种综合性的丧葬明器,其上的堆贴塑题材纷繁复杂,基本涵盖了当时随葬明器的所有元素。学界对堆塑罐上的各类装饰题材展开了广泛而深入的研究,成果颇丰,但据笔者所查,吴晋堆塑罐上出现了一种以莲花象征太阳,并与飞鸟组成"双鸟负日""飞鸟朝阳"场景的"太阳-鸟"组合形象,这一装饰题材多为学界忽视,尚未将其纳入到堆塑罐装饰题材的探讨之中,仅有个别学者关注到了这一组合形象中的花朵形装饰,认为该装饰是莲花纹[⑥]。根据笔者所掌握的资料,目前发现装饰有"太阳-鸟"组合形象的堆塑罐共有3件,分述如下:

  南开大学博物馆藏有一件出土于南京郊区的青瓷堆塑罐,年代为西晋早期。该堆塑罐罐口周围堆塑有成群的飞鸟,共24只,口沿外侧有8个花朵或花苞状的装饰,形似太阳。每3只飞鸟和1个花朵或花苞状的装饰为一组,对称分布,共同组成了"双鸟负日""飞鸟朝阳"的"太阳-鸟"组合形象(图一)[⑦]。

---

  ① 张拯亢:《绍兴出土古物调查记》,《文澜学报》1937年第2期。

  ② 曾昭燏、尹焕章:《四年来华东地区文物工作及其重要的发现》,《文物参考资料》1954年第8期。

  ③ 朱伯谦:《诸暨蚕桑学校工地清理晋墓两座》,《文物参考资料》1956年第12期。

  ④ 张拯亢:《绍兴出土古物调查记》,《文澜学报》1937年第2期。张拯亢先生认为五壶罐"为神亭之变相作品,所堆之物,取子孙繁衍,六畜繁息之意,以妥死者之魂,而慰生者之望。今浙江处属有所谓魂瓶者,或即其遗制?"魂瓶之名发端于此。

  ⑤ [日]长谷川道隆:《吴晋墓出土的神亭壶》,《考古学杂志》1986年3期。

  ⑥ 此说法最早见贺云翱主编的《佛教初传南方之路文物图录》,李正晓在《中国早期佛造像研究》一书中引用了该图录,亦持此说。参见贺云翱主编:《佛教初传南方文物图录》,文物出版社,1993年,第117页,图76。[韩]李正晓:《中国早期佛造像研究》,文物出版社,2005年,第63页。

  ⑦ 南开大学博物馆编著:《百件精品文物图录》,科学出版社,2020年,第130页。

1   2

图一　南开大学博物馆藏西晋青瓷堆塑罐

1955年,南京赵士冈7号墓(吴凤凰二年)出土的1件堆塑罐上也发现有花苞状的贴塑物,其多装饰在大罐及小罐的口沿处,飞鸟环绕在其周围。大罐口沿上花苞状贴塑物位于正中,两边对称分布有两只引颈向上作振翅飞翔状的飞鸟,共同构成了"双鸟负日"的场景。该堆塑小罐口沿下亦有花苞状贴塑物,周围的飞鸟头部多朝向这种花苞状的堆塑物(图二)①。

1   2

图二　南京赵士冈7号墓出土堆塑罐

图三　浙江省天台县
博物馆藏堆塑罐

浙江省天台县博物馆藏有一件出土于天台县前山乡双塘村青瓷堆塑罐,

---

① 王志敏:《从七个纪年墓葬漫谈一九五五年南京附近出土的孙吴两晋瓷器》,《文物参考资料》1956年11期。

该堆塑罐四小罐下柱头饰莲花,重层庑殿顶门楼上方的大罐口沿处贴塑一莲花,庑殿顶门楼上有只飞鸟的头部朝向莲花,共同组成了"飞鸟朝阳"的场景。大罐口沿上还装饰有背对莲花的飞鸟,与莲花共同组成了"飞鸟负日"的场景(图三)[①]。值得注意的是,该堆塑罐大罐的口沿上横着贴塑一飞鸟,这在其他堆塑罐上极其少见,显然是制作者为了其与莲花共同构成"飞鸟负日"形象而有意为之。

以上3件堆塑罐上都出现了以莲花和飞鸟组成的"双鸟负日""飞鸟朝阳"等"太阳-鸟"组合形象,探索这一组合形象在堆塑罐上的含义,有助于我们更全面地理解吴晋堆塑罐的实质内涵。本文在对堆塑罐上出现的"太阳-鸟"组合形象及其构成元素做简要分析的基础上,尝试探讨了该组合形象的内涵及其在堆塑罐上的象征意义。有疏漏谬误之处,还望方家指正。

一、堆塑罐上"太阳-鸟"组合形象的构成元素解析

1.莲花

吴晋堆塑罐上的花朵及花苞样的堆塑多位于建筑阁楼的顶部,可能是当时的一种建筑装饰,关于这一点,我们在1981年5月四川忠县(今属重庆)涂井蜀汉崖墓出土的陶房屋模型上找到了答案,涂井崖墓第5号墓总共出土了8件保存完好的陶制房屋模型,其中4件陶制房屋模型上出现花朵或花苞状的堆塑(图四),该墓出土的2件陶女庖厨俑前各有1俎,俎侧均饰花1朵[②]。可见在建筑构件上贴塑花朵是当时的风尚。发掘报告把这种盛开的花朵称之为"花",未明确其属性,把花苞状的贴塑物称为"垂瓜",笔者认为似有不妥,其应为含苞待放的花朵。陶制房屋模型上的花苞状装饰都是垂在房屋建筑构件上,这可能影响到了报告撰写者的判断,从吴晋堆塑罐上贴塑的花苞纹样不难看出,其周围成花瓣状,花瓣末端较尖,与旁边花朵的花瓣极为相似,明显是含苞待放的花朵。关于陶制房屋模型上花朵的属性,有学者认为其是莲花,并指出该墓还同时出现了饰有佛像的铜摇钱树和带"白毫相"装饰的陶俑等具有佛教因素的文物[③]。笔者认同这一观点,但对该莲花纹是否具有佛教因素存疑。

---

① 贺云翱主编:《佛教初传南方之路文物图录》,文物出版社,1993年,第117页,图76。

② 张才俊:《四川忠县涂井蜀汉崖墓》,《文物》1985年第7期。

③ 贺云翱:《从六朝莲花纹瓦当探南北朝文化交流传播现象》,《东方收藏》2011年第11期。

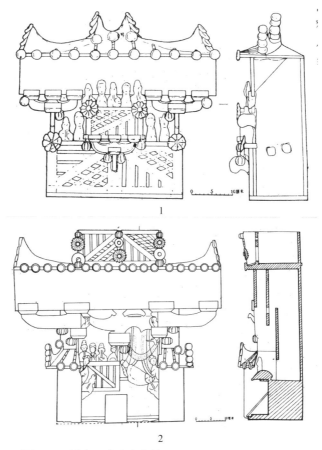

图四　四川忠县涂井崖墓第5号墓出土的陶制房屋模型

在佛教传入中国之前,中国本土的莲花图纹已经出现在器物和建筑上了。根据文献记载和现有考古资料看,战国时期的铜镜上已经出现了类似荷花的柿蒂纹,汉代莲纹形式已日趋明确,汉代的文赋中屡有描述莲纹装饰建筑藻井的词句,张衡《西京赋》描写了长安宫殿的莲花藻井:"蒂倒茄于藻井,披红葩之狎猎"。王延寿《鲁灵光赋》描述了殿中的莲花藻井:"圆渊方井,反植荷蕖,发秀吐荣,菡萏披敷,绿房紫菂,窋咤垂珠。"与此同时,写实的莲纹也开始出现器物上,1980年山东省苍山县柞城古城遗址出土了一件东汉铜洗,内底铸一单足站立的飞雁,左下方有一水池,池内有一含苞待放的荷花和一只莲蓬,莲蓬内可见清晰的莲实(图五)①。

① 刘心健、刘自强:《山东苍山柞城遗址出土东汉铜器》,《文物》1983年第10期。

图五　山东省苍山县柞城古城遗出土铜洗拓片

汉代抽象的莲花纹多用于建筑和器物的顶端,汉墓出土的车盖顶端多饰有铜莲花,长沙马王堆汉墓1号墓和3号墓的帛画上,有悬在浮空中的伞盖,盖上装饰有卷叶的莲花。有学者根据《后汉书·舆服志》"舆方法地,盖圆象天",《鲁灵光赋》"高径(茎)华盖,仰看天庭"等文献记载,并结合莲花装饰图案特定的使用场合和装饰部位,认为古代"华"和"花"通用,装饰莲花的圆形伞盖就是华盖,帛画伞盖上和宫殿藻井中的莲花在阴阳五行的宇宙模式中象征着天穹之中的华盖,表示正中的天庭[①]。汉代墓葬中象征宇宙的天象图上也有莲花纹图案,如河南密县打虎亭汉画像石墓和甘肃雷台汉墓的墓顶藻井中,都彩绘有莲花纹,东汉四川新繁县青白乡出土的西王母与日月之神的画像砖上亦有莲花形象[②]。天象图中莲花形象最具典型的是安徽宿县褚兰一号画像石墓顶部配置的一副日月神图,画面中心为一圆圈,内刻一朵莲花,人首蛇神的日神伏羲和月神女娲环绕着莲花翩然起舞(图六)。[③]据以上资料可知,汉代装饰在建筑和器物顶端的莲花经常与日、月等天象元素一起出现,是宇宙中"天界"概念的重要象征物。吴晋时期堆塑罐上的莲花装饰同样出现在器身建筑堆塑的顶部,可能是继承了汉代传统莲花纹样的表型形式,其文化内涵和象征意义可能与汉代莲花纹相同,是当时人们宇宙观念中"天界"概念的重要表现元素。

① 张朋川:《宇宙图式中的天穹之花》,《装饰》2002年第12期。

② 四川省文物管理委员会:《四川省新繁青白乡东汉画像砖清理简报》,《文物参考资料》1956年第6期。

③ 图片采自:中国画像石全集编辑委员会编:《中国画像石全集4》,山东美术出版社,2000年,第114页,图154。

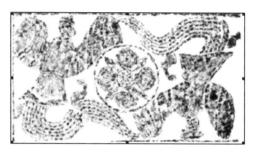

图六　安徽宿县褚兰一号画像石墓顶部伏羲、女娲、莲花画像

2.飞鸟

堆塑罐上飞鸟的表现形式可分为两类,一类单独立于堆塑罐上的建筑顶端,作展翅飞翔状,一类穿梭在建筑和其他堆塑之间,成群翔集,本馆堆塑罐上的飞鸟就属此类。以往的研究多不注意区分这两类鸟形象,认为堆塑罐上的飞鸟是一些器物如尊和陶仓的盖部或者顶部飞鸟或者凤凰的沿袭,是一种吉祥的象征,反映的是一种希冀食物充盈,既富且昌的美好愿望。[1]还有学者认为堆塑罐是谷仓的一种,堆塑罐上鸟类大量出现,是因为在古代农耕社会里,人们利用鸟类来推测气候的变化,鸟类还能消灭昆虫,同时鸟类依靠粮食生存,所以堆塑罐上常有鸟类依附。[2]仅有个别学者指出了堆塑罐上成群的飞鸟不同于以往器物出现的单个鸟图腾的形象。[3]笔者认为这两种飞鸟形象的来源是不一样的,单独立于堆塑罐上顶端的"主鸟"沿袭了一些器物盖部或者顶部装饰飞鸟或凤凰的传统,而成群云集在堆塑罐上飞鸟应该与我国东部沿海和东南地区盛行的鸟崇拜密切相关。吴晋时期依旧有尊崇神鸟的信仰,飞鸟被认为是一种祥瑞和吉兆,据文献记载,孙权曾两次因看到飞鸟云集而改年号,孙权嘉禾七年,有赤乌集于殿前,孙权认为"若神灵以为嘉祥者",于是改嘉禾为赤乌,孙权太元二年,有鸟集于苑中,于是又改太元为神凤元年。[4]在古代,吴越地区的先民甚至认为自己的祖先是鸟类,《博物志》卷九载:"越地深山有鸟,如鸡,青色,名曰冶鸟。……越人谓此鸟为越祝之祖。"[5]

---

① 仝涛:《长江下游地区汉晋五联罐和魂瓶的考古学综合研究》,四川大学博士学位论文,2006年。

② 陈定荣:《谷仓罐概述》,《农业考古》1987年第2期。

③ 阙言君:《吴西晋青瓷堆塑罐性质及鸟形象研究》,《文博》2007年第5期。

④ (晋)陈寿著,(宋)裴松之注:《三国志》卷四七《吴书·吴主传》,中华书局,2007年。

⑤ (晋)张华等撰:《博物志》,上海古籍出版社,2012年,第17页。

据一些文献记载和考古资料表明,飞鸟有象征死者灵魂或协助死者灵魂升天的功能。崔豹《古今注》云:"楚魂鸟,一名亡魂鸟。或云楚怀王与秦昭王会于武关,为秦所执,囚咸阳不得归,卒死于秦。后与寒食月夜,入见于楚,化而为鸟,名楚魂。"①《楚辞·大招》有"魂乎归来,凤凰翔只"②的记载。我们在汉画像石中也经常看到飞鸟的形象,如山东嘉祥武氏祠左右室顶部画像上出现了众多带翼羽人和飞鸟(图七)③,这幅画像艺术生动地表现了死后灵魂的旅行④,成群的带翼羽人与飞鸟在灵魂飞升至东王公西王母面前的过程中起到了陪护和引领作用。山东苍山墓墓门横梁上车马出行画像的题记中也出现了鸟,"上有龙虎衔利来,百鸟共持生钱财"⑤,该画像石上的车马图表达的是葬礼之后死者灵魂出行的场面,车马行列正对着右门石柱上所刻画的西王母,明确反映出其死后升仙的主题思想⑥,该题记表明,在灵魂前往天堂的途中有百鸟相伴。贾谊《惜誓》中也描绘了类似的场面,"飞朱雀使先驱兮,驾太一之象舆"⑦。该堆塑罐上的飞鸟应该跟这些文献记载和考古资料中的"神鸟"有对应关系,它们都是陪伴和引领死者灵魂飞升仙界的神鸟,具有以鸟引魂,帮助墓主人灵魂升天的功能。

图七　山东嘉祥东汉武氏祠左右室顶部画像

① (清)陈元龙:《格致镜原》(卷八一引《古今注》)。
② (宋)朱熹集注,李庆甲校点:《楚辞集注》,上海古籍出版社,1979年,第150页。
③ 蒋英炬、吴文祺:《汉代武氏墓群石刻研究》,山东美术出版社,1995年,图版36。
④ [美]巫鸿:《礼仪中的美术》,生活·读书·新知三联书店,2016年,第271页。
⑤ 山东省博物馆等:《山东苍山元嘉元年画像石墓》,《考古》1975年第2期。
⑥ [美]巫鸿:《礼仪中的美术》,生活·读书·新知三联书店,2016年,第263页。
⑦ 洪兴祖:《楚辞补注》,中华书局,1983年,第228页。

二、堆塑罐上"太阳–鸟"形象的内涵及象征意义

吴晋时期堆塑罐上的飞鸟和莲花装饰都有十分明显的组合关系,莲花象征太阳,与飞鸟共同组成了"双鸟负日""飞鸟朝阳"等场景。古人把太阳与植物联系在一起,就如同将太阳与动物联系在一起一样普遍。在远古的中国神话中就有很多体现了太阳与植物的紧密联系,如《抱朴子·仙药》载:"仙方所谓日精、更生、周盈皆一菊。"[①]《山海经·海外东经》中记载:"汤谷上有扶桑,十日所浴,在黑齿北,居水中,有大木,九日居下枝,一日居上枝。"[②]《淮南子·地形训》云:"若木建在木西,末有十日,其华照大地。"[③]扶桑、若木等都是象征人类万物生命的太阳之树,其上的10朵花就是光华照地的10个太阳,"在原始思维中的树木之花、华,与太阳之花、华是一回事,树木之华放射的花瓣,就是太阳之花放射的光芒"[④]。在中国日神传说中,太阳又往往被异形为莲花。《淮南子·地形训》高诱注:"若木端有十日,状如莲华,华犹光也,光照其下也。"[⑤]庄逵吉按:"莲华,《太平御览》作'莲珠'。若木亦即扶桑。古代'花'同'华'相通,可互相借用,'莲华'即为'莲花'。以上不管是'莲华'还是'莲珠',都表明形似莲花的十日环绕在扶桑树末端对称排列一圈,且十日光芒四射,这与吴晋时期堆塑罐沿罐口对称分布莲花的场景极为相似。莲花象征太阳的神话传说在考古资料中也能得到印证,1963年发掘的云南昭通后海子东晋霍承嗣墓的墓室北壁上方绘有流动的云气,其间东西两侧各有一大圆圈,内均绘有12个花瓣(图八)[⑥]。该壁画下方还出现了几朵写实的莲花苞和莲蕊,据此判断,云气中的花朵应该就是莲花。[⑦]两朵莲花分布在壁画的上方,以圆圈的形状置于流动的云气之中,12个花瓣就如同太阳放射的光芒,其象征的应该就是太阳。根据以上文献记载和考古资料,笔者认为位于堆塑罐口沿处的莲花

---

① (晋)葛洪著,梅全喜等编译:《抱朴子内篇 肘后备急方》(卷十一仙药),中国中医药出版社,1991年,第102页。

② 袁珂校注:《山海经校注》,《山海经》(卷九海外东经),上海古籍出版社,1980年,第260页。

③ (汉)刘安著,杨有礼注说:《淮南子》(卷四地形训),河南大学出版社,2010年,第221页。

④ 靳之林:《生命之树与中国民间民族艺术》,广西师范大学出版社,2002年,第7页。

⑤ (汉)高诱:《淮南子注》(卷四坠形训),上海书店出版社,1986年,第57页。

⑥ 云南省文物工作队:《云南省昭通后海子东晋壁画墓清理简报》,《文物》1963年第12期。

⑦ 郑岩在《魏晋南北朝壁画墓研究》一书中直接称其为莲花。郑岩:《魏晋南北朝壁画墓研究》(增订版),文物出版社,2016年,第80页。

具有太阳的象征意义。

　　在古代,太阳的图像也常常与鸟联系在一起,考古资料显示,太阳与鸟的组合较早出现在新石器时代的河姆渡文化,河姆渡遗址出土的骨匕(图九)和象牙蝶鸟形器(图十)上有双鸟太阳纹图案①,都是在器身上刻画出双鸟纹,在鸟的上部刻出圆圈形太阳纹,双鸟和太阳共同组成了"双鸟负日""双鸟朝阳"的图案。2001年出土于四川成都金沙遗址的一件金饰上出现了太阳神鸟图案,有四只神鸟围绕着太阳飞行,中心的太阳有12道光芒,该图案又被成为"四鸟绕日"(图十一)。我们在绍兴306号战国墓中也发现了太阳与鸟组合纹样,该墓出土的铜器座阴刻有六组宽体凤鸟纹,其中有两只凤鸟相对而立,中间有一圆环形物,应为太阳,凤鸟纹与其组成了"双鸟朝阳"的图案(图十二)②。在汉代,太阳与鸟的组合图案大量出现在墓葬中,如长沙马王堆汉墓一号墓出土的帛画上部绘有一红日,内立一鸟(图十三)③。河南南阳十里铺东汉画像石墓中的画像石上有双鸟背负太阳相向飞行的图案(图十四)④,形象的表现了飞鸟载日的景象。1951年四川省新津县宝姿山出土的东汉石棺画像石上则直接以鸟代日,表现了后羿射日的神话⑤。江苏丹阳建山金家村南朝墓的甬道口与第一石门间的顶部绘有"太阳"和"月亮",砖侧有"小日""小月"砖文,太阳中刻一鸟两翼张开,作三足(图十五)。⑥

---

　　① 浙江省文物考古研究所:《河姆渡——新石器时代遗址考古发掘报告》,文物出版社,2003年,第285页、第343页。

　　② 牟永抗:《绍兴306号战国墓发掘简报》,《文物》1984年第1期。

　　③ 湖南省博物馆、中国科学院考古考古研究所:《长沙马王堆汉墓一号汉墓》(上集),文物出版社,1973年,第40页。

　　④ 南阳地区文物工作队:《河南南阳十里铺画像石墓》,《文物》1986年第4期。

　　⑤ 高文、王锦生:《四川新津县汉代画像石棺上之新发现》,《四川文物》2005年第5期。

　　⑥ 南京博物院:《江苏丹阳县胡桥、建山两座南朝墓葬》,《文物》1980年第2期。

图八　云南昭通后海子东晋墓北壁壁画(摹本)

图九　河姆渡遗址出土的骨匕 T21(4):18

图十　河姆渡遗址出土的象牙蝶鸟形器 T22(3B):79

图十一　金沙遗址出土的商周太阳神鸟金饰[①]

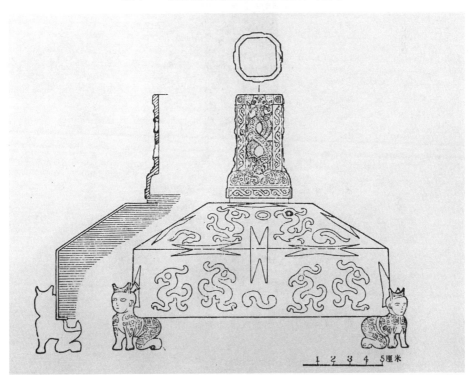

图十二　绍兴306号战国墓出土的铜器座

_____

① 该图采自金沙遗址博物馆官网。

图十三　长沙马王堆汉墓一号墓帛画①

图十四　河南南阳十里铺汉墓画像石上的"阳乌负日"图

---

① 图片来自:湖南省博物馆、中国科学院考古研究所等:《长沙马王堆一号墓汉墓发掘简报》,文物出版社,1972年,第21页。

图十五　丹阳金家村南朝墓"太阳"画像

中国古代神话传说和文献中也有关于"金乌负日"的记载。《山海经·大荒东经》："汤谷上有扶木，一日方进，一日方出，皆载于乌。"[1]郭璞注："日中有三足乌。"[2]由此可见鸟日相结合的图案，生动的反映了日载于乌的传说。有些记载中还把太阳本身视为飞翔的一只火鸟，称之为"三足乌"，《淮南子·精神训》载："日中有踆鸟"，高诱注云："踆，犹蹲也，谓三足乌也。"《论衡·说日》云："日中有三足乌，月中有兔、蟾蜍"。从以上考古资料和文献记载可以看出，古代先民早已洞悉飞鸟与太阳的联系，出现了"双鸟负日""飞鸟朝阳""飞鸟载日""四鸟绕日"等"太阳–鸟"的组合图案，甚至还将鸟直接作为太阳的载体，出现了太阳神鸟"三足乌"，在鸟信仰和太阳信仰的基础上，逐渐衍生出了太阳鸟信仰。尽管各个时期的太阳鸟组合的文化内涵不可能完全相同，但这种根本性的文化因素没有断裂。三国吴至西晋时期青瓷堆塑罐上的"双鸟负日""飞鸟朝阳"应该就是先秦至两汉时期太阳鸟信仰的延续，其与几千年来形成的太阳鸟信仰在文化上的传承关系是不可割裂的。

太阳本身就是"天"或者"天界"的象征物，在汉代，太阳与飞鸟的组合形象也多作为"天界"的重要构成元素出现在墓室或者帛画的顶部。堆塑罐和其前身五联罐作为汉晋丧葬明器之一，是大一统的汉代文化圈内的一个地方特色类型，它基本上具备了北方中原地区所见随葬明器的所有要素，可视为东汉所

---

① 袁珂校注：《山海经校注》，《山海经》（卷十四大荒东经），上海古籍出版社，1980年，第354页。
② 袁珂校注：《山海经校注》，《山海经》（卷十四大荒东经），上海古籍出版社，1980年，第355页。

见随葬明器的综合体,它所反映的社会背景及时人的观念,很大程度上是以北方中原为中心的汉代文化向南方的渗透和延伸。①堆塑罐上的"太阳-鸟"组合形象应该是汉代的太阳鸟信仰的延续,其均位于堆塑罐顶部的大罐或者小罐的口沿处,其象征意义与同汉代墓室和帛画顶部的"太阳-鸟"组合一样,是宇宙中"天界"的概念的重要象征物。

三、堆塑罐上的"太阳-鸟"形象反映的灵魂观和宇宙观

吴晋时期的堆塑罐是综合性很强的丧葬明器,堆塑罐上出现的堆贴塑物很多都是丧葬习俗、灵魂观念、宗教信仰等方面的内容,很学者认为其是为死者灵魂服务的,故称之为魂瓶②,是亡者灵魂的居住之所。堆塑罐的出现是"魂魄二元灵魂"在墓葬制度上的具体体现。③随着春秋战国时期各种宗教思想的不断发展,尤其是阴阳五行学说诞生后,人们的灵魂观念随之改变,逐渐形成了由"魂"和"魄"两种信仰组成的"二元灵魂观"。④这种"二元灵魂观"可以理解为:"人死,是魂上天,魄入地,进入不同的世界"。⑤堆塑罐上的堆塑平台将其分为上下两部分,其上的堆塑内容所表达的文化内涵与中国传统的"二元"灵魂观极为相似。堆塑平台上部分堆塑有飞鸟、阁楼、拱手坐俑和大量熊、羊、猴等动物造型,反映的是天界入口及现实世界的情形,而大罐肩部和腹部多贴塑龟、蛇、鱼等水生动物,相当部分的爬行动物头端都有小孔,作出入状,显示了其处于地界的状态。堆塑罐上的"太阳-鸟"组合处于整个器物的顶端,经前文论证,装饰在罐顶口沿用以象征太阳的莲花在汉代就装饰于建筑顶端,是当时人们宇宙观念中"天界"概念的重要表现元素,而堆塑罐上的飞鸟又有陪伴和守护死者灵魂升天的功能,故堆塑罐上的"太阳-鸟"组合形象反映了当时

① 仝涛:《长江下游地区汉晋五联罐和魂瓶的考古学综合研究》,四川大学博士学位论文,2006年。
② 张拯亢:《绍兴出土古物调查记》,《文澜学报》1937年第2期。张拯亢先生认为五壶罐"为神亭之变相作品,所堆之物,取子孙繁衍,六畜繁息之意,以妥死者之魂,而慰生者之望。今浙江处属有所谓魂瓶者,或即其遗制?"魂瓶之名发端于此。
③ 王有为、李国庆:《先秦葬俗与魂瓶起源刍议——兼谈昙石山文化的墓葬习俗》,《福建文博》2012年。
④ 余英时:《余英时文集》第二卷《中国思想传统及其现代变迁》,广西师范大学出版社,2001年,第9—16页,
⑤ 马昌仪:《中国灵魂信仰》,上海文艺出版社,1998年,第167页。

"灵魂不灭"及死后希望"灵魂升天"的灵魂观念。

中国的丧葬制度,有宇宙象征主义的传统,冯时认为:"中国古代的埋葬制度孕育着这样一种传统,死者再现生者世界的做法在墓葬中得到了特别的运用,其中最显著的就是墓穴呈现出宇宙的模式并布列星图。"①吴晋时期堆塑罐是亡者灵魂的居住之所,就如同缩小了的"坟墓",其造型及堆塑物亦呈现了一定的宇宙模式。有部分学者也关注到了这一点,日本学者冈内三真将堆塑罐从外观上区分为上、中、下三层,分别表示天上、人间和地下世界,构成了一副完整的宇宙空间,而亡灵则存在于这一中心。②全涛通过对堆塑罐的造型和堆塑物的内涵分析,提出了和冈内三真相似的看法,认为魂瓶在垂直方向上反映的是三分制体系的宇宙模式,即宇宙可分为三层:天上、人间和地下,而堆塑罐上的四小罐的构造和布局体现了匡正四极的理想宇宙模式。③巫鸿在堆塑罐研究中也提到了宇宙的组成部分——黄泉在堆塑罐的具体位置,认为堆塑罐上的镂空象征灵魂归来的入口,并将堆塑罐下腹部分与死人之魄的去处——传统中的黄泉联系在一起④。巫鸿还认为堆塑罐反映出了强烈的建筑空间概念,塑于堆塑罐上部的各种神仙异士、舞人乐人以及珍奇鸟兽都围绕着一座精美的天宫。⑤此外,还有学者认为堆塑罐有(归墟)五山的含义,其口圆平,为"天"之指代,五口与罐相通,表神山相邻……罐口成了绝地通天的天门象征。⑥以上研究在探讨堆塑罐上"天界"的象征物时,多以"五罐"和"罐口"等较为抽象的元素表达"天界"的含义,其论据多以文献资料和民族志资料为主,缺乏足够的考古资料支撑。我们在前文论述了堆塑罐上象征太阳的莲花纹和"双鸟负日""飞鸟朝阳"的文化内涵和象征意义,莲花装饰在建筑物的顶端象征天穹,而以莲花象征太阳,并与飞鸟组成的"太阳-鸟"组合是先秦至两汉时期太阳鸟信仰的延续,其在汉代一般出现在墓室和帛画的顶部,是

① 冯时:《中国天文考古学》,中国社会科学出版社,2001年,第295页。

② [日]冈内三真:《五联罐与装饰付壶》,《古代探从——早稻田大学考古学会创立35周年纪念考古学论集》,1985年。

③ 全涛:《魂瓶所反映的宇宙观念》,《南方文物》2003年第1期。

④《早期中国艺术中的佛教因素》,郑岩等译,参见[美]巫鸿著,郑岩、王睿编:《礼仪中的美术》,三联书店,2005年,第328页。

⑤《早期中国艺术中的佛教因素》,郑岩等译,参见[美]巫鸿著,郑岩、王睿编:《礼仪中的美术》,三联书店,2005年,第258页。

⑥ 陶思炎:《风俗探幽》,东南大学出版社,1995年,第153—154页。

表达宇宙中的"天界"的重要元素。吴晋堆塑罐上的莲花纹和其与飞鸟组成的"太阳-鸟"组合形象均装饰在顶部的罐口附近,显而易见,其就是堆塑罐上直接表达宇宙中的"天"或者"天界"概念的堆塑物,这也为研究堆塑罐所反映的宇宙观念提供了新的物证。

本文原刊载于南开大学博物馆编著:《南开大学博物馆藏品图录 窑冶菁华·瓷器卷》,科学出版社,2022年,第246—258页。

作者简介:

梁金鹏,男,1991年出生,甘肃通渭人。先后就读于兰州大学与南开大学,研究生学历,文物与博物馆硕士。2016年至今,在南开大学博物馆从事藏品管理与研究等工作。现主持2021年度国家民委研究项目1项,参与《清代帝王陵墓制度研究》《明代明器所反映的社会生活研究》等多项国家级、省部级科研项目,在相关出版物发表论文3篇,参与编著《南开大学博物馆 百件文物精品卷》《南开大学博物馆图录 窑冶菁华·瓷器卷》等文物图录3部。

青瓷莲花尊研究

刘　毅

青瓷莲花尊是南北朝时期瓷器中的精品,它们形体硕大,装饰精美,显示了高超的工艺水平。本文拟对这类器物及相关问题做一些探讨。

一、目前已知出土及流散青瓷莲花尊概况

1948年,青瓷莲花尊发现于河北景县封氏墓群中,此后,在湖北武昌、江苏南京、山西太原、山东淄博等地的墓葬中又先后发现过这类器物,迄今为止见诸披露的共有15件(其中1件残),另有4件流散品,现分别介绍如下:

1.封氏墓出土莲花尊

封氏墓群在河北景县,1948年因农民挖掘发现,1955年中国历史博物馆复查。发现4座墓,其中封子绘墓、祖氏墓各出土大莲花尊2件。[①]封子绘墓志题铭曰"齐故尚书右仆射冀州使君,"他卒于北齐河清三年(564年)闰九月二十日,52岁,四年二月葬。祖氏墓志未发现,其志盖铭曰"魏故郡君祖氏墓志铭",卒年不详。

封氏墓群出土的4件青瓷莲花尊,两件收藏于北京故宫博物院,另两件分别收藏于中国历史博物馆和河北省博物馆。曾陈列于故宫太和殿的一件形体最大(图一),高70厘米,口部至肩部堆贴花纹三层,上面一层为六组飞天,中间一层为宝相花,下面一层为四组兽面和两组蟠龙。肩部六个双梁系,腹饰仰覆莲花,胫部为两层覆莲。胎骨坚硬,釉色润泽。[②]

中国历史博物馆藏封氏墓莲花尊(图二),通高63.6厘米,口径19.4厘米,莲瓣形盖,口沿下有对称之桥形耳,颈间结合处有双梁纽6个。用划、贴、刻等

---

① 张季:《河北景县封氏墓群调查记》,《考古通讯》1957年第3期。
② 冯先铭:《略谈北方青瓷》,《故宫博物院院刊》第一辑,1958年;顾铁符:《关于仰覆莲花尊》,载刘北汜主编:《故宫博物院藏宝录》,上海文艺出版社、三联书店香港分店,1986年,第227—228页。

技法自上而下做出宝相花、团龙、神兽、莲瓣、仰覆莲花等纹饰。通体施青灰色釉，积釉处泛绿，晶莹光泽。①

　　故宫博物院藏封氏墓莲花尊（图三），高55.8厘米。尊口沿有两道凸起弦纹，其下为飞天，颈下端为六组模印贴花，肩部6个双梁系，两层莲花以下为模印菩提树叶。腹中部为刀刻出翘头的瘦长莲瓣，每个莲瓣间以细线纹，肩及下腹部莲瓣是粘贴的，胫部为两层覆莲。②

　　河北省博物馆收藏的封氏墓莲花尊（图四），出土时口部已有残，高54.4厘米，口径15.1厘米，颈部装饰堆贴花纹两层，间以三道凸起弦纹，肩部6个双梁系，腹饰仰覆莲花，装饰技法与前三件相同。③

图一　　　　　图二　　　　　图三　　　　　图四

2.刘觊墓出土莲花尊

　　1956年2月发现于湖北武昌何家大湾刘觊墓中，现藏中国历史博物馆（图五）。陶买地券称，墓主为"宋武陵王前军参军事□□□□□参军事刘觊"，卒于齐永明二年（484年）四月十五日，永明三年十一月十二日葬。这件莲花尊通高32.8厘米，口径21.1厘米，足径11.8厘米。尊有盖、敞口、长颈、椭圆腹、平底、喇叭形圈足。肩有六耳，分四组对称。口边有两个倒置横耳。盖饰莲瓣，纽上为方格钱纹。颈部为仰莲10瓣，下为忍冬花一周，中间以凸弦纹两道。腹

　　① 中国历史博物馆：《中国历史博物馆 中国博物馆丛书》（第5卷），文物出版社，1984年，第219页。
　　② 李知宴：《青瓷仰覆莲花尊》，载罗宗真、秦浩主编：《中华文物鉴赏》，江苏教育出版社，1990年，第115页。
　　③ 河北省博物馆等：《河北省出土文物选集》，文物出版社，1980年，301图。

部饰仰覆莲花,上为覆莲12瓣,下为仰莲9瓣,莲瓣夹小莲叶。两组花纹以忍冬花一周隔开。釉色为青中略带黄绿,光润匀薄。[1]

图五

3.武昌地区出土的青瓷莲花尊

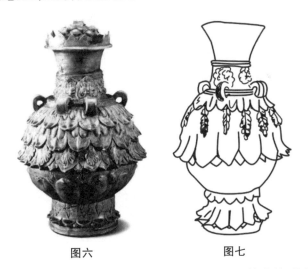

图六　　　　　　　　　图七

湖北武昌地区在20世纪50年代末相继发现过5件青瓷莲尊,除刘觊墓一件外,还有两件分别收藏于湖北省博物馆和武汉市博物馆,另外两件下落笔者未能访得。据说湖北鄂城地区曾出土过青瓷莲花尊,惜不知其详。

---

[1] 湖北省文物工作队:《武汉地区一九五六年一至八月古墓葬发掘概况》,《文物参考资料》1957年第1期;湖北省博物馆:《武汉地区四座南朝纪年墓》,《考古》1965年第4期。

湖北省博物馆藏青瓷莲花尊(图六),1956年8月出土于武昌钵盂山南朝墓中(M392),高43.7厘米,口径12.0厘米,腹径27.3厘米。通体釉色青绿,腹及近底处有浮雕仰覆莲花。有盖,六系。①

武汉市博物馆藏青瓷莲花尊(图七),出土于湖北武昌关山南朝墓中(M335)。高30.9厘米,口径12.8厘米,底径13.8厘米。口唇外卷,圆腹,高圈足,肩有六系。颈部凸棱上为莲花纹,下为飞天,上腹部刻忍冬纹,腹部为莲瓣浮雕,通体施青釉,多有剥落。②

4.南京出土残青瓷莲花尊

1958年南京宋家埝出土,现藏南京博物院(图八)。残高29.7厘米。灰白色胎,茶绿色釉,开片。口及圈足残缺。圆肩,长圆腹,方桥式耳已残,颈、肩各有双线凸弦纹一周,肩以下浮雕覆莲,线刻忍冬花,下为仰莲一周。③

5.南京梁墓出土青瓷莲花尊

1972年南京麒麟门外灵山梁代大墓中出土,一对,现藏南京市博物馆(图九)。瓷尊白胎,青绿色釉,青中泛黄,高85厘米(《江苏六朝青瓷》称高79厘米),口径21.5厘米,底径20.8厘米。喇叭口,长颈,椭圆腹,底较高,外撇。盖顶四方形,环以莲瓣,外绕规矩纹。颈部模印贴花,以凸出弦纹分为上中下三段,上为飞天,中为熊,下为二龙戏珠。器腹上部为两层模印双瓣莲、一菩提贴花和一组刻花瘦长的覆莲,下部为一组双层模印仰莲。足部为两层覆莲④。

---

① 此资料系湖北省博物馆友人提供。
② 中国武汉文物管理办公室:《90特别企画展》,(日本)大分市历史资料馆发行,1990年。
③ 南京博物院:《江苏六朝青瓷》,文物出版社,1980年,107图。
④ 李蔚然:《青瓷大莲花尊》,载罗宗真、秦浩主编:《中华文物鉴赏》,江苏教育出版社,1990年,第114—115页。

图八   图九

6.斛律彻墓出土青瓷莲花尊

1980年4月山西太原隋斛律彻墓出土(图十)。斛律彻袭祖父崇国公之封,卒于开皇十五年(595年)十一月,十七年八月葬。该墓出土青瓷莲花尊2件。形制相似,图案略有别,均残。修复标本176A,通高18.2厘米,口径6.7厘米,底径6.2厘米,腹径8.4厘米。口呈喇叭状,束颈,肩部双带形四系,卵形腹,喇叭形底内凹。通体施青釉,腹部堆贴图案三层,上层覆莲,中下层及足部饰菩提叶。另一件在腹部增加卷叶纹,余同前。①

7.淄博北朝墓青瓷莲花尊

1982年6月山东淄博市淄川区龙泉公社和庄大队北朝晚期墓中出土(图十一),此墓无墓志。青瓷莲花尊,高59厘米,口径13.1厘米,底径16厘米,胎厚1.4厘米。尊平唇,喇叭口,长颈,椭圆腹,高圈足,通体施青釉,薄而匀,釉色青中泛黄,光亮晶润。胎骨坚硬,质较粗,灰白色。口和颈部有八道弦纹(阴线),肩部为一周粗绳纹,下为四双带形系,系之间为四组模印宝相花,两小夹一大。腹上部为堆塑覆莲,一周21个;中部为两周忍冬花图案,上层21组,下层10组;腹下部饰双层莲瓣纹,每层11瓣一周。圈足外堆塑十一瓣覆莲。出土时尊内有一碗形器盖,已残。口径7.9厘米,残高3厘米,灰白色胎,胎骨硬而粗,无釉素烧。②

---

① 山西省考古研究所、太原市文物管理委员会:《太原斛律彻墓清理简报》,《文物》1992年第10期。

② 淄博市博物馆、淄川区文化局:《淄博和庄北朝墓葬出土青釉莲花瓷尊》,《文物》1984年第12期。

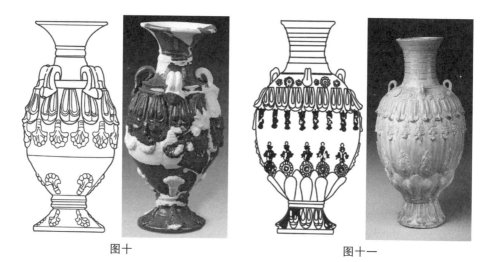

图十   图十一

8.流散品青瓷莲花尊

冯先铭先生在《略谈北方青瓷》一文中介绍过两件流散于海外的莲花尊。一件在英国,足部已因伤磨去(图十二),另一件在美国堪萨斯城纳尔逊艺术馆(图十三)。该件花纹精美,施青绿色釉,高20.5英寸[1],约52厘米。

图十二   图十三

中国历史博物馆收藏的一件流散品。传为河南上蔡县出土(图十四)。此尊高49.5厘米,口径16.6厘米,腹径31厘米,足径16.3厘米。侈口,圆唇,长颈,

---

[1] Rose E. Taggart, George L. Mckenna, Marc F. Wilson: Handbook of the Collections in the William Rockhill Nelson Gallery of Art and Many Atkins Museum of Fine Arts Kansas City, Missouri, Volume Ⅱ, *Art of the Orient*. Burd and Fletcher Kansas City, Missouri, 1973, p.79.

丰肩圆腹,高圈足。通体施青绿色釉,间有青中泛黄处,釉色晶莹,在纹饰凹处积釉较厚,呈玻璃质,有细小冰裂纹。颈部上层为两个飞天,下为三道弦纹,下层为两对交脚并坐的佛像,并有背光。飞天在佛像左上方,两侧有简单的云纹、莲花纹,佛的两侧为圆形莲房和莲花。肩部为双带形系6个,腹部有凸雕莲花4层,上三层为俯莲,下为仰莲。覆莲每层15瓣,第二层中间夹下垂菩提叶,第三层中间夹小莲瓣尖。仰莲13瓣,足部两层莲瓣纹,每层11个。该尊胎体厚重,胎质细密,灰褐色,由颈、腹、足三节相接成形[①]。

河南省鹤壁市博物馆收藏的一件流散青瓷莲花尊(图十五),高42厘米,北朝产品。此尊敞口,平沿方唇,鼓腹,平底,肩部八系,施釉至于近底处,釉色青绿[②]。颈部为上下两层堆贴花,以两道弦纹间隔开。上腹部为两层高浮雕俯莲,莲瓣上另有堆贴花纹,上层为宝相花,下层为莲瓣及莲实。这件莲花尊造型略显奇特,无胫部及高足,不知原造型如此,还是因伤磨去。下腹部亦无仰莲花瓣。

图十四　　　　　　　　　　　　　　　　　　　图十五

二、青瓷莲花尊的基本特征和分类

从以上的介绍中我们可以看出,尽管出土地点相去很远,大小和花纹装饰也不尽相同,但莲花尊还是具有鲜明的共同特征,它们至少表现在以下两个方面:

---

① 杨文和、范世民:《青瓷莲花尊》,《文物》1983年第11期。
② 赵青云:《河南陶瓷史》,紫禁城出版社,1993年,第212页,图版十一—图37。

1.形体硕大

青瓷莲花尊形体一般都比较大,最大的一件是南京灵山大墓出土的,高85厘米(一说79厘米),其次为封氏墓群出土的两件,故宫一件高70厘米,历史博物馆的一件高63.6厘米。其余超过50厘米高度的莲花尊还有故宫收藏的封氏墓出土的另一件,山东淄博和庄出土的一件,美国堪萨斯城纳尔逊艺术博物馆的一件。武昌三件及上蔡一件和鹤壁市一件高度在30—50厘米之间。最小的两件为斛律彻墓出土品,高18.2厘米,但它们在同时期尊类中也算是较高大者。

2.纹饰精美

青瓷莲花尊装饰技艺精湛,广泛使用了刻画、雕塑、模印堆贴等技法,纹饰精美。莲花尊以雕刻仰覆莲花为主题纹饰。除莲瓣外,见于莲花尊上的纹饰还有忍冬花、菩提叶、宝相花、佛像、龙、熊、飞天等。一般在颈部饰二三层花,为佛像飞天、龙、宝相花等,间以弦纹,腹部饰仰覆莲花,胫部饰覆莲,其他花纹巧布其间。

青瓷莲花尊造型的基本特征是敞口、束颈,肩部有八系六系或四系,椭圆球形腹,胫部收束,高圈足(或实足微内凹)外撇。出土器有的有盖,淄博出土的一件无盖,但上面盖有一个素烧的小碗,估计这类器物原先都配有盖。

从莲花尊纹饰差异入手,可以把这类器物分为三式:

Ⅰ式:以武昌刘觊墓出土品和南京宋家埠出土残器两件为代表,此式以莲花和忍冬纹为主题装饰,肩部为四系或六系。腹部呈球形,上部饰以覆莲,下部饰以仰莲,均为刻花,覆莲莲瓣尖突出,为浮雕而成,仰覆莲之间为一周缠枝忍冬纹,系划成。其基本特征是纹样庄重,简洁疏朗。

Ⅱ式:以封氏墓4件、灵山大墓2件、传上蔡出土1件、武昌M335、M392各一件等9件为代表,鹤壁市1件虽稍特殊,但仍应归入此式。此式莲花尊装饰技法精湛,追求高浮雕效果,莲叶是主题纹饰。腹部仰覆莲瓣翘起,叶尖突出,椭圆腹的中部做成一周突出的覆莲叶,把椭球形腹分为二部分,其上为二层左右覆莲,花纹多为一叶双瓣式,垂菩提叶;其下为一或二层仰莲,胫部为一或二层覆莲,肩部多为六系。颈部装饰有二层和三层之分,分别为佛像、飞天、龙和宝相花等,间以弦纹。此式的装饰特点是花纹繁而不乱,层次分明、莲叶占据着绝对主导的地位。

Ⅲ式:以淄博出土1件、斛律彻墓出土2件以及流散英、美的2件等共计5

件为代表。此式莲花尊花纹趋于细密,莲花纹和其他花纹并重。莲花皆为一叶双瓣式,菩提、流苏、宝相花等装饰大量出现于尊的腹部,与莲瓣纹争雄。肩部为四系、敞口、足外撇。此式装饰的基本特征是花纹精细,雕刻技法仍在使用,但已不见高浮雕,更多地使用了模印堆贴的装饰方法。

三、关于青瓷莲花尊的时代和产地

1.时代

19件青瓷莲花尊中有5件出自纪年墓,还有2件出自梁墓中,即:

刘岱墓莲花尊1件:南齐永明二年—三年(484—485年);

封子绘墓莲花尊2件:北齐河清三年—四年(564—565年);

南京灵山大墓莲花尊2件:南朝梁(502—557年);

斛律彻墓莲花尊2件:隋开皇十五年—十七年(595—597年)

这5件器物为我们提供了判定莲花尊时代的准确依据,青瓷莲花尊前后流行于中国南北百余年,即5世纪中期至6世纪末。

结合墓葬纪年和花纹分式以及同期其他纪年墓资料,笔者认为莲花尊可以分为三期:

第一期 南北朝中期,即5世纪中晚期,花纹Ⅰ式。这是莲花尊的初创时期,南朝统治区域内发现2件,北朝地区尚未发现。

第二期 南北朝晚期,即6世纪初、中期,花纹Ⅱ式。这是莲花尊的繁荣发展时期,南北方都有发现。

第三期 南北朝末期到隋初,花纹Ⅲ式。莲花尊有衰退和形体变小的征兆,有确切出土地点的两件都在北方。

可见,莲花尊主要流行于南朝齐至隋初,南北朝晚期(梁陈和东魏北齐)是它的繁荣时期,这种器物造型的来源可能与南朝墓葬中比较常见的莲花壶有关。

2.产地

关于青瓷莲花尊的产地,冯先铭先生认为美国纳尔逊艺术博物馆的1件出自湖南①,李知宴先生认为封氏墓出土者为早期邢窑产品。②1976—1977年山东淄博寨里窑址曾发现一件贴花器残片,相当于器物上腹部,装饰堆贴花,纹样有莲花、宝相花、宝塔、双系处联珠人面等(图十六)③,这应该是一块莲花尊或类似器物的残片。因此淄博寨里窑可能是莲花尊的产地之一。

从出土实物来看,各地出土莲花尊的胎、釉等特征明显不一致,毫无疑问,它们不会是一个窑场的产品。以南京灵山大墓和景县封氏墓出土器对比,封氏墓莲花尊胎色灰白,釉呈浅青绿色(水绿色),积釉处呈绿色,釉的玻璃质较强,透见胎色,釉面多开纹片;灵山大墓莲花尊花纹与封氏墓出土品极其相似,但胎釉迥然存异,胎色较重,青绿釉泛灰黄色,釉面失透。灵山大墓与封氏墓出土莲花尊之所以有此差异,是因为它们瓷土、釉质的化学成分不同,封氏墓莲花尊属北方青瓷系统,胎、釉中的氧化铝含量均远远高于南方青瓷,但它们胎釉中的氧化铁含量却都明显低于南方青瓷。④因而封氏墓莲花尊的胎釉发色明显浅于灵山大墓莲花尊。刘觊墓莲花尊与封氏墓出土品相比,釉面亦较光亮,但釉色略泛黄,釉层明显淡薄。笔者以为封氏墓莲花尊的产地应在冀南豫北一带,其窑址或许尚未发现;灵山大墓莲花尊的胎釉特征与越窑产品相类,应是越窑或越窑系统的某个窑场所产;武昌地区出土的莲花尊与南朝湘阴窑产品相类,或为湘阴窑产品,武昌地区六朝青瓷地方特色十分明显,惜窑址尚未发现。淄博出土的莲花尊可能是寨里窑产品,但就器物外观来看,或许与安徽淮南窑有某种关系。

南北朝时期北方制瓷业起步较晚,早于北魏迁都洛阳(494年)以前的青瓷器几乎不见,早期青瓷莲花尊首见于南方,与这时期制瓷业的发展状况是相符合的。莲花尊应是首先滥觞于南方,而后影响到北朝,南北朝晚期青瓷莲花尊的装饰风格和技巧惊人相似,表明这种器物在当时至少在社会上层十分流行。

---

① 冯先铭:《略谈北方青瓷》,《故宫博物院院刊(第一辑)》,1958年。

② 李知宴:《青瓷仰覆莲花尊》,载罗宗真、秦浩主编:《中华文物鉴赏》,江苏教育出版社,1990年,第115页。

③ 山东淄博陶瓷史编写组、山东省博物馆:《山东淄博寨里北朝青瓷窑址调查纪要》,载文物编辑委员会编:《二国古代窑址调查发掘报告集》,文物出版社,1984年,第352—359页。

④ 周仁、李家治:《中国历代名窑陶瓷工艺的初步科学总结》,《考古学报》1960年第1期。

四、关于青瓷莲花尊用途的推测

唐以前的尊一般都是盛酒器,但莲花尊造型硕大,纹饰精美,绝不能简单视为盛酒器。从花纹来看,莲花是佛门圣花,佛经记载,佛祖降生以前,净饭王宫廷中出现了八种祥瑞之征,池沼内莲花盛开大如车盖,王后得到启示,佛遂化作一头六牙白象来投胎;菩提是佛门圣树,传说释迦牟尼在菩提树下悟道成佛;其他如忍冬纹、飞天等都与佛教有关,有的莲花尊上更直接出现了佛像。这些表明,青瓷莲花尊受佛教的影响较大,这与南北朝时期佛教在华空前发展的历史背景是相吻合的。青瓷莲花尊具有一定的宗教意义。

已知19件莲花尊,有15件出自墓中,而且封子绘墓、祖氏墓、灵山大墓、斛律彻墓中的青瓷莲花尊都是成对出土,因此,我们有理由推断,青瓷莲花尊是一种随葬器。出土莲花尊墓的墓主身份都比较高:刘觊为"宋武陵王前军参军事";封子绘为"齐尚书右仆射、冀州使君";祖氏为"魏郡君";灵山大墓墓主不详,但可以肯定墓主身份比较高;斛律彻为周、隋"崇国公",和北齐封氏一样,都是世代显宦。

所以,我们认为:青瓷莲花尊应是南北朝至隋初社会上层使用的带有一定佛教意义的随葬器。其功用与汉晋五联罐、谷仓罐、唐宋元粮罂瓶、皈依瓶相似,都是为了安奉墓主灵魂。[①]从造型和装饰上来看,它们是佛教精神和中国固有灵魂观念相结合的产物。

弄清楚莲花尊在墓葬中的位置以及其中是否存有其他物品,对于理解它的用途有十分重要的意义。遗憾的是,15件出土莲花尊这方面的资料并不多,封氏墓4件和淄博一件系事后征集,灵山两件发掘报告尚未发表。刘觊墓1件出土于甬道前部,但此墓曾被盗,甬道里还发现有棺钉。武昌的另外两件情况不详。斛律彻墓的2件莲花尊出土于棺床上,人骨架旁。这似乎可为我们的推断做一有力旁证,但此墓墓室内已积水,随葬器物有所漂移,莲花尊是否原置于棺床上亦难判定。我们期待着有更新、更详细的材料来推动青瓷莲花尊研究的进一步深入开展。

本文原刊载于《中国古陶瓷研究(第四辑)》,紫禁城出版社,1997

---

① 刘毅:《瓷明器述略》,《东南文化》1994年增刊1号。

年,第48—55页。

重刊附记:《青瓷莲花尊研究》,是26年前我受命为《中国古陶瓷研究》(中国古陶瓷学会会刊)复刊而撰写的一篇小文。该刊1997年9月由紫禁城出版社(现名"故宫出版社")出版,接1990年停刊之后续为第四辑。

相比南北朝时期其他陶瓷器,见诸披露的青釉莲花尊的数量并不多,但它们却是这个时期特别引人关注的器形。《青瓷莲花尊研究》正式发表前的90年代中期,其雏形是本人在山东省的一次古陶瓷研讨会上做过的部分报告。公开发表后,后续正式披露的资料仍然不多,包括:江苏镇江市钢铁厂建筑工地出土的一件近似莲花尊的器物,类同壶罐的造型,口部残缺,外壁有贴花和镂空装饰,现藏于镇江博物馆(见刘丽文《青瓷镂空有胆莲花尊》,《中国古陶瓷研究》第七辑,紫禁城出版社,2001年);青海海西蒙古族藏族自治州都兰县热水墓群出土青瓷莲花尊,口和部分颈部残缺,雕饰仰俯莲花、贴塑动物花卉等,现藏于都兰县博物馆,曾出现于首都博物馆2019年"山宗·水源·路之冲———一带一路中的青海"专题展览中,后又见于石蒙蒙《六朝—隋唐时期岳州窑青瓷的东西方文化交流研究》(载《美术大观》2021年第1期)。另外,深圳玺宝楼博物馆收藏有青釉莲花尊(颈部以上残)和黄釉绿彩(疑似铅釉)莲花尊各1件(见赵文斌《深圳青瓷博物馆》,《文物世界》2000年第4期),来源不详;美国波士顿哈佛大学博物馆披露自藏青釉莲花尊一件,显示最初得自佳士得拍卖会。

相比资料披露而言,新世纪以来对于青瓷莲花尊的关注以及相近研究都日渐增多。公开发表的专题研究主要有:李纪贤《融造型与装饰为一体的南北朝青釉莲花尊》(载《中国古陶瓷研究》第十二辑,紫禁城出版社,2006年)、刘家林《南朝青瓷莲花尊》(载《江汉考古》2007年第2期)、李勇《北朝青瓷莲花尊与淄博陶瓷文化源流考》(载《中国文物报》2009年4月1日第6版)、刘巍《北齐青瓷莲花尊赏析》(载《管子学刊》2010年第2期)、司书长等《淄博北朝青瓷莲花尊》(载《山东陶瓷》2010年第3期)、马小晗《南北朝时期青瓷莲花尊文化内涵探究》(载《艺术研究》2014年第1期)、李婷等《虔诚信仰的奢侈品——南北朝时期青瓷莲花尊的探讨》(载《黑河学刊》2015年第2期)、李梅《论南北朝时期制瓷工艺的发展水平——以南京灵山梁代大墓出土的青瓷莲花尊为例》(载《艺术科技》2016年第9期)、王超《青瓷莲花尊——六朝博物馆明星展品赏析》(载《文物鉴定与鉴赏》2017年第10期)、杨君谊《纪年墓出土青瓷莲花尊流布问题研究》(载《中国陶瓷》第54卷第11期,2018年)、孙华勇等《淄博市博物总馆藏青釉莲花尊化学成分初步分析》(载《山东陶瓷》第45卷第4期,2022年)等;新近又见胡朝辉《中国国家博物馆藏青瓷莲花尊研究》(载《文物春秋》2023年第3期)。2019年,南京大学还有一篇吴桂兵教授指导的以青瓷莲花尊为主题的硕士学位论文。此外,一些相关研究中也有涉及莲花尊的年代或产地等问题,如宋柏松等《魏晋南北朝瓷器纹饰三题》(《中原文物》2004年第6期)、李梅田《魏晋北朝墓葬的考古学研究》(商务印书馆,2009年)、刘未《北朝墓葬出土瓷器的编年》(载吉林大学边疆考古研究中心编《庆祝魏存成先生七十岁论文集》,科学出版社,2015年)等。

之所以选择《青瓷莲花尊研究》入本"南开史学百年文存",一是因为拙文刊出年久,原本已经不易找到,特别是未收入中国知网,电子版亦无从搜寻,重刊可为一弥补;二是26年来关于莲花尊的研究虽间或有之,但拙文的基本框架和整体结论并未突破。

当昨岁秋冬之交拟用本文时,最初的考虑要做两项工作。一是关于原来的文本处理,文字部分拟保持原貌,除个别明显的错、漏外,不做修订,标点符号和注释按文存的格式统一调整。插图部分,限于印刷水平,原配图16幅中有些原始资料清晰度甚低,部分不得不用硫酸纸对着原图摹绘;此次重刊凡有后面世的精印图版或本人所拍摄清晰度更高的原物之图,均做相应替换,以见技术进步之嘉惠。二是以1997年以后的资料和研究成果为基础,加上后来的一些个人思考,另写一短篇研读心得,作为附记。然而,心有余而力不足。当时除教学科研以及行政管理等各项日常工作外,防疫相关工作的临时签派亦有不少,因之拖延时日,颇不见功效;既而又遭罹冠毒,此事就彻底放下了。后由袁胜文教授安排研究生郝亚婷、冯宇恒对原文进行了电子化处理,在此深表感谢! 如此,除个别文字外,全篇文图一如原貌,特此说明。文中错误、不妥之处敬希诸师友并读者诸君指摘纠谬。

作者简介:

刘毅,1964年生,天津市人,历史学博士。南开大学博物馆馆长、英才教授。曾入选南开大学第三学术梯队(1997)、教育部"新世纪优秀人才支持计划"(2007),是教育部"马克思主义理论研究和建设工程重点编写教材"《文物学概论》首席专家(2009)。主要从事中国古代陵墓考古、中国陶瓷考古、宋元明考古等方面的研究,对于宋至清代帝王陵墓制度、汉唐至明清陶瓷考古等尤为关注。在南开大学先后开设本科生基础或专业课程5门、硕士生专业课6门、博士生专业课6门,部分课程曾获评校级精品课、校级示范精品课,先后获"南开大学教学名师奖""南开大学魅力课堂奖""宝钢教育基金优秀教师奖"等。出版过学术专著8部,主编及参编著作若干,在国内外专业期刊上发表过学术论文一百三十余篇。部分论著曾获"全国文博考古最佳论著奖"(2006年度),第十一届、第十三届、第十五届"天津市社会科学优秀成果奖"(均为三等奖),第五届郭沫若中国历史学奖(三等奖)。主持过"国家社会科学基金"一般项目、国家部委司局项目、省市文物局或考古研究所博物馆项目等,参与各级各类项目若干。主要学术兼职:全国文物与博物馆专业学位研究生教育指导委员会委员,中国古陶瓷学会副会长,中国考古学会理事及宋辽金元明清考古专业委员会副主任委员、考古教育专业委员会副主任委员、陵墓考古专业委员会顾问,天津市文物鉴定委员会副主任委员,天津市文物博物馆学会副理事长。

河北唐墓初探

傅　玫

新中国成立以来,随着考古工作的迅猛发展,唐墓在全国许多地方都有发现,为唐代社会历史的深入研究提供了极为丰富的实物资料。但河北地区发现的却较少,对此学者们也没有给予充分的注意。近年来,笔者在关注唐代河北地区(包括北京和天津两市)的社会历史时,将该地区的唐墓资料进行了搜集。现试图对其进行整理分析,并敬请行家指正。

一、河北唐墓的类型

到目前为止,据有关报刊资料统计,河北唐墓共有近百座。由于河北唐墓遭破坏较多,其大多数被发现时都已不甚完整,而且多是中小型墓葬。因此,在分析河北唐墓的类型时,我们只能主要依据其墓室的质地、形状这两个方面。

河北唐墓可分为石室墓、砖室墓和土坑墓三大类。

石室墓现已发现的有9座,根据墓室平面基本可分为四式:

一式为不带耳室的正方形,以邯郸南吕固唐墓①为代表。该墓是用青灰色石灰质石块构成的单室墓,墓道长4米以上,宽1.4米,为坡道式,两侧各有小龛2个。甬道长0.9米,宽1.28米。墓门亦为石雕,四边饰细线刻缠枝花草。墓室的边长为2.5米至2.8米,四壁微向外弧。该墓的选料及构筑方法都比较考究。墓主不详。但墓中出土的陶俑、陶车、陶马等却与咸亨元年(670年)的河北清河丘家那唐墓十分接近,估计此墓时间可能是在唐初。

二式为带耳室的正方形墓室,主要是在北京丰台发现的史思明墓②。此墓是目前为止河北唐墓中规模最大的一个。该墓墓道长20.6米,宽3米,墓道中有对称的小龛4个。甬道长4.35米,宽3米,内有小龛2个。墓道与甬道中都有壁画。墓室南北长5.05米,东西长5.54米。两侧各有一长方形耳室。墓门为

---

① 刘勇、赵树友:《河北邯郸南吕固唐代墓葬发掘简报》,《文物春秋》1998年第1期。
② 袁进京、赵福生:《北京丰台史思明墓》,《文物》1991年第9期。

汉白玉石制。据史书记载,史思明死于上元二年(761年),入葬时间可能是宝应元年(762年)。

三式墓室是椭圆形,主要是在唐山市陡河水库发现的[①]。这些墓葬取材于当地不规则的绿色泥板岩,墓室一般长 2.5 米,宽 2.2 米,高 1.4 米。据发掘简报,为晚唐时期墓葬。

四式墓室为六角形,也是在唐山市陡河水库发现的。取材与三式相同,也是晚唐时期的。

第二类是砖室墓,根据墓室形状可分为十三式:

一式为直角长方形砖室墓,即墓室的拐角处一般为直角。该墓主要有临城射兽唐墓之一、临城射兽唐墓之二、临城中羊泉唐墓[②]和怀来寺湾唐墓[③]。临城的三座墓均为两米多长、一米多宽的小型墓葬,由于已遭破坏,墓道及甬道的情况不详。三座唐墓都仅出土一些瓷器,其中射兽唐墓之一出土的白瓷塔式罐具有唐前期同类器物的特征,估计为盛唐时期的墓葬;射兽唐墓之二出土的白瓷碗,与邢窑出土的唐中期同类器物相同;中羊泉唐墓出土的白瓷碗,与邢窑出土的晚唐五代白瓷碗相同。射兽唐墓之二和中羊泉唐墓应分别是唐中期和晚唐五代的。怀来寺湾唐墓墓道平面似梯形,阶梯式,长约 2.5 米,东西宽约 0.9 米至 1.05 米。墓室南北长约 3.2 米,东西宽 2.7 米,高 2.4 米,墓顶作穹窿顶。此墓没有陶俑,只有瓷器、陶罐、三足铁炉、铜带跨、铜镜和铜钱等,也应为唐代晚期墓。

二式为圆角长方形砖室墓,即墓室的拐角处为弧形。该墓主要有南和郭祥墓[④]、北京丰台赵悦墓[⑤]。郭祥墓墓道因在路基下未做清理,甬道长 2.5 米,宽 0.9 米,东西两壁各有拱形完。墓室南北长 2.85 米,东西宽 3.32 米,残高 1 米。据墓志讲,郭祥原为"大唐鲜州宾从县令"。鲜州位于北京市通县(现通州区),唐代是为安置内属奚人而设置的羁縻州之一。宾从即其所属县,但为何等县,史书不载。按唐制,上县令为从六品上,估计羁縻州县不可能为上县,因此郭祥最高也只能是正七品官,应属下级官员。此墓的时间为垂拱四年(688年)。

---

① 陈慧、郑绍宗:《唐山市陡河水库汉、唐、金、元、明墓发掘简报》,《考古通讯》1958年第3期。

② 李振奇、史云征、李兰珂:《河北临城七座唐墓》,《文物》1990年第5期。

③ 贺勇:《河北怀来县寺湾唐墓》,《考古》1993年第7期。

④ 辛明伟、李振奇:《河北南和唐代郭祥墓》,《文物》1993年第6期。

⑤ 黄秀纯、朱志刚、王有泉:《北京近年发现的几座唐墓》,《文物》1992年第9期。

赵悦墓墓室长4.55米,宽3.8米。据墓志讲,赵悦卒于大历二年(777年),同年埋葬。此外,唐山陡河水库也发现有这类墓葬,一般构筑简陋,面积狭小,多数长2.8米,宽0.62米至1.2米,高0.7米左右。据发掘报告为晚唐墓。

三式为长拱形砖室墓。如晋县唐墓①。此墓分墓室和甬道两部分,墓室南北长2.8米,东西宽1.7米,墓底至券顶1.7米。墓室东、西、北墙壁三面向外突出,略呈弧形。此墓保存完好,随葬器物有陶罐、陶钵、瓷碗、瓷注壶、铜净瓶、石碾和中草药。根据这些器物的特征可判定此墓是中唐时期的墓葬。

四式为正方形砖室墓,墓室的拐角处为直角。此墓主要有清河邱家那孙建墓和孙玄则墓②、北京昌平何家营唐墓③、以及磁县讲武城唐墓④、内丘县城西某窑厂唐墓⑤。

孙建和孙玄则是父子。孙建死于贞观八年(634年),孙玄则死于咸亨元年(670年)。两人同于咸亨元年11月葬于"清河东二十里信城乡崇仁里之旧址"⑥。孙建墓的墓室边长3.4米,残高1.25米。孙玄则的墓室边长则为2.5米。据墓志讲,孙建生前为蓬州安固县令。按唐制,安固为中县,中县县令的品阶是正七品上。孙玄则为"南康公国尉"。唐书中不载公国尉的品阶,却载有亲王国尉的品阶是正九品下。那么,公国尉肯定是在从九品或以下了。可以看出,孙建墓尽管是迁葬,但规格仍比孙玄则墓要高一些。

北京何家营唐墓出有开元二十四年(736年)的墓志,故知其为盛唐墓葬。磁县讲武城两座唐墓分别出有贞观二十三年(649年)墓志和开元十四年(726年)墓志。内丘县城西某窑厂唐墓破坏严重,但从其中出土的陶牛、陶鸭、陶马等模型来看,应为唐前期。

五式为圆角正方形砖室墓,即拐角处为弧形。该墓有安国梨园唐墓M1—M8⑦、北京丰台董庆长墓⑧、丰台唐贞元五年(789年)王郅夫妇墓⑨、北京海淀清

---

①《河北晋县唐墓》,《考古》1985年第2期。

② 辛明伟、李振奇:《河北清河丘家那唐墓》,《文物》1990年第7期。

③ 苏天钧:《十年来北京市所发现的重要古墓葬和古遗址》,《考古》1959年第3期。

④《河北磁县讲武城古墓清理简报》,《考古》1959年第1期。

⑤⑥《内丘县破坏唐墓两座》,《文物参考资料》1957年第5期。

⑦《河北省安国市梨园唐墓发掘简报》,《文物春秋》2001年第3期。

⑧ 黄秀纯、宋志刚、王有泉:《北京近年发现的几座唐墓》,《文物》1992年第9期。

⑨ 马希桂:《北京市发现的几座唐墓》,《考古》1980年第6期。

河唐天宝十三年(754年)道士王徽墓[1]、海淀八里庄王公淑夫妇墓[2]、北京石景山高井村唐墓[3]、北京昌平旧县唐墓[4]、北京昌平白浮村唐墓21号、34号、36号[5]、南和东贾郭唐墓[6]。此外在唐山陡河水库也发现这一类的墓葬。

东贾郭唐墓墓道的形制不详,甬道1.05米×1米,两侧壁各有一龛。墓室边长3.4米至3.5米。此墓出土随葬品26件,有武士俑、镇墓兽、男女侍俑、风帽俑、胡人俑、伏听俑、观风鸟、墓龙、仪鱼及马、牛、骆驼、猪、狗、狮、鸭、碓、灶、釜等模型。这些随葬品与前述郭祥墓中的随葬品造型基本一致,因此大体也应是7世纪末的。

安国梨园唐墓M4亦为墓道、甬道、墓室3部分组成。墓道长度不详,甬道近方形,长0.9米,宽0.9米。墓室南北、东西的边长均为3.1米至3.2米。此墓也出有各类陶俑,如武士俑、拱手女俑、文吏俑、胡人俑、女坐俑、女乐俑、墓龙、仪鱼、观风鸟、伏听俑以及各种动物模型和车、碓、磨、灶等模型,和郭祥墓十分接近,估计也是7世纪末期的。安国其他的几座墓葬和这座墓葬也基本相同,年代也应相近。

丰台董庆长夫妇墓的墓室边长为4.20米至4.25米。四角有仿木结构、用砖石砌出的圆形角柱。东西两壁砌对称的直棂窗。据墓志所载,董庆长原为"卢龙节度衙前兵马使兼知船坊事、银青光禄大夫、检校太子宾客兼监察御史、上柱国"。卒于大中十二年(858年),大中十三年(859年)葬于"幽州蓟县之东岗燕台乡新茔"。

北京海淀八里庄王公淑夫妇墓的墓道残长0.5米,宽1.8米。甬道为过洞式,长2.65米,宽1.58米,高约2.2米,两壁各有一马蹄形壁龛。墓室南北4.72米,东西4.85米。西壁和东壁正中各有一砖雕仿木构门。棺床上石砌有帐形隔墙。正面装饰精美。墓室四角并有砖砌方柱和柱础,墓室壁面有壁画。据墓志,墓主王公淑官至幽州节度判官兼殿中侍御史,官阶为从七品上;散位则为银青光禄大夫,从三品;勋位上柱国,正二品。卒于大中二年(848年)并于大中六年(852年)袝葬到其夫人的墓中。

昌平旧县唐墓东西、南北均长2.8米。东壁靠棺床处有一个影作灯檠,西

①③④ 马希桂:《北京市发现的几座唐墓》,《考古》1980年第6期。
② 杨桂梅:《北京市海淀区八里庄唐墓》,《文物》1995年第11期。
⑤ 苏天钧:《北京昌平白浮村汉、唐、元墓葬发掘》,《考古》1963年第3期。
⑥ 李振奇、辛明伟:《河北南和东贾郭唐墓》,《文物》1993年第6期。

壁有一个影作桌子。估计应为晚唐墓。只有石景山高井村唐墓具体时代难以推测。

昌平白浮村3座唐墓则出有青釉陶俑,估计为唐前期墓葬。

六式为圆角正方形带一耳室。如安国梨园唐墓M9。其形制与前述安国梨园唐墓M4基本一致,不同之处是墓室稍小一些,边长为2.9米。再就是在墓室北外壁有一小砖室,平面呈梯形,长1.6米,前口底宽0.5米,后口底宽0.3米。据发掘者说,此墓出土的陶碗敞口、圆唇、深弧腹、圆饼足,口沿下有一圈深弦纹,应是隋末唐初陶器的特点。估计此墓的年代比M4还早,大约是隋末唐初。

七式为不带耳室的圆形单室砖墓。该墓主要有天津军粮城塘洼砖墓①、献县东繁屯唐墓②、定县南关唐墓③、文安麻各庄董满墓④、文安西关唐墓M1、文安西关唐墓M2、文安西关唐墓M4⑤、阳原金家庄唐墓⑥、沧县前营村2号墓和3号墓⑦、蔚县榆涧唐墓⑧、曲阳县涧磁村1号墓、2号墓、3号墓⑨等。

文安麻各庄董满墓、蔚县榆涧唐墓、定县南关唐墓、阳原金家庄唐墓、献县东繁屯唐墓的墓室直径依次为3.5米、3.5米、3.48米、3.2米、3.15米。但除董满墓外,其余的墓主都不详。董满于乾封元年(666年)"奉诏版授覃城县令",咸亨二年(671年)卒,咸亨三年埋葬于文安县北三里之平原。此墓出土文物有文吏俑、胡人俑、男女侍仆俑、昆仑奴俑、侏儒俑、女乐俑、伏听俑、仪鱼、墓龙以及各种野兽、家畜、家禽和炊具等模型。

蔚县榆涧唐墓的出土遗物有釉陶制的塔形罐、凤首壶、小铃铛、陶盒以及带扣、带銙、铊尾、圆环、镊子等铜器,而没有陶俑和陶制动物及用具模型,估计应是中唐以后的。

定县南关唐墓出土了陶器48件,其中有镇墓兽、武士俑、文吏俑、胡服俑、马奴俑、女侍俑、女乐俑、男侍俑、观风鸟、仪鱼以及马、牛、骆驼等动物模型和

① 云希正:《天津军粮城发现的唐代墓葬》,《考古》1963年第3期。
② 王敏之、高良谟、张长虹:《河北献县唐墓清理简报》,《文物》1990年第5期。
③《定县南关唐墓发掘简报》,《文物资料丛刊》(6册),文物出版社,1982年。
④ 刘化成:《河北文安麻各庄唐墓》,《文物》1994年第1期。
⑤ 苑晓光:《河北文安县西关唐墓清理简报》,《文物春秋》1997年第2期。
⑥ 贺勇:《河北阳原金家庄唐墓》,《考古》1992年第8期。
⑦ 王世杰:《河北沧县前营村唐墓》,《考古》1991年第5期。
⑧ 刘建华、任亚珊:《河北蔚县榆涧唐墓》,《考古》1987年第9期。
⑨ 林洪:《河北曲阳涧磁村发掘的唐宋墓葬》,《考古》1965年第10期。

各种炊具模型。其中人物俑都比较削瘦,具有初唐的特征。同时还出土了瓷器7件,其中一些明显带有隋末的特征。故此墓时间应属唐初。

阳原金家庄唐墓在圆形墓室中用砖砌斗拱6朵,在斗拱下各柱间有门窗和家具浮雕。这些斗拱和浮雕都具有唐代晚期的特点,据此推断,此墓应为晚唐五代墓葬。

献县东繁屯唐墓出土有武士俑、天王俑、文吏俑、胡人俑、侏儒俑、男仆俑、女侍俑、女舞俑、女乐俑、伏听俑、墓龙、仪鱼、观风鸟、兽首禽身俑、虎形兽、独角怪兽、猪形兽以及马、骆驼、牛、猪、狗、鸡、鸽、牛车、磨、碾盘等模型。从天王俑的出现来看,此墓应为盛唐时期的墓葬。

文安西关的三座唐墓中,M1的墓室直径为2.9米至3米,墓室西壁砌一仿木直棂小窗;M2的墓室直径为2.8米至3.24米,内砌有4个半圆形砖柱,并砌有1个曲拱形灯架。这种做法均属北方地区晚唐墓流行的做法,故这两座墓葬时代应是晚唐时期。M4的墓室直径为2.48米至2.5米,墓中出土的塔形罐及铜发钗又同于M2,因此也应属晚唐时期。

曲阳县涧磁村的三座唐墓,直径依次为3.5米、2.45米、2.45米。出土瓷器均与涧慈村晚唐古窑址中的遗物类似,故为晚唐墓。

八式为带耳室的圆形砖室墓。如沧县前营村1号刘元政夫妇墓①。刘元政的主墓室直径3米,在主墓室东侧有一半圆形的耳室。刘元政生前仅担任过"唐义昌军后院军头",不算什么官职。咸通八年(867年)卒于家。其夫人张氏早于刘元政而卒,后又续娶齐氏。齐氏卒于咸通九年(868年)。故其墓室中葬有三人。

九式为椭圆形砖室墓。如在北京丰台区西罗园发现的唐大和元年(827年)陶氏墓②和在北京西城区灵境胡同东口发现的唐天宝十二年(753年)纪宽墓③。两墓墓室均为椭圆形。陶氏墓的墓道已残,甬道残长1米,宽1.2米,高0.75米。墓室南北长3米,东西宽2.2米。据墓志讲,陶氏为"唐卢龙征马使、游击将军、守左武卫大将军、赐紫金鱼袋"曹朝宪的夫人。纪宽墓墓道也已残,墓室南北长3.8米,东西宽3.4米。据墓志讲,纪宽为处士。

---

① 王世杰:《河北沧县前营村唐墓》,《考古》1991年第5期。

②③ 黄秀纯、朱志刚、王有泉:《北京近年发现的几座唐墓》,《文物》1992年第9期。

十式墓室平面为半圆形。如沧县前营村3号墓①。该墓南北长2.9米,宽2.9米。主室南壁为直壁,其他壁面则为弧形。在主室的北侧还有一耳室。墓主不详。该墓中出土的蒜头细颈瓷壶和瓷碗,均为圆饼状实足。由此可断定,此墓时间约为中唐。

十一式墓室平面为凹形。如邢台南瓦窑唐墓②。该墓南北全长5.25米,墓道梯形共四级,墓室高1.14米至1.4米,平面为凹字形。出土器物有陶瓷器、残铁块、蚌壳、货币等。应为中唐以后的墓葬。

十二式墓室平面为梯形。如文安西关唐墓M3③。该墓墓室长2.4米,南宽1米,北宽0.52米,高0.84米。没有随葬品。据发掘者称,这种梯形墓室在北方地区的早、中期唐墓中都能见到。

十三式墓室为六角形。主要见于唐山陡河水库晚唐墓④。

三类墓为土坑墓,可分二式:

一式为长方形墓室。现已发现的有8座,它们是临城西瓷窑沟的眭厚墓⑤、临城大中十一年(857年)的刘府君墓⑥、临城东街唐墓之一、临城东街唐墓之二、临城咸通十一年(870年)赵天水墓⑦、蔚县南洗冀墓、蔚县永宁寨唐墓⑧、北京先农坛唐墓⑨。除眭厚墓外,这些墓葬一般都较小,墓室多在3米以下,以2米多长,1米多宽为主。北京先农坛唐墓更只有1.6米至1.65米长,0.6米宽。

眭厚墓南北通长6.1米,竖穴式墓道。墓室长度为3.23米至3.35米,宽为2.05米至2.25米,西壁有一龛。据墓志讲,眭厚死于隋开皇三年(583年),到唐贞观十七年(643年)才葬于内丘。此墓出土文物有青瓷碗、青瓷罐、陶俑和畜禽模型等。临城东街唐墓出土有碗托、铜镜,碗托与刘府君墓的造型、尺寸、釉色完全一致,而且在托底都刻有"张"字,表明为一人所刻。据此,此墓的时间与刘府君墓相差不多,应属晚唐时期的。临城东街唐墓之二出土的白瓷盂和提梁罐也明显具有晚唐的特点,这座墓葬无疑也应是晚唐的。蔚县南洗冀唐

① 王世杰:《河北沧县前营村唐墓》,《考古》1991年第5期。
②《邢台市南瓦窑发现唐墓》,《文物参考资料》1958年第10期。
③ 苑晓光:《河北文安县西关唐墓清理简报》,《文物春秋》1997年第3期。
④ 陈慧、郑绍宗:《唐山市陡河水库汉、唐、金、元、明墓发掘简报》,《考古通讯》1958年第3期。
⑤ 樊树海、张志中:《河北临城西瓷窑沟发现隋唐墓》,《文物春秋》1994年第3期。
⑥⑦ 李振奇、史云征、李兰珂:《河北临城七座唐墓》,《文物》1990年第5期。
⑧ 李新威:《蔚县发现三座唐墓》,《文物春秋》1998年第1期。
⑨ 马希桂:《北京市发现的几座唐墓》,《考古》1980年第6期。

墓所出绿釉长颈瓶与易县北韩村唐墓相近。北韩村唐墓的确切时间为咸通五年(864年),故南洗冀唐墓也应是在晚唐。

二式墓室平面为楔形。只在唐山陡河水库发现一座。该墓室四壁垂直,长2.7米,宽0.49米,深1.7米。据发掘报告,此墓的时代为晚唐。

综上所述,可列出下列两表:

表一　河北唐墓分期表

类型		初唐(6世纪晚期~7世纪初)	盛唐(7世纪晚期~8世纪中期)	中晚唐(8世纪中期~10世纪初期)
石室类	一式	1		
	二式		1	
	三式			?
	四式			?
砖室类	一式		1	3
	二式	1		1
	三式			1
	四式	3	3	
	五式	12	1	4
	六式	1		
	七式	2	1	8
	八式		1	1
	九式			2
	十式			1
	十一式			1
	十二式			1
	十三式			?
土坑墓	一式			7
	二式			1

表二　河北唐墓分区表

类型	式	地区
石室类	一	邯郸
	二	北京
	三	唐山
	四	唐山
砖室类	一	临城、怀来
	二	南和、唐山
	三	晋城
	四	清河、北京、南和、内丘
	五	安国、北京、南和、唐山
	六	安国
	七	天津、献县、定县、文安、阳原、沧县、曲阳、蔚县
	八	沧县
	九	北京、唐山
	十	沧县
	十一	邢台
	十二	文安
	十三	唐山
土坑墓	一	临城、蔚县、北京
	二	唐山

从以上表一、二中可看出,河北地区唐墓以砖室墓为多,其中又以圆角正方形和圆形墓室为多。而且这些墓室主要分布于北部地区,如北京、天津、唐山、献县、定县、文安、阳原、沧县、蔚县等地。河北南部则与中原地区相近,多为方形或长方形墓室。

二、河北唐墓中部分出土文物的分析

从河北地区唐墓中出土的随葬文物,我们可以明显看出这个地区有与中原不同的一些特点,主要可从以下两个方面来分析:

1.陶俑

在已发掘的河北唐墓中,出有陶俑的共有12座。详细情况见下表:

地点	墓主	时代	镇墓俑	出行仪仗	侍仆俑	庖厨与动物模型
临城西瓷沟	眭厚	贞观十七年	武士俑1,镇墓兽2	风帽俑6,牛车1	男、女侍仆俑5	马1,骆驼1,羊1,鸡1,仓1
清河邱家那	孙建	咸亨元年	武士俑2,镇墓兽2,文吏俑1,墓龙1,观风鸟1	牛车1	女俑6,胡人俑1	牛2,骆驼1,马2,狗2,猪1,磨1
文安麻各庄	董满	咸亨三年	镇墓兽3,文吏俑1,伏听俑1,仪鱼1,墓龙1		男、女侍仆俑5,胡人俑3,昆仑奴俑1,侏儒俑1,女乐俑2	牛2,骆驼2,狗5,野猪1,虎形兽1,异性兽1,鸭1,鸡1,鸽1,灶1,磨2
南和	郭祥	垂拱四年	武士俑2,镇墓兽2,文吏俑2,伏听俑1,观风鸟2,仪鱼1	风帽俑1,牛车1	男、女侍仆俑6,胡人俑2,女乐俑2	牛1,狮2,公鸡1,猪1,灶1,磨1,井1,碓1
定县南关	不详	初唐	镇墓兽2,武士俑1,文吏俑2,观风鸟2,仪鱼1	牛车1	男、女侍仆俑10,胡人俑2,女乐俑4	牛1,马2,骆驼1,猪1,羊1,狗6,鸡1,鸭1,异形兽1,磨1,舂米台1,灶1,井1
献县东繁屯村	不详	盛唐	武士俑1,天王俑1,镇墓兽2,文吏俑2,伏听俑1,观风鸟3,仪鱼1,墓龙1	牛车1	胡人俑2,男、女侍俑13,乐舞俑5,侏儒俑1	牛1,马1,骆驼1,羊1,鸡1,鸽1,狗1,虎形兽4,猪形兽1,磨2,碾盘1
南和东贾郭	不详	初唐	武士俑2,镇墓兽2,伏听俑1,观风鸟1,仪鱼1,墓龙1	风帽俑1,牛车1	男、女侍仆俑5,胡人俑1	马1,骆驼1,狮2,猪1,鸭2,狗1,碓1,灶1,釜1
邯郸南吕固	不详	初唐	文吏俑1,伏听俑1,仪鱼1	牛车1	侍仆俑3	牛1,马1,骆驼1,猪1,狗1,狮状兽1,鸡1,灶1,碓1
安国梨园M4	不详	初唐	文吏俑2,伏听俑1,仪鱼1	车1	侍仆俑2,胡人俑4,女乐俑3	马3,骆驼1,卧虎3,卧兽1,鸭1,灶1,碓1,磨1
安国梨园M5	不详	初唐	武士俑2			
天津军粮城刘家台子	不详	初唐	武士俑1,仪鱼1,墓龙1	车轮1	侍仆俑11,胡人俑1,女乐俑2	马1,骆驼1,羊1,猪1,鸡1卧兽1,灶1,磨1,碓1
北京丰台	史思明	宝应元年			侍仆俑5	

从上表中我们不难看出,出有陶俑的墓葬全部是在唐代前期,其中时代最晚的是史思明墓(宝应元年762年)。安史之乱后,除史思明墓外,其他墓葬中再没有陶俑出现。

唐代前期河北地区出土的陶俑,和中原地区一样,也可分为四大类:即镇墓俑、出行俑、侍仆俑、厨模型和动物模型。但具体内容却与中原有所不同。

首先,镇墓俑。河北唐墓中的镇墓俑,除和中原地区一样,有镇墓兽、武士俑、文吏俑外,一般都还出有墓龙、仪鱼、伏听俑、观风鸟等。这类俑在河北唐墓中的始出时间,据目前所知,是咸亨元年(670年)。其作用主要是守卫、辟邪、厌胜等。这在唐前期中原地区的墓葬中很少见或根本不见,但在山西长治地区以及南方地区的墓葬中却大量存在。有人认为,这可能是南方人士死于北方并葬于北方的原因。但我们在河北地区的唐墓中还没有看到南方籍人士入葬此处的情况。况且,这时期在南方墓葬中盛行的另一些镇墓俑,即十二时俑却在河北没有发现。因此可以推测,随葬这一类的镇墓俑,当为河北本地的习俗。

其次,出行俑。河北唐墓中属于此类的,大多只有牛车。在极少数的墓葬中,还有一两个风帽俑,一般不见仪仗俑。这种情况无疑是因为目前发现的河北唐墓,绝大多数是低级官吏和庶人的缘故。

第三,侍仆俑。河北唐墓中的这类俑与中原地区相差不多,主要有男女侍俑、牵马俑、侏儒俑、胡人俑、舞俑、乐俑等。但特别值得注意的是,这个地区出土的一些胡人形象与中原地区不尽相同。如安国梨园唐墓M4、南和郭祥墓、南和东贾郭墓出土的三件胡人俑,头部均不戴帽,额顶留有一块平发,身着大翻领毛边长袍。其形象与《契丹国志》中所描绘的契丹周边的姻厥律人和鞑劫子人十分类似:"其人长大,髡头",或"其人髡首,披布为衣"。可见,这类胡人俑应是契丹及其周边民族的形象。据史书记载,河北地区确有较多的北方民族居住,唐朝政府仅在这里设置的羁縻州,就有"突厥之别部及奚、契丹、靺鞨、降胡、高丽"等,总共"为府十四、州四十六"[①]。

第四,庖厨和动物模型。在这些模型中,值得特别注意的是,不少墓中都有虎或虎形兽、异形兽、野猪等模型存在,这在中原地区也不多见。这种情况很可能与当时河北地区的自然环境有密切关系。据翁俊雄先生考订,唐初河

[①]《新唐书·地理志下》。

北为宽乡,其人口最密的地区是恒州,每平方千米为25.09人。至于北部和东部的一些州,每平方千米多则七八人,少则不到一人①。地广人稀,必然会使诸如虎、野猪等得以生存。如史书记载,临近渤海的平州和沧州,在唐代前期都有虎活动,"北平多虎,(裴)旻善射,曾一日毙虎三十有一"②,"宗正卿李大可尝至沧州,州之饶安县有野行,为虎所逐"③。明器中的虎、野猪、异形兽等的出现,正是这种环境的真实写照。与这种情况相适应,狩猎可能也是河北居民的重要活动之一。因此,有的墓葬中,狗的模型特别多,如文安麻各庄董满墓有狗模型5只,定县南关唐墓有狗模型6只。

2.瓷器

在现已发掘的河北唐墓中,瓷器也是较重要的出土文物,总共有百余件,绝大部分产于邢窑。参见下表:

时代	地点	瓷器种类
贞观十七年	临城西瓷沟眭厚墓	青瓷罐、青瓷碗
咸亨元年	清和丘家那孙建墓	黄釉瓷罐
垂拱四年	南和郭祥墓	青瓷碗
中唐	临城射兽唐墓之二	白瓷碗
中唐	晋县唐墓	白瓷碗、白瓷注子
大中十年	临城刘府君墓	白瓷碗、白瓷注子、盖罐、器盖、铁足提梁罐、白碗托
大中年间	临城东街唐墓之一	白碗托
咸通八年	临城赵天水墓	白瓷碗、白瓷盂
晚唐	临城射兽唐墓之一	白瓷塔式罐
晚唐	临城东街唐墓之二	白瓷盂、白瓷瓶、提梁罐
晚唐	易县北韩村	白瓷注子、白瓷碗盖、白瓷瓶、黄釉瓷瓶、黄釉器座
晚唐五代	临城中羊泉唐墓	白瓷盒、白瓷碗、白瓷器盖、白瓷盘、白瓷壶、白瓷盂

从这些墓葬中,我们大致可以看出唐代邢窑瓷器发展的一个轮廓:唐初时,还主要是青瓷;到中唐已发展为白瓷为主,并从粗白瓷发展到细白瓷。在中唐以后的一些墓葬中,如临城射兽唐墓之二、临城刘府君墓等,出土的白瓷

---

① 参见翁俊雄:《唐初政区与人口》,北京师范学院出版社,1990年。
② (唐)李肇:《唐国史补》。
③ 《太平广记》(卷431),李大可条。

器已经达到了釉色光泽洁白,胎质细腻,做工精细的地步。而且器类也有增加,不再是单纯的碗、罐,已有了注子、盂、瓶、盘、盒等。而且还出现了四瓣花口式的碗托。特别值得注意的是,大中十年的刘府君墓中,还出有刻有"张"字的器物,说明此时邢窑瓷器已普遍作为商品出售了。易县北韩村唐墓出土的白瓷注子,与唐长安宫城中的出土物一样,底部有"盈"字款,更说明当时邢窑瓷器"天下无贵贱通用之"的情况。

除邢窑外,一些河北唐墓中,还出有定窑瓷器,如晚唐时期的文安西关唐墓M1、M2、M3,晚唐昌平旧县唐墓等。这些瓷器大部分都胎质细腻,釉色光润,器形规整,表明了当时定窑的烧瓷工艺已达较高水平。

本文原刊载于《南开学报(哲学社会科学版)》2001年增刊。

作者简介:

傅玫(1941—2022),女,籍贯河北冀县,1941年9月出生于陕西岐山县,1959年考入南开大学历史系,1964年毕业,同年考入北京大学历史系读研究生,师从汪篯先生,1967年毕业。1972—1979年在天津市历史研究所从事研究工作。1979年调入南开大学历史系参与筹建博物馆学专业,历任讲师、副教授、教授。曾任文博专业教研室主任、文博系主任等职。主要从事中国古代物质文化、佛教艺术、敦煌学及隋唐史的教学与研究工作。独著、合著、主编《敦煌史话》等专著5部,在《南开学报》等学术刊物发表论文多篇。

试谈唐镜与唐代道教

王　燕

　　唐代是中国古代铜镜发展的鼎盛时期。唐镜造型新颖多变,纹饰丰富清新,工艺精湛娴熟,呈现出富丽堂皇、绚烂多姿的风采。本文在这里主要着眼于唐镜群中的一个特殊部分,通过研究其纹饰,探讨唐镜与唐代道教的关系。

一

　　道教与李唐王朝有着特殊的渊源。唐代建立之初,统治者们便利用道教来制造皇权神授的舆论,编造"李氏"为太上老君的子孙,使人们相信其"真命天子"的身份。高祖李渊曾亲自"释奠于国学,召名儒、僧、道论义"①。唐太宗自称老子李氏后裔,肯定道、儒、释,以道为首。高宗李治"谒老君庙,上尊号曰太上玄元皇帝"②,在各地修建玄元皇帝庙,设崇玄馆,制定道举制度,"王公百僚皆习《老子》,每岁明经,一准《教经》《论语》列试于有司。"③中宗时则诏令"诸州置寺、观一所"④。睿宗时,下诏"自今每缘法事集会,僧尼、道士、女官等宜齐行道集"⑤,并命西城、隆昌二公主为女冠。至玄宗时,更于五岳置真君祠,开元二十九年在长安、洛阳诸州建玄元庙,画玄元皇帝;天皇元年,玄宗还亲自"享玄元皇帝于新庙"⑥;又以《道德经》为群经之首,亲为注解;于崇玄馆设立玄学博士,诸州置玄学生,学《老子》《庄子》,以应科举考试。至此唐代道教达到全盛时期。以后的历代唐统治者也大都承先祖遗风,尊崇道教。

二

　　唐镜中反映道教思想内容、具有道教色彩的铜镜数量比较多,本文主要就历

---

①《历代佛祖通载》卷第十一。
②《资治通鉴》(卷二百一《唐记十七》)。
③《旧唐书》(卷五《本纪第五》)。
④⑤《旧唐书》(卷七《本纪第七》)。
⑥《资治通鉴》(卷二百一十五《唐纪三十一》)。

年来的考古发现对此种镜类进行考察。总的来说,与道教有关的唐镜包括六大类:飞仙纹镜、月宫纹镜、真子飞霜镜、王子乔吹笙引凤纹镜、五岳图形镜、八卦纹镜。下面分别就这六类铜镜进行具体探讨。

一是飞仙纹镜:可细分为仙骑镜、飞仙镜等。有圆形、菱花形和葵花形三种,圆钮或龟钮。仙骑镜的主题纹饰一般是四仙人骑兽跨鹤,同向绕钮腾飞,间以祥云,仙人背后飘带翻飞舒卷,轻灵飘逸。镜缘多饰以花草蜂蝶。山东临沂后岗头村、陕西千阳县、西安大历七年(772年)墓、陕西陇县东南供销社、洛阳北瑶1号墓、浙江宁波等地均有此类铜镜出土。此外,还有主题纹饰为二仙人并与其他纹饰相结合的,如河北怀来县寺湾唐墓出土一面二仙越山纹唐镜,镜背浮雕一对骑兽飞仙和一对对称的山石叠嶂①以及双龙四仙骑马纹镜、四飞仙越山岳纹镜、十二生肖仙骑镜等。

飞仙镜的特点是镜背纹饰以凌空飞翔的仙人为主,间以云朵或仙禽,陕西西安、河南洛阳出土的二飞仙镜刻画精美,纽两侧飞仙头戴宝冠,披帛飘举,飞升于祥云之上。浙江绍兴坡塘乡曾出土一面飞鹤飞仙纹镜,河南郑州所出的金银平脱羽人双凤镜也属此类。

飞仙纹镜的主题纹饰所反映的,是神话仙人传说,而神仙之说正是道教的一个重要组成部分。张陵的《老子想尔注》提出:"奉道诫,积善成工,积精成神,神成仙寿,以此为身宝矣。"东晋葛洪的《神仙传》,描绘神仙或竦身入云,无翅而飞,或驾龙乘云,上造天阶,或化鸟兽,浮游青云,或潜行江海,翱翔名山;或食云气;或茹芝草;或出入人间而人不识;或隐其身而莫之见。这些神仙的情状与上述铜镜纹饰中的飞仙、仙骑的形象是相符的。唐人段成式的《酉阳杂俎》描写道界的"玉格"篇中,曾提到"晋永和中,有飞仙衣冠如雪,各憩一石,旬日而去。人咸见之","……俄然,有一女乘鹤西至……"②。飞仙镜、仙骑镜的主纹饰所体现的正是此类仙人。这种有关神话仙人故事的道教题材,在唐镜装饰中应用的比较普遍。

修道成仙是道教修炼的根本目的,也是道教宗教观念的核心。在道教发展与演变的漫长历史过程中,人们对神仙的向往和追求从未停止过。道教神仙学说从一个侧面反映了古代人们希求长生不老、延年益寿的渴望,也体现了

---

① 张家口地区文管所:《河北怀来县寺湾唐墓》,《考古》1993年第7期。
② 段成式:《酉阳杂俎》前集卷之二。

广大人民要求最大限度地控制自然,主宰世界的理想。在我国古代,无论是统治者还是被统治者,都盼望能够长命百岁,同时道教神仙神通广大,法力无穷,动辄隐身易形,乘云腾飞,兴云致雨,撮壤成山,这些无不与当时人们企求主宰世界的强烈愿望相吻合。由此看来,这种神仙思想得以深入人心、广为流传并大量应用到铜镜纹饰上,便是不足为奇的了。

二是月宫纹镜:也是以神话传说为题材的一种唐镜。有圆形、菱花形、葵花形多种。最常见的主题纹饰是以镜背为月宫,中央为一桂树,两侧分别是飞舞的嫦娥、捣药的玉兔以及蟾蜍。这一类月宫镜出土较多,像扬州邗江扬寿乡、陕西凤翔、陕西千阳、上海市博物馆、浙江江山县源口乡等地均有出土或收藏。另一个题材是月宫海龙,洛阳涧西唐德宗兴元元年(784年)墓出土一面,略呈葵花形,圆钮,纹饰分四区:上部两朵祥云间饰单圈围成的月宫,月中浮雕桂树、蟾蜍和玉兔,下部两祥云间浮雕一鳞身长尾、舞爪腾跃的出海巨龙,下为海水纹,两侧相对饰双鹊衔绶,凌空飞翔。此外,陕西黄龙县、江西德安共青羽绒厂、洛阳唐肃宗乾元元年(758年)夫妇合葬墓等也有出土。

嫦娥奔月的故事在唐以前就已流传,《淮南子·览冥训》:"羿请不死之药于西王母,姮娥窃以奔月。"姮娥即嫦娥,高诱注:"姮娥,羿妻;羿请不死之药于西王母,未及服食之,姮娥盗食之,得仙,奔入月中为月精也。"在唐代,以这一神话传说为题材的铜镜非常流行,其原因应与当时道教所提倡的炼丹服药、羽化升仙的说法有关。

三是真子飞霜镜:是唐镜中较为多见的题材之一。有菱花形、葵花形两种。主题纹饰为竹林前一人端坐抚琴,前置一案,案上设笔砚,下方为池水湖面,错落有致,水中一株荷叶亭亭玉立,叶上伏龟,龟身与荷叶形成纽与纽座。远处云山隐约,祥云托月,凤鹤翱翔,景色清幽。有的镜上有"真子飞霜"四字铭文,有的无铭文。这种唐镜曾见于不少著录,《西清续鉴》上收录一面,图中荷叶上方香烟缭绕,取名为歌薰镜。清末在扬州流传有两面,近年扬州邗江又出土一面[①],江西德安、浙江金华、上海和江苏宝应也各有出土。

关于此类铜镜图案及铭文的含义,目前说法不一[②]。在我看来,真子飞霜镜纹饰中所营造的祥云仙山、仙人飞鹤、深林丛竹的环境和气氛,与道家所倡

---

① 周欣、周长源:《扬州出土的唐代铜镜》,《文物》1979年第7期。
② 孔祥星、刘一曼:《中国古代铜镜》,文物出版社,1984年。

的清静无为、归隐山林、养性全生的要求是相符的。道家主张脱离社会、脱离现实、注重个人的养生得道,许多奉道求仙的人隐于山中,精修至道,如唐初著名道士潘师正,唐高宗曾问其山中所需,答曰:"茂松清泉,臣之所需,此中不乏。"又如《仙传拾遗》记道士刘无名,自云:"余无他术,但冥心至道,不视声利,静处幽山,志希度世而已。"此类道士逸人多为高举远引之士,为世人所敬慕,真子飞霜镜所反映的内容,或与此有关。

另外,湖南衡阳还出土一面唐镜,其镜背纹饰与真子飞霜镜相同,只周围多一圈铭文,为"凤凰双镜南金装,阴阳各为配,日月恒相会,白玉芙蓉匣,翠羽琼瑶带。同心人,心相亲,照心照胆保千春"。故名之为凤凰双镜①。浙江衢州市文管会、河南焦作博物馆亦藏有两面此类镜,纹饰铭文大体相同,但衢州那面镜的上方还有"真子飞霜"四字铭,故凤凰双镜实应属真子飞霜镜类。从其铭文看,"阴阳各为配,日月恒相会"等,也带有浓厚的道教色彩。

四是王子乔吹笙引凤纹镜:此类镜描绘的是春秋时周灵王太子修仙的故事。河南洛阳北瑶出土一面,八出葵花形,圆纽。纽左侧为一人端坐吹笙,头戴幞头,身穿长衫;右侧为一凤凰,头上有冠,闻声飞来。镜上端为修竹,下端山峦叠嶂,树木丛生。笔法洗练,图简意明。此件铜镜上的吹笙者,当是古代传说中的王子乔。王子乔同西王母、东王公、赤松子、广成子一样,也是道教诸仙人和真人之一。《列仙传》云:"王子乔者,周灵王太子晋也。好吹笙作凤凰鸣,游伊洛间,道士浮丘公接以上嵩山。三十余年后,求之于山上,见桓良,曰:'去我家,七月七日,待我于缑氏山头。'至时,果乘白鹤驻山头。望之不得到,举手谢时人,数日而去。"王子乔的神话传说盛行于伊、洛河一带,唐人尤为崇拜,武则天曾"幸嵩山,过缑氏,谒升仙太子庙"②,并亲撰书"周升仙太子碑",至今犹存。因此王子乔吹笙引凤的故事,也是唐镜纹饰中广泛使用的题材。

五是五岳图形镜:方形,纽部为中岳嵩山,四角分别为东岳泰山、西岳华山、南岳衡山、北岳恒山,并饰有花草、飞鸟等。上海博物馆藏有一面,边长11.9厘米。此类镜背的图案应称之为五岳真形图。此图在文献上始见于约为魏晋时人所作的《汉武帝内传》,它虽是记录五岳山川的平面图,但也与道教有密切

---

①唐先华:《湖南衡阳发现唐凤凰双镜》,《考古》1992年第12期。

②《资治通鉴》(卷二百六《唐记二十二》)。

联系,在早期道教中作为符箓传授并佩带身旁①。据《汉武帝内传》说,这种图"诸仙佩之,皆如传章,道士执之,经行山川,百神群灵,尊奉亲迎。"道士们也认为"家有此图,仙灵侍卫,万厉潜伏,仕官高迁,财产丰积,子孙昌盛,门户兴隆。"这也正是铜镜上用这种图形进行装饰的原因。罗振玉曾提到一件有铭文的五岳真形镜,铭文为:"五岳真形,传青鸟侠,大地山河,蟠萦尺咫,写象仙铜,明鉴万里。"从铭文格式看,很可能是唐镜。这种五岳真形图同时也反映了古人对山川河流的崇拜,绘制山形图即把山泽神仙的权势法力附于图中,使图文增加了灵性神权,因此产生了巨大的作用;另一方面,要求佩带此图的道士遵守法戒不得轻举妄动,从而有效地控制了道徒的日常行规。

六是八卦纹镜:主要有圆形、方形、亚字形等形制,主题纹饰为八卦,又配饰其他图案,种类较多。

八卦镜:方形,圆纽方座,八卦呈方折形环绕配置,素缘,有的外区有铭文。宝鸡市博物馆收藏有一面,洛阳北瑶出土两面,西安东郊韩森墓504号墓出土一面。除方形外,焦作市博物馆还藏有一面圆形八卦镜,清道光年间出版的《金索》一书中也辑录有一面拓片,为圆形,太极图案圆纽,内区一圈八卦纹,外圈铭文十六字云:"透光宝镜,仙传炼成,八卦阳生,欺邪主正",是一种比较特殊的透光八卦镜。

八卦十二生肖镜:镜背布局从内到外一般分四区。一区,八卦八字铭;二区,八卦符号,与卦铭相对应;三区,十二生肖写实形象;四区,铭文带。铭文一般为"水银呈阴精,百炼得为镜,八卦寿象备,卫神永保命"。也有其他铭文。这一类镜各地出土较多。

八卦干支镜:圆形,圆纽或龟钮,内区饰八卦图像,外区干支铭文;也有的镜背纹饰由内向外依次为符箓、干支铭、八卦图像。陕西城固县文化馆藏有一面八卦十二地支镜,陕西西安出土一面八卦符箓干支镜。

八卦百炼镜:亚字形,圆纽,八卦图像方折绕纽,其外有"精金百炼,有鉴思极,子育长生,形神相识"铭文,素缘。1954年西安东郊郭家滩39号墓出土。

八卦星象镜:圆形,分三区,内区八卦图像与阴阳铭,中间同形符箓,相间道家语铭八,外区不同形符箓八,相间八组星象。素缘。河南堰师杏园954号晚唐墓出土一面,湖南省博物馆藏有一面。

---

① 曹婉如、郑锡煌:《试论道教的五岳真形图》,《自然科学史研究》1987年第6卷第1期。

八卦双莺镜：葵花形或圆形，内区双莺振翅翘尾，挟纽而立，纽上、下方图形象征天地，外区为"上圆下方，象于天地，中列八卦，备著阴阳……"40字铭，素缘。

八卦四神镜：方形委角，圆纽，八卦图像分布于纽座及镜背四角，纽上下左右分布四神，纽周纽下铭文："绝上药铜""五月五日百炼铜"。1972年浙江瑞安出土。

日月星辰八卦纹镜：河南巩县石家庄5号墓出土一面五岳日月星辰八卦纹镜，圆形，山岳方纽，纽外四方各有四字铭文，铭文连续为："日月贞明，天地含为，写规万物，洞鉴百灵。"字体为篆书。方纽四隅为四个方形弦纹框，每框内各有一山川，山上长满树木。四方框与铭文外边线相连，形成一正方形，其外波涛滚滚。再外是双弦纹方形框，内里八卦图像。近缘部的八卦纹四边外有纹饰四组，分别为山川、双流云拱托日、月和双流云拱托星辰。缘上饰双弦纹。洛阳磁涧老井村亦出土一面四山纹日月星辰八卦镜。

八卦纹自然是典型的道教图案，而八卦镜上的铭文，如"仙传炼成，八卦阳生，欺邪主正""八卦寿象备，卫神永保命""有鉴思极，子育长生""上圆下方，象于天地，中列八卦，备著阴阳"，等等。无不是道教思想内容的反映。日月、星辰、山岳等纹饰，也具有深奥的意境，五岳表现的是陆地，八卦图形乾、坎、震、巽、离、坤、兑，在道教中分别象征天、地、雷、风、水、火、山、泽。日月星辰、山岳河海，俱是道教所信奉的天神地祇。青龙、白虎、朱雀、玄武，也是道教尊崇的四方之神。把这些纹饰铸刻在铜镜上，其卫神保命、祈福消灾、延年益寿的含义是不言而喻的，这也是八卦镜得以在社会上广泛流传的一个重要原因。

另一方面，八卦纹镜还不只是社会上的一般生活用镜，尚有很大一部分是道士们进行传教活动的工具。道教术士利用铜镜做迷信工具，早在晋代以前就开始了。在葛洪的《抱朴子篇》中记有："或问将来吉凶，为道乎？答曰：用明镜九寸，自照有所思，存七日则见神仙，知千里外事。"又说："道士以明镜九寸悬于背，老魔不敢近。"隋唐时期是我国道教发展史上的鼎盛时期，方士道人铸镜做迷信工具的情况更为普遍。《太平广记·王度》篇中记述了隋汾阴侯生临终前赠王度古镜一枚，"曰：'持此则百邪远人。'度受而宝之。镜横径八寸，鼻作麒麟蹲伏之象，绕鼻列四方，龟龙凤虎，依方陈布，四方外又设八卦，卦外置十二辰位而具畜焉，辰畜之外，又置二十四字，周绕轮廓，文体似隶，点画无缺。"这实际上就是一面以八卦四神十二生肖为题材的铜镜。在这里它完全不是一件普通的生活用品，而是一个可使百邪远人的祥祯之物。历年来不少地方出土的唐代八卦镜，镜背还铸有"元长父舍、玄凌交度府、太玄荣府、太清馆、太华台、紫微宫、黄帝大居堂、太素右堂"等道家语,这类铜镜,都应当是当时道教术士们进行迷信活动的遗物。

八卦纹镜在唐代种类如此繁多,数量如此丰富,充分体现了唐代道教在社会上的重要地位和巨大影响。

三

以上所列的六大类唐镜,分析其墓葬出土的纪年可以看出,飞仙纹镜、月宫纹镜、真子飞霜镜、王子乔吹笙引凤纹镜主要流行于盛唐时期,即玄宗至德宗年间。这一时期也是唐代道教的极盛期。唐玄宗在历史上是一个大力兴道之君,崇道活动成为他一朝朝政的重要组成部分。他认为《道德经》"可以理国,可以保身,"①在藩邸时就十分留意道教,登基之后更是虔诚至道,崇重祠醮,日夜斋心礼渴老子近三十年。从开元末年起,唐玄宗的崇道行为几乎达到了登峰造极的地步,国事太平,府库丰盈,终日穷奢极欲,使他无论在物质上、精神上都得到极大满足,因而十分贪恋人生,而道教宣扬的所谓长生不老、白日飞升的极乐神仙思想,特别合乎他的口味。因此在他的扶植和崇奉下,道家神仙方术大肆抬头,各种炼药升仙、羽化登天的神话传说也在社会上风靡流行起来。铜镜铸造业作为当时社会经济的一部分,自然无法避免这种"时尚"的影响,出现了大量描绘神仙人物故事的纹饰题材。同时,盛唐时期社会经济繁荣,手工业空前发达,各种精湛高超的工艺技术能够充分应用到铜镜铸造上,更使得工匠艺人们在表现、处理这些绚丽多姿、精美清新的纹饰题材时尤为得心应手,也使这部分铜镜不仅在纹饰上,而且在造型、工艺方面都堪称唐镜的典范。

本文原刊载于《东南文化》2000年第5期。

作者简介:

王燕,女,1975年生,山东威海人。1999年毕业于南开大学历史系博物馆专业,先后获得学士和硕士学位。1999年留校,任南开大学博物馆文物保管员,讲授物质文化史(隋唐部分),主要从事隋唐物质文化史的教学和研究,在《东南文化》等学术刊物发表论文数篇。2006年离任。

---

①《全唐文》(卷四十,唐玄宗《策道德经及文列庄子问》)。

唐代石葬具研究

袁胜文

　　唐代,先秦以来的多重棺椁制度虽已消亡,但作为体现身份等级的棺椁仍然在材质、形制、尺寸等方面具有一定的制度化特征。其中,石葬具是较有代表性的内容。唐代石葬具主要包括石椁、石棺和石棺床。唐代石椁一般尺寸较大,结构复杂,常常饰有精美的细线刻花或彩绘,是学者们关注的焦点,研究主要针对唐代房形石椁的细线刻花。孙机对李寿墓石椁线刻仕女图、乐舞图进行过探讨[①],李杰梳理了唐代房形石椁的基础资料,从绘画的角度对唐代石椁的线刻人物画风格进行过研究[②]。另外,程义在其专著中对关中地区唐墓石葬具有较为系统的论述[③]。唐代石棺和石棺床则未引起多少关注,尤其是后者,作为墓葬中用于支撑棺椁的设施,棺床属于棺椁的附属部分。棺床大致在北朝开始出现,隋唐五代开始流行,一直延续至明清。棺床的质地、造型、尺寸等往往与等级身份有一定关联,可以视为棺椁制度的一个方面。

　　本文拟在前人基础上,系统梳理唐代石葬具的类型、使用和源流等内容,探讨其所反映的唐代棺椁制度。

一、唐代石葬具的发现情况

　　就已发表的资料看,唐代石葬具以石椁和石棺床为主。石棺很少见。

　　石椁多为房屋建筑造型,一般称房形石椁,发现较多,有31具,包括淮安靖

---

① 孙机:《唐李寿石椁仕女图、乐舞图散记》,《文物》1995年第5、6期。
② 李杰:《勒石与勾描——唐代石椁人物线刻的绘画风格学研究》,人民美术出版社,2012年。
③ 程义:《关中地区唐代墓葬研究》,文物出版社,2012年,第95—111页。

王李寿墓①、开国郡公郑仁泰墓②、韦珪墓③、房陵大长公主墓④、李晦墓⑤、契苾明墓⑥、李福墓⑦、燕妃墓⑧、懿德太子李重润墓⑨、永泰公主李仙蕙墓⑩、章怀太子李贤墓⑪、汝南郡王韦泂墓⑫、韦浩墓⑬、韦洞墓⑭、韦泚墓和卫南县主墓⑮、韦王页墓⑯、韦城县主墓⑰、韦氏墓⑱、开国郡公薛儆墓⑲、金乡县主墓⑳、秦守一墓㉑、阿史那怀道墓㉒、杨会墓㉓、玄宗惠妃贞顺皇后㉔、虢国公杨思勖墓㉕、李宪墓㉖、王贤妃墓㉗、李琼墓㉘、洛阳伊川昌营唐墓㉙、武令璋墓㉚等所出。

----

① 陕西省博物馆、文管会：《唐李寿墓发掘简报》，《文物》1974年第9期。
② 陕西省博物馆、礼泉县文教局唐墓发掘组：《唐郑仁泰墓发掘简报》，《文物》1972年第7期。
③⑮ 该资料尚未发表，信息来自《唐李宪墓发掘报告》，科学出版社，2005年，第253页。
④ 安峥地：《唐房陵大长公主墓清理简报》，《文博》1990年第1期。
⑤⑱ 李杰：《勒石与勾描：唐代石椁人物线刻的绘画风格学研究》，人民美术出版社，2012年，第71页。
⑥ 解登、马先科：《唐契苾明墓发掘记》，《文博》1998年第5期。
⑦ 李杰：《勒石与勾描：唐代石椁人物线刻的绘画风格学研究》，人民美术出版社，2012年，第70页。
⑧⑨《勒石与勾描：唐代石椁人物线刻的绘画风格学研究》，人民美术出版社，2012年，第71页。
⑩ 陕西省文物管理委员会：《唐永泰公主墓发掘简报》，《文物》1964年第1期。
⑪ 陕西省博物馆、乾县文教局唐墓发掘组：《唐章怀太子墓发掘简报》，《文物》1972年第7期。
⑫ 负安志：《陕西长安县南里王村与咸阳飞机场出土大量隋唐珍贵文物》，《考古与文物》1993年第6期。
⑬ 陕西省考古研究所：《陕西新出土唐墓壁画》，重庆出版社，1998年。
⑭ 陕西省文物管理委员会：《长安县南里王村唐韦洞墓发掘记》，《文物》1959年第8期。
⑯ 王子云编：《中国古代石刻画选集》，中国古典艺术出版社，1957年，图版二十：12。
⑰ 陕西省文物管理委员会：《长安县南里王村唐韦洞墓发掘记》，《文物》1959年第8期。
⑲ 山西省考古研究所：《唐代薛儆墓发掘报告》，科学出版社，2000年。
⑳ 西安市文物保护考古所：《唐金乡县主墓》，文物出版社，2002年。
㉑ 张小丽、郭永淇：《西安东长安街唐代石椁墓》，载国家文物局主编：《2009中国重要考古发现》，文物出版社，2010年。
㉒ 岳起、谢高文：《阿史那怀道夫妇墓》，《中国文物报》1994年5月15日。
㉓ 郭延龄：《靖边出土杨会石棺和墓志》，《考古与文物》1995年第4期。
㉔ 程旭、师小群：《唐贞顺皇后敬陵石椁》，《文物》2012年第5期。
㉕ 中国社会科学院考古研究所：《唐长安城郊隋唐墓》，文物出版社，1980年。
㉖ 陕西省考古研究所：《唐李宪墓发掘报告》，科学出版社，2005年。
㉗ 李杰：《勒石与勾描：唐代石椁人物线刻的绘画风格学研究》，人民美术出版社，2012年，第71页。
㉘ 陕西省考古研究所：《唐李宪墓发掘报告》，科学出版社，2005年，第253页。
㉙ 洛阳市文物考古研究院：《洛阳伊川昌营唐代石椁墓发掘简报》，《文物》2016年第6期。
㉚ 王勇刚等：《新发现的唐武令璋石椁和墓志》，《考古与文物》2010年第2期。

石质棺床共23副,主要有长乐公主李丽质墓①、段简璧墓②、张士贵墓③、尉迟敬德墓④、新城长公主李字墓⑤、李澄霞墓⑥、虢王李凤墓⑦、嗣虢王李邕墓⑧、成王李仁墓⑨、节愍太子李重俊墓⑩、越王李贞墓⑪、惠庄太子李撝墓⑫、薛莫墓⑬、萧府君墓⑭、雷府君妻宋氏墓⑮、独孤公夫人清河张氏墓⑯、张去奢墓⑰、张仲晖墓⑱、高力士墓⑲、唐安公主墓⑳、惠昭太子李宁墓㉑、北京长沟刘济墓㉒、唐僖宗靖陵㉓等陵墓的资料。

石棺仅发现2具,一具为天津军粮城唐墓所出㉔,另一具为辽宁朝阳张秀墓㉕出土。

可以看出,使用石葬具的唐墓主要集中在唐两京附近,其他地方仅山西、陕北靖边和北京、天津、辽宁各有一例。石椁和棺床是主流,且其使用者多身

① 昭陵博物馆:《唐昭陵长乐公主墓》,《文博》1988年第3期。
② 昭陵博物馆:《唐昭陵段简璧墓清理简报》,《文博》1989年第6期。
③ 陕西省文管会等:《陕西礼泉唐张士贵墓》,《考古》1978年第3期。
④ 昭陵文管所:《唐尉迟敬德墓发掘简报》,《文物》1978年第5期。
⑤ 陕西省考古研究所等:《唐新城长公主墓发掘报告》,科学出版社,2004年。
⑥ 该资料尚未发表,信息来自《唐李宪墓发掘报告》,科学出版社,2005年,第253页。
⑦ 富平县文化馆等:《唐李凤墓发掘简报》,《考古》1977年第5期。
⑧ 陕西省考古研究院:《唐嗣虢王李邕墓发掘简报》,《考古与文物》2012年第3期。
⑨ 中国科学院考古研究所:《西安郊区隋唐墓》,科学出版社,1966年。
⑩ 陕西省考古研究所等:《唐节愍太子墓发掘报告》,科学出版社,2004年。
⑪ 昭陵文物管理所:《唐越王李贞墓发掘简报》,《文物》1977年第10期。
⑫ 陕西省考古研究所:《唐惠庄太子李撝墓发掘报告》,科学出版社,2004年。
⑬ 陕西省文物管理委员会:《西安东郊唐墓清理记》,《考古通讯》1956年第6期。
⑭ 洛阳市文物工作队:《洛阳龙门张沟唐墓发掘简报》,《文物》2008年第4期。
⑮ 张正岭:《西安韩森寨唐墓清理记》,《考古》1957年第9期。
⑯ 高陵县文管会:《唐独孤公夫人清河张氏墓清理简报》,《文博》1992年第4期。
⑰ 孙秉根:《西安隋唐墓葬的形制》,载《中国考古学研究(二)——夏鼐先生考古五十年纪念论文集》,科学出版社,1986年。
⑱ 陕西省考古研究所等:《唐张仲晖墓发掘简报》,《考古与文物》1992年第1期。
⑲ 陕西省考古研究所:《唐高力士墓发掘简报》,《考古与文物》2002年第6期。
⑳ 陈安利等:《西安王家坟唐代唐安公主墓》,《文物》1991年第9期。
㉑ 陕西省考古研究所秦陵工作站:《唐惠昭太子墓清理简报》,《考古与文物》1992年第4期。
㉒ 刘济墓资料尚未正式公布,本文相关信息源于该墓的纪录片资料。
㉓ 陈安利:《唐十八陵》,中国青年出版社,2001年,第128页;刘向阳:《唐代帝王陵墓》,三秦出版社,2003年,第323-327页。
㉔ 天津市文化局考古发掘队:《天津军粮城发现的唐代墓葬》,《考古》1963年第3期。
㉕ 高青山:《朝阳新发现两座唐墓》,《辽宁文物》1980年第1期。

份特殊,除个别特例外,皆为皇亲贵胄,不低于三品,其中,使用房形石椁者地位尤高,包括了让皇帝和追封的太子等,多属于帝陵陪葬墓。未入陵区陪葬者,其墓葬规模也与前者相当。墓葬常见长斜坡墓道多天井双室或单室砖墓,个别为单室土洞墓。多设一道石门,个别为两道甚至三道,随葬石墓志,有的随葬有玉哀册。而石棺使用者身份则不高,军粮城唐墓墓葬信息不明,朝阳唐墓墓主张秀仅为校尉,属于低级武官。总的来看,唐代石葬具流行在安史之乱之前,房形石椁在天宝之后消失,石棺床也渐少,但到唐末依然可以见到使用石棺床的情况。

二、唐代石葬具的类型

1. 石椁

唐代石椁的基本造型有两种:

A型 房形石椁。

是模拟中国传统房屋建筑,一般由顶、柱、墙板和底座三部分组成。通常用二三十块带榫卯企口的石材拼搭而成。顶部造型与中国屋顶的常见样式一致,包括庑殿顶、歇山顶、硬山顶三种。屋顶石料雕凿出屋脊、檐瓦、斗拱。墙体由倚柱和墙板组成,常用浮雕及刻划的方式在正面做出门、窗,常见三间两进样式,也有二间一进、三间一进和三间三进的情况。一般在倚柱和墙板上还细线刻划或彩绘各类纹饰,包括人物、花草、瑞兽等图案,精细美观。有的内外壁皆有纹饰。底座长方形,设有与柱相衔接的空槽。有的报告将其单独作为石棺床。

因各种原因,30具房形石椁中,韦玉页石椁、王贤妃石椁和李琮石椁椁顶形制信息不清,其余27具房形石椁又可以据顶部造型差异分三个亚型:

Aa型 庑殿顶 该型石椁是唐代房形石椁的主要样式。包括韦珪石椁、契苾明石椁、李福石椁、李贤石椁、李仙蕙石椁、李重润石椁、韦泂石椁、韦洞石椁、韦浩石椁、韦泚石椁、韦城县主石椁、卫南县主石椁、薛敬石椁(图一)、金乡县主石椁、秦守一石椁、武惠妃石椁、杨思勖石椁、李宪石椁、武令璋石椁、伊川昌营石椁等。椁室结构仅宦官杨思勖石椁三间一进,其余皆三间二进。石椁一般正面刻出双扇大门,有的门上细线刻划出门吏、侍女、天王等,门两侧刻划直棂窗;有的内外壁皆有纹饰,以细线刻划为主,有的结合彩绘和浅浮雕,纹样有人物包括侍女、门吏、伎乐、天王等,动物纹有四神、瑞兽、鸟、鸳鸯、狮子等,植物纹有冬青、蔓草、莲花等。有的仅外壁有纹饰,内壁粗糙无纹。其中,最早的是乾封二年(667年)韦珪石椁,最晚的为天宝十三年(754年)武令璋石椁;尺寸最大的契苾明石椁长达4米、宽3.5米、高2.59米,最小的武令璋石椁长仅2.7米、宽1.85米、高1.63米。

图一 薛儆墓石椁

Ab型 歇山顶 包括李寿、李晦、阿史那怀道和杨会石椁。其中,李寿石椁是迄今所见唐代最早出现的房形石椁,三间一进,纹饰精美。李晦石椁体量最大,长4米、宽3米、高2米,结构上为三间三进。尺寸最小的杨会石椁长2.75米、宽1.72米、高1.74米,结构是为三间二进,但体量大于它的李寿和阿史那怀道石椁却是三间一进。

Ac型 硬山顶 仅见房陵大长公主石椁一例。尺寸不大,为二间一进结构,素面无纹。

B型 匣式棺形椁。

基本造型略似传统的匣式木棺,拱顶、一头略高。仅郑仁泰石椁属于此型。郑仁泰石椁由33块石件组成,二层底座,座长3.8米,宽2.3米,厚0.5米,座三面刻异兽,椁长3.2米,宽1.7米,高1.9—1.65米。椁壁由8根立柱和8块石板组成,壁板素面,每立柱外壁刻男侍1人。拱形顶部满刻图案(图二)。该型石椁椁墙上无建筑的门、窗等设施。

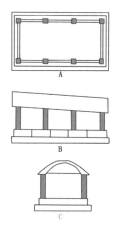

图二　郑仁泰石椁线图(转引自李杰《勒石与勾描:
唐代石椁人物线刻的绘画风格学研究》)

2.石棺床

石棺床共发现23副。多由数块或十数块石板、条围砌而成,个别的以单块石料雕凿而成。常在边围挡的石料外壁细线刻划纹样,常见瑞兽、花草等。按照尺寸、造型等差异可分为三型。

A型 围屏式 因发掘资料信息不全,仅能确认节愍太子墓石棺床一例 (图三)。

B型 长方形或方形板式 包括长乐公主墓、段简璧墓、张士贵墓、尉迟敬德墓、李字墓、李凤墓、李仁墓、李贞墓、李邕墓、李撝墓、薛莫墓、萧府君墓、清河张氏墓、张去奢墓、张仲晖墓、高力士墓、唐安公主墓(图四)和惠昭太子李宁墓、唐僖宗靖陵石棺床。尉迟敬德石棺床为方形,萧府君棺床带有石雕帷帐座。

C型 长方形须弥座。目前仅见北京房山长沟刘济墓石棺床。

3.石棺

皆为长方形匣式,拱顶,一头略高。军粮城唐墓石棺由6块大理石板组成,长2.4米,一端宽1米、另一端宽0.63米,高0.75米。其中保存下来的一块棺侧墙板上有浅浮雕青龙图案。张秀石棺则在前挡头浮雕一扇门和两个守门人,两个墙板上分别浮雕青龙、白虎。

唐墓等级制度的发展分为高祖、太宗,高宗至玄宗,肃宗至唐末三个大的

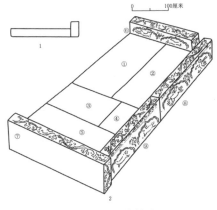

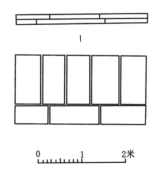

图三　节愍太子墓棺床　　　　　图四　唐安公主墓石棺床

发展阶段[1],第二阶段又可以以玄宗开元七年(719年)颁布节葬令为界分前后两段。唐代石葬具主要流行在第二阶段,但其使用情况并未能完全体现上述分期。以房形石椁为例,第一期仅见李寿石椁一例,第二期前段房形石椁数量最多,在68年的时间段内有18具,后段在38年的时间内有12具,但从数量上未反映出节葬令的效果。这也印证了齐东方先生的观点,石椁这类葬具的使用人群特殊,除多为皇亲贵戚外,使用者还往往得到皇帝的特许恩宠,这是一个特殊的等级阶层,不见于文献规定。

　　另外,石棺床和石椁在造型上的变化不及纹饰变化明显。如石椁形制不论歇山顶或是庑殿顶,其基本结构等从李寿石椁至武令璋石椁,没有太明显变化,而纹样内容和风格却变化很大,尤其反映在人物形象方面,可以作为判断早晚的依据。第一期中李寿石椁线刻人物中的侍女身材纤小、清瘦,还具有瘦骨清相的遗风,稍晚郑仁泰、契苾明石椁人物体态依然清秀,但面部已见丰满。武周时期懿德太子、永泰公主和章怀太子石椁人物则体现胖瘦适度、健硕。开元初的韦氏家族的几座石椁侍女人物体态丰满而有风姿,多见胡服。开元中期之后,尤其天宝以后,如薛敬石椁、苏思勖石椁、李宪石椁等的侍女则丰腴浓艳,有的甚至显得臃肿[2]。

---

① 齐东方:《试论西安地区唐代墓葬的等级制度》,载北京大学考古系编:《纪念北京大学考古专业三十周年论文集》,文物出版社,1990年。

② 李杰:《勒石与勾描:唐代石椁人物线刻的绘画风格学研究》,人民美术出版社,2012年,第124—127页。

三、唐代石葬具的使用制度

《通典·棺椁制》载："大唐制，诸葬不得以石为棺椁及石室，其棺椁皆不得雕镂彩画，施户牖栏槛，棺内又不得有金宝珠玉"[1]。唐代使用石葬具的都是身份特殊，受皇帝特许恩宠之人[2]。使用房形石椁的墓葬，墓主皆为皇亲贵胄。其中，皇室人员占大多数，其次为勋贵。这些墓葬也多为长斜坡墓道多天井的双室或单室砖墓。至少有一道石门。少数还出土了代表身份的玉哀册。仅使用石棺床的墓葬相对使用房形石椁的墓葬等级略低，但也都在三品以上。墓主既有皇室也有勋贵。皇室使用石棺床者多为双室砖墓，勋贵一般为单室砖墓。

追赠太子及准皇帝封号者，享用石椁，设石门一道，随葬玉哀册、谥册。李宪、李琮为追赠准皇帝封号，情况相符。章怀太子、懿德太子都使用了房形石椁，二墓规模大于一般太子墓葬，属于特例。惠庄太子、节愍太子和僖宗仅使用了石棺床，也属于特殊情况。节愍太子属于平反的追封太子，其墓葬规模基本符合太子陵特征，又符合玄宗这一时期禁厚葬的特征。僖宗不仅仅使用石棺床，且棺床乃用残碑、石块及砖等修砌，甚为寒酸，为时局困难所致。

帝王高等级嫔妃和号墓为陵的公主及未明确号陵但受特殊礼遇者，享用石椁，设石门一道，随葬大型石墓志。如韦珪墓、燕妃墓、永泰公主墓、武惠妃墓和王贤妃墓。

亲王、公主等等级高至一等，享用石棺床一副，石门一道，随葬石墓志一盒。长乐公主墓内设置三道石门，恐怕是当时制度未完善的原因，也可能是其受到了特殊礼遇。

勋贵背景情形不一，但都属于当时地位崇高者。韦洞、韦浩等韦氏家族墓中多使用房形石椁，与其正当韦氏集团擅权有关[3]。郑仁泰为太宗、高宗两朝倚重之重臣，宦官杨思勖被玄宗"倚为爪牙"，薛敬为睿宗之婿，金乡县主为高祖之女，如此等等。但也有个别情况仍不好解释，如秦守一仅为三品的司农卿却也使用了房形石椁。

---

① （唐）杜预：《通典》（卷八十五），中华书局，1988年，第2299页。

② 齐东方：《试论西安地区唐代墓葬的等级制度》，载北京大学考古系编：《纪念北京大学考古专业三十周年论文集》，文物出版社，1990年。

③ （后晋）刘昫等：《旧唐书·韦庶人传》（卷五十一），中华书局，1975年，第2172页。载："后方优宠亲属，内外封拜，遍列清要"。

另外,即使在使用房形石椁墓的皇室和勋贵中,其房形石椁在造型、尺寸、纹饰、工艺等方面也存在一定的差异,体现出墓主地位的不同。

在顶的形制上,有庑殿顶、歇山顶和硬山顶之分。其中,庑殿顶是主流,在古代建筑中,这类顶的级别很高,而歇山顶和硬山顶级别较低。李寿、李晦、阿史那怀道和杨会使用歇山顶,其中李寿最早使用房形石椁,推测此时制度较严格,王一级只能使用歇山顶,庑殿顶当为帝后专享,这可从房陵大长公主使用硬山顶石椁得到映证。李晦石椁虽然为歇山顶,但体量却是较大者。高宗开始,厚葬之风日盛,石椁以庑殿顶为主。阿史那怀道则为西突厥最后一位可汗,官拜左金吾卫大将军,受皇帝赏识,杨会虽仅为普通的禁卫军士兵,但其勋爵官至二品,此二人应受皇帝礼遇而使用石椁,但椁顶形制还是显现了他们与皇族的地位差异。可见,椁顶的形制在唐早期使用较为严格,体现出严格的等级差异,开元天宝年间则逐渐松弛了。

在房形石椁的大小高矮、开间和进深、制作工艺与纹样等也多少体现使用者身份有别。31具石椁中,长度在4米左右的有4座,李贤、李晦、契苾明、武惠妃,其中3位属于皇室,李晦与契苾明地位又低于李贤和武惠妃,因此,虽然长度都在4米左右,但李晦石椁用的歇山顶,契苾明石椁虽用庑殿顶,但做工较为粗糙。其纹饰远无法与李贤和武惠妃石椁相较。但有意思的是,李晦石椁的结构是少见的三间三进,而前二者是三间二进。

需要指出的是,石棺在唐代很少见,使用者地位不高,地处偏远,应该属于僭越现象。

因此,唐代石葬具能体现使用者崇高的地位身份,也能在一定程度上反映这一独特群体间的个体地位差异,但这种差异尚无法具体量化,形成这种状况的原因还是与这些石葬具使用者当时的社会地位有关。

四、唐代石葬具的源流

关于唐代石葬具的来源,学者们做过一些探讨。

1.唐代石椁的产生和消亡

巫鸿认为唐代房形石椁源头是汉代的房形石棺。汉代房形石棺受五斗米道影响,是享堂性质的石堂,北朝至隋代粟特人汉化过程中,复古思想导致这种葬具又见流行，为唐代继承①。张桢②和周繁文③也拥护此观点。杨泓也认为北朝围屏石棺床和房形椁都属于中国传统葬具，无任何域外色彩④。倪润安则认为北朝房形椁、石棺床等石葬具是受是高句丽文化影响的结果⑤。

房形椁最早见于北朝。北魏宋绍祖墓⑥、大同智家堡北魏墓（图五）⑦，大同北魏尉迟定州墓⑧、北周史君墓⑨等有出土，另外，国家博物馆还收藏有一具北朝歇山顶房形椁⑩。隋李静训墓出土过石质房形棺椁（图六）⑪，虞弘墓也使用石椁⑫。房形椁从北魏至隋代造型特征的变化是，时代越早越写实，在体现建筑特征的屋顶、檐柱、开间、门窗的造型方面非常具体，尤其在门窗方面，多可开启，尉迟定州墓出土的石椁甚至为前出檐单檐歇山顶造型，隋代李静训石棺之门仍可开启，至唐代，房形椁仅突出屋顶，门窗仅以细线在椁板刻划出来示意而已。

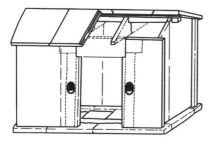
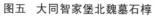

图五　大同智家堡北魏墓石椁

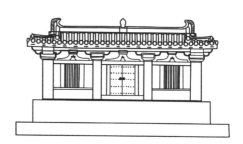

图六　李静训墓石椁

①［美］巫鸿:《"华化"与"复古"——房形椁的启示》,郑岩译,《南京艺术学院学报（美术与设计版）》2005年第2期。

②张桢:《北朝至隋唐时期入华胡人石质葬具的研究》,西北大学硕士学位论文,2010年。

③周繁文:《隋代李静训墓研究——兼论唐以前房形石葬具的使用背景》,《华夏考古》2012年第1期。

④杨泓:《北朝至隋唐从西域来华民族人士墓葬概说》,载《中国古兵与美术考古论集》,文物出版社,2007年,第297—314页。

⑤倪润安:《南北朝墓葬文化的正统争夺》,《考古》2013年第12期。

⑥山西省考古研究所等:《北魏宋绍祖墓发掘报告》,《文物》2001年第7期。

⑦王银田等:《大同智家堡北魏墓石椁壁画》,《文物》2001年第7期。

⑧大同市考古研究所:《山西大同阳高北魏尉迟定州墓发掘简报》,《文物》2011年第12期。

⑨西安市文物保护考古所:《西安市北周史君石椁墓》,《考古》2004年第7期;西安市文物保护考古所:《西安北周凉州萨保史君墓发掘简报》,《文物》2005年第3期。

⑩葛承雍:《北朝粟特人大会中祆教色彩的新图像——中国国家博物馆藏北朝石堂解析》,《文物》2016年第1期。

⑪中国社会科学院考古研究所:《唐长安城郊隋唐墓》,文物出版社,1980年。

⑫山西省考古研究所等:《太原隋代虞弘墓清理简报》,《文物》2001年第1期。

本文重点不在探讨北朝房形椁的起源,学者们关于唐代房形椁源于北朝以来的房形石椁的观点是客观的。需要补充的是,唐代房形石椁作为葬具,其文化含义也许与其最早出现时有所变化。如果将其作具有享堂性质的石堂考虑,那么整个地下的墓葬作为一个整体空间,其功能方面估计会有矛盾。因为,这样的话,墓室中椁室作为享堂祭奠墓主,而其他北朝以来墓中的壁画如出行、仪仗等反应墓主生活的内容就与享堂不在一个时空概念上。因此,房形椁与人们对墓室的认识指向有关。将墓室作为一个空间,穹窿顶墓室的出现使人们可以将其比附天空宇宙,于是在墓顶绘星相图就自然地出现了,椁室作为墓主的居室,模拟生前居住的殿宇就顺理成章,其殿宇造型和纹饰中的门吏、侍女等皆体现其身份和日常生活。与此对应,墓道、甬道等处绘画仪仗、出行等室外活动内容,形成一个与生前活动一致的空间。如果说北朝房形椁可能还借鉴了汉代享堂,那么唐代石椁又回到了椁最基本的功能上,即对生前居室的模拟,当然,其形制是沿袭北朝隋代房形椁而来。

郑仁泰匣式棺形椁应源于隋代石棺。石棺出现较早,汉代就有,北魏时期也有不少,偃师前杜楼北魏墓①、洛阳北魏画像石棺②、南平王元玮石棺③、北周李诞墓也出土过汉式石棺④。隋代石棺也不少,潼关隋杨勇墓(图七)⑤、李和墓⑥、段威墓⑦出土过石棺。隋代石棺的造型与同时期木棺基本一致。从造型上看,郑仁泰石椁造型与这些石棺具有明显的继承关系。军粮城石棺和张秀石棺也是隋代石棺的延续。

---

① 洛阳市第二文物工作队:《偃师前杜楼北魏石棺墓发掘简报》,《文物》2006年第12期。

② 洛阳博物馆:《洛阳北魏画像石棺》,《考古》1980年第3期。

③ 洛阳市第二文物工作队:《洛阳考古发掘与研究》,《中原文物》1996年增刊。

④ 程林泉等:《谈谈对北周李诞墓的几点认识》,《中国文物报》2005年10月21日。

⑤ 陕西省考古研究院:《陕西潼关税村隋代壁画发掘简报》,《文物》2008年第5期;陕西省考古研究院:《陕西临潼税村隋代壁画墓线刻石棺》,《考古与文物》2008年第3期。

⑥ 陕西省文物管理委员会:《陕西省三原县双胜村隋李和墓清理简报》,《文物》1966年第1期。

⑦ 孙秉根:《西安隋唐墓葬的形制》,载《中国考古学研究(二)——夏鼐先生考古五十年纪念论文集》,科学出版社,1986年。

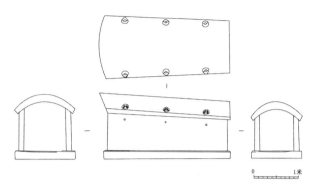

图七　杨勇墓石棺

　　唐代房形石椁最晚的是天宝十三年(754年)的武令璋石椁,之后不再出现,这应与安史之乱有关。如前揭,在唐代石椁的流行期,即便是玄宗即位后对皇室葬制也进行了改革,颁布了《禁厚葬制》[1],推行薄葬,但开元天宝年间数量依然不少。倒是安史之乱后,形制高大醒目的房形石椁消失,但低矮简单的石棺床就不那么引人注目,在房形石椁消失后又继续流行,只是形制也趋于简单,纹饰较少。

　　宋金虽有使用石葬具的情况,但这时的石藏子与唐代的房形石椁没有关系。房形石椁在安史之乱后不再出现的原因,除了政治经济因素外,可能还与唐代兴起的仿木构砖雕墓有关,这类墓葬墓室本身即模拟居室建筑,从墓葬营建的空间逻辑上已不需要这类殿宇形的石椁。

2.石棺床的源流

　　唐代石棺床也源于在北朝时开始出现的棺床。

　　北朝棺床从建筑材料分有石、木、砖、砖石混建、生土包砖、生土等多种。其中石棺床主要有两种造型:

　　一类是围屏榻形石棺床,如北魏司马金龙墓[2]、北周安伽墓(图八)[3]、康业墓[4]等都是带石围屏的榻式棺床,而大同南郊区田村北魏墓出土的石棺床[5]也

---

　　① 《全唐文》(卷二十一),中华书局,1983年,第245页。

　　② 山西大同市博物馆等:《山西大同石家寨北魏司马金龙墓》,《文物》1972年第3期。

　　③ 陕西省考古研究所:《西安发现的北周安伽墓》,《文物》2001年第1期;陕西省考古研究所:《西安北周安伽墓》,文物出版社,2003年。

　　④ 西安市文物保护考古所:《西安北周康业墓发掘简报》,《文物》2008年第6期。

　　⑤ 大同市考古研究所:《山西大同南郊区田村北魏墓发掘简报》,《文物》2010年第5期。

属于榻式,但围屏为木质;还有一类为炕式石棺床,如大同七里村 M14 号北魏墓[1]。这种造型的棺床,砖砌的更为常见,如大同迎宾大道北魏墓葬 M78(图九)[2]。这类棺床延续至唐代依然流行,多见砖棺床,李邕石棺床也属此型。关于北朝围屏石榻的缘起,韦正认为,围屏榻形石棺床可能源自北方的炕[3];一些学者根据早期案例看,认为与粟特人有关[4],认为这类器具早期尚未作为棺床使用,粟特人葬俗可能存在由盛骨瓮——围屏石榻——房形石椁的过程[5],是粟特人的葬具。但不论如果,围屏榻式棺床和房形椁应与中国传统坐具榻及房屋直接相关。

图八　安伽墓围屏石榻

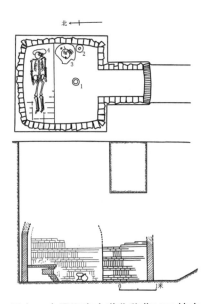

图九　大同迎宾大道北魏墓 M78 棺床
及在墓中位置

隋代石棺床沿袭北朝,围屏式和炕式皆可见到。西安郭家滩隋大业六年

---

① 大同市考古研究所:《山西大同七里村北魏墓群发掘简报》,《文物》2006 年第 10 期。
② 大同市考古研究所:《山西大同迎宾大道北魏墓群》,《文物》2006 年第 10 期。
③ 韦正:《北朝高足围屏坐榻的形成》,《文物》2015 年第 7 期。
④ 邢福来:《北朝至隋初入华粟特贵族围屏石榻研究》,《考古与文物》2002 年汉唐考古增刊。
⑤ 安伽尸骨位于甬道,石榻上无棺椁及人骨,韩康信认为"石榻可能更着意于给死者在阴间世界提供继续与人交流言谈的室内场所。"参见陕西省考古研究所编著:《西安北周安伽墓》,文物出版社,2003 年,第 101 页。

(610年)姬威墓①,甘肃天水隋墓(图十)②等皆有出土,其基本造型与北朝一致,围屏较高,早期的门阙设施已不见。炕式以砖砌多见。

图十　天水围屏石棺床

　　唐墓中今所见明确为围屏石棺床的为节愍太子墓,但其造型已发生了很大变化,最明显的在于围屏变得低矮,粟特纹样已然消失。绝大多数的唐代石棺床的围屏已消失,石棺床以长方形台状为主,高度不大,虽已不做出北朝和隋代围屏石棺床的榻足和屏风,但石棺床外侧挡石上常线刻出壶门形象,是前者的孑遗,更有甚者,洛阳龙门张沟萧府君墓的石棺床估计设有木杆帷帐③,也可视为围屏石棺床的一种变形。晚唐也开始出现须弥座式石棺床,如刘济墓石棺床,则是唐代石棺床的一种发展,这类棺床最初的出现往往与墓主信仰佛教有关。五代十国时期,石棺床仍流行。前蜀王建墓④、五代闽王王审知夫妇陵⑤等都有出土,是唐代石棺床的延续。

　　以石为葬具远非唐代开始,但使用者应该都具有一个同样的心理。坚硬而难以加工的石葬具是安全、坚固、长久、永恒的同义词。唐代石葬具在满足这个心理需求的基础上又承载了更多的文化信息,反映出使用者生前的尊贵地位和当时社会的繁荣富足。

　　① 陕西省文物管理委员会:《西安郭家滩隋姬威墓清理简报》,《文物》1959年第8期。

　　② 天水市博物馆:《天水市发现隋唐屏风石棺床墓》,《考古》1992年第1期;陕西省考古研究所《西安北周安伽墓》认为这具石榻应属北周至隋,参见陕西省考古研究所编著:《西安北周安伽墓》,文物出版社,2003年,第88页。

　　③ 洛阳市文物工作队:《洛阳龙门张沟唐墓发掘简报》,《文物》2008年第4期。

　　④ 冯汉骥:《前蜀王建墓发掘报告》,文物出版社,2002年。

　　⑤ 福建省博物馆等:《唐末五代闽王王审知夫妇墓清理简报》,《文物》1991年第5期。

本文原刊载于《南方文物》2017年第2期。

作者简介:

袁胜文,男,1970年9月生于新疆石河子,祖籍四川安岳。2002年南开大学历史学院考古学与博物馆学专业毕业留校。现为历史学院考古学与博物馆学系教授、博士生导师,历史学院副院长。兼任中国考古学会宋元明清专委会委员、古陶瓷学会会员。曾任韩国首尔大学客座研究员。主要从事中国陶瓷考古、中国古代玉器、宋元明考古与物质文化的教学与研究。曾获"南开大学教学名师奖"、南开大学"宁一弘道教学奖",主持国家社科基金和天津市社科规划项目各1项。教育部"马工程"教材《文物学概论》主要作者之一,出版专著1部,在《考古》《中国国家博物馆馆刊》等期刊发表论文四十余篇。

从陶瓷观音造像看观音信仰的中国化

张婧文

观音信仰约在魏晋南北朝传入民间,经过本土化的调适,杂糅了儒、道思想和多种世俗文化因素,在"中国化"的道路上迅速发展,至宋代几乎已经妇孺皆知,此后更成为我国民间信仰神系中的耀眼之星。在此背景下,陶瓷观音造像经历了一个由梵形神貌逐渐中国化的变革。本文通过宋至清代陶瓷观音造像及其演变,研究探讨中国观音信仰的发展脉络。

一、宋金元明清的陶瓷观音造像

宋至清代的陶瓷质地观音造像在出土和传世品中都比较多见。按照这些造像本身的质地和装饰特征,可以大致分为宋金、元、明清三段。

1. 宋金陶瓷观音造像

北宋观音造像在总体上尚处于对同期泥塑、木雕、石雕等其他质地造像的模仿阶段,有素胎和施釉两种,而以素胎无釉烧成后再施彩绘者居多,产品以潮州窑和景德镇窑为主,湖田窑址曾出土过素胎观音瓷塑的残件[①]。此外,瓯窑、耀州窑、南丰白舍窑等也有生产。此期观音造像仍留有唐代遗风,如头戴花鬘冠、顶出高髻,袒胸跣足、璎珞严身等都明显具有唐代石窟造像常见的特征。多见水月观音题材,典型的游戏坐姿尤为盛行。有代表性的出土品有以下几例:

"刘永之造"瓷塑观音,1979年江西高安出土[②],素胎无釉,裙褶中尚能看到残存的铁红色彩绘痕迹。观音形体修长,袒胸露腹,细腰跣足,璎珞披挂。左腿自然下垂,右腿屈踞,左手撑于身后,右肘置于膝上,右手轻抵脸颊。头戴花鬘冠,双目细长,微向下视(图一)。

---

① 江西省文物考古研究所,景德镇民窑博物馆:《景德镇湖田窑址1988—1999年考古发掘报告》,文物出版社,2007年,第293页。

② 刘裕黑、熊琳:《江西高安出土的宋代瓷塑观音》,《文物》1987年第9期。

瓯窑青釉观音坐像,1964年温州市郊白象塔出土①,胎色灰白,通体施青黄釉。观音头挽高髻,华饰宝冠,项佩璎珞宝珠,身著草花长裙。袒胸跣足,右膝踞起,右臂搭放在右膝上,左手掌心撑地,半跏趺座,斜倚于须弥座上(图二)。

青白瓷观音像,四川绵竹城关窖藏出土②,通体施青白釉,明净莹澈。头戴花鬘冠,高髻盘立在顶端正中。半袒上身,以璎珞装饰。左腿盘坐,右腿自然踞起,右手腕轻搭于右膝,手指自然垂下,左手撑于身后,呈游戏坐姿(图三)。

图一　　　　　　　　　图二　　　　　　　　　图三

南宋观音造像在整体风格上仍未完全摆脱同时期其他质地彩绘造像的影响,但数量和品类较北宋明显增多,景德镇青白瓷造像名重一时。此期观音造像在发髻、佩饰等形态上仍保留有北宋的特点,仅雕琢更趋精细;服饰方面的改变比较明显,强调女性形体特征的半裸造型或因与理学纲常审美观念冲突而不再延续,变为褒衣博带式的袈裟宽袍。此外,在造像坐姿、体态及手印等方面也衍生出一些新的时代特征。素胎加彩造像依然很多,涩胎部分以蓝、金等彩绘装饰(多已脱落),还有些在衣襟、璎珞及宝座等处加施青白釉。

上海博物馆藏南宋影青观音坐像③,高25.6厘米,大部分素胎,仅在衣襟、袖口和璎珞等处施青白釉。观音束发戴冠,冠台上塑一佛以跏趺坐于莲花宝

---

① 徐定水,金柏东:《温州市北宋白象塔清理报告》,《文物》1987年第5期。

② 宁志奇:《绵竹宋代瓷器窖藏》,《四川文物》2008年第6期。

③ 李辉柄:《中国美术分类全集·中国陶瓷全集》(8)宋(下),上海人民美术出版社,1999年,第304页。

座上;身着广袖通肩式外衣,胸配璎珞串珠。面庞丰腴,双目微启下视。底部有墨书"大宋淳祐十一年辛亥"题记(图四)。浙江衢州南宋墓出土的观音坐像①的发冠、衣着及佩饰均与上海博物馆藏影青观音类似(图五)。

| 图四 | 图五 | 图六 | 图七 |

1978年常州出土的观音造像②,通高22.6厘米,素胎,服饰及宝座施青白釉,观音头戴化佛冠,胸佩璎珞飘带;内穿僧祇支,外披广袖通肩大衣。双手结定印,善跏趺坐于镂空须弥座上(图六)。1964年北京丰台瓦窑1号塔基出土的南宋青白釉观音坐像③,高29.5厘米。像身通体素白无釉,仅于外衣边缘施青白釉,露胎处原有金彩装饰,已脱落。发髻饰以镂空状宝珠花冠,中有化佛;体态丰腴,袒露上身,胸佩璎珞(图七)。

金代耀州窑的观音瓷塑已达到了较高的艺术水平。故宫博物院藏耀州窑青釉加金送子观音像④,通高15.8厘米,发髻高盘,头披长巾,正中有化佛像。双目下视,端庄慈祥。身著长衣,长裙委地,胸前佩挂长命锁,左手怀抱一婴儿,右手置于膝上,赤足危坐。这类送子题材的观音造像在宋以后渐趋增多。

金朝统治下的北方还有彩绘观音造像,以黑、红、绿等彩料分别描绘宝冠、发髻、五官和衣饰等处,具有民间乡土艺术的淳朴、粗放之风格。目前考古发现的金代红绿彩观音造像均以男相特征出现,如天津市武清区齐庄遗址出土

① 崔成实:《浙江衢州市南宋墓出土器物》,《考古》1983年第11期。
② 陈丽华:《宋影青瓷观音像》,《文物》1991年第11期;李辉柄:《中国美术分类全集·中国陶瓷全集》(8)宋(下),上海人民美术出版社,1999年,第303页。
③ 张柏:《中国出土瓷器全集》(1),科学出版社,2008年,第27页。
④ 冯永谦:《中国美术分类全集·中国陶瓷全集》(9)辽西夏金,上海人民美术出版社,2000年,第304页。

的白釉红彩观音像"①,高32.2厘米,头戴如意花冠,发式前分后髻,肩披长巾,胸佩璎珞(图八)

2. 元代陶瓷观音造像

景德镇在元代开始成为全国最重要的瓷器生产地,由于采用"二元配方",提高了瓷胎中氧化铝的含量,减少了焙烧过程中的器物变形,为大件瓷塑的烧造创造了条件。此时的观音造像已基本摆脱了早期彩绘造像的影响,②施釉面积加大,通体施釉的瓷塑精品屡见不鲜。

首都博物馆藏1955年北京市西城区定阜大街出土的青白釉观音坐像③,高65厘米。胎质洁白细密,通体施青白釉,观音头戴宝冠,上身披宽袖长袍,下著长裙,璎珞严身,腕带花钏。面容端庄,神情安详(图九)。

图八 　　　　　图九

相同风格特征的青白釉观音像在元代颇为流行,故宫博物院④(图十)、英国国立维多利亚工艺博物馆⑤(图十一)、纽约大都会博物馆、法国国立吉美亚洲艺术博物馆等都收藏有类似瓷质造像。这些造像均颜容婉丽,以游戏坐姿居多,通体满饰璎珞华鬘,富丽华美。1973年景德镇市郊元墓出土的童子拜观

① 张柏:《中国出土瓷器全集》(2)天津辽宁吉林黑龙江,科学出版社,2008年,第16页。

② 吴明娣:《中国古代陶瓷佛教造像述略》,《佛学研究》2002年第11期。

③ 张宁:《记元大都出土文物》,《考古》1972年第6期。

④ 故宫博物院:《故宫经典:故宫观音图典》,故宫出版社,2012年,第167页。

⑤ 汪庆正:《中国美术分类全集·中国陶瓷全集》(11)元(下),上海人民美术出版社,2000年,第33页。

音像①（图一二）、1978 年山东茌平元代窖藏出土的影青观音像②（图十三）等，属于胎质稍粗者。

图十　　　　　　　图十一　　　　　　　图十二　　　　　　　图十三

　　1978 年杭州市文三路后元至元丙子（1336 年）墓出土的青花观音像，是一副平民化的女性形象。观音头戴凤冠，身着广袖长襦，足登履，坐于海涛座上。其花鬘天冠已远不及宋代的华丽夸张，也没有化佛贴塑，代之以当时贵妇所戴之凤冠，其余衣饰也无异于贤淑端庄的贵族妇女形象。若没有善财童子与龙女手托供品胁侍左右，已难以确认其为观音造像（图十四）。

　　元代龙泉窑也盛烧观音造像，并且特色鲜明。龙泉窑瓷塑观音的脸、手、足等肌肤裸露部分均不施釉，呈赭红色；衣、冠等其余部位皆施青釉，呈青绿、粉青等色，温润如玉。武义县博物馆藏观音坐像③（图十五）、龙泉青瓷博物馆藏龙泉市出土的观音坐像④（图十六），造型与之相似，皆头戴宝冠，披帛随身，璎珞环绕。左腿自然下垂，右腿踞起，呈游戏坐姿，有明显的世俗情调。造像中其他元素也是统一模式，都于观音右侧立瑞鸟，左侧供净瓶，左前有童子跪拜行礼。

　　龙泉窑观音造像的另一个突出特点是部分造像带有背龛。背龛一般以山石祥云或如意纹等堆塑成顶罩，以海水浪花等装饰莲台底座，两侧壁台上分置宝瓶、钵盂或瑞鸟。这类造像还往往有胁侍、跪拜弟子及供养人，以童子拜观

①　黄云鹏：《元代影青釉童子观音瓷雕》，《景德镇陶瓷》1982 年第 1 期。
②　刘善沂、李盛奎、孙怀生：《山东茌平县发现一处元代窖藏》，《考古》1985 年第 9 期。
③　朱伯谦：《龙泉窑青瓷》，第 248 页，艺术家出版社，1998 年。
④　张柏：《中国出土瓷器全集》（浙江），科学出版社，2008 年，第 216 页。

音最为典型,所占比例也最大。如上海博物馆藏青釉坐龛观音像①(图一七)、吉林省博物馆藏青釉坐龛观音像②(图一八),都有胁侍,有善财、龙女,各自手捧贡品立于龛柱两侧。北京后英房元代居住遗址中出土有青白釉观音龛像③,只是形体略小,且不见龛柱两侧有胁侍者。龙泉窑坐龛观音像的烧造一直延续至明代(图一九)。

图十四　　　　　图十五　　　　　图十六　　　　　图十七

　　元代北方陶瓷观音造像的烧造主要集中于磁州窑,以白地黑花装饰多见,仍见男相观音。如吉林省博物馆藏元代磁州窑白地黑花观音像④、苏州文物商店藏元代磁州窑白地黑花观音像⑤(图二〇),皆以男相示人。这类风格的观音造像,均长眉阔面,唇上三缕黑色卷须显示男性特征,元以后男相观音已基本不见。

3. 明清陶瓷观音造像

　　明清两代陶瓷观音造像的瓷雕技艺精湛,产品种类丰富,造像的题材、样式、风格均向多元化方向发展,呈现一派繁荣景象。

　　明清时期福建德化窑白瓷塑像最享盛名。明代德化窑白瓷观音胎体细密,

　　① 汪庆正:《中国美术分类全集·中国陶瓷全集》(10)元(上),上海人民美术出版社,2000年,第109页。

　　② 朱伯谦:《龙泉窑青瓷》,艺术家出版社,1998年,第247页。

　　③ 中国科学院考古研究所、北京市文物管理处、元大都考古队:《北京后英房元代居住遗址》,《考古》1972年第6期。

　　④ 钱芳、王淑玲:《奇特质朴淳风盎然——元代磁州窑白地黄花观音像》,《中国文物报》2000年3月19日。

　　⑤ 何荣兴:《元磁州窑彩绘观音像》,《文物春秋》1997年S1期。

釉色乳白如凝脂,胎釉浑然一体,雕塑技艺娴熟精妙,形神兼备,尤其面部刻划生动传神,栩栩如生;瓷塑名匠有何朝宗、林朝景、张寿山、陈伟等。上海博物馆藏明"何朝宗"款渡海观音像(图二十一),发髻高束,肩披长巾;双目微垂,双手拱于身前,跣足而立,足下浪花翻滚。何朝宗以娴熟的技艺表现了观音菩萨妙相庄严和端庄娴雅的女性特征,诠释了大士慈悲仁厚、福德具足的内心世界。据记载,清朝慈宁宫内大佛堂西配殿中曾供奉何朝宗款白瓷观音一尊①。

图十八　　　　　图十九　　　　　图二十　　　　　图二十一

清代德化窑瓷塑胎体逐渐变薄,杂质增多,釉色多白中泛青,与明代作品相比,造型略显僵硬,或刻划繁缛或雕工钝拙②。

明清时期景德镇多种彩瓷和颜色釉品种相继应用于佛教造像的制作,实现了景德镇窑瓷塑观音从单一釉色向多彩、多色釉的转变,青花、五彩、粉彩、素三彩、霁红、豆青以及窑变釉等装饰方法都曾运用到观音造像的创作,精品叠出。首都博物馆藏明三彩观音坐像,除面部和胸部外,通体施绿、黑、黄和茄皮紫色釉。发髻高盘,发丝细密,面庞圆润,修眉细目;身著坦胸式宽袖大衣,胸饰璎珞。神情沉静肃穆,面容中性(图二十二)。

故宫博物院藏明成化狮吼观音像③,是一尊家庭供奉或供养的观音造像。通体以黄、绿两色琉璃釉装饰,沉静庄严。观音头戴化佛冠,胸饰璎珞,结跏趺坐(图二十三)。背部有发愿文:"功德主胡□明,黄氏妙□,长男胡应、胡应林、

---

① 王建华:《故宫珍藏的德化窑观音瓷塑》,《文物》1994年第7期。
② 宋良璧:《介绍几件德化窑带款白瓷塑像》,《文物》1987年第8期;戴翠华:《伦敦大维德中国美术馆藏何朝春作德化瓷观音像年代与作者再鉴定》,《故宫博物院院刊》2009年第3期。
③ 故宫博物院:《故宫经典:故宫观音图典》,故宫出版社,2012年,第224页。

图二十二 图二十三

胡应山、胡应朝,男妇妙果、妙镇、妙缘、妙全。成化二十一年七月吉日造。"

明清磁州窑类型瓷塑观音造像,仍以彩绘见长。明代禹州窑出产的白底黑花褐彩观音像①,五官清秀,弯眉,细目,小口(图二十四)。装饰风格与前述2件元代磁州窑白地黑花观音像一脉相承,民间气息浓郁,但唇上卷须已不见;在诸多方面较之金元造像更具女性之柔美。此外,彭城窑也曾生产白地黑花观音造像,如故宫博物院藏清代白地黑花送子观音像②,发髻盘起,头戴风帽,怀抱婴孩,游戏坐于莲花座上(图二十五)。

清康熙素三彩、五彩瓷塑的成就最为突出。故宫博物院藏康熙素三彩观音像③,通体施黄、紫、绿三彩,发髻高盘,项戴佛珠,双手置于膝上,右手持一如意,结跏趺坐(图二十六)。康熙五彩观音像④,通体以五彩装饰,观音双手施禅定印,跏趺坐于莲花座上(图二十七)。下承方台,座前有墨书:"信士弟子刘桂生敬请观音大士壹尊,祈保合家清吉,福寿康宁,人财兴旺。康熙丙申年仲冬月吉旦。"

① 郭学雷:《明代磁州窑瓷器》,文物出版社,2005年,第72页。
② 故宫博物院:《故宫经典:故宫观音图典》,故宫出版社,2012年,第259页。
③ 故宫博物院:《故宫经典:故宫观音图典》,故宫出版社,2012年,第257页。
④ 故宫博物院:《故宫经典:故宫观音图典》,故宫出版社,2012年,第258页。

图二十四　　　　　图二十五　　　　　图二十六　　　　　图二十七

晚明景德镇还烧出了一件大名鼎鼎的"窑变观音",文献中叙述颇多:"明神宗时,李太后崇礼大士,欲得一瓷相奉之,举念间,景德镇窑中诸器化一庄严法象,绿衣披体,晏坐支颐,两膝低昂,左偃右植,手轮梵字,篆法宛然。献之阙下,懿旨命供于报国寺,俾都人咸知敬礼。今京师所谓'窑变观音'是也"①。清代梁章钜在《浪迹续谈》也有一则关于福州司道迎请窑变观音像,诵经祈雨,得偿所愿的记述。

明清宫廷中有多处佛堂,为满足皇室供奉需要,景德镇御窑厂曾奉旨烧造各类佛教造像。如天津博物馆藏"唐英敬制"款白釉观音坐像(图二十八),是由乾隆十二年(1747年)皇帝亲审木样,命唐英烧造而成。造像通体白釉,黑发高髻,游戏姿态安坐,垂眸浅笑,慈悲端庄。背后有"唐英敬制"四字篆书竖款。此尊造像内装佛珠、经咒、宝石及香料等佛教宝物后底部全封,应该是依仪轨装藏加持后供奉于宫中佛堂。据《清宫造办处活计清档》所载,乾隆皇帝曾多次降旨烧造此类造像,但成功之作甚少。乾隆十二年(1747年)四月,"太监胡世杰交观音木样一尊,随善财、龙女二尊,传旨:交唐英照样造填白观音一尊、善财、龙女二尊,尽力烧造,窑变更好。原样不可坏了,送到京时装严安供。于十三年七月十二日将烧造得,观音一尊,随善财、龙女持进"。乾隆十三年(1748年)四月"初十日,太监胡世杰传旨:著江西照现烧造的观音菩萨、善财、龙女再烧造一份,得时在静宜园供"。六月二十三日,唐英觐见皇帝,面奉谕旨:"著烧造青花五彩观音菩萨一尊,随善财、龙女"。②

---

① (清)周家楣等:《光绪顺天府志》(十六),左笑鸿等标点本,北京古籍出版社,1987年,第515页。
② 傅振伦、甄励:《唐英瓷务年谱长编》,《景德镇陶瓷》1982年第2期。

　　据清宫造办处档案记载,乾隆朝曾定烧相当数量的藏传佛教用器,包括粉彩、五彩及金彩等藏传佛教观音造像。首都博物馆藏清乾隆粉彩莲花手观音坐像,观音一面二臂,头戴单叶宝冠,葫芦形发髻。双手自然下垂,各持一莲花茎。袒胸跣足,宽胸细腰,结金刚跏趺坐于仰覆莲台上。肩披帛带,胸前斜披仁兽皮,下著红色僧裙。身体为藏传佛教仪轨中观音显寂静相之白色身(图二十九)。釉彩鲜艳明亮,与菩萨之庄严相映生辉。此像虽然是依照藏传佛教要求制作的,但明显融入了部分汉传佛教因素。清宫旧藏中这类带有明显藏传佛教色彩的瓷塑观音像在数量和品种上都非常有限,除官窑外,民窑亦不见生产。其原因,首先是藏传佛教仅流行于宫廷以及青藏高原、四川和西北地区,对其他各省的影响有限,百姓少有供奉藏式佛像之需求;其二,由于瓷器在制作工艺方面的局限,只能以塑造寂静像的佛、菩萨为主。密宗里大量呈现忿怒相的明王、本尊,一般多手多足、足踏各种魔怪、手印持物多变,造型复杂,烧造难成。这也是瓷质密宗造像品种远不及铜造像丰富,未能表现庞大神系构成的重要原因。

图二十八　　　　　　　图二十九

　　除德化、景德镇、磁州窑盛产观音造像外,明代的龙泉窑,清代的漳州窑、石湾窑等窑场也烧制观音造像,并且不乏精品。整体看来,清代陶瓷观音造像在宗教神性上表现出明显的衰退迹象,形制更趋小巧,装饰性、观赏性增强,有些甚至成为怡情遣性的清供文玩,或点缀居室的工艺制品,其庄严神秘的宗教内涵被进一步褫夺。清中叶以后的民窑观音造像,造型和装饰普遍流于浅显媚俗。

二、陶瓷观音造像出现及流行的原因

1. 陶瓷材质的优势

唐末以来供奉于寺院室内或家庭佛堂的小型佛造像的需求量激增。但宋辽金时期铜禁颇严,金铜佛造像的生产受到影响。据《宋史》记载:"开宝三年,……民铸铜为佛像、浮图及人物之无用者禁之,铜铁不得阑出蕃界及化外。"[①]金代曾要求民间"旧有铜器悉送官,给其值之半"[②];严重缺铜时甚至太庙中的祭器也以陶瓷类代替,"奉始祖以下神主于随室,祭器以瓦代铜"[③]。由于"铜不给用",而"渐兴窑冶"[④]。陶瓷佛教造像应运而生并且迅速占领市场。

宋金制瓷工艺日益精湛,装饰品种日益丰富,为烧造不同风格观音造像提供了技术保证。同时,陶瓷原料成本低,而且具有耐酸碱、耐腐蚀、可塑性强、适宜批量生产等优势;除铜禁因素外,陶瓷之质地、釉彩色泽等方面的独特美感也比金铜造像更盛一筹。因此,陶瓷观音造像相对容易在市场竞争中占优势。

2. 观音信仰的普及

陶瓷观音造像盛行的最根本原因还在于观音信仰的普及。东晋来自印度的高僧鸠摩罗什译出《妙法莲华经观世音菩萨普门品经》,观音信仰随之在社会上逐渐广泛传播。经南北朝至唐代,大量有关观音信仰的佛教经典译出,观音信仰为各宗各派普遍接受,至宋代,观音形象几乎家喻户晓。

佛教宣称:无论男女老幼、贫贱富贵,甚至不分是非善恶,只要一心持念观世音菩萨名号,观音便会循声救苦,使之灾厄立解,烦恼顿消。如《妙法莲华经》所说:"佛告无尽意菩萨:善男子,若有无量百千万亿众生受诸苦恼,闻是观世音菩萨,一心称名,观世音菩萨即观其音声,皆得解脱";"若有持是观世音菩萨名者,设入大火,火不能烧,由是菩萨威神力故;若为大水所漂,称其名号,即

---

① (元)脱脱等:《宋史·卷一八五·食货志下七》,中华书局,1985年。
② (元)脱脱等:《金史·卷四十八·志第二十九》,中华书局,1975年。
③ (元)脱脱等:《金史·卷十四·本纪第十四》,中华书局,1975年。
④ (元)脱脱等:《金史·卷四十六·志第二十七》,中华书局,1975年。

得浅处。……威神之力巍巍如是"①。观音以其慈航普济的悲悯情怀和简单易行的修持法门,赢得了世人,特别是社会中下层百姓的心理信赖,成为世人摆脱疾病灾难、脱离现世苦海的精神寄托。

元明清时期,各种宣传观音身世的宝卷、有关观音"感应"和"灵验"故事和传说,不断修改完善、定型,并在民间广泛传播。这些内容与佛教经典虽然有出入,但以其适宜大众传播,对观音信仰的普及影响极大,其信众上至帝王将相、达官显贵,下至富商巨贾、庶民百姓,甚至三教九流无所不有。

3. 对造像功德的认识与追求

佛教信徒认为:佛像为法器之身,能令众生生起对三宝的信心,见相而生信,因信而入解脱门;证得涅槃,成就无上菩提。如佛所开示:"若人为佛故,建立诸形象,刻雕成众相,皆已成佛道。或以七宝成,鍮鉐赤白铜,白镴及铅锡,铁木及与泥,或以胶漆布,严饰作佛像,如是诸人等,皆已成佛道。彩画作佛像,百福庄严相,自作若使人,皆已成佛道"②。

就普通世人而言,塑造诸佛菩萨造像亦能消灾禳福,灭昔日之罪,获世间福德利益。《佛说造立形像福报经》云:"作佛形像其福无量,无穷无尽不可称数,如是四天下江河海水尚可升量,作佛形像其福甚多,多四天下江河海水出过十倍。后世所生常护佛道。作佛形像,死后不復入地狱畜生饿鬼道中,死即升天,天上寿终復生世间势福之家,如是受福不可称数,会当得佛涅槃之道"③。《佛说大乘造像功德经》亦云:"若有众生宿造恶业,当受种种诸苦恼事,所谓枷锁、杻械,打骂烧炙,剥皮拔发,反系高悬,乃至或被分解支节,若发信心,造佛形像,如是苦报皆悉不受"④。

出于对造像功德的认识,佛教信徒将塑造佛像作为一种方便的修行法门和礼敬佛陀的殊胜供养,即在没有能力开窟造像、塑绘金身时,以虔诚敬畏之心烧造陶瓷造像同样可以积累善业功德。陶瓷相对金、银、铜等材质而言廉价质优,适应普通民众的经济能力,容易得到信众的广泛欢迎和接受。

---

① (后秦)鸠摩罗什译长行,(隋)阇那崛多译重颂:《大正藏No.266·卷09·妙法莲华经观世音菩萨普门品经》,第198页。

② (后秦)鸠摩罗什译:《大正藏No.262·卷09·妙法莲华经》,第8页。

③ 失译:《大正藏No.0693·卷16·佛说造立形像福报经》,第788页。

④ (唐)提云般若译:《大正藏No.0694·卷16·佛说大乘造像功德经》,第790页。

三、陶瓷观音造像的题材

宋代以来,观音信仰与世俗利益的多方位趋同,催生了中国化观音的33种变相,中国陶瓷观音造像的造型和装饰因而千差万别,常见题材有以下几种:

1. 水月观音

通常认为,善财童子到普陀洛迦山向观音菩萨问法是水月观音艺术形象的来源。据《大方广佛华严经入法界品》记载:善财童子“见其西面岩谷之中,泉流萦映,树木葱郁,香草柔软,右旋布地,观自在菩萨于金刚宝石上结跏趺坐,无量菩萨皆坐宝石恭敬围绕,而为宣说大慈悲法”①。这段经文中记载的童子所见月亮、泉水、树木、山石等要素,在历代水月观音造像中持续出现。

尽管在正统佛教经典及观想仪轨中,没有任何与水月观音直接有关的内容,在民间宝卷、灵验传说或朝山圣地中,也未出现有关水月观音的描述,但这并不妨碍其成为最受艺术家偏爱的观音形态之一。据说唐代周昉“初效张萱画,后则小异,颇极丰姿,全法衣冠,不近闾里。衣裳劲简,彩色柔丽。菩萨端严,妙创水月之体”②。宋元瓷塑观音造像中水月观音题材占有相当的比例,元以后则不再盛行。但宋元水月观音玲珑精巧的造型对后来瓷塑观音的影响极大,尤其是自在闲适的游戏坐姿,多被借鉴到送子观音、白衣观音等造像中。

2. 送子观音

“重生”“贵生”的思想贯穿于中国传统文化的始终,早生贵子,是人生幸福的一种企盼。人们也把希冀得子的愿力寄托在大慈大悲、有求必应的观音身上。《妙法莲华经观世音菩萨普门品经》中也明示观音有“送子”的法力:“若有女人,设欲求男,礼拜供养观世音菩萨,便生福德智慧之男;设欲求女,便生端正有相之女,宿植德本,众人爱敬。无尽意,观世音菩萨有如是力”③。

观音送子信仰的流行,在很大程度上要归功于流传于坊间的各种求子遂愿的故事,这类故事不胜枚举,形式也多种多样,礼敬、诵经、布施、塑造佛像皆为常见的求子行为。如《观音慈林集》就记载有因供奉观音造像而得子者:

---

① (唐)地婆诃罗译:《大正藏 No.0295·卷 10·大方广佛华严经入法界品》,第876页。
② (唐)张彦远:《历代名画记》,上海美术出版社,1964年,第205页。
③ (后秦)鸠摩罗什译长行,(隋)阇那崛多译重颂:《大正藏 No.266·卷 09·妙法莲华经观世音菩萨普门品经》,第198页。

"何隆五十无嗣,乃奉千手千眼大悲像,朝夕虔礼",结果"梦大士授红儿,连举三子"①。

宋金时期开始出现送子题材的陶瓷观音造像,至明清两代已成为最为常见的陶瓷观音造像题材。其造型为观音怀抱男婴,或置男婴于膝上,还有的是男童依偎在观音身旁,形如人间母子,充满了世俗情趣。

3. 鱼篮观音

鱼篮观音,亦称马郎妇观音。明初宋濂在《鱼篮观音画像赞》序中描述了这种"以色设缘"的观音应身:"《观音感应传》:唐元和十二年,陕右金沙滩上有一美艳女子,提篮鬻鱼,人竞欲室之。女曰:'妾能授经,一夕能诵《普门品》者,事焉。'黎明,能者二十余,辞曰:'一身岂堪配众夫,请易《金刚经》。'如前期,能者复居半数,女又辞,请易《法华经》,期以三日,惟马氏子能。女令具礼成婚,入门,女即糜烂立尽,遽瘗之。他日有僧同马氏子启藏观之,惟有黄金锁子骨存焉。僧曰:'此观音示现,以化汝耳。'言及飞空而去。自是陕西多诵经者。"②

鱼篮观音以其美丽、慈祥和浓厚的传奇色彩,深受民众笃信敬仰,成为明清时期常见的一种陶瓷观音像造型,通常为一位手提鱼篮或将鱼篮置于身旁的渔妇,神情、衣饰均如平民女性,这种观音形象与当时流行的戏曲、小说等民间文艺形式有一定的关联。

4. 白衣观音

白衣观音,又名"大白衣""白处观音",以圣洁立名。《大毗卢遮那成佛经疏》曰:"半拿啰缚悉宁,译云白处,以此尊常在白莲华中,故以为名。亦戴天发髻冠,袭纯素衣,左手持开敷莲华,从此最白净处出生普眼,故此三昧名为莲华部母也。……白者,即是菩提之心。住此菩提之心,即是白住处也。此菩提心从佛境界生,常住于此,能生诸佛也。"③

白衣观音形象始见于晚唐,此后成为感应故事和艺术作品中常见的观音题材。据《咸淳临安志》记载:"后晋天福四年,僧道翊结庐山中,夜有光,就视得奇木,命孔仁谦,刻观音像,会僧勋从洛阳持古佛舍利来,因纳之顶间,妙相

---

① (清)阮元:《两浙金石志·宋卷九·续修四库全书》第912册,上海古籍出版社,1990年。

② (明)宋濂:《宋学士文集》(卷五一),万有文库本,第881页。

③ (唐)一行:《大正藏No.1796·卷39·大毗卢遮那成佛经疏》(卷五),第579页。

具足,钱忠懿王梦白衣人求治其居,王感寤,乃即其地创佛庐,号天竺看经院,咸平初,郡守张去华以旱迎大士,至梵天寺致祷,即曰雨,自是遇水旱,必谒焉。"①陶瓷白衣观音造像数量可观,明清德化窑观音多取白衣造型。手中所持法器或印契多种多样,有的持莲花、柳枝,有的持般若经箧,有的席地而坐,有的立于莲台。其形象与水月观音、送子观音、南海观音等相互融合,重叠,甚至在一定背景下相互转换。

5. 童子拜观音

瓷塑童子拜观音造像通常是观音左侧立一童子,取材于善财童子参谒观音受教化一事,有些造像还有龙女及宝瓶、白鹦鹉等元素,为元明清时期常见题材之一。善财童子为《大方广佛华严经入法界品》中福城长者的五百童子之一,因他出生时有七种宝藏涌现,遂以"善财"名之。后经文殊菩萨点化,舍弃人间福报,向南求法。经历百余城,参访53位"善知识",听受种种法门,于普贤菩萨道场修行圆满、证入法界。唐代般若所译《四十华严》认为观音是善财童子参访的第二十八位"善知识",曾在普陀洛迦山茂林空地的金刚石座上为善财说法。

龙女源自《妙法莲华经》第十二品《提婆达多品》中"龙女成佛"的故事。她是"二十诸天"中第十九天之婆竭罗龙王之女,八岁时已善根成熟,深入禅定,于刹那间发善提心,在法华会上当众示现成佛:"与会大众,都见到龙女忽然之间变成男子,具菩萨行,即往南方无垢世界,坐七宝莲华,成等正觉,三十二相,八十种好,普为十方一切众生演说妙法"②。为辅助观世音菩萨普度众生,龙女由佛身示现为童女身,成为观世音菩萨的右近侍。

《阿弥陀经》描述鹦鹉、迦陵频伽、白鹤、孔雀等诸众鸟演说种种佛音,皆是阿弥陀佛"欲令法音宣流,变化所作"③。后经世俗化演变,鹦鹉改头换面成为《鹦哥宝卷》的主角,以为母献身的勇气和孝心感动观音,助其双亲往生善趣,白鹦鹉乃跟随观音到普陀山修行并最终获得正果。

童子拜观音题材造像在龙泉窑、景德镇窑、德化窑都有生产。童子拜观

① (元)潜说友:《咸淳临安志》,台湾商务印书馆景印文渊阁四库全书,1986年。

② (后秦)鸠摩罗什译:《大正藏No.262·(卷09·妙法莲华经)》,第35页。

③ 伊维德(Wilt L. Idema)在"改头换面的孝鹦哥——《鹦哥宝卷》短论"(出自《文学、文化与世变》,"中央研究院"中国文哲研究所,2002年,第469—489页)一文中,从明成化刊本《鹦歌孝义传》出发,认为《鹦哥宝卷》是"用秘密宗教的教义对一个民间传说的一次改头换面的重写"。

音在图像、形式上同样也与其他题材的观音造像多有重叠之处,有时甚至是随意择其所需,无有定式。如阿姆斯特丹国立博物馆收藏1尊17世纪带龛白衣鱼篮观音,旁边还有善财、龙女、鹦哥、宝瓶。这种重叠显示观音信仰更加世俗化。

明清时期,随着观音信仰"俗神化"程度的加深以及民间文艺作品的影响,陶瓷观音造像作为菩萨造像本身的教化功能和膜拜意义更加淡化,演绎出更多具有民俗化、戏剧化意味的新题材。德化窑观音瓷塑品种最为丰富,除上述题材外,还有坐岩观音、渡海观音、立荷观音、披坐观音、祥云观音、持经观音、坐地观音、坐浪观音、妙善观音、杨柳观音、持莲观音、一叶观音、合掌观音、洒水观音、哈蜊观音及十八臂观音等。这些题材的依据,大部分显然不是正统佛经,而是本土经典、通俗文学、传说及感应故事,虽然有一些佛教经典中观音形象的影子,却更多杂糅了世俗成分,在一定程度上反映了经典与义理的偏失。

正统佛教教义认为:诸佛菩萨尊像之形态、手印、服饰、坐式、比例、尺度等要严格遵循宗教仪轨及造像度量标准的限制,按照"三经一疏"的要求制作。[①]"量度不准之像,则正神不寓焉"[②]。诸如鱼篮观音、祥云观音等基于世俗信仰创作、脱离宗教仪轨的观音造像,通常不见于寺院供奉。

四、从陶瓷观音造像看观音信仰之演变

1. 从"猛丈夫"到"善女人"——观音的中国化变相

在印度早期佛教壁画和相关典籍中,观音菩萨均作为阿弥陀佛的胁待菩萨之一,示现"男猛丈夫"梵相[③];当其初入中原,亦以男相度人。《悲华经》云:"往昔过恒河沙等阿僧祇劫,此世界名刚提岚,劫名善持,有转轮圣王名无诤念主四天下,时空藏如来出现于世。王有千子,长名不眴。"[④]《大方广佛华严经入法界品》颂偈云:"海上有山多圣贤,众宝所成极清净,华果树林皆遍满,泉流池

---

① "三经一疏"是对古代所译四部佛教造像典籍的总称,分别为《佛说造像量度经》《造像量度经》《画相》和《佛说造像量度经疏》。

② (清)工布查布译解:《大正藏No.1419·卷21·佛说造像量度经解》,第939页。

③ 龚钢:《观音造像由男变女的文化阐释》,《兰州学刊》2007年第12期。

④ 北凉·昙无谶译:《大正藏No.0157·卷03·悲华经》,第167页。

沼悉具足,勇猛丈夫观自在,为利众生住此山。"①《妙法莲华经观世音菩萨普门品经》也中称其为"善男子"②。此外还有《观世音菩萨授记经》中的"莲花童子"说③,《千手千眼大悲心陀罗尼经》中的"千光王静住如来"弟子说④等。

中国早期的观音造像多参照印度佛教经典中的男相观音形象。大约在5世纪的南北朝时期,中原地区开始出现女性化的观音形象⑤,7世纪后期更为多见。北宋以后,妙善公主的传说开始在民间流传,讲述妙庄王幼女妙善,因修习佛法拒绝婚嫁而被父处决,幸得山神庇护,潜心入山修行。后来又自愿牺牲双手双眼,以救治罹患重病无药可医的父亲,于双亲面前示现千手千眼之形象,随后示寂。妙善传说可追溯至蒋之奇(1031—1104年)根据方丈怀昼所示文本创作的《大悲菩萨传》;元初,赵孟頫之妻管道升(1262—1319年)在此基础上编成《观世音菩萨传略》,故事情节趋于完备,最后在明代完成的《香山宝卷》中进一步加工完善。至此,观音在中国的女性化形象演变圆满完成。

通过前揭各例不难发现,历代陶瓷观音造像的形象演变和观音在中国女性化形象的演变过程几乎同步的。宋以后的陶瓷观音造像主要以女相示人,金元磁州窑等窑场的红绿彩、白地黑花瓷塑中虽然有男相观音,但多为面颊丰腴,柳叶眉,丹凤眼,樱桃口,仅以唇上三缕卷须显示男相,明显有别于早期石窟造像及壁画中所见之"伟丈夫"形象。元以后,带有胡须的男相观音基本消失,观音造像更多以平民女性乃至劳动妇女的形象出现。

按佛教义理,观音本无男女之区分,如《法华经普门品》所言"应以何身得度者,即现何身而为说法"⑥。就包括观音菩萨在内的一切诸佛菩萨而言,都具备慧、定二德。主慧德者,作男形,主定德者,作女形。因此,观音菩萨有随缘应化,循声救苦的誓愿,女性化只是观音显定德之像,以慈悲母爱来救渡众生,

①(唐)实叉难陀译:《大正藏No.0279·卷10·大方广佛华严经卷六十八》,第336页。

②(后秦)鸠摩罗什译长行,(隋)阇那崛多译重颂:《大正藏No.266·卷09·妙法莲华经观世音菩萨普门品经》,第198页。

③(宋)层无竭译:《大正藏No.0371·卷12·观世音喜萨授记经》,第353页。

④(唐)伽梵达摩译:《大正藏No.1060·卷20·千手千眼观世音菩萨广大圆满无碍大悲心陀罗尼经》,第105页。

⑤据《法华经观世音菩萨普门品》,观音菩萨为救度众生,化现三十三种应身,其中有七种是女身,即比丘尼、优婆夷、长者妇女、居士妇女、宰官妇女、婆罗门妇女及童女。《楞严经》列举观世音菩萨三十二身,其中比丘尼、优婆夷、皇、后、公主、贵妇及童女等六种为女性。

⑥(后秦)鸠摩罗什译长行,(隋)阇那编多译重颂:《大正藏No.266·卷09·妙法莲华经观世音菩萨普门品经》,第198页。

以平等心爱一切众生如子。从世俗角度来看,观音以此平易近人的女性形象、有求必应的慈悲情怀以及纯孝感人的身世,不但符合大众社会心理,而且符合国家利用伦理道德巩固统治的需要,同时规避了男女授受不亲教条的限制,有助于女性信众队伍的扩大,有利于佛教的传播。

2. 从佛国到凡尘—观音的"俗神化"趋势

从历代陶瓷观音造像的题材、形式、风格的演变中不难看出,观音信仰自传入中国起便不断经历着本土化的调适。

以送子题材为例,尽管《普门品》明言观音有送子神力,但由于普通百姓更多关注于解救生存困难,因而在中国早期观音信仰中,送子的职能并不突出;在早期的感应录中,求子也明显不是重要主题。因此,宋以前的陶瓷送子观音造像罕见。随着观音信仰日渐普及,观音菩萨不断与民众的心灵渴求相契合,与本土传统文化相交融,其送子之功能渐趋突出,最终演变成为观音信仰的主要功能之一。①明清时期送子题材的瓷塑观音纷至沓来,形态十分丰富。除送子之外,百姓也赋予观音其他更多的神职功能,祈雨、治病、灭罪、得福、求财、避害、延命、度生死等世俗利益无所不包,并且这些职能都趋向具体化和感性化。再经弹词、戏剧等通俗娱乐及民间文艺、小说等推波助澜,使得陶瓷观音造像在样式的选择、形象的塑造以及背景故事的处理上,都与印度佛教本初所重视的观音之般若空性渐行渐远。

卸去了天竺灵光,穿上了中土妇女的长裙袄褂,世俗信仰语境中的陶瓷观音造像逐渐脱离了佛教教义仪轨所规定的本来面目,随着凡俗的需要,忙而不乱地演绎着各种"善巧方便之颜",最终成为完美的、中国化的接凡女神。

本文原刊载于《南方文物》2014年第2期。

作者简介:

张婧文,女,历史学博士,副教授。南开大学博物馆副馆长、文博考古实验教学中心副主任,硕士生导师。研究方向为博物馆学、中国陶瓷考古。曾作为项目负责人主持国家社科基金重点项目、教育部战略研究课题、天津市哲学社会科学规划项目、天津市自然科学基金

---

① 周秋良:《民间送子观音信仰的形成及其习俗》,《中南大学学报》(社会科学版)2012年第5期。

项目及其他政府或事业单位委托课题20余项。参与国家科技支撑计划项目、国家社科基金项目等多项。在 *Journal of Cultural Heritage*、*Museum Management and Curatorship*、《东南文化》《南开学报》《南方文物》等国内外学术核心刊物发表论文二十余篇。主持过三十余项博物馆、美术馆等展览项目的策划与实施。曾获天津市优秀科技特派员、南开大学青年五四奖章、学生创新创业先进指导教师等荣誉称号或奖励。

米芾《研山铭》及相关问题

郭长虹

　　《研山铭》为存世米芾大字行书三件之一①，流传日本已久，2002年归国参加拍卖，由国家收藏机构购得，遂使外流已久的文物得以回归。《研山铭》归国后，许多专家都发表了相关研究成果。然诚如单国强先生所说："米芾《研山铭》卷所涉及的诸多问题，尚有待进一步研究解决。"②本文拟就《研山铭》卷所涉及的一些问题，做一探讨。

一、《研山图》的真伪

　　《研山铭》卷的装裱、题跋、钤印等情况，易苏昊主编《米芾〈研山铭〉研究》③一书已详细说明，不再赘述。卷中附《研山图》不是大米（注：指米芾，与后文"小米"相对）真迹，图上骑缝印"内府书印"、双龙印不真，已为大多数专家认可，本文同意这样的看法。但问题并未就此解决，对于这幅图的来历，还需要进一步考察。有专家根据陶宗仪《南村辍耕录》中的材料，断定此图原本由米氏绘于崇宁元年（1102年），而《研山铭》书写时间大致相同。

　　据陶宗仪《南村辍耕录》卷六《宝晋斋研山图》条："右此石是南唐宝石，久为吾斋研山，今被道祖易去。……此石一入渠手，不得再见，每同交友往观，亦不出示。绍彭公真忍人也。余今笔想成图，仿佛在目，从此吾斋秀气亦不复泯矣。崇宁元年八月望，米芾书。余二十年前，嘉兴吴仲圭为画图，钱塘吴孟思书文，后携至吴兴，毁于兵。偶因清暇，默怀往事，漫记于此。"前面并附有一幅与今《研山铭》卷中《研山图》大同小异的《研山图》。按，陶宗仪的这段记载有问题。

　　目前传世所谓米芾绘画"真迹"，全部是赝作，他是否能够如其自述能画

---

　　① 杨仁恺：《国宝沉浮录》另著录一，云藏某姓私人手中，未见。

　　② 单国强：《〈研山铭〉卷尚待解开之谜》，载易苏昊主编：《米芾〈研山铭〉研究》，长城出版社，2002年。

　　③ 易苏昊主编：《米芾〈研山铭〉研究》，长城出版社，2002年。

画,有学者早已提出疑问。①今为详细考订。

宝晋斋(位于湖北省襄阳米公祠内)

米芾《画史》:"李公麟病右手三年,余始画。以李尝师吴生,终不能去其气,余乃取顾高古,不使一笔入吴生。又李笔神采不高,余为目睛、面、文、骨木,自是天性,非师而能,以俟识者,唯作古忠贤像也。"又《宋史》卷四百四十四《文苑·李公麟传》:"元符三年病痹,遂致仕。"又《宣和画谱》云李"从仕三十年",考李于熙宁三年(1070年)中进士,至元符三年(1100年)恰好30年,与《宋史》本传相符。据米芾的夫子自道,他崇宁二年(1103年)后开始画画,是年米54岁,距大观元年57岁去世,仅3年时间。所以,如果米芾所言不假,则他一生的"绘画事业"只进行了3年时间,而且此3年内从润州、京师、无为军到淮阳军转任数地。"崇宁元年八月望"米芾尚未开始这项"事业",又如何煞有介事地画什么"研山图"呢? 米芾好大言欺世,上述《画史》中"自是天性,非师而能"云云,可以作英雄欺人语。

所以合理的结论就是:陶宗仪记载的米芾《研山图》及题跋,及吴镇据此所

① 参见《启功丛稿》中有关论述。启功:《启功丛稿》,中华书局,1999年。

作，皆本于子虚乌有的"真迹"，米根本没有画过这个东西。进而，我们可以完全否定后两方钤于现《研山图》上的"内府书印"的真实性，而无须去对照勘察。

据翁方纲记载，他见过研山实物，重庆博物馆现藏研山拓片与现《研山图》相似，基本可以断定如出一辙。则至少在陶宗仪之前，该研山实物已经存在，并且流传到翁方纲见到研山的时期。现存的所谓《研山图》和陶所见的《研山图》，都是以那个研山实物为依据制造的。现存《研山图》更可能是参考《南村辍耕录》所载而进行的作伪。

明张丑《真迹日录》："米南宫真迹。研山铭。五色水，浮昆仑。潭在顶，出黑云。挂龙怪，烁电痕。下震泽，极变化，阖道门。后题云：宝晋斋前轩书。予于都下见真本及《研山图》，宋元人题跋甚众。见杨仪《郦珠随录》。"张丑所记与现存本卷字句稍有出入。既然该铭已经与赝作《研山图》在一起，则所谓"宋元人题跋甚众"而今已不可得见的"题跋"，也就值得怀疑了。

有学者认为，《研山图》上有元柯九思"玉堂柯氏九思"葫芦印，似乎不伪，从而证明现存《研山图》曾经柯氏藏，上限至少可以断在元代。[1]按柯氏此印见于宗典《柯九思史料》著录，为米芾《春山瑞松图》上所钤，来源是《伦敦美展图说》。此《春山瑞松图》应是台北故宫博物院藏所谓作于绍兴年间者，按台北所藏为水平不高的明显赝作无疑，今此印又见于现存伪《研山图》，除非我们假定柯九思对书画鉴定频频出错，且错误很幼稚，否则我们只能认为，这方印是假的，两件作品的作伪者正是一个人，他绘画水平很差。

二、关于《研山铭》的创作时间

曹宝麟先生据《研山铭》后"宝晋山前轩书"字样，判断本卷书写于建中靖国元年辛巳（1101年）二月十日之前，因为米芾于是年得到谢安帖并以宝晋名斋[2]，并根据《南村辍耕录》，推测此铭的书写与"崇宁元年八月望"时《研山图》的创作有关。

既然《南村辍耕录》的记载不可靠，则《研山铭》与"研山图"有关之说也就失去了依据。且即使现存《研山铭》确真无疑，也不一定就是被彭道祖换去的研山的"铭"，米芾研山非一，现存本卷大可以铭的是别的研山。更何况，所谓

① 黄惇：《米芾〈研山铭〉观后》，载易苏吴主编：《米芾〈研山铭〉研究》，长城出版社，2002年。
② 曹宝麟：《米芾〈研山铭〉研究》，载易苏吴主编：《米芾〈研山铭〉研究》，长城出版社，2002年。

"铭"者云云,大抵要货真价实地镌刻到实物本身上去的,与陶著录和今《研山图》有密切关系的重庆博物馆研山拓片上面,并不"铭"上述几句话。

曹文的第二个依据,米芾《画史》载:"余白首收晋帖,止得谢安一帖,开元、建中御府物,曾入王涯家;右军二帖,贞观御府印;子敬一帖,有褚遂良印,又有王丞相王铎家印记;及有顾恺之、戴逵画净名天女观音,遂以所居命为宝晋斋。"

米芾《宝晋山林集拾遗》卷四载谢安《八月五日帖》后跋:"元符中归翰长蔡公,建中靖国元年二月十日,以余笃好见归。"米芾得到蔡京转让的谢安帖,是在真州。考《北山小集》卷十六《题米元章墓》云:"绍圣丙子,余初识公南徐",本年(1096年)米以监中岳庙的闲职家居,绍圣四年(1097年)的四月已经在涟水军(今江苏淮阴)任上①,直至元符初年,仍在涟水军。所以,米芾至真州任职,至少当在元符二年以后。建中靖国元年,苏东坡北归,在真州见米芾,是年六月,米已经回到润州,《王羲之兰亭序跋赞》即于此时书于润州。所以,米芾在真州的时间,是从元符二年己卯(1099年)至建中靖国元年辛巳(1101年),米芾确实是在真州时期得到的谢安帖,曹文所考为是。

研山拓片重庆市博物馆藏

但是否就可以据此判断,"宝晋斋"的名号一定是在这个帖子入藏后才开始使用的呢?我认为不能这样断定。《画史》是米芾极晚年的著作,"余白首收晋帖"云云,是对其一生晋代书画收藏的总结性记录,除了谢安帖之外,还有其他的作品,并不得之于一时一地,故宝晋斋的名号就不一定非在谢安帖入藏后才开始用。

《石林燕语》卷十:"米芾……在真州尝谒蔡太保攸于舟中,攸出所藏右军王略帖示之,芾惊叹,求以他画换易,攸意以为难。芾曰:'公若不见从,某不复生,即投此江死矣。'因大呼,据船舷欲坠,攸遽与之。"似乎《王略帖》也是在真

---

① 参见徐邦达:《古书画过眼要录》米芾条有关考证,湖南美术出版社,1987年。

州豪夺而来,但这段记载有误。米芾《宝晋山林集·拾遗》记此卷为十五万钱从苏舜卿后人手中购得,同书跋文后有:"崇宁癸未季春九日,玉堂竹斋手装。"又故宫博物院藏米芾《〈破羌帖〉(注:即〈王略帖〉)题赞》:"癸未岁太常玉堂手装。"正与《宝晋山林集》记载相合。米芾于崇宁二年癸未(1103年)入为太常博士,《王略帖》是他与宗室赵仲爰争购而得,宋朝制度,宗室不得离开汴梁他居,所以,米芾获得《王略帖》的时间,是在他崇宁二年任太常博士时,而装裱的地点,就是他任职的"玉堂"。且《王略帖》后入宣和内府,见《宣和书谱》,如果此卷不是在汴梁,也没有机会为宋徽宗所得。因此,《王略帖》的获得,是在"宝晋斋"斋号已经使用之后,这也可以旁证该斋号不是就某一晋代藏品而言。《画史》又云:"余家晋唐古帖千轴,盖散一百轴矣。今惟绝精,只有十轴在。有奇书,亦续续去矣。晋画必可保,盖缘数晋物,命所居为宝晋斋,身到则挂之,当世不复有矣。"所以,"宝晋斋"的命名,"盖缘数晋物",包括了书与画,不是以谢安帖的入藏为根据的。只有将米芾所藏所有晋代书画作品,包括《画史》中提到的顾恺之、戴逵绘画作品的入藏时间搞清楚,才可以下结论。

又曹文根据米芾《弊居帖》中描述,认为"宝晋山前轩"之"宝晋山"为润州米氏所居之西山,似有不妥。米芾在帖中明确称该山为"西山",《兰亭考》卷五录米跋唐刻本《兰亭》云:"壬午五月,西山宝晋斋手装""丹阳郡甘露降吾家西山书院梧桐之岁"、徐邦达《古书画过眼要录》载"墨迹一帖"云:"西山书院丹徒私居也",均称西山,可为佐证。此处"宝晋"当为"宝晋斋"之省称,《画史》所载米氏鉴藏印有"宝晋书印",米芾有《宝晋英光集》,均可为证。故"山前轩"云云,当是轩名,不是米芾崇宁元年书《弊居帖》中提及的致爽轩[1],根据上述米芾将宝晋斋额"身到则挂之"的自述,或许此轩不在润州。

三、题跋与著录问题

本卷后依次为金王庭筠题跋、《研山图》、米友仁跋,以两方"内府书印"骑缝连接。

如上所述,《研山图》伪,骑缝之"内府书印"已有学者力证不真。所以我们有必要对以此印连接的王庭筠跋、米友仁跋进行辨析。

金人王庭筠的书跋上有"内府书印"为不可能。小米(指米友仁,下同)去

---

① 徐邦达:《古书画过眼要录》,湖南美术出版社,1987年,第356页著录之《甘露帖》。

世时，王只有3岁，绝对没有能力和可能来对此件书法作品题跋，所以王跋在小米之前，就成了问题。若本卷尚绍兴印、贾似道印为真，则从南宋初至南宋末年，这件作品还在宋高宗、贾似道等手中，王连见到的机会都没有，何谈题跋。杨臣彬先生指出，此跋运笔，与现存王庭筠笔迹，如金人《幽竹枯槎图》后跋、金李山《风雪松杉图》后跋相比较，显有所不同，证此跋为后人伪作。①按杨文论证甚确，然此跋行笔颇显功力，王黄华真迹传世甚少，缺少比勘条件，似难遽定为伪。黄惇先生认为，王庭筠为米芾外甥的说法首先由解缙《春雨杂述》中传讹，故而作伪者装入王跋，显然是利用了这个传闻。②张丑《真迹日录》中著录的《研山铭》已经有《研山图》和"宋元人题跋甚众"，则该卷装成目前的样子，很可能是在明代张丑著录之后。

再看小米跋。跋文："右《研山铭》，先臣芾真迹，臣米友仁鉴定恭跋。"如果《研山图》伪、图上柯九思印伪、王庭筠跋存疑、宣和印伪、内府书印伪，而小米跋独真，真是不可思议。按跋文与现存米芾作品后的鉴定跋在文字上大同小异。如：

《苕溪诗》后纸米友仁跋："右呈诸友等诗，先臣芾真迹，臣米友仁鉴定恭跋。"

《元日等四帖》米友仁跋："右草书九帖，先臣芾真迹，臣米友仁鉴定恭跋。"

《珊瑚复官二帖》后纸米友仁跋："右简尺并珊瑚帖，先臣芾真迹，臣米友仁鉴定恭跋。"

另米友仁跋绍兴内府藏前代书画现存尚有几件。今将此卷与传世小米跋相对照，则此卷笔力之纤弱，描摹痕迹之明显，均可证明小米之跋不真。

张丑著录云《研山铭》"宋元人题跋甚众"，与现存本卷只有王跋、小米跋不符。可能本卷原连有图及题跋，但后来题跋被割去另作它用，本卷重装，保留了《研山图》和王黄华跋、小米跋，现存本卷的装裱，从张丑记载后，经清代初年保存至今。然如上文所述，那些今天已经见不到的宋人和陶以前的元人的题跋不很可靠，则幸存于此的小米鉴定题跋，也就同样有被怀疑的可能。若张丑所见《研山铭》为另外一本，并非本卷，那么从文献角度看，《南村辍耕录》记载的《研山图》为赝本，且无关《研山铭》，《真迹日录》所记非本卷，从南宋贾似道

① 杨臣彬：《米芾的〈研山铭〉》，载易苏昊主编：《米芾〈研山铭〉研究》，长城出版社，2002年。
② 黄惇：《米芾〈研山铭〉观后》，载易苏昊主编：《米芾〈研山铭〉研究》，长城出版社，2002年。

到清代的于腾，几百年间没有任何历史记录对此"赫赫巨迹"留下蛛丝马迹，如此来历不明的作品，也就有了被怀疑的可能。

四、现存《研山铭》卷本幅问题

被认为"流传有绪"的《研山铭》流传经历，经过上述考证，已经不足为据，我们只好根据本卷的现状，来对它进行分析了。

经学者比较，本卷前、后隔水贾似道"悦生"葫芦印、"封"字印均真，接纸处"内府书印"与后面两方不同，未发现不真，卷后"绍兴"连珠印与现存书画真迹上的字划、印色、钤盖位置均相符。因原迹未见，今且从。本卷无宣和诸玺，亦无骑缝印，有学者定此卷前后隔水之间为宣和装，与格式不符。据绍兴钤印，则至少本卷书写时间的下限，可以定在南宋绍兴间。即使隔水用绢为北宋时物，也不能将其书写下限推至北宋，相反，若为绍兴时期装，而用北宋绢，倒有作伪嫌疑。

本卷用纸共三幅，且长度不一。接纸处装裱很细。前二纸几乎看不出接缝痕迹。后二纸接缝处钤"内府书印"骑缝。按本卷三纸，为何只有一个骑缝章呢？本卷行文顺序为：

研山铭/五色水，浮/昆仑。潭/在顶，出黑/云。挂龙怪，/烁电痕。下/震庭，泽/（厚坤。）极变化，/阖道门。/宝晋山/前轩书/

第二纸书至"泽"字，第三纸则为"极变化"，右上以小字补书"厚坤"二字。"厚坤"二字墨迹，显与"极变化"不同，为后补，且字体不类米芾。推想缘由，当然可能是书时因为换纸而漏字，之后补书。但通观全幅，气韵并不连贯，前面开始至"潭"字为一段，中间"在顶"至"泽"字为一段，后面极变化至末尾为一段，各段了不相干，实在无法相信这是一个有水平的书家的布局谋篇。尤其是后二纸之间变化突兀，简直不类一支笔所书。

分析前后字体的不协调，有一种可能：即本幅是个残件，"泽"字以下本还有字或纸幅，但流传中失去数行，只好割去残本，在"极变化"处正好在纸端断句，所以后补书"厚坤"字样，造成漏书文字而补书的假象。这样，造成了行气不贯，章法不衔接，甚至好像二人所书。本卷各纸的尺寸不一，可为佐证。若"内府书印"为真，则至少在入绍兴内府前，本幅已经残缺，若本幅的"内府书印"也有问题,则是为了掩饰残缺而用的手段,都可以解释为什么三幅纸只有一个骑缝章的问题。

五、结论

综上所述,本文对《研山铭》卷可以初步得出如下的结论:

1.附图及王跋、小米跋均伪,柯九思收藏章伪;

2.上述作伪最晚完成于明代,而不早于元代;

3.我们若非怀疑此卷的真实性,就是此卷曾经处理过,因为,它已经是一个残卷。

本文原刊载于《中国书画》2003年第4期。

作者简介:

郭长虹,男,1968年6月生,辽宁康平县人。1990年毕业于南开大学历史系博物馆学专业,1993年入南开大学历史系博物馆学专业攻读硕士研究生,1996年留校任教,主要从事中国古代书画的教学和研究;2000年师从范曾教授攻读艺术史专业博士研究生;曾任南开大学历史学院文物与博物馆学系副主任、副教授,2009年离职。1990年至1993年任职于辽宁省文化厅文物鉴定组,从事出入境文物鉴定工作,曾任国家文物局博物馆处处长,现为中国电视艺术委员会副秘书长。

试论明代谷仓罐及谷物随葬现象

白瑶瑶

谷仓罐为明器,是专门为丧葬活动制作的随葬品,有五谷罐、魂瓶、皈依瓶等别称,汉至宋时期被广泛随葬于墓葬中,尤以长江下游地区墓葬中发现最多。谷仓最初是由于"恐魂之饥""鬼犹求食"等原因随葬于墓中,主要代表"粮仓""食罐"。随着人们对往生世界的想象逐渐丰富,谷仓被赋予安魂、镇魂、皈依魂魄、灵魂升天、保佑子孙后代等更多的内涵。明代是古代明器发展的最后阶段,谷仓罐也已进入其发展末期。谷仓罐在继承前代一些特征的基础上,更多地体现了明代的丧葬礼俗和发展态势。目前学术界对于谷仓罐的研究主要集中于宋以前,而对处于明代这一明器发展末期中的谷仓罐关注甚少,故本文试从明代谷仓罐类型、特征及明代谷物随葬现象三方面,对明代谷仓罐及相关物质文化现象进行解读。

一、明代谷仓罐类型

谷仓罐在有明一代各阶段均有发现,时间区域跨度较大,以四川、湖南地区为大宗,湖北、江西、福建、云南、广东等地有零星发现。本文根据装饰纹饰和器形将其分为三类。

第一类,器表堆塑人物及动物等纹饰。有些谷仓罐堆塑龙纹,如四川荣县乌龟颈明墓[1]、四川屏山县 M2[2]等墓出土的几件谷仓罐,造型上略有差异,但肩部都贴塑有龙纹装饰(图一);江西宜春官园明墓出土的一对青釉陶瓶,瓶身为葫芦形,口沿为蒜头状,颈细长,一瓶上塑龙、一瓶上塑虎等动物[3],江西上饶弘治年间明墓出土的一对青釉堆塑瓶(图二)器形与其一致,但器表无堆塑纹饰,

---

[1] 邵彬:《荣县乌龟颈明代墓群清理简报》,《四川文物》1992年第6期。

[2] 四川省文物考古研究院、宜宾市博物院:《四川屏山县新江村明代石室墓发掘简报》,《四川文物》2014年第3期。

[3] 苏茂盛:《江西宜春市官园清理一座明墓》,《考古》1995年第1期。

只装饰有凹弦纹[1]。有些谷仓罐上堆塑人物纹饰,如湖南衡阳市郊明墓[2]出土的2件青瓷罐,展现了一幅送葬场景;湖南芷江垅坪明墓[3]出土的2件盖罐,1件堆塑乐舞戏俑,1件堆塑鱼;湖南津市新河镇明墓出土的2件陶罐,纹饰更为丰富,其中一件共有上下5层图案:第一层为斜坡状圆形屋顶,沿边坐卧2人;第二层也作圆屋状,四周塑诵经状泥人及狗等动物;第三层设有仓门,左右青龙、白虎各一;第四层泥塑残缺,第五层为素面(图三)。另一件釉陶盖罐上则为丧葬场景[4];湖北京山南郊明墓[5]出土的2件带盖堆塑罐,两件器盖上分别堆塑了代表男女墓主的人物俑,每罐器身上的12个人物也呈现了一副吹拉弹唱、披麻戴孝的送葬场景。湖南芷江木油坡嘉靖年间M1出土的谷仓罐(图四)腹部堆塑有6个人物,器身上还有两道荷叶边附加堆塑纹,有盖,上为一蹲犬。而同一埋葬区域的天启年间M9出土的釉陶盖罐(图五),除肩部有一圈荷叶边附加堆纹外,再无其他纹饰[6]。

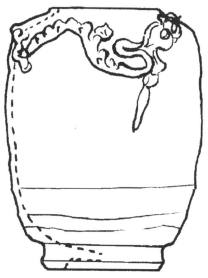

图一　四川屏山县M2出土谷仓罐

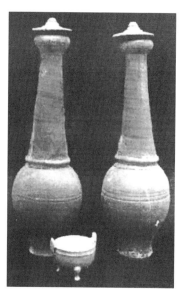

图二　江西上饶明弘治纪年墓出土堆塑罐

① 陈国顺、王克、郑秀芳:《江西上饶明弘治纪年墓》,《南方文物》1998年第1期。
② 衡阳市文物工作队:《湖南衡阳市郊明墓清理简报》,《江汉考古》1994年第3期。
③ 张涛:《湖南芷江垅坪明墓清理简报》,《考古》1992年第3期。
④ 赵小平:《湖南津市新洲镇发现一座明墓》,《考古》1994年第7期。
⑤ 熊学斌:《湖北省京山南郊明墓清理简报》,《江汉考古》1992年第5期。
⑥ 芷江县文物管理所:《湖南芷江木油坡明墓群清理报告》,《江汉考古》1997年第2期。

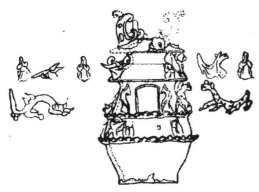 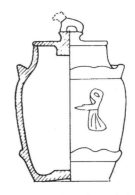

图三　津市新洲镇明墓出土堆塑罐　　　　图四　湖南芷江木油坡M1出土谷仓罐

第二类,腹部装饰流状角。这类谷仓罐主要流行于四川地区,通常呈上细下粗的宝塔状,器身被束为5节,每节上装饰有3个流状角,配有器盖,在邛崃市羊安工业区明墓群①、荣县乌龟颈明墓、成都杨升墓②(图六)等墓中,都有类似形制的谷仓罐出土。

第三,器表无堆塑装饰。这类谷仓罐多与同时期的实用器形制相同,应是日常所用之物,而不是专门用于随葬的明器,但根据其摆放位置和罐内盛放的谷物来看,应具备谷仓罐的功能。成都蜀府太监周有龄墓③(图七)、永公墓及张公墓④出土的几件绿釉盖罐,形制类似,直口、短颈、圆肩,罐内皆装有水稻等植物;卢维桢夫妇合葬墓出土的一对青花瓷罐尺寸较小,器身绘有莲瓣、狮子绣球等图案⑤;钟雪松家族墓出土的5件青花小盖罐,器身绘有"携琴访友"图,制作精美,内盛放稻谷⑥;云南大理苍山明墓出土的一对瓷壶中也盛放稻谷等物,但壶已残碎,具体形制不清⑦;益定王朱由木夫妻合葬墓出土了一对豆青釉瓷瓶(图八)和2件青花瓷瓶,都盛有黍⑧。

---

① 刘雨茂、索德浩、苏奎等:《邛崃市羊安工业区墓群明墓发掘简报》,《成都考古发现》2011年。

② 陈平、陈西平、陈卓等:《成都市温江区万春镇明墓发掘简报》,《成都考古发现》2005年。

③ 杨文成、王军、陈平等:《成都"新北小区四期"明代太监墓群发掘简报》,《成都考古发现》2006年。

④ 魏少俏、何锟宇、李继超等:《成都市武侯区"沙竹苑"明代太监墓发掘简报》,《成都考古发现》2007年。

⑤ 王文径:《明户、工二部侍郎卢维桢墓》,《东南文化》1989年第3期。

⑥ 张光华:《明钟雪松家族墓发掘实录》,《南方文物》2003年第1期。

⑦ 扬益清:《云南大理县苍山明墓清理》,《考古》1966年第4期。

⑧ 江西省博物馆、南城县博物馆、新建县博物馆、南昌市博物馆:《江西明代藩王墓》,文物出版社,2010年,第156—157页。

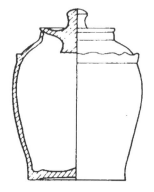

图五　湖南芷江木油坡M9出土谷仓罐

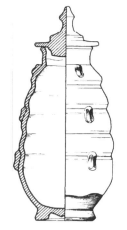

图六　成都杨升墓出土谷仓罐

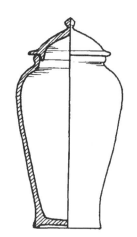

图七　蜀府太监周有龄墓出土谷仓罐

图八　益定王朱由木墓出土瓷瓶

二、明代谷仓罐特征

明代谷仓罐既继承了前代的一些特点,又在明代的丧葬环境中不断发展变化,形成了自己的特色。这主要表现为两个方面:一是谷仓罐的造型与题材的变化;二是谷仓罐在丧葬中表现出的变化,如其流行区域、地位功能等。

首先,从谷仓罐的外形上来看,其装饰题材鲜有创新,整体造型更为简化。明代谷仓罐上的装饰纹饰多是对前代的继承,如第一类中的蟠龙纹、舞乐送葬人物、屋宇阁楼、龙虎等题材,都为前代常见题材,在前代的蟠龙罂、龙虎瓶、堆塑罐上都能找到类似装饰;第二类腹部装饰流状角的谷仓罐,在宋代尤其是宋晚期较为常见,器形类似于唐代江西、福建地区流行的多角瓶(罐),在南方部分地区,"角"与"谷"谐音,"多角"有"多谷"之意。还有一些谷仓罐,其造型则是对前代谷仓罐的一种简化,如江西上饶弘治年间明墓出土的堆塑罐(图二)与江西宜春官园明墓出土龙虎瓶器形类似,为宋代丧葬活动中常见的龙虎瓶造型,但前者器身无堆塑纹饰,后者装饰有龙、虎、鸟兽、人物等,前者年代略晚于后者,是对其形制的一种发展和简化;湖南芷江木油坡明天启年间的M9出土的釉陶盖罐(图五),器表除荷叶边堆纹外再无其他纹饰,而在湖南芷江木油坡嘉靖年间的M1(图四)、湖南芷江坵坪明墓、津市新洲镇明墓(图三)中,荷叶堆纹只是其谷仓罐上的一种花边纹饰,也应是对堆塑类谷仓罐的一种简化。一些墓葬出土的谷仓罐更是使用实用器进行替代,这类谷仓罐通常器表无任何装饰,从其时间来看,在明代这类谷仓罐还明显晚于堆塑型谷仓罐,明代中晚期以后数量上也有明显优势,无疑也是一种简化方式。

其次,明墓出土谷仓罐的数量和流行区域较前代也有所减少和缩小。汉至宋时期,谷仓罐在南方大部分地区的墓葬和窑址中都有发现,以长江下游的江西、江苏、浙江,福建等地最为流行,宋元时期更是以赣江流域为中心向周边地区辐射。据不完全统计,仅在江西地区出土的元代谷仓罐就有四十余件[①],两宋谷仓罐的出土的数量则更为可观。到了明代,谷仓罐在全国各地出土的数量较前代明显减少,在本文所涉及的明墓中,出土谷仓罐的数量大约有四十余件,江西地区仅出土2对,其他大部分出土于四川、湖南两地。谷仓罐流行区域的缩小与转移、出土数量的减少,都说明了谷仓罐在明代已经进入了一个新阶段。

最后,谷仓罐丧葬地位有所下降,功能也更为简化。明代谷仓罐上的堆塑装饰题材几乎都与丧葬活动相关,前代带有镇墓神煞、神仙宗教性质的纹饰已不再出现。谷仓罐装饰的简化，说明了人们已不再注重原来那些繁复的装饰所赋予的内涵与功能。长江下游地区曾是谷仓罐的发展中心，到了明代却鲜有谷仓罐出土，其随葬品主要为家具模型、器皿、服饰、金银首饰等反映墓主生前生活及对现实写照性较强的物品。这一转变说明了在谷仓罐起源发展的主流地区，其随葬品的发展已经进入了一个新的时期，风格更为现实化，丧葬活动中原的那种神煞氛围已被打破，在这种背景下谷仓罐厌胜等功能也随之消失。

明代谷仓罐的纹饰造型受前代影响较大，但随着造型的简化，谷仓罐被赋予精神层面上的内涵消失，逐渐回归其储存谷物、为墓主提供食物这一基本功能，从汉代开始流行的谷仓丧葬文化基本接近尾声。

三、明代谷物随葬现象

古人认为"鬼犹求食"，在墓葬中随葬谷物便可避免"若敖氏之鬼不其馁而"[1]。历代谷物随葬虽有所差异，但一直是我国各地丧葬中所延续的习俗。在汉代谷物随葬现象已较为普遍，仅洛阳烧沟汉墓一处便出土陶仓983件，许多粮仓在出土时，还盛有黍、稻、粟等粮食[2]，这类陶仓应为谷仓罐之原型；南京市东吴凤凰三年东善桥墓[3]及深圳唐宋时期的几座墓葬[4]中出土的堆塑罐内也发现了谷物遗存。到了明代，谷物随葬的种类更为多样化，随葬方式主要有三种，即使用谷仓罐盛放谷物，谷物单独摆放，随葬谷仓类明器进行象征。

一些墓葬使用谷仓罐随葬谷物，如在成都蜀府太监周有龄墓、永公墓、张公墓、卢维桢夫妇合葬墓、钟雪松家族墓、云南大理苍山明墓、湖南芷江垅坪明墓、湖南芷江木油坡明墓、益定王朱由木夫妻合葬墓等出土的谷仓罐内都发现了稻谷、种子等谷物。这种使用谷仓罐为载体的谷物随葬方式主要集中于弘治以后，弘治之前的早期墓葬暂未发现。

一些明墓除了在罐内随葬谷物外，还随葬有果、粟子、银杏、蔬菜等其他食物。如鲁荒王墓出土的瓷盖罐"内盛梨、枣、肉、米饭、鸡蛋、菜叶等"[5]；昭勇将

---

① 杨伯峻注：《春秋左传注》，中华书局，1981年。

② 中国科学院考古研究所编辑：《中国田野考古报告集·考古学专刊·丁种第六号·洛阳烧沟汉墓》，科学出版社，1959年，第112页。

③ 祁海宁：《南京市东善桥"凤凰三年"东吴墓》，《文物》1999年第4期。

④ 杨耀林：《深圳古墓中的稻谷遗存》，《农业考古》1983年第2期。

⑤ 山西省博物馆：《发掘明朱檀墓纪实》，《文物》1972年第5期。

军王俊墓甬道处出土了6件瓷罐，其中三件内放有大半罐粟子(已腐)①；楚昭王墓石供桌下东侧出土的一件白坛内，"有瓷碗1、木匕1、木箸1、果品17件"，果品"品种有核桃7、板栗4、枣3、白果1、荔枝核1、还有1个不明其品属"②。"这些果品、饭菜等应该与葬谷意义相同，属于同一类葬俗，盛物之罐或是《秘葬经》中的'熟食瓶'之类"③。食物在现实生活中通常摆放于碗碟中，而在这些墓葬里则放置于盖罐内，且谷仓罐多带盖，或许这类瓷罐也是谷仓罐的一种，只是其随葬的食物更为丰富而已。明代汝源端僖王朱厚焨与其夫人李氏合葬墓出土的青白釉碗内放置7枚桃核，还出土了1组果核，似为银杏，出土时放置在锡盘上④，这种锡盘应与定陵出土的"锡菜楪""锡果楪"⑤功能相同。从定陵这类锡明器的铭文可知，这类明器用于储食，带有一定食物的象征性，在其他墓葬如郢靖王墓等出土相似器形的器皿，其用途也应与之相同。这类带铭文的明器器皿在汉代就已有发现，如西安市东郊汉墓出土的陶仓盖上分别墨书有"白米囷""小麦囷""黍粟囷"⑥，后代在谷仓上进行文字标示的情况也屡见不鲜，定陵出土的这类器皿或为这种葬俗之沿袭。谷物随葬是为了满足墓主死后的生活所需，墓葬中随葬丰富的食物，更像是对谷物随葬的一种升级，是为了"多藏食物，以歆精魂"⑦，让墓主人在"吃饱"的基础上，还能享用更多的"美食"。

明代谷物随葬的另一种方式，是在墓葬中单独摆放谷物，而不使用谷仓罐等器皿。如在徐俌墓中，墓主人徐俌"右手拿一顶瓜皮帽和一串佛珠，左手握一包麦子等"⑧；在兰州市上西圆明墓中，"西边耳室内为仓库，内有小米、小麦的痕迹甚多"⑨；又如在明神宗定陵孝端皇后、孝靖皇后及神宗的棺床和外棺上也发现了稻、谷等⑩，"推测这些稻谷原本都装在小袋中，下葬时应该是放置于外棺之上，后来可能是因为粮袋腐烂、外棺板上仪仗明器等朽塌散落而掉

① 贺勇、李新威：《赤城马营明代墓葬群清理简报》，《文物春秋》1993年第2期。
② 梁柱：《武昌龙泉山明代楚昭王墓发掘简报》，《文物》2003年第2期。
③ 刘毅：《唐季以来帝王世俗化葬仪用品探微》，《南方文物》2012年第1期。
④ 何毓灵、牛世山、申文喜：《河南安阳市明代墓葬发掘简报》，《考古》2016年第5期。
⑤ 中国社会科学院考古研究所等：《定陵》(上)，文物出版社，1990年。
⑥ 程学华：《西安市东郊汉墓中发现的带字陶仓》，《考古》1963年第4期。
⑦ (东汉)王充：《论衡》，陈蒲清点校，岳麓书社，1991年，第296页。
⑧ 袁俊卿、阮国林：《明徐达五世孙徐俌夫妇墓》，《文物》1982年第2期。
⑨ 甘肃省文物管理委员会：《兰州市上西园明墓清理简报》，《考古》1960年第3期。
⑩ 中国社会科学院考古研究所等：《定陵》(上)，文物出版社，1990年。

落"①；四川巴中明墓中墓主"头部左侧至肩处有5个盛有谷、大小麦、荞、芝麻的斑竹筒，还有2千克左右的谷子、麦子、高粱等谷物"②；陕西宝鸡的明兵部尚书阎仲宇夫妇合葬墓中，墓主人阎仲宇身下铺一件夹衣，衣下铺一层谷子③。这类谷物虽无器皿盛放，但其位置应是精心安排专门进行摆放的，多置于墓主人身旁的位置，应具有一定的象征意义，如阎仲宇夫妇合葬墓中的谷物摆放于身下，或是取"后背有粮"之谐音"后辈有粮"的寓意。

值得注意的是，在一些明墓中还出土了谷仓模型，也应是谷物随葬的一种表现形式。仓模型在墓中本就是为盛放粮食所置，如洛阳西汉壁画墓④等墓出土的模型仓内都发现有谷物遗存。明代仓模型出土数量虽远不及前代，也不再盛放谷物，但其功能应和前代相类似，应是对粮食储备的一种象征，让墓主有"充足"的粮食可以享用。如蜀王世子朱悦燫墓⑤中庭左耳室正中放陶仓模型一件；蜀僖王墓也出土有仓⑥；南昌明昭勇将军戴贤夫妇合葬墓⑦也出土了9件刷金谷仓；四川铜梁石椁墓⑧出土石制谷仓(图9)，每墓2件，与谷仓罐的摆放方式类似，对称摆放于随葬坑的两角处。

图九　四川铜梁石椁墓出土谷仓

① 刘毅：《唐季以来帝王世俗化葬仪用品探微》，《南方文物》2012年第1期。
② 程崇勋：《巴中明墓清理记》，《四川文物》1991年第6期。
③ 肖琦：《明兵部尚书阎仲宇夫妇合葬墓》，《文博》1993年第3期。
④ 李京华：《洛阳西汉壁画墓发掘报告》，《考古学报》1964年第2期。
⑤ 中国社会科学院考古研究所、四川省博物馆、成都明墓发掘队：《成都凤凰山明墓》，《考古》1978年第5期。
⑥ 翁善良：《成都明代蜀僖王陵发掘简报》，《文物》2002年第4期。
⑦ 李科友、彭适凡：《明昭勇将军戴贤夫妇合葬墓》，《南方文物》1982年第1期。
⑧ 胡人朝：《四川铜梁县明代石椁墓》，《文物》1983年第2期。

四、结语

有谷物随葬的墓葬,不论是否使用谷仓罐作为载体,等级都较高,其墓主人既有益定王、鲁荒王等藩王、徐俌等异姓功臣,也有明兵部尚书阎仲宇、户工二部侍郎卢维祯等朝廷官员等,暂未发现平民墓有谷物随葬现象。还有一种现象值得注意,即随葬种类越丰富,墓主人身份地位就越高,或是随葬食物多寡还有一定的等级象征。有谷仓罐盛放的谷物随葬和谷物单独随葬这两者除随葬方式外暂未发现有明显差异,或需更多的资料进行分析和探讨。

谷物随葬寄托了古人美好的意愿,反映了人们对往生世界的想象,谷仓罐更是为我们了解当时人们的精神世界和丧葬观念的变化提供了实物资料。从明代墓葬出土的随葬品来看,神煞和宗教色彩已经淡化,整体丧葬风格更为写实。在这种背景下,谷仓罐也回归最初的功能,在墓葬中充当"食罐"、象征食物,解决墓主的饮食问题,逐渐成了一种程式化的随葬品。也正是由于明代这种偏向实用主义、极具生活气息的丧葬文化环境,明代"谷物随葬"有了更为丰富的形式,不再局限于使用谷仓罐或谷物,不仅有象征粮食储备的明器谷仓,随葬的食物种类也效仿现实生活,更为丰富,这些都进一步反映了古人"事死如事生"的丧葬理念。

附记:

江西地区元墓出土谷仓罐的数量根据以下发掘简报及文章进行统计:何国维《江西省考古工作的概况》,《考古通讯》1955年第3期;郭远谓《江西南昌朱姑桥元墓》,《考古》1963年第10期;《上饶市追回一批失散的元代出土文物》,《江西历史文物》1980年第3期;陈定荣《堆塑瓶论》,《江西历史文物》1986年第2期;薛翘,刘劲峰《抚州市郊元代纪年墓出土的芒口瓷》,《江西历史文物》1987年第2期;陈行一《江西高安县发现元代天历二年纪年墓》,《考古》1987年第3期;杨后礼《江西永丰县元代延佑六年墓》,《文物》1987年第7期;刘翔《江西高安县汉家山元墓》,《考古》1989年第6期;乐平县博物馆《乐平李家岭元墓清理简报》,《江西文物》1990年第1期;江西省文物考古研究所,宜春市博物馆《江西宜春下浦坝上古墓群发掘报告》,《江西文物》1991年第2期;杨后礼《江西宋元纪年墓出土堆塑长颈瓶研究》,《南方文物》1992年第1期;陈美英,晏扬《江西万载发现元代墓葬》,《南方文物》1992年第2期;曲利平,倪任福《江西鹰潭发现纪

年元墓》,《南方文物》1993年第4期;黄冬梅《江西樟树元纪年墓出土文物》,《南
方文物》1996年第4期;丁潮康,王军,李放《京福高速公路临川东馆古代墓葬发
掘报告》,《南方文物》2005年第1期。

本文原刊载于《农业考古》2017年第6期。

作者简介:

白瑶瑶,1990年12月生人,满族,馆员,2018年于南开大学历史学
院获得考古学博士学位后留南开大学博物馆工作至今。研究方向为
宋元明时期的墓葬与物质文化,在CSSCI及核心期刊上发表文章数
篇,参与著作2本,主持省部级项目1项,参与国家级项目1项、省部级
项目1项。

中国传统文化中的"难得糊涂"思想

李少龙

郑燮(1693—1765),字克柔,号板桥,江苏兴化人。18世纪中叶,一代才人郑板桥提出了"难得糊涂"思想。这一思想提出后,很快就在中国社会中广泛流传开来。在短短二百余年的时间里,"难得糊涂"已走入了街头巷尾,走进了千家万户,各种各样的谬误真理更以"难得糊涂"的面目不断涌现出来,如"沉默是金""吃亏是福""忍""枪打出头鸟""莫生气"等。这一切昭示这样一个基本事实:"难得糊涂"思想已经切中了中国文化的主动脉。时至今日,有关郑燮的研究已成果斐然,但这些研究大多集中在郑氏的艺术领域,而对其"难得糊涂"思想的真实内涵及其与中国文化的关系问题,则无人问津。本文拟就此试作讨论。

一

"难得糊涂"思想明确提出于1751年,是年郑燮59岁,官山东潍县县令。父母官的生涯、坎坷的经历,使郑燮对社会与人生有了清醒的认识。服官十年之际(乾隆十六年,1751年),他已明显地感受到了王道理想难伸的悲哀,对人民的处境更为担忧了:"何以未赈前,不能为周防? 何以既赈后,不能使乐康? 何以方赈时,冒滥兼遗忘。"①(《思归行》)面对这一切,郑燮又能做些什么呢? 他所拥有的,不过是一个文化、艺术天才的全部:敏锐的思维、深邃的目光,如此而已。万般无奈之余,他发出了深深的叹息:"难得糊涂!"并亲书此匾以为座右,其辞曰:"难得糊涂。聪明难,糊涂难,由聪明而转入糊涂更难。放一着,退一步,当下心安,非图后来福报也。"②(《郑板桥书画拓片集》)两年后,处于各种矛盾交织中不得解脱的郑燮被迫放弃继续为民请命的机会,走上了"独善其身"的人生道路。

---

① 郑板桥:《郑板桥集》,中华书局,1962年。
② 周积寅、王凤珠:《郑板桥年谱》,山东美术出版社,1991年。

值得注意的是,郑燮辞官后,其爱民爱物之心仍丝毫未减。非但如此,他还在热爱生命、赞美生命的人生旅程上获得了另外一种意义上的超越![1]1757年,已届65岁高龄的郑燮仍然关心着国计民生:"莫以青年笑老年,老怀豪宕倍从前。关心民瘼尤堪慰,麦陇青葱入望中。"[2](《再和卢雅雨四首》)这就是郑板桥,不为命运所屈服的郑板桥!

那么,郑燮为何口喊"糊涂"却并不糊涂呢?"难得糊涂",其意义何在? 这才是我们要关心的核心问题。

实际上,郑燮的所谓"难得糊涂",并非普通意义上的糊里糊涂,也不是单纯意义上的忍让与避就;其所标的的核心内涵,首先应该是一种对自然、社会与人生的积极的思索与进取,以及由此而带来的一种痛苦与彷徨、无奈与感伤。

我们知道,生命的价值在于创造,在于积极的开拓与进取。人与其他动物的根本区别,就在于人的思维有着极强的主观能动性,人能够用自己的思维去认识世界、改造世界。人类社会的发展进步,也正是在这种认识世界和改造世界的过程中得以完成的。知识的积累、文化的传承,向未知世界的开拓与进取,都是为了让"人本身"变得更加聪明起来。然而,面对浩渺无垠的宇宙、纷繁芜杂的世界,人的思维是有限的;在残酷的自然规律和社会规律面前,个人的力量是渺小的。要让自己变得聪明起来,谈何容易! 是为"聪明难"。同样,正因为人的思维是有限的,而认知的对象却是无限的。因此,只要有思索,有进取,就会有痛苦,有彷徨。而当这种痛苦与彷徨加大到一定程度时,人就会被迫让自己停止下来;在痛苦煎熬中,人们自然就会想到:要是能够什么都不想,或者干脆就是一个傻子,那该有多好。但是,人的思维是客观存在的,想要什么都不想,不思索,不进取,又谈何容易! 是为"糊涂难"。"聪明难""糊涂难",思索带来了聪明,也带来了痛苦。要摆脱痛苦,而又不能摒弃思维,那就只有大彻大悟,或自欺欺人了。然而,要做到这一点,可就更加难上加难了! 是为"由聪明而转入糊涂更难"。"聪明难,糊涂难,由聪明而转入糊涂更难",人类正因为具有了聪明(思维、思索),也才真正体味到了糊涂(客观世界的无限性),在此,聪明与糊涂,糊涂与聪明,早已是一对难舍难分的孪生兄弟;"聪明难,糊涂难,由聪明而转入糊涂更难",聪明、糊涂,糊涂、聪明,思索、痛苦,痛

① 杨伯峻:《论语译注》,中华书局,1980年。
② 周积寅、王凤珠:《郑板桥年谱》,山东美术出版社,1991年。

苦、思索,人类社会的发展进步,人类自身的完善与提高,也正是在这种积极探索的客观过程中得以实现的。孔子曰:"吾十有五而志于学,三十而立,四十而不惑,五十而知天命,六十而耳顺,七十而从心所欲,不逾矩"①(《为政第二》)、"吾尝终日不食,终夜不寝,以思"②(《卫灵公》),郑燮有谓:"心血为炉熔铸古今"③(印章)、"叹老嗟悲,是一身一家之事;忧国忧民,是天地万物之事。虽圣帝明王在上,无所可忧,而往古来今,无一不在胸次"④(《自序》)。凡此种种,都是这种积极思索与进取的真实写照。同样,正因为具有了这种积极的思索与进取,具有了这种"痛苦与彷徨"的磨难与洗礼,中国文化也才绽放出了灿烂的光彩,巍巍然屹立于世界民族之林。

当然,我们也应当看到,"难得糊涂"思想确实包含有一定意义的消极成分,如忍让、避就、假装糊涂等。但值得注意的是,这种"消极",从某种意义上说并非纯粹意义上的消极,而是一种人在自然规律和社会规律面前的无奈,以及由此而导致的一种感伤。在此,无奈并不一定意味着消极,感伤也并不一定意味着停滞不前,积极进取的因素正蕴含其中。李泽厚论《魏晋风度》指出:"(魏晋时期)对生死存亡的重视、哀伤,对人生短促的感慨、喟叹,成为整个时代的典型音调……在表面看来似乎是如此颓废、悲观、消极的感叹中,深藏着的恰恰是它的反面,是对人生、生命、命运、生活的强烈的欲求和留恋——它实质上标志着一种人的觉醒,即在怀疑和否定旧有传统标准和信仰价值的条件下,人对自己生命、意义、命运的重新发现、思索、把握和追求……在'对酒当歌,人生几何'底下的,是'烈士暮年,壮心不已'的老骥长嘶,建安风骨的人生哀伤是与建功立业'慷慨多气'结合交融在一起的"⑤,说的正是这个意思。事实上,所谓"难得糊涂",也只不过是人生思索过程中当痛苦加大到一定程度时的一种心理休憩罢了,"放一着,退一步",所能求得的,也仅仅是一种暂时性的"当下心安";短暂的休憩过后,新的思索与进取又开始了!"难得糊涂",正是这样一种"由思索到痛苦——再由痛苦到思索"的艰难的人生求索历程。"路漫漫其修远兮,吾将上下而求索"⑥(《离骚》),古往今来,有多少仁人志士为此而耗

---

① ② 杨伯峻:《论语译注》,中华书局,1980年。

③ 周积寅、王凤珠:《郑板桥年谱》,山东美术出版社,1991年。

④ 郑板桥:《郑板桥集》,中华书局,1962年。

⑤ 李泽厚:《先秦理性精神》,载李泽厚:《美的历程》,文物出版社,1989年,第88—89页。

⑥ 袁梅:《屈原赋译注》,齐鲁书社,1983年。

尽了移山心力。在儒道互补的文化传统中,积极入世、兼济天下一直是中国文化的主流基调。这种主流基调,又幻化成了一种强大的文化动力,激励和推动着中国文化的蓬勃发展,虽历经沧桑,但百折而不挠。这才是郑燮所谓的"难得糊涂"。

其次,从哲学意义上看,"难得糊涂"思想所体现的,又应该是一种对人的生命存在状态的深刻理解与认同。从人性发展的角度看,人生在世,有悲亦有喜,有得必有失,此乃千古不易之理。在现实生活中,理想与现实永远存在着矛盾,理想达到了,事业成功了,在生活中却要失去很多;生活"好了",物质生活丰富了,却不一定是理想实现了。在此,聪明与糊涂,糊涂与聪明,又有谁能分说得清。"难得糊涂",其"难"在此。而从问题的另一方面看,正因为人总是处在一种理想与现实的冲突与碰撞中。如果不懂得协调、不懂得忍让与避就,那么,这种理想与现实的矛盾以及由此而来的痛苦与彷徨,就必然会影响人的身心健康,导致人的心理失常。同样,在人类社会中,人总要生活于一定的社会规范调控之下。这种社会规范的"调控性"与人的"自由性"之间形成了一种内在的矛盾性。因此,在现实生活中,人如果不注意自己的心理调节,过于与社会摩擦,与他人摩擦,那么,"他"的身心健康也必然会受到伤害。此其一。其二,人的成功来源于积极的思索与进取,来源于艰难的求索和拼搏,痛苦与彷徨自然伴随其中;从某种意义上说,成功越大,痛苦与彷徨也越大。在这种成功与痛苦的矛盾中,人如果不学会"休息",不学会"放弃",同样会影响自己的身心健康。因此,在社会生活中,无论从哪个角度而言,必要的忍让与避就都是人人所需要的;"放一着,退一步,当下心安,非图后来福报也",只有一个真正懂得生活的人,一个真正懂得事业与成功的人,才会有着如此深刻的心理感受! 西方哲学有谓:距离产生美感;中国俗语亦云:事缓则圆。说的都是这个意思。

从社会文化的角度看,在中国文化中,居于正统地位的儒家思想却并未给予人的生命自由以足够的重视,而是过分地强调了人的社会化(详后);随着封建社会及文化的发展,儒家思想中一些优秀的、尊重生命自由的思想成分逐步丧失,压抑人性的规范开始显露并得到了强化,人性压抑程度提高。生活于这样的社会及文化中,对一个热爱生命、珍惜生命的人而言,"难得糊涂"无疑成为一种"最好的"生命存在状态——舍弃一切价值及存在,谋求一种心灵的自由与解脱(用"心"活着)这种生命存在状态,既是对自我生命价值的认同与尊重，又是对压抑的社会文化的一种反动。同样，"难得糊涂"思想的社会化，也正是在这种生命意义上被人们所认知、所理解（曲解）的。

二

"难得糊涂"思想并非郑燮所独创，作为一种思想文化，它已经在中国大地上存在了几千年，其思维方式、生存状态与中国文化所标的的思维方式和生存状态是正相一致的。

首先，从思维方式上看，"难得糊涂"思想所标的的思维方式，正好是中国文化所特有的"实践理性"的思维方式。传统中国文化不是理性的哲学与科学文化，而是表现性（感性）极强的"艺术化"文化。这种文化的特点在于，不对客观事物进行科学的分析研究，而是停留在对客观事物的感性认识上，即对可感知的客观事物的存在规律进行简单的、普通意义上的归纳与总结。中国文化的这种思维特点，李泽厚先生称之为"实践理性"的思维方式[1]。这种"实践理性"的思维方式，既是理性（聪明）的，同时，它又是反理性（糊涂）的；它是一种基于实践经验的总结，而非逻辑性的分析与研究。因此，在中国文化中，在"实践理性"精神指导下，人们对客观事物的认知是"有限"的：当"这种认知"达到一定"高度"（聪明）时，人们不是继续深究下去，以求终极真理（大聪明、更聪明），而是自然而然地进行了某种意义上的回归（"糊涂"）。儒家思想所奉行的"中庸""祥和"，道家思想的"有无论"，以及禅宗青原惟信"见山是山"的"认识论"[2]，都是这种思维方式的具体体现。而所谓"难得糊涂"，也正是这种文化精神的直观反映——"聪明难，糊涂难，由聪明而转入糊涂更难"，其所标的的思维方式，正是这样一种"由糊涂到聪明，再由聪明到糊涂"的"实践理性"的思维方式；"放一着，退一步，当下心安，非图后来福报也"，也正好是儒家思想"不语怪力乱神""事鬼神，敬而远之"的天道观和积极入世的人生观的直观反映。"聪明难，糊涂难，由聪明而转入糊涂更难。放一着，退一步，当下心安，非图后来

---

① 李泽厚：《先秦理性精神》，载李泽厚：《美的历程》，文物出版社，1989年，第88—89页。

②《水调歌头·中秋》一词有云："明月几时有，把酒问青天。不知天上宫阙，今夕是何年？我欲乘风归去，又恐琼楼玉宇，高处不胜寒。起舞弄清影，何似在人间。转朱阁，低倚户，照无眠。不应有恨，何事长向别时圆。月有阴晴圆缺，人有悲欢离合，此事古难全。但愿人长久，千里共婵娟。"在此诗中，一方面具有着对美好事物的无限憧憬和企盼之情；另一方面又有着一种求之不得、辗转反侧的惆怅和大彻大悟后的顿悟与宽容。这种既积极进取而又随遇而安的文化心态，就是"难得糊涂"思想的文化心态。

福报也",这一切的一切,不就是中国文化中"儒道互补"这一基本文化观念的最好说明吗?

其次,从文化表现上看,"难得糊涂"思想所标的的生存方式(生命存在状态),又恰恰是中国文化所特有的一种生命存在状态和文化心态——"朝隐文化"。"朝隐文化"的最早提出者为汉代的东方朔。《史记·滑稽列传》记东方朔之嬉戏朝堂有云:"朔行殿中,郎谓之曰:'人皆以先生为狂。'朔曰:'如朔等,所谓避世于朝廷间者也。古之人,乃避世于深山中。'时坐席中,酒酣据地而歌曰:'陆沈于俗,避世金马门。宫殿中可以避世全身,何必深山之中,蒿庐之下。'"①

然而,仅仅是嬉戏朝堂、嘻笑怒骂的人生态度,还不是真正的"朝隐文化"。"朝隐文化"的代表人物,当首推宋代的苏东坡。苏轼是中国封建社会及文化发展到鼎盛时期的代表人物。他在中国文化的各个领域内都取得了令世人瞩目的巨大成就。然而,苏轼对中国文化的重大影响,却不仅仅在于上述成就的方方面面,而更在于他用自己的一生开创和代表了一种重要的文化心态。这是一种"君子见机,达人知命"②的文化心态。我们称之为"朝隐文化"。

所谓"朝隐",既是一种文化,更是一种心态。"酒肉穿肠过,佛祖心中留",可能的情况下做可能的事(不作"布鲁诺"式的抗争),就是这种心态的最好解释;"小隐隐于野,大隐隐于市","问君何能尔,心远地自偏",则是这种心态的最好说明。亦官亦隐、官隐结合,"身在山林,心存魏阙""身在朝廷,心在山林",又是这种心态的具体体现。在这种文化心态指导下,在中国文化中(尤其是封建社会后期),"兼济天下"与"独善其身"已和谐地走在了一起——"兼济天下"的信念时时牢记心中,而生活的享受却也不能不要,这就是"朝隐":一种典型的"中庸之道"。

"朝隐文化"的实际内容是生活。"兼济天下"的人生理想固然重要,然而,追求理想却是要付出代价的。这种"付出",又不是每个人都能承受得起的。那么,我们到底应该做些什么呢? 生活,只有生活,才是最实实在在的东西。"何不饮美酒,被服纨与素","何不策高足,先据要路津"③,是啊,为什么不在生活中寻找幸福和快乐呢!"聪明"的人们都会这么想。在此,中国文化绽放出了

---

① 司马迁:《史记》卷一二六《滑稽列传》,中华书局,1959年。
② 王勃:《滕王阁序》,载袁梅等:《古文观止今译》,齐鲁书社,1983年。
③ 李泽厚:《魏晋风度》,载李泽厚:《美的历程》,文物出版社,1989年。

灿烂的异彩——琴棋书画、诗词歌赋、衣食住行……这一切的一切,举凡生活的方方面面,都达到了一种高度发达的、近乎艺术化的高度。林语堂先生称之为"生活的艺术"①,或"艺术化的生活"②,说的就是这个意思。

千百年来,庭院深深,茅屋数间;室藏书画,有酒盈樽;童仆相迎,稚子候门,一直是中国古代知识分子梦寐以求的人生理想。这种充满了诗情画意的"东西",被后世知识分子用"朝隐"的方式轻而易举地得到了!封建社会后期,对一个知识分子而言,政治上,他可能是一个官僚,一个学者,而生活中,他则是一个"闲人",一个"艺术家",一个"艺术化生活的大师",举凡人生享受的一切——从物质生活到心态的自由——他都了然于胸,并身体力行。关于这一点,我们不但可以从"桃园仙境"式的山水画和山水诗中得到明证;同样,我们也可以从历代文人尤其是大文人李渔、张岱等人对生活的精辟见解和热情关注中得到明证③④。在他们心中,生活,只有生活,才是他们真正"最大的"人生理想所在! 就连孔夫子都在感叹:"暮春者,春服既成,冠者五六人,童子六七人,浴乎沂,风乎舞雩,咏而归……吾与点也"⑤(《先进》),还有什么是不可以接受的呢?

和其他儒家知识分子一样,在积极入世、"兼济天下"的同时,郑燮也在憧憬着自己的"幸福生活"。在田园风光的抚慰下,他的心灵得到了极大的安慰:

数间茅屋,一块石头,几竿修竹……一个闲人数间屋,阶下石头檐外竹;偶然吟得好诗词,高声唱个无腔曲。⑥(《触机集》)

天寒冰冻时,穷亲戚朋友到门,先泡一大碗炒米送手中,佐以酱姜一小碟,最是暖老温贫之具。暇日咽碎米饼,煮糊涂粥,双手捧碗,缩颈而啜之,霜晨雪早,得此周身俱暖。嗟乎! 嗟乎! 吾其长为农夫以没世乎! ⑦(《家书》)

①② 林语堂:《林语堂名著全集》(第20、21卷),东北师范大学出版社,1994年。
③ 李渔:《闲情偶寄》,作家出版社,1995年。
④ 夏咸淳编:《张岱散文集》,百花文艺出版社,1997年。
⑤ 杨伯峻:《论语译注》,中华书局,1980年。
⑥ 周积寅、王凤珠:《郑板桥年谱》,山东美术出版社,1991年。
⑦ 郑板桥:《郑板桥集》,中华书局,1962年。

在此,就连"喝一碗大米稀饭""唱几句小曲",都变成了至高无上的人生享受!这种"彻底自由了的、艺术化的"心态,恐怕也只有在"真正的"生活中才能得到——生活是多么的美好啊!这难道不是一件值得庆幸的事吗?——这种暂时逃避了矛盾与现实后的"聪明",就是所谓的"难得糊涂"。

最后,从历史渊源上看,"难得糊涂"思想亦可谓渊源有自、源远流长了。千百年来,它一直明明白白地存在于中国文化中。众所周知,以儒为主、儒道互补是中国思想发展的一条主线。在儒家思想中,孔子虽然已经看到了"社会性"的过分强化对人的生物性的自由发展所构成的潜在威胁,但出于人的"生命价值"实现的必然性(人的"生命价值"只有在人类社会中才能实现),他仍然强调了人的社会化("兼济天下")。同样,也正是出于这种人的生命价值实现的必然性,封建社会选择了儒家思想。而道家思想则只有作为儒家思想的重要补充而存在了。但值得注意的是,在强调积极入世、"兼济天下"的同时,孔子仍然注意到了"独善其身"的重要价值。在儒、道互补的文化传统中,儒家的中庸之道,"兼济天下"与"独善其身"道家的"离形去知"①(《大宗师》),庄周的"齐物论"②(《齐物论》)、"蝴蝶梦""逍遥游"③(《逍遥游》),就是"难得糊涂"思想的思想源头。封建社会早期,封建社会及文化处于上升阶段,"难得糊涂"思想的负面影响并未显现出来,而只是作为一种文化暗流而存在着。"屈贾谊于长沙非无圣主;窜梁鸿于海曲岂乏明时"④,阮嗣宗之至慎,嵇叔夜之悲歌,等等,都是这种"文化暗流"的集中体现。

宋代以后,随着封建社会的盛极而衰,兼济天下、立功边关的狂热已渐渐远去,否定文化、退避人生、谋求心灵的自由与解脱成为整个时代的典型音调。苏轼顺应了这一历史潮流,将"独善其身"真正提上了"议事日程",并使之与中国文化合流,"难得糊涂"思想的庐山真面目终于显露出来了。这一切,已明显地反映在了他的《水调歌头·中秋》一词中。明清时期,封建社会及文化进一步衰落,知识分子们在苏轼的光环下越走越远,袁宏道已明确表示:"圣人者,常人而肯安心者也"⑤。此时此地的"圣人",不就是活脱脱的"难得糊涂"者吗?——然而,学者们的思想太理念化了,民众不容易去理解它。是板桥,唯

---

① ② ③ 张耿光:《庄子全译》,贵州人民出版社,1991年。

④ 王勃:《滕王阁序》,载袁梅等:《古文观止今译》,齐鲁书社,1983年。

⑤ 袁宏道:《袁中郎随笔》,作家出版社,1995年,第149页。

板桥方以艺术家之大雅大俗以规范之,谓之曰"难得糊涂"。

三

在广泛流行的过程中,"难得糊涂"思想的核心内涵已发生了本质性的转变。清钱泳跋此匾有云:"此极聪明人语也。余谓糊涂人难得聪明,聪明人又难得糊涂。须要于聪明中带一点糊涂,糊涂中带一点聪明,方为守身处世之道。若一味聪明,便生荆棘,必遭怨尤,反不如糊涂之为妙用也。"①(《履园丛话》)在此,"难得糊涂"仅仅成了一种消极圆滑的处世哲学,其积极进取的思想成分已荡然无存。那么,为什么会发生这种变异呢? 这当然就与中国封建社会及文化对人性的压抑大有关系了。具体而言,这种"封建社会及文化对人性的压抑性"以及由此而导致的"难得糊涂",又体现在以下三个方面:

(1)官僚制度下的"难得糊涂"。与西方文化相比,中国封建社会及文化有着明显的个性特征。这种个性特征表现为:中国封建社会及文化长期处于一种"封而不建"或"不封不建"的特殊状况之下,中央集权的"大一统"才是其核心内涵所在。在这种"大一统"的思想、文化支配下,在社会生活中,永远只有一种行为是正确的,或最好的,而其他的、不属于这种思想行为的"东西"都在被排斥和忽视之列。这种"大一统"的思想、文化,无疑构成了严重的人性压抑。以人的发展为例,在中国封建社会里,读书做官被认为是人生奋斗的终极目标和最高理想,是人人都欲得之而后快的"东西"。所谓"万般皆下品,唯有读书高",便是此意。然而,作为管理者,"官"的数量又是极其有限的。这种"全国人民"一拥而上的局面,必然导致前进道路上的"交通拥挤"。这条路实在太挤了,以致使很多人甚至是绝大多数人的生命热情白白地消耗在了漫长的等待和拥挤中,而所谓"最好的、最理想的目标",也只不过是一种"理想"罢了! 在这种"理想"中,又包含着几多无奈、几多痛苦与彷徨,是为"难得糊涂"! 从问题的另一面看,正因为这种最好的、最理想的"位子"是极其有限的、极不易得的,因此,一旦得到它,人们便想死命保住它,而"下面"的人却在不断往上拱。人与人之间的"距离"拉近了,"摩擦"增多了。时间久了、"摩擦"多了,得"官"者和未得"官"者都疲惫不堪,忍让、避就之情自然应运而生,是为"难得糊涂"! 同样,正因为这种最好的、最理想的"位子"是极其有限的、极不易得的,

---

① 周积寅、王凤珠:《郑板桥年谱》,山东美术出版社,1991年。

大量非法的、不公平的竞争手段也就在所难免。面对这种低级的、庸俗的,甚至是令人担忧的竞争行为,洁身自好的人们也只能是避而远之,或"难得糊涂"了! 作为封建社会的士人、文人和官僚,郑燮显然清楚地感受和体味到了这一切。此其一。

其二,在官僚制度中,"官"的获得是需要某种"资格"的,而"官"的升迁,靠的更主要是所谓的年望、"资历"而不是才干和政绩。而所谓"资历",说到底,靠的又无非是一个"熬"字①。熬年头、熬社会、熬自己、熬别人,最后熬出头来,那便万事大吉、皆大欢喜。所谓"千年的媳妇熬成婆",便是此意。当然,在这种熬的过程中,所要付出的艰辛与劳苦是不言而喻的。正因于此,一些官场宦达、食禄终身的"三朝元老""四朝元老"也就成了人们心目中的偶像。从这些官场元老和一些权相、奸相的身上,我们充分地看到了这种熬官保官的艰辛与不易②③。他们的"经验"告诉人们,在熬的过程中,想要获得成功,最重要的,是要搞好各种人情关系,多说空话,少办实事,多装糊涂,少惹是非,"不求有功,但求无过",先保住禄位,方能后继勃发,升官晋爵、并惠及子孙——毫无疑问,在这种熬官保官的过程中,在这种"马拉松"式的赛跑中,人们的心理是极为劳累的。面对来自社会的各种挑战,他们必须付出足够的忍耐,有时甚至是非人的忍耐。在这种"忍耐"的过程中,又包含着几多的无奈、几多的痛苦与彷徨,是为"难得糊涂"。而从问题的另外一个方面看,正因为这种熬官熬身份熬地位的过程极为辛苦,正因为人们的心理是极为劳累的。因此,面对这种劳累的心理状态,面对来自社会各个方面的巨大压力,一个想要成功的人,就必须学会放松、学会自我的心理调节;否则,他的身心健康便会受到损害。在这种强大的现实需要面前,及时行乐、享受人生、享受自然、"艺术化的生活",也就成了人们最为理想的生活方式——"艺术化的生活",也就是所谓的"难得糊涂"。

(2)家族制度下的"难得糊涂"。我们知道,"家"是每个人踏入社会的第一步,家庭生活则是每个人生活的主要内容之一。在生产力低下、自然条件恶劣而又缺乏宪法保障的条件下,家庭和家族更成了每个家族成员的"保护伞"。在中国社会里,以亲子血缘为基础构成的家族制度具有着十分重要的历史意

---

① 《侯外庐史学论文集》(下册),人民出版社,1998年,第248—249页。
② 刘泽华:《论中国古代的亦主亦奴社会人格》,《南开学报》1999年第5期。
③ 曾小华:《中国古代任官资格与官僚政治》,杭州大学出版社,1997年。

义。早在商周时期,中国的家族制度便已得到了极为完善的发展①。此后,随着封建社会及文化的不断发展、变化,家族制度也得到了不断强化。为了更多地占有生产资料、为了获得更多的发展机遇,为了抵御来自外界的各种冲击与扰乱,在家族制度的保护下,中国的家族(庭)一直朝着更大、更完善的方向发展,四世同堂、五世同堂、亲友云集、高朋满座的辉煌景象成了人们梦寐以求的人生理想。

诚然,拥有一个庞大的家族体系固然是一件令人欣慰的美事。但是,要维系这个家族的兴旺发达却并非易事。对一个封建大家族(庭)来说,为了占有更多的生产资料,为了抵御来自外界的各种冲击与扰乱,为了获得更多的发展机遇,便要求其各家族成员之间的相互团结与协作。也只有这样,这个家族(庭)的生存与发展也才会有前途、有希望。所谓"和为贵""家和万事兴",说的就是这个意思。然而,在一个人口众多、关系复杂的封建大家族(庭)里(当然还包括其"五服"以内的其他成员),人们又是如何去维护它的精诚团结与和睦相处的呢? 我们知道,要维系这样一个封建大家族(庭)的这层关系,仅仅依靠宗法制、等级制这些冷冰冰的制度和社会规范是远远不够的。从某种意义上说,最主要的,靠的实际上还应该是一种各家族(庭)成员之间的相互理解、相互体谅与相互忍让。其中,相互体谅与相互忍让尤其是相互忍让又是其中之最为重要者。在这种强大的现实需要面前,"忍"的文化产生了。忍气吞声、遇事忍让、"打掉了牙齿往肚里咽"成了每个家族成员尤其是低等级的家族成员所必须经受的人生考验。而对每个家族成员来说,一旦"他(她)"修炼到了"宠辱不惊",能将"百炼钢"化为"绕指柔"的"理想境地",那么,类似于"贾母"般的荣耀与辉煌也就离"他(她)"不远了。这就是中国文化,这就是家族制度。事实上,早在唐代时,这种"治家以忍"的文化精神即早已深入人心。高宗时,郓州张公艺有幸九世同堂,成为人们钦慕的对象,当高宗问及其治家之秘方时,公艺大书了一百多个"忍"字作为回答②。这个事例,生动地说明了"忍"的文化在中国文化中的重要性。"忍"的文化,也就是"难得糊涂"的思想文化。

众所周知,"尊老爱幼"是中华民族优秀的道德品质之一,这无疑是长幼之序和宗法制度带来的一项最可称道的积极成果。但仔细考察,我们便会发现,

---

① 朱凤瀚:《商周家族形态》,天津古籍出版社,1990年。
② 《旧唐书》(卷一八八)《孝友传·张公艺》,中华书局,1975年。

从人性发展的角度看,"只尊老而不爱幼"的思想同样也是长幼之序和宗法制度带来的严重后果。在中国封建社会及文化中,在家族制度和等级制度下,人只有到了一定的地位和年龄即具有了某种"资格"之后,他的生命价值才会得到重视,而年轻人的生命冲动则是受到压抑和否定的。这种压抑,首先表现为年轻人的创造性才能得不到尊重,同样重要的,是年轻人没有选择婚姻和职业的两大自由。关于这一点,曹雪芹在《红楼梦》一书中已做了深刻揭示:在像"贾氏家族"这样的"封建大家庭"里,贾宝玉虽贵为"宝玉",也仍然没有选择婚姻和职业的自由,也仍然逃不出封建社会为他所规定的悲剧性命运。这就是封建文化对年轻人生命意志的压抑!这种压抑,所否定的恰恰是一种最有生命活力的、最具创造性与开拓性的"东西"。因而,从总体特征上看,古代封建文化呈现出了一种保守的、缺乏创新与活力的"老年人"的思想特征。这种"老年人"的思想特征,也正是消极、退让意义上的"难得糊涂"的思想特征。

(3)等级制度下的"难得糊涂"。中国社会走过了漫长的封建历程。在这一漫长的历史进程中,由奴隶制残余所导致的家族制、等级制,以及由中央集权所导致的"大一统"、官僚制,共同构成了中国封建社会及文化的一大基本特征。其中,官僚制、家族制已如前言,现在,让我们来看看等级制度。在中国社会里,人们宛如一颗颗大小不一的"棋子"被镶嵌在了金字塔般的社会结构中;高等级的人们获得了更大的自由,而低等级的人们则处于被压迫、被剥削的困顿境地。这就是所谓的"等级制度"。官僚制中的"九品十八级"、家族制中的"长幼尊卑之序"、社会分工中的"士农工商"之别,等等,就是这种等级制度的具体体现。毫无疑问,在各个社会等级中,官僚阶级无疑是最为优越的一个等级,他们因掌握着国家机器的运作权力而享有了某种特权,因而成为特权等级。在社会生活里,以官僚阶级及其"裙带者"为中心的人们在人的发展、社会产品的分配和占有上享有明显的优先权。这种不公平的竞争机制,造成了严重的人性压抑;同时,也导致了一种"希望他人(主要是官僚阶级及其裙带者)倒霉"的嘲笑心态的产生。面对人与人之间的不平等,人们一方面在嘲笑着这个世界,一方面又在积极进取,以图进入特权阶层。然而,能够进入特权阶层的,毕竟只是极少数人;因此,对绝大多数人来说,也只有望洋兴叹,或"难得糊涂"了!

当然,等级制度也有着其相对合理的一面。这是它作为一项社会制度存在的前提条件。具体而言,这种"合理性"在于:在等级制度中,作为等级制度本身的各种等级虽然是相对固定的,但进入各个等级的人们却是在不断变化的。因此,从某种意义上说,等级制度也为人们提供了某种生存与发展的机遇(尽管这种机遇仍然是不平等的)。而事实也正是这样,奴隶"可以"变成主人,百姓"可以"变成官僚,小官"可以"变成大官,大官"可以"变成更大的官,儿子"可以"变成老子,媳妇"可以"变成婆婆,穷人"可以"变成富人。同样,这种变化也可以朝着大致相反的方向发展(特殊情况除外)。这就是等级制度的相对合理性。"王侯将相,宁有种乎",陈胜、吴广两千多年前说的这句话,正好反映了中国等级制度的这种运作规律。那么,古代中国人又是靠什么方式来改变自己的身份和命运的呢?这才是我们应当关心的核心问题。在中国传统社会里,在等级制度下,一个人要改变自己的身份和命运,除了自身的努力和才干外,他所依靠的,实际上也还是一种人情关系和所谓的年望、"资历";他所需要的,也还是一个"熬"字和一个"忍"字。这种"游戏规则",与官僚制和家族制等制度体系中所表现出来的规则是完全相同的。这一切,正好说明了古代封建文化的一致性。而这种"一致性"所表现出来的,又恰恰是一种"封建社会及文化对人性的压抑性"。鲁迅先生论中国封建社会及文化对人性的压抑有云:"我"翻遍了中国的历史与文化,所看到的只有两个字,那就是"吃人!"①在这种"吃人"的社会规范面前,在封建社会及文化的强大压力下,人的活动的余地是极小的,个人的力量是有限的,反抗是暂时的,甚至是徒劳的,想要不"难得糊涂",又谈何容易!

此外,"难得糊涂"思想的产生、变异及广泛流行,还与封建专制王权对人的生命价值的肆意践踏与摧残有关。在中国封建社会中,"天命王权"是最基本的政治观念之一。封建帝王是"天"的儿子(天子),代表上天统治臣民。在这种政治观念指导下,封建帝王获得了凌驾于国家法律之上的无上权威。这种权威,对各阶级和整个社会文化构成了严重的压抑。然而,人的生命冲动是永恒的,哪里有压迫,哪里就有反抗,压迫越严重,反抗也越激烈。因此,在中国社会里,大规模的农民战争经常爆发,封建王朝不断更迭,临时的、没有引起改朝换代的农民起义更是连绵不断。这一切,又都是以大量杀伤和毁坏生命为前提的。这种大量的血腥杀戮(包括封建帝王对知识分子的血腥杀戮),对社会生产力构成了严重破坏,更为重要的是,它使一种战争的阴

---

① 鲁迅:《狂人日记》,载《鲁迅全集》(卷一),人民文学出版社,1973年。

影、一种死亡的阴影笼罩在了人们的心头,并在整个社会生活和文化生活中弥漫开来,从而造成了一种生命存在及生命价值的不安全感与不安定感。这种"生命存在及生命价值的不安全感与不安定感",成为中国文化的一个典型音调。魏晋士人对生命价值的忧患与感伤,正是这种典型音调的直观反映。事实上,在这种忧患与感伤中,已经隐含了浓重的"难得糊涂"的悲剧色彩。"不如饮美酒,被服纨与素""对酒当歌,人生几何"[1]等,正是这种悲剧色彩的真实写照。

封建专制王权对人的生命价值的恣意践踏与摧残,还完整地反映在了对知识分子的血腥杀戮中。秦汉以后,随着封建专制主义的建立和加强,中国知识分子的人格独立性逐步丧失,知识分子演变成了封建专制王权的附庸。这种"从属性"的社会地位,决定了知识分子阶层的悲剧性命运。刘泽华、孙立群等先生论荀彧之死指出:"荀彧之死是封建专制统治下知识分子命运的一个缩影。它告诉人们,知识分子对封建统治者只能顺从,不能有疑义,更不能唱反调"[2],就是对这种"悲剧性命运"的深刻揭示。在中国传统文化中,知识分子们一方面享受着由封建社会及文化所赋予的巨大权益;同时,他们又承受着来自封建专制王权及其他方面的巨大压力。其中,封建专制王权对知识分子的血腥杀戮又为其中之最为主要者。正如人们所熟知的那样,从东汉末年的"党锢之禁"到明清时期的"科场案""文字狱",不计其数的儒家知识分子被送上了断头台。为了自己的人生理想、为了各种政治利益的相互争斗,知识分子们付出了惨重的代价! 在残酷的自然规律和社会规律面前,在封建专制王权的沉重压力下,他们如履薄冰,战战兢兢,稍有不慎,便会招来杀身之祸。宦海沉浮、官场倾扎、人生短暂、命途多舛,时时在吞食着知识分子的心! 在一次次的血腥杀戮面前,他们变得更加敏感起来,明哲保身、"不求有功,但求无过",成了他们最好的全身保命之道;在一次次的沉痛教训之后,他们变得更加谨小慎微,一种超脱老滑的人生哲学在他们中间流行开来,并波及整个社会。这就是所谓的"难得糊涂"。

明清时期,伴随着封建社会及文化的急遽衰落,封建社会及文化中的不合理因素彻底地暴露出来了。这些不合理因素,又从各个侧面加剧和深化着封建社

---

[1] 李泽厚:《魏晋风度》,载李泽厚:《美的历程》,文物出版社,1989年。
[2] 刘泽华主编:《士人与社会:秦汉魏晋南北朝卷》,天津人民出版社,1992年,第265页。

会所固有的各种矛盾。为了"消除"和"掩盖"这些矛盾,封建统治者采取了更为反动的文化政策,封建专制主义进一步加强,人性压抑程度显著提高。八股取士,东厂、西厂、锦衣卫,科场案、奏销案、文字狱,倡正统、灭异端……在这一系列集权措施和规范的沉重打击下,中国的思想界和文化界进入了"万马齐喑"①(《己亥杂诗》)的黑暗状态。复古主义、"病梅"艺术②(《病梅馆记》)、病态的社会与人生成为这一时期社会生活的主流。在"真、善、美"的合法外衣下,各种"假、恶、丑"的现象合理地存在着,整个社会呈现出了一种小人当道、庸人得势的混乱局面,维系着一种虚假、腐朽而又保守的"繁荣"。在这样的时代里,君明臣贤、国泰民安的"王道理想"消失了,"先天下之忧而忧,后天下之乐而乐"的人格理想也消失了。君主的暴虐、官吏的腐败、知识分子的腐化堕落、人民群众的艰难困苦,才是这个时代的典型音调——郑燮正生活在这样的时代里。

郑燮生活的时代,正是这样一个人性压抑的时代,一个痛苦与彷徨的时代。生活在这样的时代里,人们是痛苦的、彷徨的。作为一个"圣人"、一个"好人"和一个"艺术家",郑燮所感受到的痛苦与彷徨,远比一般人要深沉得多。基于对中国文化的深切体认,他把这种痛苦与彷徨写进了"难得糊涂"思想中,并以此而代表了一个时代——这是一个人性压抑的时代,一个痛苦与彷徨的时代;同时,这也是一个渴望生命自由的时代!而所谓"难得糊涂",也正是发自人们心底的一种呐喊!对普通人而言,他们更多地接受了这个时代的无奈,也就接受了消极、退让意义上的"难得糊涂"思想——他们用"难得糊涂"在诉说着自己的无奈,嘲笑并对抗着整个世界。而对文化、艺术天才而言,则不尽然。一方面,和普通人一样,他们也在接受着这个时代的无奈;另一方面,也更为重要的是,他们又在用自己的"生命状态"来完成着一种人的"生命价值"的回归与构建———这种"回归与构建",使唐寅、徐渭、李贽、戴震、"扬州八怪"等一个个、一批批的文化巨人高高地站立在了中国文化的历史舞台上。他们又在用同样的声音诉说着同一个文化命题,千言万语,浓缩成了简单的一句话"难得糊涂"。

"难得糊涂"思想的产生,乃中国传统文化发展之必然(中庸祥和的思维方式和生活方式);而它的变异及广泛流行,则是中华民族的一大悲剧(它所体现的,恰恰是一种"文化"与"人性发展"的二律背反)。这一悲剧的产生,肇始于

---

①②《龚自珍诗文选注》,广东人民出版社,1975年。

中国文化的保守性、封建社会及文化对人性压抑性，以及封建专制王权对人的生命价值的肆意践踏与摧残。

今天，封建社会虽早已成为过去，但是，封建文化的消极影响却仍然在很多领域里广泛地存在着，封建文化的保守性仍未彻底根除。因此，在新的历史条件下，加强民主与法制建设，发展经济、加大改革开放力度，建立合理的竞争机制与认知机制，培养健康积极的世界观与人生观，以抵制和消除传统文化中的消极影响，消除"难得糊涂"思想的负面影响，乃中华民族未来之希望所在！

当然，我们也应当看到，"难得糊涂"思想中也包含着十分积极的思想成分，如积极的开拓与进取、良好的心理调节状态，和谐的社会关系，等等。中国文化的传承与发展、中国社会的稳定与变迁，都与这些思想成分密切相关。如何坚持和发扬这一思想中的积极因素，创造安定团结的大好局面，重塑民族精神，完成中华民族的伟大复兴，也正是我们所要探讨的重要课题。

本文原刊载于《南开学报（哲学社会科学版）》2005年第5期。

作者简介：

李少龙（1968—），云南宜良人。1991年毕业于南开大学历史系博物馆学专业。当年留校工作，任职南开大学历史系博物馆学专业，2015年调离南开大学博物馆。主要从事文物管理、文物教学、博物馆管理、博物馆学教学工作。主要研究方向为思想史、艺术史和夏商周考古。发表《青铜爵的功用、造型及其与商文化的关系》《中国传统文化中的"难得糊涂"思想》《李叔同的人生价值》等论文多篇。另有：《夏、商文化的分野及其相关问题——兼论夏的国家形态和文明程度》《商代国家的权力架构和宗教信仰》《商代经济》等专著多部（约350万字）。

多学科视野下的中国古食谱研究

张国文

一、引 言

古食谱研究,也即古代人类的饮食结构研究,是历史学和考古学研究的重要内容之一。而饮食,顾名思义包含"饮"和"食"两个方面。[①]古人"饮"的对象主要有水、酒、奶、茶和其他各类饮品;"食"的对象中,素食方面主要有驯化过的"五谷"(稻、黍、稷、麦、菽)、玉米、薯类、果、蔬等,以及大量野生植物资源。肉食方面主要有作为驯化动物的"六畜"(猪、狗、牛、羊、马、鸡)、家禽以及通过渔猎获取的大量野生动物资源。除了动、植物类食物外,人类还摄取一些食物作料,如盐等。柴尔德认为:食物的生产,即有意地培育植物食品——尤其是谷类植物,以及驯化、养殖和选择动物,是一场经济革命,是人类学会用火之后的最伟大的一次革命,它开辟了一个更为丰富而且更为可靠的食物来源。[②]

饮食之于人类,是具有第一要义的事情。饮食及与之相关的活动,不仅是人类生存的前提,也是人类进化的必要条件,同时是人类社会和文化发展进步的重要动力。[③]因而,研究古代饮食文化,不仅可以获得一副有血有肉的鲜活历史画面,而且有着更为广阔的学术意蕴[④]。食谱是古代饮食文化的重要组成部分,重建古人类食谱,不仅可望揭示先民的生活方式,探索古人生存环境,而且可为古代动植物的变迁、农业的起源和传播以及动物的驯养等重要学术问

---

① 马健鹰:《中国古代食礼规定下的饮食桔构》,《中国烹饪研究》1997年第3期。

② Gordon V .Childe, *New Light on the Most Ancient East*, London: Routledge & Kegan Paul LTD., 1954, p.23.

③ 王仁湘:《史前饮食考古四题》,《中国历史文物》2004年第2期。

④ 王利华:《中古华北饮食文化的变迁》,中国社会科学出版社,2000年,第3页。

题的解决提供极有价值的信息①。

文献资料是中国历史时期先民食谱研究的重要材料来源,可以为我们提供大量饮食文化相关素材。②然而,在没有文字记载的人类历史发展浩瀚长河中,史前人类的食谱研究则主要依赖于考古学研究。近年来,随着饮食考古研究的大量开展,尤其是自然科学方法在饮食考古学研究中的深入,中国古食谱研究呈现方兴未艾之势。本文结合历史学和考古学等传统古食谱研究方法,系统梳理多种自然科学方法在中国古食谱研究中的应用,在多学科的视野下探讨中国古食谱研究,以期为开辟中国古代饮食文化研究新思路抛砖引玉。

二、古食谱的传统研究方法

古食谱的传统研究方法是相对于其他自然科学方法而提出的,主要依赖古代文献资料及考古出土的饮食遗存。此外,还有一些文化人类学方面的研究工作。③由于后者关注点较少涉及古代食谱研究,故而本文不再赘述。

中国古代饮食研究由来已久。古代的文人或者官宦曾编制过一些涉及食谱的著作,如《齐民要术》《随园食单》《食宪鸿秘》等。④然而,其特殊的撰写体例尚不能称之为系统的饮食文化研究。相比古人,近现代史学家们基于各类史料(如古食谱、农书、典籍中日常生活记载等)来揭示中国古代饮食

---

① 胡耀武、杨学明、王昌燧:《古代人类食谱研究现状》,载王昌燧主编:《科技考古论丛》(第2辑),中国科学技术大学出版社,2000年,第51—58页;张雪莲:《应用古人骨的元素、同位素分析研究其食物结构》,《人类学学报》(第22卷)2003年第1期;蔡莲珍、仇士华:《碳十三测定和古代食谱研究》,《考古》1984年第10期;张雪莲等:《古人类食物结构研究》,《考古》2003年第2期。

② 古代食谱有:(北魏)贾思勰:《齐民要术》,中华书局,2015年;(清)袁枚:《随园食单》,上海古籍出版社,1996年;(清)朱彝尊:《食宪鸿秘》,上海古籍出版社,1990年等。具体参阅邵万宽:《对我国现存古代食谱编写情况的研究》,《农业考古》2016年第6期。

③ 具体参阅巴责达、张先清:《回顾与反思:近二十年中国饮食人类学研究评述》,《贵州民族研究》2018年第7期;谭志国:《从文化人类学角度看中国饮食文化研究》,《湖北经济学院学报》2004年第2期;徐新建等:《饮食文化与族群边界关于饮食人类学的对话》,《广西民族学院学报》2005年第11期;陈运飘、孙箫韵:《中国饮食人类学初论》,《广西民族研究》2005年第3期。

④ 具体参阅曹冬蕾:《汶泗流域新石器时代饮食考古研究》山东大学硕士论文,2012年;邵万宽:《对我国现存古代食谱编写情况的研究》,《农业考古》2016年第6期。

文化相关信息等属于比较系统的古食谱研究。①此外,古人随葬的遣策等遗存,也是学者们了解先民食物结构的重要资料来源。例如,长沙马王堆汉墓出土的遣策,已将墓葬里的食物清单详细列出,有肉食、饮品、主食、点心、果品,结合墓葬出土时发现的食物遗存,可以为我们了解汉代食谱提供了非常直观的材料。②

除了文献资料,考古出土遗存也是古食谱研究的重要材料来源。例如,考古出土的古代饮食用具、饮食加工器物、农业/畜牧业/采集狩猎工具,绘制有宴饮、庖厨场景的墓葬壁画或者画像石/砖等。基于以上材料来源,学术界开展了诸多饮食考古研究工作③。除了以上常见考古材料外,考古出土遗物中的动植物遗骸,以及基于以上制作的动植物类食物遗存,可以说是古代人类食谱研究最直接的材料来源了。动植物考古学研究基于对考古出土的动植物遗存进行种属分类和鉴定,进而判断先民对动植物资源的加工(如植物的研磨和烹煮方式、动物的屠宰部位等)、食用等一系列与饮食相关的情况④。中国考古学研究中的动物考古和植物考古鉴定工作为中国饮食考古研究提供了较为丰富的第一手材料,加深了我们对中国先秦时期人类食物结构的了解。进入新石器时代,中国史前人类不再完全依赖旧石器时代单一的狩猎采集经济提供的野生动植物资源,转而开始栽培作物和驯化动物,随着粟作(中国北方地区)和稻作(中国南方地区)农业经济的发展和家畜驯化的普及,新石器时代以来人类的经济方式和食物结构发生了很大的改变。中原地区于

① 黎虎:《汉唐饮食文化史》,北京师范大学出版社,1995年;王利华:《中古华北饮食文化的变迁》,中国社会科学出版社,2000年;王仁湘:《中国饮食的历史与文化》,山东画报出版社,2006年;王玲:《〈齐民要术〉与北朝胡汉饮食文化的融合》,《中国农史》2005年第4期;高启安:《甘肃古代饮食名品拾遗》,《敦煌研究》2008年第5期。

② 湖南省博物馆、湖南省文物考古研究所:《长沙马王堆二、三号汉墓》(《田野考古发掘报告》第一卷),文物出版社,2004年。

③ 张光直:《中国饮食史上的几次突破》,《民俗研究》2000年第2期;王仁湘:《中国古代进食具匕箸叉研究》,《考古学报》1990年第3期;王仁湘:《从考古发现看中国古代的饮食文化传统》,《湖北经济学院学报》2004年第2卷第2期;杨亚长:《半坡文化先民之饮食考古》,《考古与文物》1994年第3期;黄展岳:《汉代人的饮食生活》,《农业考古》1982年第1期;林正同、刘建华:《庖厨画像反映的汉代饮食文化》,《古今农业》1996年第3期。

④ 赵志军:《植物考古学及其新进展》,《考古》2005年第7期;袁靖:《研究动物考古学的目标、理论和方法》,《中国历史博物馆馆刊》1995年第1期;靳桂云:《中国史前居民的食物结构》,《中原文物》1995年第4期。

新石器时代晚期输入了一些来自西亚新月沃地的食物品种,作物有大麦、小麦、豆类等,家畜有山羊、绵羊、黄牛等,青铜时代还引进了马①。家禽也逐渐进入中原先民的食谱,如新的动物考古研究表明,河南安阳殷墟出土的鸡骨被证实为中国目前发现的最早的家鸡(推翻了新石器时代即有家鸡的传统观点)。②可以说,中国在青铜时代即奠定了"五谷丰登、六畜兴旺"的传统农业经济格局和先民食谱结构。

诚然,由于长时间埋藏环境的影响,古代食物遗存能够保存下来的很少。但是,依赖于某些特殊的埋藏环境(如干旱、极寒、密封等环境),考古发掘时也时常能发现一些古代食物遗存。中国西北地区气候寒冷干旱,所以能够保存下来一些食物遗存,如新疆吐鲁番胜金店古墓群出土了3100株麦秆,有的麦秆上还有完整的麦穗,金黄色的小麦秆犹如刚收割过的麦子③;新疆地区还出土过面食点心等食物遗存④;青海喇家遗址出土了4000年前的面条⑤;河南舞阳贾湖遗址出土了9000年前的古酒⑥。湖南长沙马王堆汉墓也因为特殊的埋葬处理,保存有大量动植物类食物遗存,辛追的尸身也得以完整地保存了下来,故而解剖时还能发现其食道尚存的一些食物籽实⑦。考古学家还在全国陆续发掘了一些酿酒作坊和制盐等饮食相关遗存⑧。值得注意的是,传统考古学研究对这类出土的珍贵食物遗存分析能力有限,大部分需要借助自然科学方法进行各类测试分析,以获取其成分组成、食物属性、加工方式等潜在考古学信息。

① 赵志军:《公元前2500—公元前1500年中原地区农业经济研究》,载中国社会科学院考古研究所考古科技中心编:《科技考古》(第2辑),科学出版社,2007年,第1—11页;袁靖:《试论经济技术与经济发展状况与中华文明形成的关系》,载科技部社会发展科技司、国家文物局博物与社会文物司编:《中华文明探源工程文集:技术与经济卷》(1),科学出版社,2009年,第1—9页。
② 邓惠等:《中国古代家鸡的再探讨》,《考古》2013年第6期。
③ 吐鲁番学研究院:《新疆吐鲁番市胜金店墓地发掘简报》,《考古》2013年第2期。
④ 新疆文物考古研究所:《新疆罗布泊小河墓地2003年发掘简报》,《文物》2007年第10期。
⑤ 吕厚远等:《青海喇家遗址出土4000年前面条的成分分析与复制》,《科学通报》第60卷2015年第8期。
⑥ Patrick E. McGovern, et al., Fermented Beverages of Pre- and Proto-Historic China, *Proceedings of the National Academy of Sciences*, Vol. 101, No. 51, 2005, pp.17593-17598.
⑦ 湖南省博物馆、湖南省文物考古研究所:《长沙马王堆二、三号汉墓》(第一卷《田野考古发掘报告》),文物出版社,2004年。
⑧ 四川省文物考古研究院、宜宾市博物院:《宜宾地区古代酿酒作坊、遗址调查简报》,《四川文物》2013年第4期。

三、古食谱的科技分析方法

考古学作为一门学科,诞生于地质地层学和生物分类学,故而其一开始即有文理交叉的学科属性。随着自然科学在考古学研究中的深入,科技考古学应运而生,为中国考古学研究增添了新的活力。作为考古学的二级学科,科技考古学立足于借助自然科学方法解决考古学和历史学问题,取得了丰硕的成果。目前,科技考古学界约定俗成的"古食谱"研究主要指的是运用骨骼胶原蛋白的稳定同位素分析对先民的动植物食物来源和食物种类等食谱信息进行探讨,笔者即主要从事此领域相关研究。然而,古食谱的科技分析方法却不仅限于骨骼稳定同位素分析这一种。本节将对目前国内古食谱科技分析方法及相关研究案例做一简单的梳理。不过,由于一些分析方法的应用较多,限于篇幅本文暂不将其研究案例全部罗列。

(一)骨骼或牙齿元素分析

目前,人和动物骨骼胶原蛋白碳(Carbon)、氮(Nitrogen)等稳定同位素分析已成为古食谱研究的重要方法之一[1]。因为生物体食物来源不同会导致骨胶原中的稳定同位素组成存在较大差异,所以骨骼中的稳定同位素组成能够真实反映其生前的食物来源和生活方式[2]。人和动物的骨骼一直在发生着元素的更替,其同位素水平反应的是其死亡前10—20年左右的食谱信息,而牙齿一旦形成就不再参与元素更替,人的牙齿一般在十多岁前即可全部形成,故而牙齿中稳定的同位素水平反映的是其婴幼儿期的食谱特征。对骨骼或牙齿(本质)胶原蛋白的碳、氮稳定同位素分析,在揭示古代人类的食物结构基础上,可以获取人类的生计方式、生存环境、迁徙行为等重要信息。此外,还可望为人类起源与进化、农业起源和传播、动物驯养和饲喂方式等诸多考古学和历史学研究课题提供新的研究视角。正因为如此,早在20世纪60—70年代,国际考古界就已开始尝试利用骨骼或牙齿碳、氮稳定同位素分析方法进行古食谱研究。我国的古食谱研究工作则始于20世纪80年代。迄今为止,骨骼或牙齿稳

---

① Michael P. Richards, A brief review of the archaeological evidence for Palaeolithic and Neolithic subsistence. *European Journal of Clinical Nutrition*, Vol. 56, No. 12, 2002, pp. 1270-1278.

② Michael J. DeNiro, Postmortem Preservation and Alteration of in Vivo bone Collagen Isotope Ratios in Relation to Palaeodietary Re-Construction .*Nature*, Vol. 317, 1985, pp. 806-809.

定同位素古食谱分析方法已经在人类起源和进化、农业起源和传播等一系列考古学研究领域取得了瞩目的成果①。

从时间分布上看,中国稳定同位素古食谱研究主要集中在新石器时代,旧石器时代最少,历史时期居中。旧石器时代稳定同位素古人类食谱研究仅一例,即胡耀武等对距今四万年的北京周口店田园洞遗址古人类食谱分析。碳、氮、硫稳定同位素分析结果表明田园洞人(Homo Sapiens)已开始摄取淡水鱼类食物,这些高蛋白水生食物的摄取对中国智人体质进化和文化发展至关重要②。马姣等对广西崇左晚更新世岜仙洞遗址亚洲象牙齿序列样品碳、氧稳定同位素分析,为深入了解我国南方更新世晚期亚洲象摄食行为的灵活性和复杂性以及亚洲象与剑齿象摄食行为的差异等工作奠定了理论基础。③马姣等还对广西扶绥更新世晚期渠仔洞古人类遗址的动物群进行了碳、氧稳定同位素分析,揭示了亚洲象、东方剑齿象及其他伴生动物的食物来源和栖息环境。④

新石器时代稳定同位素古食谱分析工作较多,其研究主要涉及史前农业起源与传播研究⑤、家畜驯化和饲养模式研究⑥、社会复杂化研

① 国内相关研究现状综述文章如下:Hu Yaowu, Thirty-Four Years of Stable Isotopic Analyses of Ancient Skeletons in China: an Overview, Progress and Prospects, *Archaeometry*, Vol. 60, No.1, 2018, pp. 144-156;凌雪、何静:《稳定同位素在考古学研究中的应用进展》,《西部考古》2017年第3期;张国文:《古食谱分析方法与中国考古学研究》,《郑州大学学报》(哲学社会科学版)2016年第4期。

② Hu Yaowu, et al., Stable Isotope Dietary Analysis of the Tianyuan 1 Early Modern Human, *Proceedings of the National Academy of Sciences*, Vol. 106, No. 27, 2009, pp. 10971—10974.

③ Ma Jiao, et al., A preliminary study of serial stable isotope analysis tracks for aging ecology of fossil Asian elephants in south china, *Vertebrata PalAsiatica*, Vol. 57, No. 3, 2019, pp. 225.

④ Ma Jiao, et al., Ecological Flexibility and Differential Survival of Pleistocene Stegodon Orientalis and Elephas Maximus in Mainland Southeast Asia Revealed by Stable Isotope (C, O) Analysis, *Quaternary Science Reviews*, Vol. 212, 2019, pp. 33-44.

⑤ 蔡莲珍、仇士华:《碳十三测定和古代食谱研究》,《考古》1984年第10期;Lucas Barton, et al., Agricultural Ori-gins and the Isotopic Identity of Domestication in Northern China, *Proceedings of the National Academy of Sciences*, Vol. 106,2009, pp.5523-5528; Pechenkina A. Ekaterina, et al., Reconstructing Northern Chinese Neolithic Subsistence Practices by Isotopic Analysis, *Journal of Archaeological Science*, Vol. 32, No. 8, 2005, pp.1176-1189;郭怡等:《青龙泉遗址人和猪骨的C,N稳定同位素分析》,《中国科学:地球科学》(第41卷)2011年第1期;胡耀武、Stanley H. Ambrose、王昌燧:《贾湖遗址人骨的稳定同位素分析》,《中国科学》D辑2007年第37卷第1期。

⑥ 管理等:《通化万发拨子遗址猪骨的C、N稳定同位素分析》,《科学通报》(第52卷)02007年第14期;陈相龙等:《陶寺遗址家畜饲养策略初探:来自C、N稳定同位素的证据》,《考古》2012年第9期;Hu Yaowu, et al., Earliest Evidence for Commensal Processes of Cat Domestication, *Proceedings of the National Academy of Sciences*, Vol. 111, No. 1, 2014, pp.116-120.

究①等诸多方面。限于篇幅,本文就不一一举例。

相比史前同位素古食谱研究,历史时期相关研究较少,而这个时段又以对青铜时代②和汉代③等不同人群的古食谱分析为多。此外,凌雪和马颖(Ma Ying)等对秦人食谱进行了系统研究④。张全超、董豫、张国文等人对不同鲜卑族群墓葬出土人和动物骨骼进行了稳定同位素分析,揭示了鲜卑食物结构及

---

① Chen Xianglong, et al., Isotopic Reconstruction of the Late Longshan Period (ca. 4200-3900 BP) Dietary Complexity before the Onset of State-Level Societies at the Wadian Site in the Ying River Valley, Central Plains, China, *International Journal of Osteoarchaeology*, Vol. 26, No. 5, 2016, pp. 808-817; Christina Cheung, et al., Examining Social and Cultural Differentiation in Early Bronze Age China using Stable Isotope Analysis and Mortuary Patterning of Human Remains at Xin'anzhuang, Yinxu, *Archaeological and Anthropological Science*, Vol. 9, No. 5, 2015, pp.799-816.

② Ma Ying, et al., Isotopic Perspectives (δ13C, δ15N, δ34S) of Diet, Social Complexity, and Animal Husbandry During the Proto-shang Period (ca. 2000-1600 BC) of China, *American Journal of Physical Anthropology*, Vol. 160, 2016, pp.433-445; Zhou Ligang, et al., Social Stratification and Human Diet in the Eastern Zhou China: An isotopic View From the Central Plains, *Archaeological Research in Asia*, Vol. 20, 2019, pp.1-8; Christina Cheung, et al., Diets, Social Roles, and Geographical Origins of Sacrificial Victims at the Royal Cemetery at Yinxu, Shang China: New Evidence from Stable Carbon, Nitrogen, and Sulfur Isotope Analysis, *Journal of Anthropological Archaeology*, Vol. 48, 2017, pp.28-45.

③ Hou Liangliang, et al., Transition of human diets and agricultural economy in Shenmingpu Site, Henan, from the Warring States to Han Dynasties, *Science China Earth Sciences*, Vol. 55, 2012, pp. 975-982;薛鹏锦:《屯留余吾战国至两汉时期人骨的C、N稳定同位素分析》,山西大学硕士学位论文,2015年,第17—33页;Zhang Xinyu, et al., The influence of agriculture in the process of population integration and cultural interaction during the Eastern Zhou Period in central-south, Inner Mongolia: Carbon and nitrogen stable isotope analysis of human bones from the Dabaoshan cemetery, Helingeer County, *Science China Earth Sciences*, Vol. 61, 2018, pp. 205-214;张国文等:《关中两汉先民生业模式及与北方游牧民族间差异的稳定同位素分析》,《华夏考古》2013年第3期;张全超:《云南澄江县金莲山墓地出土人骨稳定同位素的初步分析》,《考古》2011年第1期;司艺等:《新疆洋海墓地先民的食物结构及人群组成探索》,《科学通报》2013年第15期;张全超、郭林、朱泓:《内蒙古察右前旗呼和乌素汉代墓地出土人骨的稳定同位素分析》,《草原文物》2012年第2期;张雪莲等:《古人类食物结构研究》,《考古》2003年第2期。

④ 凌雪:《秦人食谱研究》,西北大学博士学位论文,2010年;Ma Ying, et al., Tracing the locality of prisoners and workers at the Mausoleum of Qin Shi Huang: First Emperor of China (259-210 BC), *Scientific Reports*, Vol. 6, 2016, pp. 1–8.

其变化①。张国文等人还集中对北魏平城出土人和动物骨骼进行稳定同位素分析,探讨了北魏都城居民食物结构和生计方式②。崔银秋和胡耀武等利用骨骼多种稳定同位素分析、古代分子生物学分析,结合古代文献资料,通过多学科分析对梳妆楼元代贵族墓主人进行了身份确定③。

骨骼和牙齿稳定同位素对比分析,可以用来对古代儿童断奶期和哺乳期进行判断。夏阳等对安徽滁州薄阳城西周遗址出土的成人和儿童骨骼进行了稳定同位素分析,为探索我国古代儿童的食物结构、断奶时间和喂养方式提供了一个极好的契机④。骨骼和牙齿稳定同位素对比分析,还可以探讨低等级人群食谱和社会生活轨迹,易冰等对安徽萧县隋唐时期的欧盘窑址M1墓主人骨进行了元素分析,揭示了其食谱和生活史,为考古、历史和人类学研究中普遍忽视的工匠生活史的重建提供新的研究视角⑤。

(二)植物考古科技分析

植物考古属于考古学的研究范畴,这主要是由其研究目的决定的。植物考古学的研究目的就在于通过考古发掘发现和分析古代植物遗存,以便认识和了解古代人类与植物的相互关系,进而复原古代人类生活方式和解释人类文化的发展与过程。对古代人类食物结构的研究是植物考古学的主要研究内

---

① 董豫等:《辽宁北票喇嘛洞遗址出土人骨稳定同位素分析》,《人类学学报》2007年第26卷第1期;张全超、朱泓:《内蒙古察右中旗七郎山墓地人骨的稳定同位素分析》,《草原文物》2012年第1期;Zhang Guowen, et al., A paleodietary and subsistence strategy investigation of the Iron Age Tuoba Xianbei site by stable isotopic analysis: A preliminary study of the role of agriculture played in pastoral nomad societies in northern China, *Journal of Archaeological Science: Reports*, Vol. 2, 2015, pp. 699-707;张国文等:《内蒙古三道湾和叭沟鲜卑墓人骨和动物骨骼的稳定同位素分析》,《边疆考古研究》(第10辑)。
② 张国文等:《大同南郊北魏墓群出土人骨的稳定同位素分析》,《南方文物》2010年第1期;侯亮亮等:《农业区游牧民族饮食文化的滞后性—基于大同东信广场北魏墓群人骨的稳定同位素研究》,《人类学学报》2017年第3期;侯亮亮、古顺芳:《大同地区北魏时期居民食物结构的转变》,《边疆考古研究》2018年第23辑。
③ Cui Yinqiu, et al., Identification of kinship and occupant status in Mongolian noble burials of the Yuan Dynasty through a multidisciplinary approach, *Philosophical Transactions of the Royal Society B.*, Vol.370, 2015, p. 370.
④ Xia Yang, et al., A preliminary study on children's weaning patterns and feeding practices in ancient China, *Acta Anthropologica Sinica*, Vol. 37, No.1, 2018, pp. 110-120.
⑤ Yi Bing, et al., Osteobiography of a seventhcentury potter at the Oupan kiln, China by osteological and multiisotope approach, *Scientific Reports*, Vol. 9, 2019, p. 12475.

容之一①。随着考古出土植物类遗存类型的增多和自然科学方法的介入,植物考古学研究引入了微体植物化石分析系列方法,如植硅体、孢粉和淀粉粒分析等。相比传统植物考古学研究,微体植物化石分析方法需要借助高倍显微镜及一些理化分析,从而获取更多传统方法无法获取的微观植物遗存。

传统植物考古学方法,结合植硅体、孢粉和淀粉粒分析等科技分析方法,为中国古代人类植物类食物结构的揭示,乃至农业起源和传播研究提供了有力的技术支撑②。2005年,《自然》(Nature)杂志报道了吕厚远等通过植硅体、淀粉粒和分子标记物分析方法,对青海省喇家遗址出土陶碗里面条状残留物进行了综合分析,除了证实了这是世界上早期的粟类面条实物外,还对古代面条成分以及利用传统方法重现古代面条的制作工艺等进行了探讨③。吕厚远等通过植硅体和生物标志物(咖啡因和茶氨酸)分析,发现在我国西藏阿里地区故如甲木寺遗址和陕西西安汉阳陵陪葬坑出土碳化植物为茶叶,而且几乎全部由茶芽制成,其年代分别距今约1800年和2100年左右,是目前为止发现的世界上最早的茶叶实物。同时也表明至少在1800年前,丝绸之路的一个分支可能穿越青藏高原。这项成果对于研究早期丝绸之路的分布格局,中原与藏族聚居区文化交流的历史,以及中华茶文化发展、传播过程等都具有重要的意义④。

我国新疆地区由于降水稀少,气候干燥,很多考古遗址中的食物遗存得以迅速干燥脱水并保存下来。利用植物微体化石分析新疆地区的古代食物遗存近年来取得了较大进展。例如,龚一闻等人对新疆苏贝希遗址的面食和点心遗存的植物学来源和烹饪方式进行了分析,得到这些面条和点心是由黍制作,

① 赵志军:《植物考古学的学科定位与研究内容》,《考古》2001年第7期。

② 赵志军:《公元前2500—公元前1500年中原地区农业经济研究》,载中国社会科学院考古研究所考古科技中心编:《科技考古》(第2辑),第1—11页;Lu Houyuan, et al., Earliest domestication of common millet (Panicum miliaceum) in East Asia extended to 10,000 years ago, *Proceedings of the National Academy of Sciences*, Vol. 106, No.18, 2009, pp. 7367-7372.

③ Lu Houyuan, et al., Culinary archaeology: Millet noodles in Late Neolithic China, *Nature*, Vol. 437, 2005, pp. 967-968;吕厚远等:《青海喇家遗址4000年前面条的成分分析与复制》,《科学通报》(第60卷)2015年第8期。

④ Lu Houyuan, et al., Earliest tea as evidence for one branch of the Silk Road across the Tibetan Plateau, *Scientific Reports*, Vol. 5, 2016, p. 18955.

并且以煮或烤制的方式加工而成[1];陈涛等人对新疆阿斯塔纳唐代墓地出土的面食进行了多种植物微体化石手段分析,发现了由小麦和小米等粮食磨制加工而成的点心[2];解明思等对新疆克里雅河北方墓地出土食物遗存的植物微体化石分析,探讨了新疆克里雅河流域先民的饮食结构和食品加工方式提供信息[3]。以上研究工作为青铜时代以来新疆地区对麦、黍、粟等作物的加工方式、饮食结构、农业环境以及中西经济文化交流提供了新的植物考古学证据。

(三)残留物分析

先民在加工利用动植物的过程中,一些有机物质可能残存或沉积在相关器物、土壤或遗迹现象之上,并历经长期的埋藏过程而保存下来。这些残留物分为可见的残留物(如液体、碳化物等)和不可见的微量残留物(如脂类、酒石酸、树脂酸和植物微体化石等)[4]。前者在考古发掘中相对出土较少,后者在石器、陶器上广泛存在,是残留物分析的重点。残留物分析是指从残留物载体中提取有机物,利用科学检测手段进行定性和定量分析判断残留物来源,从而了解古代动植物的加工、利用和相关载体的功能等[5]。这些检测手段,涉及古代分子生物学分析、微体植物化石分析、蛋白质分析、脂类分析、同位素分析、古酒分析、古盐分析等多个领域。其中,微体植物化石分析与前文自然科学方法在植物考古学中的应用有一定的重叠。

长期以来残留物分析一直是国际科技考古领域的热点,该方法在古人类食谱研究中也得到了广泛的应用。例如,杨益民等对新疆小河墓地出土干尸颈部、胸部散布的淡黄色块状物及其腰侧随葬草篓中大量黑色颗粒状物质进行了红外、有机元素和蛋白质组学分析,结果表明这些残留物中主要含有牛酪蛋白、免疫球蛋白等,从而推断其为奶制品。这一研究表明,距今4000—3500

① Gong Yiwen,et al., Investigation of ancient noodles, cakes, and millet at the Subeixi site, Xinjiang, China, *Journal of Archaeological Science*, Vol. 38, 2011, pp. 470-479.

② Chen Tao,et al., Archaeobotanical study of ancient food and cereal remains at the Astana Cemeteries, Xinjiang, China, *PLoS ONE*, Vol. 7, No. 9, 2012, p. e45137.

③ 解明思等:《新疆克里雅河北方墓地出土食物遗存的植物微体化石分析》,《东方考古》2015年第11辑。

④ Reber Eleanora Ann, Maize Detection in Absorbed Pottery Residues: Development and Archaeological Application, Harvard University, Department of Anthropology, PhD Dissertation, 2001.

⑤ 杨益民:《古代残留物分析在考古中的应用》,《南方文物》2008年第2期。

年前,牛奶就进入了新疆先民的食谱①。谢明思等对新疆古墓沟遗址出土草蓝上的残留物进行了研究,经鉴定为奶制品,为新疆地区青铜时代先民对奶制品的利用提供了新材料②。舍甫琴科(Shevchenko)和杨益民等利用蛋白质组学、淀粉粒分析和显微计算机断层扫描(CT),在新疆吐鲁番盆地苏贝希墓地(距今约2500年)的随葬品中识别出熟面食,其主要由大麦和黍的面粉制成,并含有一定量的乳酸菌和酵母;同时计算机断层扫描(CT)表明其内部较为疏松,应经过发酵处理③。郑会平等对新疆洋海墓随葬陶器盛的食物遗存,通过红外分析鉴定其为淀粉类物质,应为面食。进一步的淀粉粒和表皮横细胞分析表明,该面食遗存是由小麦和大麦经碾磨成粉混合后加工制作而成的熟食;断面较为致密,说明未经发酵,该研究将我国麦类面食的历史追溯到了距今约2900—2600年左右。④

　　除了食物方面,残留物分析在古酒的鉴定方面也有成功的应用案例⑤。其中,最为引人注目的当属河南舞阳贾湖遗址出土古酒的检测分析,结果表明距今9000年左右的贾湖遗址先民已经掌握了古老的酿酒方法,其酒中含有稻米、山楂、野生葡萄等原材料。⑥

　　盐对于动物和人类至关重要,作为食物的重要补充,它可以维持胃液的酸碱平衡,调节血液中的碱度,维持心脏跳动。中国古代文献资料如《天工开物》《说文解字》等都记载了古人对盐的开发和利用,史学家们也对此领域做了大量研究⑦。而我国的盐业考古工作则始于1999年⑧。虽然起步较晚,但迄今为

---

① Yang Yiming, et al.,Proteomics evidence for kefir dairy in Early Bronze Age China, *Journal of Archaeological Science*, Vol. 45, 2014, pp. 178-186.

② Xie Mingsi, et al., Identification of a dairy product in the grass woven basket from Gumugou Cemetery (3800 BP, northwestern China), *Quaternary International*, Vol. 426, 2016, pp. 158-165.

③ Anna Shevchenko, et al., Proteomics identifies the composition and manufacturing recipe of the 2500-year old sourdough bread from Subeixi cemetery in China, *Journal of Proteomics*, Vol. 105, 2014, pp. 363-371.

④ Zheng Huiping, et al., Early Processed Triticeae Food Remains in The Yanghai Tombs, Xinjiang, China, *Archaeometry*, Vol. 57, 2015, pp. 378-391.

⑤ 杨益民等:《出土青铜酒器残留物分析的尝试》,《南方文物》2008年第1期;温睿、李静波:《考古遗存中酒类残留物的研究进展》,《西北大学学报》(哲学社会科学版)2017年第47卷第1期。

⑥ Patrick E. McGovern. et al., Fermented Beverages of Pre- and Proto-Historic China, *Proceedings of the National Academy of Sciences*, Vol. 101, No. 51, 2004, pp. 17593-17598.

⑦ 何亚莉:《二十世纪中国古代盐业史研究综述》,《盐业史研究》2004年第2期。

⑧ 李水城:《近年来中国盐业考古领域的新进展》,《盐业史研究》2003年第1期。

止,中国的盐业考古也有了长足的进展。近年来的研究主要着重在特定盐生产工具、遗迹,以及遗址的辨识与分析方面①。但由于盐的主要成分氯化钠具有高度水溶性,在考古遗址中难以直接发现,考古学家必须采用科技分析进行检测。②

(四)其他科技分析方法

除了上文提到的各类古食谱科技分析方法外,还有一些多学科分析方法也对中国古食谱研究提供了独特的分析视角。诸如体质人类学家们利用人类牙齿磨耗研究,探讨古人口腔健康与饮食③。骨骼元素分析除了常用的碳、氮稳定同位素、碳、氮单体氨基酸分析以及氢、硫等稳定同位素也在古食谱研究中得以应用④。此外,骨骼微量元素分析也可以进行古食谱研究⑤。

考古发掘偶尔也会出土一些人或动物粪便遗存,它们虽然经历长期的埋藏环境影响,有的甚至发生成岩作用形成粪化石。但是,由于饮食和粪便的极强相关性,通过对粪便遗存的多学科分析,仍然能够很好地揭示其古食谱和古环境等考古学信息⑥。目前,国际上粪便遗存研究的主要方法有孢粉分析、植硅石分析、分子生物学分析、寄生虫分析、微生物分析等。然而,中国古代粪便遗存研究较为薄弱,需要继续深入开展工作。

---

① 陈伯桢:《中国盐业考古学的回顾与展望》,《南方文物》2018年第1期。

② 张小嫚、燕生东:《科技分析在盐业考古中的实践》,《盐业史研究》2019年第3期;朱继平等:《鲁北地区商周时期的海盐业》,《中国科学技术大学学报》2005年第35卷第1期;.Rowan K. Flad, et al., Archaeological and chemical evidence for early salt production in China, *Proceedings of the National Academy of Science*, Vol. 102, No.35, 2002, pp. 12618-12622; 崔剑锋等:《山东寿光市双王城遗址古代制盐工艺的几个问题》,《考古》2010年第3期。

③ 张雅军等:《西藏故如甲木墓地人群牙齿磨耗和食物结构的关系》,《人类学学报》2019年第1期;贺乐天等:《新疆罗布泊小河墓地居民的口腔健康与饮食》,《人类学学报》2014年第33卷第4期。

④ 司艺等:《河南偃师二里头遗址动物骨胶原的H、O稳定同位素分析》,《第四纪研究》2014年第1期。

⑤ 黄曜等:《古人类骨骼中微量元素的分析及其与古代食谱的关联》,《分析化学》2005年第3期;王轶华:《古食谱与微量元素分析》,《华夏考古》2003年第3期。

⑥ 王文娟等:《河南灵井许昌人遗址鬣狗粪化石的初步研究》,《人类学学报》2005年第1期;郝瑞辉、萧家仪、房迎三:《南京汤山驼子洞鬣狗粪化石的孢粉分析》,《古生物学报》2008年第47卷第1期。

四、结论

饮食背后包罗万象，它能够揭示出从自然到人文、从个体到族群、从文化到文明、从阶级到国家、从饮食生产到国计民生、从国别到国际的宏大主题。[①]因此，通过饮食考古研究等对中国古代人类饮食进行系统探索具有重要的理论和现实意义。古食谱研究作为饮食考古的重要研究内容之一，立足于文献或考古出土饮食相关遗存的综合研究。随着自然科学方法的介入，古食谱研究的深度和广度均有大幅提升，研究成果日益增多，中国饮食考古研究进入一个全新发展的阶段。

然而，多学科视野下的中国古食谱研究仍然存在一些问题。如不同学科之间的沟通不够，尤其是人文和自然科学从业者之间的沟通不够。此外，相比史前，历史时期古食谱研究工作开展得不够深入和系统。基于自然科学方法的历史时期古食谱分析大有可为，如何充分挖掘多学科方法在中国历史时期古食谱研究中的应用，需要不同学科之间进一步加强交流。历史学家需要多多关注新材料和新方法的应用，而考古学家也需要加强对于文献资料的解读。双方通过课题合作等多种方式加强交流和沟通，一定能够为中国古食谱研究注入新的动力。

本文原刊载于《南开学报（哲学社会科学版）》2021年第3期。

作者简介：

张国文（1983—），男，南开大学历史学院副教授。2012年毕业于中国科学院研究生院（现为中国科学院大学）科技史与科技考古系，获理学博士学位，期间于2010年9月至2011年9月前往德国马普研究所莱比锡人类进化研究所博士联合培养。2012年4月入职南开大学历史学院考古学与博物馆学系，2018年12月—2019年12月加拿大西蒙弗雷泽大学考古学系访问学者。研究方向为北方民族考古、科技考古（生物考古）。主持多项国家级和省部级科研项目，以第一作者或通讯作者在《考古》、*Journal of Archaeological Science*、*International Journal of Osteoarchaeology* 等国内外核心期刊上发表学术论文二十余篇。

---

① 贺云翔：《饮食考古的"博大胸怀"》，《大众考古》2019年4月。

论博物馆的起源

冯承柏

博物馆的起源是一个至今仍有争议的问题。持主观美学观点的学者认为,它起源于人类收集藏品的嗜好,这种嗜好受主观美感的支配。本能论者坚持收藏行为是人类对外界环境刺激的本能反应。语言学理论着重探讨博物馆一词的来源,认为博物馆起源于古希腊的缪斯神庙。社会需要论者将博物馆视为社会发展需要的产物。人类的收藏行为不是脱离社会的生物本能,也不完全是主观美感的产物,而是一种社会行为。支配收藏行为的各种动机和价值观念是日趋复杂和多样的社会存在的反映,并受科学技术和生产力发展水平的制约。人类的收藏活动是多方面的,它既是人类认识自己和客观世界的一种特殊手段,也是人类文化积累的一个重要方面。文化的发展为收藏活动创造了前提,收藏活动促进了文化的积累,二者互为因果。同历史发展一样,收藏和积累不是直线和单线发展的。公、私收藏活动都有一个聚散转移的过程,而且是多方面的。从古代到中世纪多种多样的收藏活动和形形色色的文物、标本保存机构为近代博物馆的诞生奠定了基础。

古代和中世纪的收藏活动从动机和目的角度分析,可以分为以下六种情况:

1.出于宗教迷信活动的收藏。这是最古老的一种收藏活动。自然崇拜、万物有灵论(Fetishism)、图腾崇拜(Totemism)和巫术是原始社会收藏活动的直接推动力。许多动物、植物、矿物作为崇拜的对象和所有实验物品被收集和保存下来。多神教和一神教出现后,宗教活动的内容和仪式更加多样化和复杂化了。神像、佛像、圣徒、圣僧的尸骨、遗物以及与宗教活动有关的器皿、用具和艺术品都成为收集和保存的对象。神庙、寺院、修道院、教堂则是保存与宗教活动有关文物的重要场所。

2.出于经济积累需要的收藏。私有财产、贸易活动和贵金属的出现是出于经济积累需要开展收藏活动的基础。随着货币特别是贵金属货币和手工业的发展,货币、珍宝、精美手工艺品的收藏成为财富积累的重要组成部分。宫廷、宗教机构和世俗的府库、珍宝室是财宝的聚集贮藏之地。

3.为了显示社会地位和社会声望的收藏。在阶级社会里财富和权力是社会地位和社会声望的基础。人们往往为了炫耀家族的显赫地位和显示国家的威力进行收藏。拥有珠宝玉器、金银首饰、奇花异草、珍禽怪兽以至古董抄本，不仅是富有的象征，而且是身份地位和权力的标志。

4.表现对群体忠诚的收藏。这种意识由来已久。就家族来说，表现为对祖先的崇敬，保存亲人和先人的遗物，定期举行祭祀、悼念活动以寄托哀思。就一个民族来说，出于文化认同的需要，保存能代表本民族习俗和文化传统的器物、建筑、艺术品。就一个国家来说，为了表现对祖国的依恋和忠贞，而保存能反映本国历史文化遗产和成就的纪念物。

5.出于生产需要，对自然奥秘进行探索和满足好奇心的收藏。生产活动是人类的基本活动。在生产活动中人们需要不断地增加对自然、社会和人类本身的了解，它的最基本的形态是有机体对环境做出的本能反应，对周围环境差异性的识别能力以及了解不同事物的好奇心和探索精神。好奇心主要受感情的支配，无固定方向，而且是多变的。经过理性和科学的洗礼转化为执着定向的追求，成为科学的探索精神。以探索自然规律为目的的藏品收集活动，一般说来具有较高的学术价值。

6.出于对美的追求。艺术活动和审美观念起源于人类的生活实践。受审美观念支配的收藏活动起初往往同前几种收藏活动混杂在一起，直至中世纪晚期艺术品的生产专业化和商品化了，艺术品的收藏才具有了相对的独立性。

保存文物和自然标本的机构是随着城市的诞生而出现的。考古发掘材料证明，人类历史上的第一座城市建于公元前8000年，位于今巴勒斯坦南部。苏美尔人在公元前3500年建立了12个由祭司管理的城市国家。这些城市国家中的塔庙(祭祀山神、观察天象)、宫廷和统治者的墓葬保存了一批古代文物。古埃及人也在他们聚居的城市里专门建造了一批保存文献资料的图书馆和档案馆，在古王国时期即达21处。此外如著名的卡纳克阿蒙神庙、法老库孚的金字塔和图坦卡蒙墓都是保存古埃及文物的重要场所。在两河流域，马里(Mari)王宫占地6英亩，存有2.5万块泥板文书，是关于亚述三个不相联系的王朝的记录。尼尼微城的亚述巴尼拔宫(Palace of Assurbanipal)藏有2.2万块经过分类的泥板文书，提供了研究亚述帝国和整个两河流域历史的重要资料。克里特岛上米诺斯人(Minos)建造的诺萨斯王宫(Palace of Cnossus)千门百室、曲折相通,有存放谷物、油、酒的库房,有为浴室、厨房提供清水的供水系统,有描绘宴乐、花鸟、禽兽、人物的精美壁画,还有经过多年研究方能解读成功的线性文字文书2000件。

古希腊、罗马的城邦国家创造了辉煌灿烂的古典文化。专门保存文物和自然标本的文化教育机构相应有所发展。就字源而论,西方博物馆一词源于古希腊的缪斯神庙(mouseion)。缪斯(Muses)是希腊神话中主管艺术、音乐、文学、史学9位女神的总称,在希腊普遍受到人们的尊敬。古希腊著名哲学家毕得格拉斯(Pythagoreans)、柏拉图(Plato)都把他们讲学的学园(Academy)同对缪斯的崇拜相联系。学园里均设有缪斯神庙,学习哲学意味着向缪斯奉献,从缪斯处获得灵感和启迪。希腊各地的缪斯庙经常得到奴隶主贵族名门的捐赠,有些还拥有大量土地,租给农民耕种。罗马人从希腊人处继承了崇拜缪斯的传统,征战凯旋的将军常向缪斯神庙献俘。189年罗马将军弗尔维阿斯(Fulvius)出征归来向缪斯神庙献上千尊铜像和大理石雕像。

古希腊罗马保有文物的机构并不限于缪斯神庙。其他一些神庙也具有类似职能。伯里克利(Pericles)时代修建的雅典卫城(Athenian Acropolis)由帕提侬神庙(Parthenon)、埃拉西安庙(Erechtheum)和山门(Propylaea)三大部分组成。入口的北侧叫宾那考西克(Pinakothek),意思是画廊,展示了波利格诺托斯特(Polygnotus)等著名画家所作的壁画。从语义角度考察,宾那考西克是同近代博物馆含意直接相关的希腊词汇,德国的绘画馆至今仍以之命名。罗马帝国时代的神殿首推万神庙(Patheon)建于公元前27—前25年。120—124年改建为平面呈圆形上覆以半球形穹窿的建筑。正面饰以罗马科林斯柱的门廊。罗马皇帝奥古斯都在巴拉登山(the Palatine Hill)上用大理石为太阳神阿波罗建立了一座豪华的神殿,以雕刻家麦隆(myron)和斯考帕斯(Scopas)的作品来装饰它,神殿周围还配以图书馆和画廊。奥古斯都曾夸口说他在罗马城恢复和重建了82座神殿。几乎所有这些神殿都有塑像和绘画陈列馆。罗马皇帝维斯佩基安(Titus Flavius Vespasianus)在"和平圣殿"(Flavian Templum Pacis)集中了尼禄"金宫"中的许多艺术瑰宝,成为当时的艺术中心。罗马的公共浴场是重要的社交场所,内部装饰华丽而且设有图书室和画廊。古罗马的绘画比雕刻更普遍,寺院、住宅、回廊、餐厅、广场到处都可以看到以埃及、希腊或罗马传说故事为题材的作品,仅在庞贝城就有3500幅之多。

神庙、寺院之外,学校、研究院也是重要的保存文物的机构,亚里士多德的学园(lyceum)收集了数以百计的手稿、地图。为了研究和讲授自然史,亚氏还搜集了一批动植物标本,建立了最早的教学博物馆。相传他的学生亚历山大大帝还在帝国境内为他配备了800名猎人、捕鸟者和渔夫向亚氏报告他们观察到的自然现象。希腊化时期的埃及国王托勒密二世(Ptolemy Ⅱ,308—246 BC.)在亚历山大里亚城建立了一所研究大学,命名为博物院(Museum)。从建筑体系上看是王宫的一部分。该院从地中海国家招聘了上百名知名学者包括几何学家欧几里德(Euclido)、地球中心说的始作俑者托勒密(Ptolemy)、物理学家阿几米德(Archimedes),进行讲学和研究活动。国王经常出席该院举办的学术讨论会。研究内容,包括天文、数学、物理、医学、地理、哲学、文学、艺术、语言,古代的学科应有尽有。为了鼓励学术研究该院还设有奖学金。图书馆藏书70万卷,文献学家亚里斯塔克(Aristar chos of Samothrace,217—145 BC.)和天文学家埃拉塔色尼斯(Eratosthenes,276—194 BC.)先后担任院长。此外,该院还藏有供研究用的动植物标本,设有动植物园。该院的学术活动持续了五六百年之久。

古代繁荣的城市由于奴隶制经济衰落,日耳曼人入侵而衰落了,在中世纪早期,大部分成为了规模有限的宗教或政治中心,只有少量工商业城市。到了11世纪,随着社会生产力水平的恢复和提高,商品经济的发展,西欧开始有新城市出现。威尼斯、热那亚、米兰、佛罗伦萨、斯德哥尔摩、巴黎、伦敦、纽伦堡、科伦、汉堡是中世纪著名的贸易城市。教会和政权机关是中世纪城市的重要组成部分。在社会文化生活中罗马天主教会居于绝对统治地位。教堂、修道院以及处于教会控制之下的学校是中世纪欧洲保存宗教文物的重要场所。宫廷、贵族宅邸、庄园、城堡则是世俗文物汇集之地。十二三世纪,欧洲掀起了建筑教堂、修道院的高潮,哥特式建筑风靡一时。巴黎圣母院(Notre Dame de Paris,1163—1250)堪称代表。彩色玻璃镶嵌的花格窗、起棱的穹隆、轻盈的飞扶壁,修长的族簇柱,挺秀的尖塔,表现了升天的渴望。雕花的祭坛、圣母石柱、圣徒塑像、金漆木器、以圣经故事为题材的壁画,昏暗的烛光,给人以神秘肃穆之感。中世纪的教堂以艺术的魅力来烘托和渲染宗教教义对于近代博物馆强调教育功能不无启发。威尼斯的圣·马克教堂(St. Maks)、德国境内的哈雷(Halle)、瑞士的圣·莫里斯修道院(St. Maurice in Valais)及意大利的蒙扎(Monzn)修道院均以宗教文物收藏丰富著称。集基督教文物收藏之大成者首推梵蒂冈(Vatican)。梵蒂冈是罗马天主教教廷所在地,因山得名。756年法兰克国王矮子丕平(Papin the Short)将腊万纳至罗马一带的土地赠给教皇,为教皇领地奠定了基础。教廷最早收藏教会文物的地方是圣彼得教堂（Fabbrica of Saint Peter's），初建于320—330年间，原为木结构，15世纪重建，藏有反映早期基督教生活的祭坛、浮雕、镶嵌图案、使徒塑像以及香客们赠送的礼品。教廷的绘画藏于使徒宫（The Apostolic palace）建于13世纪，室内壁画、浮雕多出自拉斐尔、米开兰基罗等名家之手。梵蒂冈大量收藏古典艺术作品始于文艺复兴时期，藏于1450—1626年间修建的新圣彼得大礼堂。

7世纪兴起的伊斯兰教对于人类文化的发展做出了重要贡献。爱尔汗布拉的狮子宫（The Court of Lions of Alhambra）、波斯的地毯，大马士革的琉璃瓦、巴格达的丝织品，色彩、造型、意境均与基督教文化隽然不同。开罗的伊本·土伦清真寺（Mosque of Ibn Tulun），耶路撒冷的石拱顶寺（Dome of Rock）、伊斯坦布尔的圣苏菲亚教堂（Hagia Sophia），西班牙境内科尔多氏清真寺（Cordoba Mosque），印度的泰姬陵（Taj Mahal）代表了伊斯兰建筑艺术的卓越成就，是伊斯兰教文物的荟萃之地。

本文原刊载于《中国博物馆》1988年第2期。

作者简介：

冯承柏（1933—2007），南开大学历史学院教授。天津南开中学高中肄业。1953年参加工作。1963年调入南开大学历史系，长期从事美国史、美国社会经济史、西方文化史、西方博物馆学的教学与研究。对图书馆的馆藏建设和自动化管理系统以及校园网络化建设也多有研究和建树。主要著作有《中国与北美文化交流志》等专著和译著十余部、论文八十余篇。曾任南开大学历史系副主任、副教务长兼社会学系代理主任、图书馆馆长、校务委员会委员、美国问题研究中心主任、国际问题研究中心副主任；国家教委"八五"社会科学规划项目图书馆学、情报学、档案学评审委员；天津"九五"高等学校实验室建设投资专家组组长。退休后，任天津"十五"教育事业投资顾问、天津高等学校数字化图书馆建设管理中心主任直至去世。在任期间基本建成天津高等学校联合系统自动化平台。曾在美国天普大学做访问学者进修两年，作为富布赖特学者在美国史密森研究院进行了为期一年的研究；亦曾多次赴美、荷等国出席国际学术会议和讲学；曾主办关于美国总统制、美国宪法、博物馆学等国际学术研讨会。

旧中国博物馆历史述略

梁吉生

世间一切事物都是作为一定的具体的历史过程而存在的。没有无历史过程的事物。博物馆作为一种人类社会现象,同样有它的历史,有它的孕育、萌芽、成长和繁荣的过程。

历史是一条永不枯竭的长河。现实和历史无法截然分开。古是今之上游,今是古之延续。认识现在必须了解过去。我们要把握今天的博物馆事业,推动博物馆发展,预测博物馆的未来,就不能不了解博物馆的历史。历史有不少现今养料,可以为我们提供经验教训,避免重蹈前人已走的弯路,可以"鉴往知来",因此,研究博物馆历史是非常必要的。

中华人民共和国成立前,学界对博物馆历史的研究很不够。许多历史资料未能得以搜集、整理,对博物馆历史的理解也多有偏狭。特别是不能从社会、经济、文化发展的角度,深刻揭示博物馆产生、发展的历史原因,这在一定程度上影响了博物馆史研究的深入发展。

20世纪50年代以来,博物馆史的研究开始引起人们的注意,无论综合的、专题的研究,或者史实订正、评述,都有不少可喜的进展。如傅振伦的《博物馆学概论》(商务印书馆,1957年)、包遵彭的《中国博物馆史》(台北,1964年)、《博物馆学》(台北正中书局,1970年)、宋伯胤的《博物馆史事与人物》(载吉林《博物馆研究》)等,在博物馆史研究方面都做了大量的基础性工作。

现在,博物馆史的研究还有许多事情要做。对新中国成立前博物馆的发展,从历史材料方面分析还有不少缺环。对革命根据地的博物馆事业也缺乏系统的论述,特别是新中国成立后三十多年来博物馆事业更需要认真地总结。总之,用历史唯物主义的观点研究博物馆历史,还刚刚开始。科学地总结我国博物馆的历史经验,是博物馆研究的一项重要任务。

下面谨就新中国成立前我国博物馆的发展历史,做一概述。

一

博物馆是社会发展的产物,作为一种社会现象可以追溯很远的历史。

我国古代没有"博物馆"这一专用名词。周时文物珍品收藏之处,名曰"玉府""天府""主守于藏史"。汉时以天子之力,建"天禄""石渠""兰台"三大图书文物馆,成为中国文化史上的创举。

古代的苑囿、花圃早有发展。孟子说:"文王之囿,方七十里。"以后历代王室、贵族都有自己的园林,山水辉映,奇石怪木,飞禽走兽,佳景错落,美不胜收。

我国对历史人物画像的陈列也起源甚早。不但历代供奉帝王御容,相沿成制,而月建阁陈列勋臣名相的肖像。这方面见诸记载较有名的,如汉代在未央宫中建麒麟阁,公元前51年汉宣帝把11位功臣像画在阁上。唯霍光不称其名,而曰"大司马大将军博陆候霍氏",其余10人皆署其官阶姓名,并"图画其人","法其形貌",以褒扬其功勋。60年,汉明帝建云台,又把东汉中兴功臣28人肖像画在台上,世称云台二十八宿将。到了唐朝,李世民建凌烟阁,贞观十七年(643年),让著名画家阎立本把唐开国功臣孙无忌、杜如晦、魏徵、房玄龄、尉迟恭等24人像画在阁上,唐太宗亲自为功臣像作赞词,并由著名书法家褚遂良题写。这种绘画功臣肖像的做法,宋、明时期更有发展,明时已经出现"画廊"一名。功臣肖像也进一步分为图像和塑像。

文物的研究亦早已有之。郭沫若曾经指出,大致从汉朝起,人们就对出土的文物十分重视。大文学家许慎就利用古器物上的铭文,做了大量文字变迁的研究。宋朝,是我国封建社会搜求、研究文物的鼎盛时期。统治者崇尚古物,极尽搜剔之能事,士大夫家所藏三代秦汉遗物,"悉献于上"。宣和(1119—1125年)时,皇室"收藏的累数至万余",分别庋藏在崇政殿、宣和殿,以后又建保和殿,并在其左右分建稽古阁、博古阁,"以储古玉、印玺、诸鼎彝礼器、法书、图画"。

除了皇室,士大夫也竞相收藏。欧阳修、赵明诚等都是名重一时的收藏家。欧阳修收藏历代石刻拓本。赵明诚与其妻著名女词人李清照同好金石书画。他们"每获一书,即同共勘校,整集签题;得书画、彝鼎亦摩玩舒卷,指摘疵病,夜尽一烛为率"。赵氏所藏商周彝器及汉唐石刻拓本等共2000种之多。

收藏日丰正是鉴赏之风日盛的一种表现。宋朝出现了一批有关文物考释、编目的公私著述,如《考古图》《宣和博古图》《宣和书谱》《宣和画谱》以及

《集古录》《金石录》等。这些著作对后世都有很大影响。

以后一个时期,文物的收藏和研究虽不及宋代这么发达,但也没有间断。到清朝,皇室收藏更为丰富。仅据《西清古鉴》《西清续鉴》以及《宁寿鉴古》等所收录铜器,即达4115件,历代珍品无不囊括府库。据说当年乾隆皇帝自己最喜爱的珍玩,就装满了北京紫禁城内建福宫一带许多库房。至于分藏在乾清宫、养心殿、重华宫、宁寿宫、御书房以及圆明园、奉天(沈阳)行宫、热河(承德)行宫等处的书画、缂丝、古玩、拓本及历代帝王名臣图像更不胜枚举。与此同时,清朝由于金石考据之学的发展,还出现了一大批卓有成就的收藏鉴赏家。

由此看出,早期的博物馆形态,不是一种独立的社会活动门类。最初多是皇室文物收藏所,储藏结构是集中的。后来有所变化,社会上逐步出现了较多的文物收藏点,除皇室官府的收藏仍然得以发展外,也有了私人的收藏活动。但是,这种收藏的利用范围很小,收藏室是封闭式的,基本上得不到公开的社会利用。建筑在封建经济基础上的这一文化形式,不可能有任何突变性的发展。这种情况持续到封建社会的解体。

二

中国近代的博物馆,并不是从皇室或私人收藏室发展而来,它是伴随资本主义经济、文化的发展应运而生的。

大家知道,中国近代社会是半殖民地半封建社会。新兴的资产阶级不满于封建主义的束缚,要求发展民族资本主义。他们主张学习西方,实行新政,发展新式教育和文化。19世纪末曾经引发著名的维新变法运动。博物馆的建立就是在这一时期提出来的。因此,可以说近代博物馆的产生乃是中国资产阶级文化的一种反映。

综观中国近代博物馆的历史,大体上经历了三个阶段,即酝酿阶段、初创阶段、发展阶段。

(一)酝酿阶段

这个阶段开始于19世纪中叶。当时,由于中国和西方政治、文化往来的加强,到欧美、日本出使、留学的人日益增多,他们目睹了资本主义社会的情况,惊奇于西方国家各方面取得的长足进步,于是写了大量"游记""随录",真实地反映他们的所见所闻。其中就包括了西方国家博物馆的各种情况,最早地传播了资本主义博物馆的信息。

从1866年清朝政府第一次正式派官员出访欧洲,到1905年第一个博物馆建立,在这三四十年时间里,介绍有关博物馆情况的著述不下数十种。如斌椿的《乘槎笔记》、张德彝《航海述奇》、王韬《漫游随录》、志刚《初使泰西记》、李圭《环游地球新录》、郭嵩焘《使西纪程》、黎庶昌《西洋杂志》、黄遵宪《日本杂事诗》、陈兰彬《使美纪略》以及徐建寅《欧游杂录》等。

这些著作虽然不是对博物馆的专门记述,但一般都记录翔实、生动有趣。值得注意的是,最初还没有使用"博物馆"这个名称,而是用公所、行馆、万种园、画阁、军器楼、集宝楼、积宝院、集奇馆、积骨楼、禽骨馆等名称,描述他们参观过的博物馆。第一个将英文 Museum 译成"博物院"的人是王韬。王韬是近代著名改良主义政论家。1867—1870年间他随英人理雅各去英国译书,曾在苏格兰的杜拉居留两年,此间漫游英、法、俄等国,并以这段经历写成《漫游随录》,该书记述所见博物馆不下15处。"博物院"这个译名对以后有很大影响。19世纪20年代以后,有关外国情况的著述愈来愈多地使用这一名称,其他怪僻称谓渐渐少了,就连对博物馆曾经率先创制各种名称的张德彝,在他的《随使日记》中除把博物馆直接音译外,也接受了博物院这一译名。

应当说,这时对西方博物馆还处于感性认识阶段。对博物馆的记述,视如一般风土人情而已,并没给予格外的关注,也不是对博物馆的专门考察。虽然有人已经认识到博物馆能够"广见闻,增智慧",但是要求中国建立博物馆的呼声并不强烈。

从介绍西方博物馆到主张建立博物馆,大多是一些以资产阶级观点提出"变法"思想的人。19世纪后半期,随着帝国主义侵略的加深,民族矛盾日益尖锐,人们对清朝封建统治愈加不满。资产阶级维新人士要求抵制外来侵略,主张按照资本主义国家的图样实行某些政治上的改革,发展资本主义生产,提倡新式的文化、教育,包括兴学校、办报馆、开博物馆等。郑观应认为,博物馆可以起到借鉴强国经验而广见闻的作用,因此,《盛世危言》提出要将博物馆一事连同铁路、轮船、矿务之事等列为学生经常的时事测验内容。维新变法的首领康有为甚至把博物馆彰明较著地列入他的《大同书》中。他主张在其理想的未来社会——"太平世"的各级行政组织里,都要有博物馆的设施。同时,他还希望:为公众进化计,在大同之世,音乐院、美术馆、动植园、博物院要做到"美妙博异""奇精新妙"。

随着资产阶级维新变法运动的发展,建立博物馆的主张愈加强烈,设想愈加明确、具体:一是要在学校建立博物馆,首先是京师大学堂。"藏书楼、博物院,皆为考订之资,自当陆续设立"。1897年7月21日天津出版的《国闻报》刊登"京城大学堂奏派总办提调名单",其中有"仪器院提调一员,工部郎中周暻",此人可能是我国学校博物馆最早拟议中的馆长。二是要在学会办博物馆。学会是维新运动中出现的一种团体组织。梁启超论到学会时,提出学会应办16项事,其中第12项即"大陈各种仪器,开博物院,以助试验"。上海强学会提出要办4件要事,其中之一也是"开博物院",并明确拟定所设博物馆的性质,"凡古今中外,兵农工商各种新器,如新式铁舰、轮车、水雷、火器,及各种电学、化学、光学、重学、天学、地学、物学、医学诸图器,各种矿质及动植类,皆为备购,博览兼收,以为益智集思之助"。郴州舆算学会也提出,"兹拟设立博物院一所,即借公所庙宇,先行陈列中国土产,凡花卉、草木、虫鱼、泥沙有关考究者,无不可入。"

维新派关于建立博物馆的主张,曾经得到光绪帝的支持。1898年7月5日光绪帝接受康有为"劝历工艺,奖募创新"的建议,令总理衙门详定奖励章程十二款,其中特别提到奖励民办博物馆的办法:

> 第七款,如有独捐巨款,兴办藏书楼、博物院,其款至二十万两以外者,请特恩赏给世职。十万两以外者,请赏给世职或郎中实职。五万两以外者,请赏给主事实职,并给匾额,如学堂之例。
>
> 第八款,捐集款项,凑办学堂、藏书楼、博物院等事,仅及万金以上者,亦请加恩,奖以小京官虚衔。

以官职奖励倡导办博物馆,这在过去的中国历史上是绝无仅有的。虽然,这些美好的愿望由于资产阶级维新变法运动的失败未能实现,但是,资产阶级的积极倡导,在一定程度上扩大了博物馆的社会影响,为我国近代博物馆的建立奠定了舆论基础。

(二)初创阶段

20世纪最初的一二十年是近代博物馆的初创阶段。

20世纪初中国民族资本主义工业迅速发展。从1895—1911年17年间,民族资本工矿企业增加490家,资本总额达到一亿一千多万元。民族资本主义的发展是博物馆建立的经济基础。1905年张謇创办我国近代第一个私立博物馆就是以其经营企业的利润为后盾的。

张謇(1853—1926),字季直,号啬庵,清末状元,资产阶级实业家,近代著名的立宪派。他把实业、教育视为"富强之大本",主张"欲国之强,当先办教育",而"欲兴教育"则"先兴实业"。1896年他在其家乡江苏南通创办大生纱厂。以后,张謇又陆续举办通海垦牧公司、大达轮船公司、资生铁冶公司、淮海实业银行等企业,并以这些企业的利润来兴办教育和文化事业。1902年创办我国第一所师范学校——南通师范学校。1903年张謇赴日本考察实业与教育,参观日本的博物馆和博览会,深受启发。进一步充实了两年前(1901)他曾经提出的,在沿江沿海省会及通商大埠建博览所的设想。回国后,他积极倡导创办博物馆,向张之洞和清朝学部分别递交《上南皮相国请京师建设帝室博览馆议》《上学部请设博览馆议》,建议在北京建立国家博物馆,然后"可渐推行于各行省,而府而州而县"。他大声疾呼:"揆诸时局",此举"诚不可缓"。对于张謇的呼吁清政府无动于衷,但他没有因此而灰心。他感到"图地方人民知识之增进,亦必先有实现之处所"。于是首先从其家乡做起,以其个人财力在师范学校以西,购并民房29家,迁移荒塚三千余座,平土筑垣,兴建包括植物园、动物园、博物馆在内的博物苑。张謇广泛搜集中外动植矿工之物,乡里金石,先辈文笔,并亲自制图设计陈列柜,历10年惨淡经营,终于初具规模,藏品达二千九百多号,计二万多件,分为自然、历史、美术等部。

南通博物苑的建立,有力地配合学校教育,宣传科学文化知识,在中国博物馆史上开风气先,对近代博物馆的发展产生了积极的影响。

张謇不仅是博物馆事业的热心倡导者,认真务实的实干家,而且是我国早期博物馆理论的莫基人。他的《上南皮相国请京师建设帝室博览馆议》《上学部请设博览馆议》等著述,对有关博物馆的一系列问题:从国家博物馆的筹建到地方博物馆的规划,从文物标本的征集到藏品收藏保管,从陈列技术到规章管理,从馆址选择到设备制作,他都或多或少提出了自己的见解。

第一,作为一个爱国知识分子,张謇非常关注祖国文物的安全。他尖锐地指出保护文物的重要性、迫切性。他说:"今则绀发碧瞳之客,蜻州虾岛之儒,环我国门,搜求古物。我之落魄士大夫醉心金帛,不惜为之耳目,稗贩驰驱。设不及时保存,护兹国粹,恐北而热河,东而辽沈,昔日分藏之物,皆将不翼而飞。"在那国家危亡,江河日蹙的年代,张謇对祖国文物表现出鲜明的爱国立场。

第二,强调博物馆的社会作用。张謇认为博物馆"高阁广场,罗列物品,古今咸备,纵人观览",是重要的社会教育机构,国家政治和学术参考的重要部门,学校教育的有力助手,可以"使承学之彦,有所参考,有所实验,得以综合古今,搜讨而研论之"。

第三,张謇认为,文物收藏目的在于"留存往迹,启发后来"。文物征集的途径,一是"国家尽出其历代内府所藏,以公于国人";二是鼓励"收藏故家出其所珍,与众共守"。但"此事不在官方之强迫,而在众愿之赞成",而且不能"吏胥籍端征索"。对于捐赠文物既多价值又高者,"自应破格奖励,不惜爵赏"。

至于征集范围,他主张"纵之千载,远之外国",古今中外,都要博求广收,"外而欧、美、澳、阿,内而荐绅父老,或购或乞,期备百一"。张謇这样主张也这样实践。南通博物苑的自然标本搜罗遍及当时五大洲许多国家,如日本的三叶虫、货币虫化石,南洋群岛的猩猩,印度的鳄鱼,俄罗斯的斑鼠,美洲的蜂鸟,非洲的鸵鸟,爪哇的孔雀,朝鲜的笔贝等。历史文物包括金、玉石、陶瓷、拓本、土木、乐器、画像、卜筮、军器、刑具、狱具等;美术品包括书画、雕刻、漆塑、织绣、缂丝、编物、文具等类。

对于征集而来的所有物品,张謇强调妥善保管,按藏品性质分为自然、历史、美术等部分,"分别部居,不相杂厕"。每件物品都要"条举件系,立表编号",做好鉴定、著录工作。

第四,关于博物馆的陈列展览,他认为既不同于工商展览会,又比图书馆工作更难。他提出,博物馆陈列要"参研学理,确有规则"。具体"陈设支配",则要区分不同情况:自然标本可按地区为次序,历史、美术则按时代先后。如此布陈,规古今之变迁,验文明之进退,秉微知拒,亦可见矣"。

第五,张謇重视博物馆管理工作。"经理之事,关乎学识"。搞好管理,就要有管理人才,他认为,不是任何人都可以胜任博物馆工作的,"非博物好古丹青不渝之君子,又能精勤细事、富有美术之兴趣者,莫克当此。"博物馆的管理还必须有严格的制度,"严管钥,禁非常,及其他种种之有妨碍者,均当专定章程期限遵守。"

第六,关于博物馆的规划、筹建。张謇认为,博物馆应建在交通便利,便于开拓的地方;建筑的大小,要考虑到贮藏和陈列的要求,既要方便观众,又要方便管理,"馆中贯通之地,宜间设广厅,以备入观者憩息,宜少辟门径,以便管理者视察";要美化环境,"隙地则栽植花木,点缀竹石"。设备方面,"庋阁之架,毋过高,毋过隘,取便陈列,且易拂扫"。

张謇的博物馆主张,虽然并不系统,而且多是针对南通博物苑而言的,但他结合了当时中国的实际情况,又吸收了外国博物馆的有益经验。对我国初期博物馆的建设有一定指导意义。

南通博物苑的建立,是民族资产阶级多年来博物馆倡议的第一次实践。此后,各地多有博物馆建立,或者举办陈列。如1905年学部侍郎严修在家乡天津的城隍庙开办教育品陈列室。1906年泰安创设教育博物馆。同年,京师乐善园(今北京动物园)辟为农商部农事试验所,陈列自然标本。不久,端方以个人收藏在北京琉璃厂海创王村办陶斋博物馆。

这一时期,在抵制美货和收回利权运动推动下,近出现了一批反映民族工商业发展的陈列馆(所)。如:

1902年,天津考工厂设陈列馆;

1904年,河南省城成立劝工陈列所;

1905年,直隶省设国货陈列馆;

1906年,湖南开办商品陈列馆。同年,农工商部设立劝工陈列所,并通布各省工艺局工厂设成品陈列室;

1907年,沈阳创办华产商品陈列所;

1908年,江西设立农工商矿总局陈列所;

1909年,江苏巡抚奏苏省建设商品陈列所;贵州巡抚奏设劝工陈列所。

辛亥革命后,博物馆的观念渐为世人接受,博物馆更得以显著的发展。

1911年孙中山领导的辛亥革命,推翻了清朝政府,从此结束了两千多年的封建统治,建立了中华民国。辛亥革命使整个中国社会发生了新的变动,带来了新气象。民主的思想深入人心;民族工商业显著发展;城乡普遍兴办学校,"声、光、电、化、理、数各科"为人们所重视。所有这些,进一步促进了社会对博物馆的认识。如民国元年章鸿钊就在《地学杂志》上发表《中华地质调查私议》一文,吁请地质调查所"于庶务科设置图书馆与陈列馆"。1916年10月,留美学生组织的科学社改为中国科学社,其社章明文规定设立图书馆、博物馆、研究所,解决实业科学上疑难问题。1917年5月,蔡元培、马良、严修、伍廷芳、张元济等教育界、实业界四十余人联名发起的中华职业教育社在上海成立,黄炎培为办事部主任。大会规定,该社所涉及三方面具体工作中,其一即是设职业学校和教育博物馆。

1912年,南京临时政府成立后,教育部明确规定社会教育司具体负责博物馆业务,总务厅具体负责博物馆修建。7月,教育部在北京国子监旧址筹设国立历史博物馆,以胡在缙为主任,集太学器皿百余件为基本陈列品。1917年历史博物馆迁往故宫午门,积极征集文物,藏品达57127件。1926年10月正式开馆。

继历史博物馆之后,相继建馆的有交通大学北京铁道学院博物馆和古物陈列所。前者属于教学实习博物馆,1915年该馆制备的各种大桥涵洞模型曾在巴拿马太平洋博览会上荣获大奖章。后者,1914年建于故宫前三殿。民国成立后,内务部开始接收清廷辽宁、热河两行宫的古文物,并于1913年底、1914年初运到北京。古文物陈列所就是主要掌管保藏两行宫文物的机构。所内有所长、副所长、书记员和司事,分设文书课、陈设课、庶务课。文书课分任编辑、登记、调查、报告等事项;陈设课主要负责陈列和保管文物;庶务课专任会计出纳、总务后勤、纠察保卫等。该所建有规章制度。《办事细则》明确规定了各殿陈列古物保管程序和各库房存储古物保管程序,以及提收古物的暂行规则。

为了吸引观众,规定陈列品每周都进行更换,稀世珍品随时更易,不作长时间展陈,以便慎重保护。普通展品"或旬月一换,或逢令节纪念等日年假期间,分别选择更易"。此外,还在东、西华门外各置一大公告木牌,书写陈列物品门类,以期观众预为知晓。

古物陈列所开馆后受到观众欢迎。当年藏诸深宫为皇帝专有的文物,今日公之于世,一任民众自由观览,这是孙中山领导的资产阶级革命带来的思想成果。据不完全统计:从1928年7月中旬到1934年,6年间该所共接待观众42.2万人次,最多月份观众17457人次。

首都的博物馆竞相建立,对地方是一布鼓舞和推动。地方博物馆陆续建立起来,如1916年农商部地质调查所设地质陈列馆;同年,保定教育博物院;1918年,天津博物院、江西省立教育博物馆;1919年,山西教育图书博物馆等等。据第一次中国教育年鉴载,到1921年全国已有13所博物馆。

总的来看,20世纪20年代以前,我国博物馆事业尚处初创阶段。博物馆的数量不多,社会功能也不显著,相当一部分博物馆还不提独立实体,而是图书馆的附属。这说明,我国的博物馆还刚刚起步。

这个阶段,在博物馆建设上值得一提的,还有一些外国人在中国建立的博物馆。

外国在中国开办博物馆,是近代中国社会的特殊现象。由于中国近代社会的半殖民地、半封建性质,很长时间在我国有一种反映帝国主义在政治上经济上统治或半统治中国的文化,即帝国主义文化,其主要表现为"帝国主义在中国直接办理的文化机关"(毛泽东《新民主主义论》)。外国在中国创办的博物馆就是这种"文化机关"的一种。

外国在中国办博物馆,始于19世纪中叶。1847年,耶稣会在上海徐家汇建造藏书楼,专门存放中国古籍、文物及各种中外报刊、图书。1868年,法国耶稣会士厄德·皮埃尔(汉名韩德,或韩伯禄)来华,在上海徐家汇耶稣会任职。他为搜集自然标本,五次到华中考察,创办《中华帝国自然历史录丛》,发表他关于中国动物的论文。他还建徐家汇博物馆(即自然历史博物馆)将收藏动植物标本,作为圣依纳爵公学的附属事业。该馆所收麋鹿门藏品最为丰富。后来,该馆又收入传教士葛必达搜集的大批中国艺术品和文物。1930年因馆舍不敷应用,迁至卢家湾吕班路(今重庆南路)震旦大学北侧新址,归震旦大学管理,改名为震旦博物院(又名韩德博物院)。

另一个博物馆是1874年英国人在上海筹建的亚洲文会博物院。

进入20世纪后,在中国建博物馆的国家更多,计有:

1904年,法国传教士在天津建华北博物院;同年,英国传教士在济南开办广智院;

1914年,法国传教士桑志华在天津筹设北疆博物院;

1915年,日本在台北建立台湾总督府民政部殖产局附属纪念馆;

1916年,日本在旅顺建立满蒙博物馆;

1919年,美国传教士在成都筹建华西协和大学博物馆。

应当承认,这些博物馆传播了西方一些科学技术和文化知识,使中国人通过博物馆这个渠道了解了一些比原来封建中国先进的东西。同时,他们带来的西方博物馆的管理制度和博物馆技术,也给予中国人开办的博物馆以借鉴和影响。但它们又都是帝国主义的文化机关。它们往往自诩为"文明"的代表者,鄙薄中国民族文化,视中国人为愚昧落后,在陈列中歪曲中国事实情况。更有甚者,打着博物馆旗号,披着外交家外衣,掠夺中国文物和自然标本,搜集中国情报。这方面,北疆博物院创办人桑志华就是代表。

黎桑·埃米尔,汉名桑志华,法国耶稣会士,曾获法国科学院博士学位。1914年3月31日来华。他一到中国就对中国北部广大地域的经济、科学价值甚感兴趣,立即着手展开"有文献又有收获的标本工作"。从1914年起,桑志华跑遍山东、河北、山西、陕西、河南、甘肃、内蒙古、东北南部和西藏东部地区,行程达50000千米。搜集了大量的动植物、化石、矿石标本,以及有关考古学、民俗学资料。仅高等植物标本就采集了八千多号,另有2500个制好的鸟类标本和2000具以上的人类学标本。其中仅1920年一次考察所得就需要83个骆驼组成的运输队运送。他利用这些有价值的资料先后写出两部著作:《1914—1923年黄河流域十年勘察报告》,1924年出版,四卷本,1100页,并附有两本地图(一本154图,一本77图);另一部取名《1923—1933年黄河流域十一年勘察报告》,四卷,1935—1936年出版。两部书共有4500幅照片插图。

桑志华搜集的我国标本资料很多都运往国外。他自己承认,1922年将4100种植物标本送往巴黎自然历史博物馆。1923—1924年送往巴黎的主要是第四纪古生物化石,仅1924年一次就发出100箱化石标本。1927年又将1926年和1927年两年采集的标本与化石运走。同年又分别送给巴黎各博物馆、伦敦自然历史博物馆和英国皇家新花园一组植物标本,给美国送蝗虫科标本,给法国古人类学院送了一批重要石刻。他在《二十二年在中国北方考察报告》中直言不讳地说:"这些发送工作正在继续进行,而且将还要进行。按照整理和搜集情况,逐渐送走藓苔类、昆虫类、矿石、海藻类、化石"。

桑志华送走的我国科学资料当然不止如此。他的调查甚至也不仅仅是地质、古生物、动植物。他还调查山西一带地区的人文资料,勘察自大同经外蒙古(今蒙古人民共和国)到西伯利亚修铁路的路线,筹划如何在中国给越南培育战马。他在采集、运输标本资料时,打着写有"法国进士、中国农林咨议",中间大书一个"桑"字的旗帜,所行之处,畅通无阻。在中国人民无权的时代,一个外国传教士如此肆无忌惮地从事这些活动是无人敢干预的。正如1924年4月3日北疆博物院开馆展览招待会上,法国驻天津领事苏西纳以法国驻华大使弗勒留名义讲话时指出的:桑志华在中国的考察任务是"在最高保护之下的,即巴黎自然历史博物馆,特别是名教授布勒先生和人类古生物院、法国教育部,并法国驻北京大使的保护"。法国领事的这番表白,恰恰道出了外国在我国开办博物馆的动机和背景。

法国政府鉴于桑志华在中国的出色"成绩",1927年1月1日宣布授予他五等功勋荣衔。法国驻天津领事亲自将十字勋章佩戴在他胸前。他的"十年勘察报告"一书,也得到巴黎地理学会颁发的斐利克斯-付尔聂奖金。

(三)发展阶段

20年代以后,博物馆发展表现两个明显特征:一是博物馆逐步脱离图书馆附庸地位而独立;二是一些大型国立博物馆和省级博物馆陆续成立。

表一　　1928–1936年全国博物馆统计

年份	1928	1929	1930	1931	1932	1933	1934	1935	1936
博物馆数	10	34	27	34	53	68	74	62	77
职员数	48	160	182	192	209	220	249	168	421

这是因为,国民党政府取得了全国的"统一",政治上相对比较安定,在一段时间内经济、文化、教育都有不同程度的发展。这一形势,给博物馆的发展创造了千载难逢的机遇。所以,从20年代中期到抗日战争前,博物馆有了较大的发展:

20年代中期,博物馆发展史上的一件大事,是故宫博物院的成立。

故宫(旧称紫禁城),是明清两代24个皇帝盘踞五百多年的皇宫,占地72万平方米,殿宇九千余间,曾经是中国封建王朝统治的中心。辛亥革命后,故宫前部设古物陈列所、历史博物馆,后三宫仍由已被废黜的清朝皇帝溥仪居住。俨然以小朝廷自居,时时做着复辟的美梦。后来,当他们预感日暮途穷之时,甚至打算将三大殿作为博览馆,勾结外人,在故宫"自保自养"苟延残喘。1924年2月,金梁写给溥仪的"条陈"说:

> "——日重保护。保护办法当分旧殿、古物二类。——保古物,拟将宝物清理后,即请设皇室博览馆,移置尊藏,任人观览,并约东西各国博物馆,借赠古物,联络办理,中外一家,古物公有,自可绝人干涉。——保旧殿,拟即设博览馆于三殿,收回自办,三殿今成古迹,合保存古物古迹为一事,名正言顺,谁得觊觎。且此事即与友邦联络合办,遇有缓急,互相援助,即内廷安危,亦未尝不可倚以为重。

很显然,金梁的用意并非真正开办博物馆,而是以博物馆为名,做政治筹码,从而达到勾结外人,保住"基地",徐图复辟的目的。

但是,1924年11月5日溥仪终究离开故宫,移住醇王府。1925年9月29日,"办理清室善后委员会"根据"善后委员会条例"和1924年11月7日摄政内阁命令,通过"故宫博物院临时组织大纲",推选严修、蔡元培、熊希龄、张璧、鹿钟麟、梁士诒、黄郛、范源濂、吴稚晖、李组绅、汪大燮、王正廷、于右任、李煜瀛等21人为董事,李煜瀛、黄郛、鹿钟麟、易培基、陈垣、张继、马衡、沈兼士、袁同礼9人为理事。李煜瀛为理事长。10月10日在乾清门广场举行成立大会。开幕那天,北京万人空巷,盛况空前,昔日的皇家宫阙终于成为群众游览的场所。

故宫博物院成立后,明文规定负责"掌理故宫及所属各处之建筑物、古物、图书、档案之保管,开放及传播事宜"。该院设古物、图书两馆。见故宫博物院初期组织机构图。

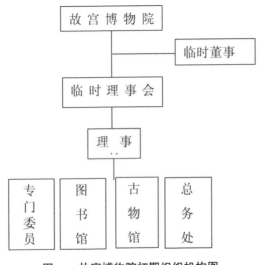

图一　故宫博物院初期组织机构图

北伐战争后,南京国民党政府接收故宫博物院,于1928年10月5日颁布《故宫博院院组织法》和《理事会条例》,规定博物院"直隶于国民政府"。成立了有蒋介石、阎锡山、胡汉民、王宠惠、黄郛、张学良、宋子文、冯玉祥、汪精卫、何应钦等军政要人在内的理事会。易培基为院长,下设古物、文献、图书三馆。由于时局暂时平静,1928—1931年,故宫博物院达到鼎盛时期,除各宫殿原有陈设保持原状开放参观外,新布置的专门陈列室,如宋元画陈列室、明画陈列室、清画陈列室、玉器陈列室、铜器陈列室等就有37个之多,出版影印字画、图书文献二百余种,定期刊物七八种之多,故宫博物院成为一所有影响的综合性古代艺术博物馆。

这时期成立的其他较有影响的博物馆还有:河南博物馆(1927年)、兰州市立博物馆(1928年)、浙江省西湖博物馆(1929年)、中央博物院(1933年)、上海市立博物馆(1934年)等。博物馆类型的增加,是这时期博物馆事业发展的另一个重要表现。如湖南地质矿产陈列馆(1927年)、中央研究院自然历史博物院(1928年)、北平野生生物调查所生物通俗博物馆(1931年)、中国戏剧音乐博物馆(1934年)、庐山森林园(1934年)、卫生体育博物馆(1934年)、上海医史博物馆(1938年)等。

30年代初开始筹备的中央博物院,是一所规模宏大的现代博物馆,其建立宗旨是:"汇集数千年先民遗留之文物,及灌输现代知识之资料,为系统之陈览,永久之保存,藉以为提倡科学研究,辅助民众教育";其任务为"系统的调查、采集、保管、陈列,并说明一切自然科学、人文科学及现代工艺之材料与标本"。按照计划,全院分自然、人文、工艺三馆。教育部所拟《中央博物院设立意见书》提出:"自然馆中,求能系统的扼要的表示自然知识之进展,并求其利用中国材料。人文馆中,求能系统的表示世界文化之演进,中国民族之演进。工艺馆中,表示物质文化之精要,尤其是关于实业及国防者,用以激励国人。"显然,这是一个恢宏而又周详的计划,代表了当时最先进的水平。

中央博物院1933年4月成立筹备处,筹备主任为傅斯年(后为李济)。三馆分别由翁文灏、李济、周仁负责筹建工作。择定南京中山门内159亩土地为馆址,并由英国退还庚子款下拨补建设费150万元。1936年4月成立理事会,推选蔡元培为理事长,决定院务方针。6月,按建筑师徐敬直设计蓝图第一期工程兴工,开始建造人文馆及大殿与各办公室。到1937年8月底因战争关系停工,第一期工程仅完成75%,筹备处被迫迁往四川。

随着博物馆的发展,博物馆从业人员增加很多,专业意识和学术研究也明显加强。1935年4月,中国博物馆协会在北京成立。协会"以研究博物馆学术,发展博物馆事业,并谋博物馆之互助为宗旨",推举马衡为会长,袁同礼、朱启钤、叶恭绰、沈兼士、丁文江、李济、翁文灏等15人为执行委员。协会会员分为机关会员、个人会员、永久会员、名誉会员4种。当时加入协会的团体会员三十多个,个人会员一百二十多名。协会下设专门委员会,分工研究博物馆学术及与博物馆相关的各项学术,设计博物馆建筑、陈列或设备,并负责审查博物馆学书籍、论文,举办学术讲演。同年9月,刊行《中国博物馆协会会报》。协会的成立对博物馆事业发展起了积极的促进作用。会员们十分关心博物馆的建设。在翌年7月青岛召开的年会上,"现代博物馆建设"成为重要议题,一致强调"为今之计,现代博物馆之收藏,应包罗万象,无论中外新旧,无论科学工艺,标本实物,以及历史文化之古物图书,均应博搜广求,考订说明,以供民众之观摩。"这次会议还就"设立博物馆人员训练所""教育部指定国立大学若干所,添设博物馆学系,造就专门人才""审定博物馆学名词"等问题提出23项议案。协会促进了博物馆学理论研究的开展。《博物馆学通论》《博物馆学概论》《中国博物馆一览》等论著与资料陆续出版。

与此同时,国民党政府也制定了有关文物博物馆法规。如《名胜古迹保存条例》(1928年)、《古物保存法》(1930年)、《鉴定禁运古籍须知》(1930年)、《暂定古物之范围及种类大纲》(1935年)、《古物出口护照规则》(1935年)等。

综上所述,可以看出,二三十年代确是中国博物馆事业比较发展的阶段。国民党政府为此做出了一定的贡献。

30年代,在我国东北还有伪满洲国的博物馆。这是中国社会特殊条件下的产物。毛泽东同志1940年1月曾经说过,"现在的中国,在日本占领区,是殖民地社会"。伪满洲国的博物馆,正是日本在我国东北殖民统治的一种文化机关。

在日本操纵下,1932年3月伪满洲国成立后,日本立即通过"满日文化协会"插手文物博物馆事业。1935年6月,建立所谓"国立博物馆"(1939年改称"国立中央博物馆奉天分馆"),藏品资料37823件,大部分是张学良、汤玉麟的家藏,也有罗振玉、"满日文化协会"主任杉村勇造的"赠送"。在这些藏品中,有辽金时代300件完整的陶瓷器,有原收藏于热河行宫的乾隆的工艺品,其中以缂丝制无量寿佛净土曼陀罗为第一珍宝,大量书画多为张学良家旧藏。

伪满洲国的"国立中央博物馆"于1939年1月成立于长春,是一个综合性博物馆。为加强殖民主义宣传,灌输"同文同种""共存共荣"等奴化思想,这个馆从一开始就以"没有展厅的博物馆"深入社会,举办所谓"博物馆的黄昏",搞什么讲演、音乐、电影,"资助一般群众的启蒙和情操的培养"。1940年以后,它们加紧搜集东北动物、地理、矿物、地质等方面资料,并整理、展出,特别强调"对满系群众的启蒙作用",实际是驯化把东北从中国分裂出去的民族心理。

伪满洲国的第3个博物馆是热河宝物馆。1933年3月日军侵占承德后,就把热河行宫作为其师团司令部,并将山庄的长湖、半月湖填平充作靶场。"满日文化协会"委托日本特务机关清理行宫文物,竭尽搜刮、掠夺之能事。日寇在外八庙设的"监视员",不断将文物劫送日本,包括大小金铜佛,各种镀金、镀银佛,各庙的丹珠经、甘珠经等。1944年,又将雕刻精美、制作精巧、装卸自如的珠源寺铜殿——宗镜阁劫运至日本。为了掩人耳目,在他们盗窃承德文物的同时,1935年2月建立热河宝物馆,翌年8月开始陈列,陈列品分13类展出。

此外,还有哈尔滨博物馆和长春南湖畔民俗展览馆。

伪满洲国的这些博物馆,完全是日本帝国主义掠夺我国文物标本,实行奴化教育的工具。

表二　1948年初博物馆概况

馆名	负责人	职员数	馆址
浙江省西湖博物馆	金维坚	18	杭州
四川省博物馆	冯汉骥	14	成都
中国西部博物馆	李乐元	20	重庆
济南广智院	胡伟思	8	济南
河北省立天津博物院	靳宝砚	12	天津
河南省博物馆	庞骥	13	开封
上海市博物馆	杨宽	16	上海
私立天津广智馆	李琴湘	8	天津
华西博物馆	郑德坤		成都
台湾省立博物馆	陈兼善	40	台北
私立希成博物馆	黄希成	10	成都
青岛市立博物馆山东产业部	李廉清	6	青岛
陕西省历史博物馆	曹仲谦	9	西安

(四)新中国成立前博物馆的厄运

从20年代中叶到30年代中叶,十多年时间,是旧中国博物馆事业的黄金时期。此后,从1937年到1949年,博物馆事业遭到挫折,基本上处于停顿状态。这一阶段,影响博物馆发展的,一是日本侵华,一是蒋介石的内战。

1937年日本发动全面侵华战争,博物馆遭到大量破坏。有的博物馆在当地毁于日军炮火,有的沦陷后遭到敌伪劫掠散佚;有的被迫内迁,在辗转迁徙中受到损失。实际上,由于日本侵略所造成的文物、博物馆损失,很难有一个精确统计。1938年10月出版的《时事月报》所载《抗战以来我国教育文化之损失》一文,提到沦陷区或战区42所博物馆、54所古物保存所的损失情况,"共计二千九百八十四箱",若以财产损失而论,"就可知者,中央博物院五十五万元"。1945年10月国民党"战时文物保存委员会"曾举办全国公私文物损失登记,根据调查所得的材料,分类编成《战时文物损失目录》,计列书籍、字画、碑帖、古迹、仪器、标本、地图、艺术品等八项,文物损失总共3607074件,又1870箱,741处古迹。

抗战期间,迁到内地的博物馆曾尽力开展一些业务活动,也有少数博物馆在"大后方"新建,但终究没有产生太多的社会影响。

抗战胜利后,蒋介石很快又发动内战,国计民生愈加艰难,博物馆也就更不景气。到1948年初,苟延维持门面的博物馆只剩下13所(表二)。

1948年冬,国民党政府败局已定。国民党指示北方的一些大博物馆将文物南运,准备逃离大陆,同时给一些著名博物馆学者送去飞机票,要他们即去台湾。12月,经蒋介石批准,决定将故宫博物院滞留南京的文物,以及中央研究院历史语言研究所、中央博物院文物,以军舰四批迁送台湾。第一批由国民党海军中鼎号运输舰,第二批由招商局海沪轮,第三批由海军昆仑运输舰,三次共运中央博物院文物852箱,故宫博物院文物2972箱,231910件。蒋复聪、庄尚严等9人受命押送文物去台湾。

这些文物到达台湾后,先存于台中郊外雾峰乡吉峰村。1949年1月成立所谓"国立中央博物图书院馆联合管理处"。1965年在台北士林外双溪建筑新馆,并组成台北故宫博物院管理委员会,以宋美龄、王云五、王世杰、孔德成、李济、陈雪屏、张群、张大千、黄少谷、蒋彦士、蒋复聪、钱穆等33人为委员。

总之,旧中国的博物馆事业从1905年至1949年,前后五十年的时间,若从更早的19世纪中叶博物馆事业酝酿过程算起,几乎经历了一个世纪的光景。在这近百年中,我国面临前所未有的大变革。博物馆事业伴随这场深刻而又复杂的历史变革,不断地演进发展。博物馆从南通濠河畔的博物苑到全国多达七八十个博物馆,从文物馆的单一型态到博物馆的多种类型,从保藏的目的到利用的目的,从学术研究的功能到开展社会教育的功能;从简单的传统管理方式到科学管理的探索,从散漫的馆际交往到专业性的团体组织,从师徒传授式的人员培养到大学博物馆学教育的实施等。所有这些,都说明旧中国博物馆事业有一个不断发展过程。它为新中国博物馆事业奠定了历史基础。

但是,旧中国的博物馆事业的发展,既曲折又不平衡,带有半殖民地半封建社会的深刻烙印。博物馆工作基本上处于古董摊子的水平,有的甚至成为粉饰太平的工具。

近代博物馆的发展历史说明,博物馆只有成为人民的事业,才能发挥应有的社会作用。

表三　故宫博物院运台文物统计表

批次	数量	运抵日期	合计
第一批	320箱(件、册、捆包)	1948.12.21-26	
第二批	1680箱(件、册、捆包)	1949.1.6-19	2972箱
第三批	972箱(件、册、捆包)	1949.1.29	

三

新中国成立前,在党领导人民大众进行艰苦卓绝的革命斗争过程中,有一支重要的方面军,即党领导的文化教育事业。它起了宣传群众,教育群众,团结群众,打击敌人的作用。博物馆作为革命的无产阶级文化教育事业的一部分,也曾得到重视和发展。研究革命根据地的博物馆历史,是我们义不容辞的任务。

1.苏区的博物馆。第二次国内革命战争时期,井冈山和各根据地建立红色政权,政治经济上获得解放的人民群众,迫切要求文化和精神食粮。列宁小学、列宁师范、苏维埃大学以及各种干部学校都逐步建立起来。苏区群众的革命艺术也有发展。与此同时,党也注意到革命文物、博物馆工作,早在第一次中华苏维埃共和国工农兵代表大会决议的《中国工农红军优待条例》中,就明确提到博物馆:“死亡战士之遗物应由红军机关或政府收集,在革命历史博物馆中陈列,以示纪念。”1932年9月,中华苏维埃共和国临时中央政府发布的文告《人民委员会对于赤卫军及政府工作人员勇敢参战受伤残废及死亡的抚恤问题的决议案》也提到因作战牺牲战士“但有革命意义的物品,应保存于革命陈列馆”。1933年,中央教育部决定建立博物馆,并发出征集陈列品启事。全文如下:

中央教育部决定建立革命博物馆,暂在中央政府所在地建立开始,请各机关,各群众团体及个人,帮助蒐集下列各种物品寄中央革命博物馆筹备处。

一、关于革命的文件(1933年以前的):

甲、标语(贴在壁上的标语,或标语稿本)。

乙、各种决议案、指示信、报告书等。

丙、传单画报、杂志、报纸,及政治简报等。

丁、关于革命的印刷品或抄本。

戊、统计图表(党的、红军的、苏维埃的)。

己、反动的文件(敌人进攻的计划书,反动宣传品,反革命政治派别的各种文件和供词)。

二、关于革命的各种物品:

甲、红军和地方武装的武器(棱标、土炮、单响枪、土造五响枪等类,自己制造的及战利品,不论好坏,不论攻击的或防御的)。

乙、各种胜利品(武器、古董、衣服用品等)。

三、像片:

革命团体的,革命领袖的,死难烈士的,以及白色恐怖的,俘房军官的各种像片。

四、旗帜、印章、徽章等类。我们自己的和敌人的均可,并不论有无破损。

五、私人的物品:

革命领袖的,烈士的,反革命领袖的。

为了能使中央革命博物馆能在第二次全国苏维埃大会之前开馆,1933年11月1日中央教育部代部长徐特立、副部长沙可夫又发出《革命博物馆启事》,再次要求各单位"帮助本博物馆搜集革命纪念物品及胜利品,早日送来本馆,以便按期开幕"(《红色中华》,1933年11月11日)。

当时中央苏区和各根据地,还举办过各种展览会,兴国县在博生还设立了农产品陈列所,推广先进技术和改良品种。

2.延安等地的博物馆

抗日战争时期,革命的力量更加广泛,更加壮大。文化教育事业得以更大的发展。仅陕甘宁边区的文教事业,小学从1937年的545所发展到1945年的1395所。在学人数由10396人发展到79500人。中学由1所发展到7所,学生由250人发展到2443人。边区的社会教育、在职干部教育都有一定程度的发展。为了开展宣传工作,延安和各抗日根据地还广泛利用了民众教育馆、展览会、庙会举办展览。如1940年秋，八路军总司令部野战军政治部129师，为配合边区各界庆祝百团大战胜利追悼死亡烈士大会，举办"军民死难烈士遗物展览会"，展出烈士们的血衣、照片、遗物、图籍等，收到很好的宣传效果。从1943年开始，延安每年都要举行包括有关解放区工农业生产、军事、财政、司法、文教卫生等方面内容的大型综合展览。据不完全统计，抗日战争期间，延安等地举办的文化、美术、生产、卫生等重要展览会不下100个。一些陈列馆、博物馆也因陋就简着手筹建。如延安鲁迅艺术文学院就设有陈列馆。它和图书馆同属该院秘书处领导。陕北公学在教务处以下也设有陈列室。纪念性博物馆方面，1940年7月，毛泽东同志发起公祭成吉思汗时，设在杨家湾的成吉思汗纪念堂和蒙古文化陈列馆也落成开放。1946年西北党校设立了"四八"烈士纪念室，陈列王若飞、秦邦宪、叶挺等飞机遇难同志的遗作、译著、纪念文章。

当时博物馆的活动还深入到学校。延安八路军抗属子弟学校创办了一个"小博物馆"。这个博物馆是完全由学生筹建、管理的。他们用黄泥做成各种形状的标本盒。师生们自动捐出瓶子、罐子、瓷钵、颜料、历代钱币、枪弹、野鸡毛等，还采集各种植物制成标本，创作从马兰草到马兰纸的造纸流程模型，并用标本、图表设计出"蚕吐丝""蜂酿蜜""从种棉到制成衣服""从种麦到做成馍"等专题陈列。建立在窑洞里的这个小博物馆，使学生们受到生动有趣的自然科学知识教育。

规模较大的博物馆，边区政府也在着手筹备。1941年1月，陕甘宁边区政府教育厅决定在延安建立博物馆。当时的报道说："边区教育厅为了开展社会教育，特在边府附近建立俱乐部、大礼堂、运动场、博物馆各一所，同时将原有的鲁迅图书馆扩大，所需经费得政府批准，一切均在进行中。"同年11月，陕甘宁边区第二届参议会召开，周扬等提出筹设历史博物馆案，提案强调"为提高边区人民对中国文化及中国革命之意识，与对于革命史实之具体了解，并加强其对于革命之信念，应请政府募集巨款筹设历史博物馆"。参议会全体代表通过此案，"交政府切实办理"。

抗日战争结束后，1946年4月，陕甘宁边区第三届参议会召开，有关博物馆提案就有三项：

> 第九案，编修革命烈士史略，建立烈士塔与革命史迹博物馆等，以彰
> 先烈而垂后世案。

第十一案,请求政府拨款绥德分区各县建立革命烈士纪念堂和纪念碑案。

"第三十三案,准备建立烈士纪念塔、革命史迹博物馆案。

经大会审查,以上三案"原则通过,拨交政府聘请专人成立委员会负责计划筹备。"以林伯渠为主席,李鼎铭、刘景范为副主席的边区政府非常重视落实议案,5月16日林伯渠亲自邀请各方面有关人士三十余人座谈商讨,决定着手搜集革命历史文物,成立"陕甘宁边区革命历史博物馆筹备委员会",并选出邓洁、曾山、赵伯平、柯仲平等7人为委员,同时决定起草发起缘起及筹备纲要。

除了陕甘宁边区,其他解放区也在极其困难的环境中考虑或筹建博物馆。在晋冀鲁豫边区,1941年9月1日公布政府组织条例,规定其教育厅掌理"关于图书馆、博物馆及公共体育娱乐场之管理事项"。解放战争初期,山东省制定的群众教育工作纲要,明确提出要充实以区为单位的"宣传棚","如建立图书馆、读报室、展览室、陈列馆、巡回文库等,类似农村民教馆性质,为社会文化事业服务"。在热河、东北地区,1945年8月八路军与苏、蒙联军解放承德后,立即着手成立离宫管理处,进行避暑山庄的保护管理工作,不久又筹备承德民教古物馆。1947年东北行政委员会还在哈尔滨市筹建"东北抗日暨爱国自卫战争牺牲烈士纪念堂"(后改名东北烈士纪念馆),第二年10月10日正式开馆。

党领导的革命根据地、解放区博物馆事业,是新民主主义文化的一部分。它在革命战争年代进行了创造性的工作。在宣传教育方面,各地区根据当地的具体情况,利用和改造博物馆的旧形式,充实了无产阶级的崭新内容。它把博物馆直观、形象的特长,与民族的、大众的传统形式(如庙会、集市)结合起来,真正为广大军民所喜闻乐见。针对特殊的战争环境,和广大农民文化水平低的特点,展具因陋就简,轻便、坚固,以通俗的乡语辅助陈列,起到了革命宣传"轻骑兵"的作用,第一次如此广泛地发挥了博物馆的社会功能,完全不同于国民党统治地区庙堂式的博物馆,表现了鲜明的革命性,广泛的群众性,紧密地配合了中国人民的解放事业,虽然革命根据地、解放区的博物馆事业受种种条件所限未曾得到更大的发展,但作为崭新的、无产阶级的博物馆事业,它的萌发却具有重大意义,对新中国成立后的博物馆事业有一定的借鉴作用。

本文原刊载于《中国博物馆》1986年第2期。

作者简介：

梁吉生，教授。1939年7月生，河北雄安新区（原安新县）人。1959年秋入南开大学历史系，1964年8月毕业留校任教。1980年参与历史系文物博物馆学专业的筹建，任专业副主任，主持开创"大学博物馆学"课程，并主讲《博物馆学概论》。曾在中国历史博物馆和中国革命博物馆研修，作为中国高等学校博物馆学学者出席第13届国际博物馆协会大会，任中国博物馆学会（协会）理事、天津市文博学会副理事长、中国自然博物馆协会博物馆学委员会委员、周恩来邓颖超纪念馆名誉馆员及特邀研究员，兼《中国博物馆》期刊编委、国际博物馆协会会刊《Museum》特邀亚非撰稿人。参与国家文物局主编的《博物馆学概论》（文物出版社出版），应国家文物局委托，为全国文博干部培训编写《博物馆学纲要》。20世纪80年代初中期作为主要编写者参与《中国博物馆学基础》一书的初版及修订版的撰写。先后在国际博物馆协会Museum及日本博物馆协会《博物馆研究》、日本立教大学《MOSEIOM》发表论文，有关文章由美国及台湾地区翻译转载，并在国内《中国博物馆》等十数家文博刊物发表博物馆学文章50余篇，为中国大百科全书《文物博物馆》卷撰写"中国博物馆史""中国博物馆学著作"及"中国博物馆人物"等多项词条。先后在吉林省文化干部学校、安徽大学、甘肃省联合大学及国家文物局泰安、长沙杨开慧故居培训中心讲授博物馆学。

传统文化与现代化视野下的中国博物馆发展史

黄春雨

今年是新文化运动100周年（撰文时2015年），中国博物馆也走过了110年。在中华民族为实现两个一百年目标而努力奋进的当下，从传统文化与现代化的视野思考中国博物馆的发展有着重要的现实意义。2012年国际博物馆日将主题确定为"处于变革世界中的博物馆：新挑战、新启示"，此后又以"博物馆（记忆+创造力）=社会变革""博物馆藏品架起沟通的桥梁""博物馆致力于社会的可持续发展"作为2013、2014和2015年的主题。这应该是国际博物馆界对当代博物馆发展之路的一种思考，抑或说是一种态度，冀望博物馆与时俱进，融入现代社会，不能只做旧时代的投影仪，而要成为新文化的助推器。这样的思考在中国博物馆一百多年的重要历史阶段都能发现。中国博物馆是在中国从被迫走现代化道路到主动走现代化道路的过程中出现，中国博物馆过去的种种问题，今天所面临的各种挑战，似乎都与如何因应传统文化与现代化的关系有着复杂而明显的联系。

一

中国对于近现代博物馆的认识与接受是一个渐进的过程。1840年鸦片战争的结果，中国不得不开启国门与世界沟通，了解与学习西方的科学技术文化和物质文明。此时的西方博物馆已经成为工业文明的展览者和传播者，也是中国人了解西方和世界的重要窗口。

对学习西方科学技术文化一向保守固执的刘锡鸿于1875年出使英国，参观大英博物馆后体认到："夫英之为之，非徒夸其富也。凡人限于方域，阻于时代，足迹不能遍历五洲，耳闻不能追及千古，虽读书知有其物其名，究未得一睹形象，知之非真。故既遇是物仍不知为何者，往往皆然。今博采旁收，综万汇而悉备之一庐，每礼拜一、三、五等日，放门纵令百姓男女往观，所以佐读书之不逮,而广其识也。英人之多方求洗荒陋如此"①。需要提及的是,1868年王韬参观大英博物馆时的抒发感受所用文字几乎与刘完全相同。②1896年,李鸿章去俄国祝贺尼古拉二世加冕,途经英国参观了肯辛顿博物馆,"中堂于机器木模、自古至今历代所变而精益者,无不留心垂察,喜形于色"③。《李鸿章历聘欧美记》的作者就此评论到"说者谓华人以守古为高,而中堂独以更新为喜,中国有大臣如此,何忧国之不兴"④。1904年,康有为参观丹麦国家博物馆时慨然而叹:"我国之大,以文明自号数千年,而无一博物院以开民智,欧美人每问我国博物院,吾为赧然面赤,奇耻大辱未有甚于此者"⑤。1905年戴鸿慈出使挪威,参观所谓旧博物院获得启发。"吾意中国各行省产物之富,不可胜数。欲使商务兴盛,莫如明昭各省,令输其地所出物若干,分致各国博物院,以为通商之助"。看到新博物馆陈列的"近世诸国之制"工业文明展品时,认为"吾国建设博物院所宜仿者"⑥。

　　西方博物馆收藏之富,让参观它们的国人感慨不已,也为祖国的遗产被劫掠与巧取豪夺而痛心疾首,但让他们最感兴趣的似乎并不是以古物为中心的博物馆,而是那些陈列传播新工艺、新制造、新知识的博物馆,对中国"自强""求富",救亡图存,具有现实意义或实用性更强的工艺与教育科学类的博物馆。"广国民之新识"⑦"佐读书之不逮""为进化之考据"⑧"以为通商之助"⑨等是他们对西方博物馆作用的基本认识。这种认识随着民族危机不断加重,在中国不得不走上现代化道路的时段里,深刻影响着中国博物馆的实践。世界博览会所体现的劝业与创业精神,高度关注艺术与制造以及大众教育作用等,对中国博物馆早期实践也产生了相当大的影响。早在光绪十二年(1886年),就有人提出中国应仿照西方设立博物院赛奇会,认为"中国所亟宜讲求者,在于整顿商务",西方在通商之埠必定设立博物院,凡五金矿产、珠玉环宝,无不罗列陈设。赛奇会将货物聚集一处,可使百姓家喻户晓,趋其所利,避其所不利,西

① 刘锡鸿:《英轺私记》,湖南人民出版社,1981年,第93页。
② 王韬:《漫游随录·扶桑游记》,湖南人民出版社,1982年,第106页。
③④《李鸿章历聘欧美记》,蔡尔康译,湖南人民出版社,1982年,第105页。
⑤ 上海市文物保管委员会编:《康有为遗稿——列国游记》,上海人民出版社,1995年,第228页。
⑥⑨ 戴鸿慈:《出使九国日记》,湖南人民出版社,1982年,第199页。
⑦ 上海市文物保管委员会编:《康有为遗稿——列国游记》,上海人民出版社,1995年,第110页。
⑧ 上海市文物保管委员会编:《康有为遗稿——列国游记》,上海人民出版社,1995年,第107页。

方商务之盛"殆系于此"①。

洋务运动开启了中国现代化的进程,戊戌变法则试图通过君主立宪、实业救国、废除科举,兴办学校等手段多方位学习西方现代文明,加快中国走上现代化道路步伐,挽救民族危亡。维新派认为"覆中国,亡中国,必自科举愚民不学始也"②。支持和传播改良思想的上海强学会,将译印图书、刊布报纸、开大书楼、开博物馆视为最重要的四件事,提出了建立博物馆的具体设想"凡古今中外,兵农工商各种新器,如新式铁舰、轮车、水雷、火器,及各种电学、化学、光学、重学、天学、地学、物学、医学诸图器,各种矿质及动植类,皆为备购,博览兼收,以为益智集思之助"③。在实业救国与教育救国的历史背景下,20世纪初,随着清政府商部(1903年设立,后与工部合并为农工商部)和学部(1905年)的设立,肩负着振兴实业、开通民智使命,中国博物馆实践拉开了帷幕。

在中国被迫走向现代化道路的过程中,不仅学习西方现代文明,也借鉴明治维新后日本的成功经验。甲午战争后,日本博物馆的发展道路,开始对中国博物馆产生愈来愈大影响。此时的日本,已经历过所谓启蒙时期阶段。"以举办博览会为契机,出现了以收集资料为基础的劝业型博物馆;在明治头十年教育与劝业混在一起的情况下,开设了以类似文部省教育博物馆的教育博物馆;基于开龛、暴晒的传统,开设了以收集古器旧物为中心的神社寺院的宝物馆;从药园发展起来的植物园等"④,是这一阶段的主要特点。1894—1911年为日本博物馆的所谓摸索时期,在保护古美术品运动的推动下,把旧帝室博物馆分别改成东京、京都、奈良博物馆,东京帝室博物馆设历史、美术、美术工艺、天然产品四部。在乡土教育和通俗教育运动推动下,学校博物馆出现。天津考工厂、南通博物苑以及学部侍郎严修在天津创办的教育品陈列室,均出现在创办人周学熙、张謇、严修赴日考察之后,应该说这并非偶然。

陆惠元先生在《中国博物馆》1987年第一期撰文,提出1903年建立的"天津考工厂是中国第一个博物馆"。认为:"天津考工厂、劝工陈列所、直隶商品陈列所是一个机构在不同时期的不同名称","天津博物院是在直隶商品陈列所

---

① 乔兆红:《百年演绎:中国博览会事业的嬗变》,上海世纪出版集团,2009年,第137页。
② 中国史学会编:《戊戌变法》(第三册),上海人民出版社,1957年,第131页。
③ 中国史学会编:《戊戌变法》(第四册),上海人民出版社,1957年,第391页。
④ 伊藤寿郎、森田恒之主编:《博物馆概论》,吉林博物馆学会译,吉林教育出版社,1986年,第99—100页。

中孕育成长起来的"①。张礼智先生的新著《陕西博物馆百年史》将陕西历史博物馆乃至陕西博物馆的源头确定为1909年成立的劝工陈列所。"从劝工陈列所到陕西历史博物馆,藏品传承有序,机构传承有序,其沿革关系非常清晰"②。类似机构,以1910年为界建有七八座,如1904年成立的河南省劝工陈列所、1905年商部设立的劝工陈列所。③教育博物馆在此前后也陆续建立,如学部侍郎严修在天津创办的教育品陈列室、广东学务处开办的图书及教育品物陈列室、湖南省图书馆兼教育博物馆、泰安教育博物馆等。

　　1905年建立的南通博物苑在中国博物馆早期实践中是独特的存在。张謇既清醒地意识到保护民族历史文化遗产的历史意义,又务实地践行着教育救国的理念。历史、美术、天然三部与动植物园的建制,使中国人拥有了自己的学理意义上的博物馆。隶属南通师范学院"为本校师范生备物理上的实验,为地方人民广农业上之知识"的宗旨④以及独特的馆名,让南通博物苑具有了民族性和时代性的色彩。但不可否认,它又是形单影只的。

　　经历了甲午战争失败,八国联军入侵,中国社会选择了"劝业型"博物馆和教育博物馆,以为富民强国之助。在对博物馆的认识上,更看重的是开放与直观的陈列展览传播教育功能而非收藏特性。1898年,清政府总理衙门制定的劝励工艺,奖募创新的章程,所奖励的博物馆就是劝业型博物馆。上海强学会主张建立的博物馆清楚地表明,是一座集劝业和教育为一体的博物馆

　　"劝业型"博物馆和教育博物馆之所以在中国博物馆早期实践中占有数量上的明显优势,南通博物苑之所以独特,原因众多。从洋务运动开始,中国社会关于如何学习西方现代文明,让中国走上现代化的富强之路,争议不断。具体到对待传统文化的认识上,争论更是激烈。在严复眼中,"魏碑晋帖,南北派分,东汉刻石,北齐写经,戴阮秦王,真阗许郑,深衣几幅,明堂两个,钟鼎校铭,珪宗著考,秦权汉日,穰穰满家,诸如此伦不可殚述。然吾得一言以蔽之,曰无用"⑤。传统文化与现代化的冲突、救亡图存的现实,应该是最值得深思的一个原因。

---

① 陆惠元:《天津考工厂是中国第一个博物馆》,《中国博物馆》1987年第1期。
② 张礼智:《陕西博物馆百年史》,三秦出版社,2014年,第20—21页。
③ 王宏均主编:《中国博物馆学基础》,上海古籍出版社,1990年,第83—84页。
④ 《博物苑观览简章》,南通博物苑藏。
⑤ 严复:《救亡决论》,载王栻主编:《严复集》(第1册),中华书局,1986年,第41页。

二

辛亥革命推翻了清王朝和两千多年的封建皇权制度,建立了中华民国,中国开始了主动走向现代化的历程。辛亥革命也是一场深刻的思想启蒙运动,在打破了帝制政治的价值观和政治思想的同时,也对中国传统以儒家为主的诸多价值观的权威性产生了严重冲击。继之而来的新文化运动和五四运动,"第一次全面地、猛烈地、直接地抨击了孔子和传统道德,第一次全面地、公开地、激烈地反对传统文艺","如此激烈否定传统,追求全盘西化,在近现代世界史上也是极为罕见的"[1]。

中国近代文化是在西方文化和中国传统文化相互冲突、会通融合的过程中形成,它的发展变化始终同政治变革、救亡图存密切结合。[2]这个印记也明显地刻在了作为近代文化一部分的中国博物馆身上。

据《第一次中国教育年鉴》记载,1911年至1921年全国已有博物馆13座。具体分析这13座博物馆,多附属于图书馆。就类型而言,绝大多数为教育博物馆及科学博物馆。如保定教育博物院(1916年)、天津博物院(1918年直隶省教育科及天津劝业所交通大学建立)、江西省立教育博物馆(1918年)、山西教育图书博物馆(1919)、北京铁道管理学院博物馆(1913年)、农商部地质调查所地质陈列馆(1916年)。教育博物馆及科学博物馆占据民国前十年博物馆发展的主流地位,是早期中国博物馆实践的自然延续,还是新文化运动反传统的反映,或者兼而有之,需要认真研究。但可以肯定的是,这一时期"工业救国""教育救国""科学救国"乃至"卫生救国"等是多数知识分子的追求和前行的道路。"所谓'工业救国''科学救国'等等实际上也是对封建传统思想文化的一种否定"[3]。

民国时期中国博物馆的最大成就体现在故宫博物院的成立、国立历史博物馆的建立以及国立中央博物院的筹建。国立历史博物馆的建立开启了我国国家主导博物馆建设的序幕,故宫博物院的成立则使中国拥有了一个令世界瞩目的博物馆。它们的意义在于作为舶来品的博物馆,在与中国的社会政治

---

① 李泽厚:《中国现代思想史论》,生活·读书·新知三联书店,2008年,第2页。

② 龚书铎主编:《中国近代文化概论》,中华书局,1997年,第4—13页。

③ 黎澍:《关于五四运动的几个问题》,载《纪念五四运动六十周年年学术讨论论文选》,中国社会科学出版社,1979年,第305页。

制度相结合相适应的过程中,开始了嫁接到中国历史文化主干上的努力。不过,让西方现代文化产物的博物馆与中国传统文化会通融合的努力,是曲折和复杂的。

北平历史博物馆从1912年筹备到1926年正式对外开放,用了整整14年的时间。期间,隶属关系经历了从教育部—大学院—教育部—中央历史语言研究所,1933年又划归国立中央博物院筹备处的多次变更。个中缘由耐人寻味,期待有志者详加探究。蔡元培曾就什么是历史博物馆做过这样的表述——"有历史博物院,按照时代,陈列各种遗留的古物,可以考其本民族渐进的文化"①。如果蔡元培关于历史博物馆的认知在那个时代具有相当的代表性的话,有关问题也就容易找寻答案。1914年成立的北平古物保存所被一些学者视为中国最早的国立博物馆,也有人认为它代表了20世纪我国博物馆的水平,从今天博物馆学专业的角度而言,这样的认知似乎可以成立。可事实上,古物陈列所并不认为自己就是学理意义上的博物馆。1913年12月24日,内务部制定的古物陈列所章程明确提到"本部有鉴于兹,默察国民崇古之心理,收集累世尊秘之宝藏于都市之中,辟古物陈列所一区,以为博物院之先导"。古物陈列所的自我定位似亦可解释北平历史博物馆的曲折发展,它先后并入中央博物院筹备处和故宫博物院的结局,又可体现民国时期社会所期待或希望建立的博物馆形态(见下文有关中央博物院的讨论)。

故宫博物院是以古器物为中心的中国第一博物馆,作为传承中华文明的标志性博物馆,其发展过程有不少现象值得关注。其中,经亨颐废除故宫博物院提案,尤需博物馆界同仁深思。1928年6月,国民政府委员经亨颐提出议案,要求废除故宫博物院,分别拍卖或移除院内一切物品,"将拍卖大宗款项,可以在首都建立一座中央博物馆"。1928年6月29日,国民政府会议通过了经亨颐提案。②经案虽然在易培基、张继等据理力争下最终被否决,但这一事件也说明传统文化与现代化的冲突在相当长的时间内影响困扰着中国博物馆的产生发展,透露出的是,中国社会对"国故"或者说民族文化遗产能否有助于中国现代化的质疑。在陈独秀、吴稚晖等看来,民族文化遗产虽然值得研究和保存,但应该是少数高级学术机构任命的学者的任务,不应该是青年头脑中的负担,

---

① 蔡元培:《何谓文化》,《北京大学日刊》1921年2月14日。
② 刘北汜:《故宫沧桑》,紫禁城出版社,1989年,第76—82页。

也不应作为教育内容,"什么叫国故,与我们现今的世界有什么相关。它不过是世界一种古董,应保存的罢了。"①李济认为"古器物学,八百年来,在中国所以未能前进,就是因为没有走上纯理智的这条路。随着半艺术的治学态度,古器物就化为古玩,题跋代替了考证,欣赏掩蔽了了解"②。可以说在20世纪二三十年代,持有上述认识的人不在少数,他们并不完全反对保存和研究民族文化遗产,而是希望能够用进化论、现代考古学等科学方法理论建构具有现实意义的博物馆,满足中国现代化的需要。"欲建设现代式国家,必须利用先进各国之经验,取人之长,补己之短。因之搜集现代科学资料,以供国人参考,诚为当务之急,而吾先民之经验,无论哲、理、文史之学,及科学、工艺之造诣,有湮而不彰者。因之搜集保存往昔图籍,进而考订研究,制成各种模型、图表,阐幽表微,以复昌国故,犹不容忽视"③。"当务之急"和"不容忽视"体现出那个时代中国社会对博物馆传播先进文化技术与保护历史文物的态度。

1933年,国民政府决定在首都南京建立中央博物院,4月中央博物院筹备处成立,中央博物院由自然、人文和工艺三馆组成。南京国民政府教育部所拟《中央博物院设立意见书》明确了三馆各自任务,"自然馆中,求能系统的扼要的表示自然知识之进展,并求其利用中国材料。人文馆中,求能系统的表示世界文化之演进,中国民族之演进。工艺馆中,表示物质文化之精要,尤其是关于国防者,用以激励国人"④。它清楚地表明了中央博物院是一座具有世界性、现实性、民族性的大英博物馆式的博物馆,也应该就是当时中国社会所希望的博物馆。或许也是经亨颐拍卖故宫所得想要建立的博物馆。

传播先进科学技术文化、辅助民众教育,在旧中国相当长的一段时间里一直是建立博物馆的主要目的。20世纪40年代,值中华民族危亡之际,当时的教育部甚至通令全国各省,要求各省都要成立一座科学馆博物馆,此举既可以看作民国时期政府对于应该发展什么类型博物馆的一种倾向性的认识,也可视为带有明显中央政府行为的博物馆发展导向。成立于1934年的广西省立博物

---

① 吴稚晖:《箴洋八股化之理学》,载张君劢、丁文江等:《科学与人生观》,山东人民出版社,1997年版,第310—311页。

② 李济:《现代考古学与殷墟发掘》,《史学杂志》1930年第2卷第4期。

③《对于中国图书馆协会、中国博物馆协会联合年会的希望》,《青岛日报》1936年7月21日。

④《中央博物院组织大纲》,中国第二历史档案馆藏。

馆在 10 年之后，便因此而改组为广西省立科学馆①。事实上新中国成立后所建立的为数不少的省博物馆如山西省博物馆、安徽省博物馆、福建省博物馆、甘肃省博物馆、贵州省博物馆、湖北省博物馆等就是在原科学博物馆或科学馆的基础上重建的。

三

1949 年中华人民共和国成立，拉开了建设社会主义现代化国家的序幕。中国博物馆成为社会主义文化事业的一部分，随着文化部文物局的成立，民族文化遗产的收藏和保护受到前所未有的重视。以历史文物为中心的社会主义新型博物馆逐渐成为中国博物馆事业的主体。如何看待民族历史文化遗产，怎样利用，如何服务于社会主义现代化建设，从新中国成立之初直到今天一直是不断讨论的重要议题。

"文革"前的 17 年里，从中央到文化部文物局领导层基本上是按照毛泽东有关指示、利用民族历史文化遗产的论述来革新推动博物馆工作的。1958 年 5 月，王冶秋就文物局务虚会议所做小结，表达了文物局的态度："我们主要的是通过物质文化遗存或正在创造发明的东西，来说明劳动创造世界，劳动人民是历史的真正创造者，阶级斗争是社会发展的动力，以及当前的社会主义建设的高速度发展，几亿人民正在创造崭新的历史，不是为了玩古董。我们提出的口号是'古为今用''今为今用'；对古代文化遗产，是用马列主义的观点、立场、方法来进行整理研究，要照着毛主席所说：清理古代文化的发展过程，剔除其封建性的糟粕，吸收其民主性的精华，是发展民族新文化提高民族自信心的必要条件；但是决不能无批判的兼收并蓄。必须将古代封建统治阶级的一切腐朽的东西和古代优秀的人民文化即多少带有民主性和革命性的东西区别开来。中国现时的新政治新经济是从古代的旧政治经济发展而来的，中国现时的新文化也是从古代的旧文化发展而来，因此，我们必须尊重自己的历史，决不能割断历史。但是这种尊重，是给历史以一定的科学的地位，是尊重历史的辩证法的发展，而不是颂古非今，不是赞扬任何封建的毒素。对于人民群众和青年学生，主要不是要引导他们向后看，而是要引导他们向前看（这里王冶秋引用

---

① 黄启善：《广西博物馆 60 年发展史略》，《中国博物馆》1994 年第 3 期。

了不少毛泽东的原文)"①。1958年9月,毛泽东视察安徽省博物馆时的讲话:"一个省的主要城市,都应该有这样的博物馆,人民认识自己的历史和创造的力量是一件很要紧的事",成为文物局如何办博物馆的依据和指导。地志博物馆的陈列体系,特别是中国历史博物馆的通史陈列,便是以"古为今用""今为今用",向广大人民群众宣传劳动人民创造历史、阶级斗争是推动历史的动力、进行爱国主义和革命传统教育为指导所进行的具体实践。

在博物馆内部及包括地方党政机构在内的中国社会对于如何看待民族历史文化遗产,怎样利用,如何服务于社会主义现代化建设,则是复杂的。博物馆内部"只能搞古,不能搞今,只能重古不能重今"的人有之;"见物不见人,沉没于物的朱砂浸、水银浸之中而爬不出来,不见今人,也不见古人,只见古物"的人有之;"为文物而文物,为古董而古董的人"有之。②片面地强调"坚持政治挂帅,反对实物挂帅","突出红线"的人也为数不少。简单片面地看待历史文化遗产者大有人在。1959年6月,中共北京市委文化部制定了一个故宫改革的方案。该方案认为故宫是"地广物稀、封建落后",要"吸取精华,剔除糟粕",计划将故宫南半部约占总面积41%的地区划归北京市园林局建设成公园。要使博物院不同于皇帝故居,减弱宫廷陈列;要将东西两个筒子,清除部分小屋,将路展宽为18米的大道,以便于通行机动车辆。还要把英华殿、寿安宫、雨花阁等,除去各种围墙,另成为一个单元,并要移动建筑物,开辟小池,点缀花树,建为花园。这个改革方案的指导思想就是要改变故宫原状以适应当前需要,就是要"古为今用"。③

应该说崇古、颂古者在中国博物馆发展历史中屡见不鲜,因质疑或怀疑历史文物的现实意义而废古排古者,从洋务运动后期就不绝于史。过度地强调为政治服务,为生产服务的左倾意识则是那个年代的产物。内外因素的困扰,使得新中国成立后17年的中国博物馆难以走上专业化的道路,为广大人民群众服务变成了对广大人民群众的"政治"说教。

就传统文化和现代化关系的层面而言,"文化大革命"可以说是中国社会对民族文化遗产质疑的总爆发。受新中国教育成长起来的中学生、大学生冲

---

① 国家文物局编:《王冶秋文博文集》,文物出版社,1997年,第73—74页。

② 国家文物局编:《王冶秋文博文集》,文物出版社,1997年,第73页。

③ 沈庆林:《"大跃进"和国民经济调整时期的中国博物馆(1958年~1965年)》,《中国博物馆》1996年第3期。

击了故宫博物院,冲击了许多地区的博物馆,博物馆收藏的历史文物被视为"封资修"和"四旧"而成了革命的对象,民间收藏文物也遭到洗劫。

传统文化与现代化的矛盾和冲突,反映在改革开放前中国社会的许多方面,博物馆需要反思的则是,建立一个以历史文物为中心的博物馆并非太难,困难的是博物馆如何真正扎根于自己的文化土壤,融入当代社会。如何让人民群众真正、理性地体会认识到历史文化遗产的价值,感受到来自博物馆的智慧和力量。

1978年12月召开的中共十一届三中全会开辟了中国走向现代化的崭新道路。我国博物馆事业的生存环境也随着国家经济社会的发展逐步改善。长期以来,中国社会特别是中下阶层对祖国文化遗产的冷漠和无知的状况开始发生质的变化,博物馆对区域发展所具有的显性或隐性经济价值逐渐被各级政府和社会所认同,对博物馆是一个城市历史和文化象征的认识逐渐提高。长期以来中国社会一直存在的博物馆对我国的现代化建设具有建设性作用的质疑在逐渐消除。社会对博物馆的认识正在发生积极的变化。中国博物馆正处于历史上最好的发展时期。

当代中国正在为实现中华民族的伟大复兴而奋斗,博物馆必须积极、主动地投身于社会主义现代化建设,为中国梦的实现做出自己特有的贡献。

"实现中国梦,是物质文明和精神文明均衡发展、相互促进的结果。没有文明的继承和发展,没有文化的弘扬和繁荣,就没有中国梦的实现"。"每一种文明都延续着一个国家和民族的精神血脉,既需要薪火相传、代代守护,更需要与时俱进、勇于创新。中国人民在实现中国梦的进程中,将按照时代的新进步,推动中华文明创造性转化和创新性发展,激活其生命力,把跨越时空、超越国度、富有永恒魅力、具有当代价值的文化精神弘扬起来,让收藏在博物馆里的文物、陈列在广阔大地上的遗产、书写在古籍里的文字都活起来,让中华文明同世界各国人民创造的丰富多彩的文明一道,为人类提供正确的精神指引和强大的精神动力"。"我在欣赏这些域外文物时,一直在思考一个问题,就是对待不同文明,不能只满足于欣赏它们产生的精美物件,更应该去领略其中包含的人文精神;不能只满足于领略它对以往人们生活的艺术表现,更应该让其中蕴藏的精神鲜活起来。"①可以说,习近平主席在联合国教科文组织总部的演

---

① 《习近平在联合国教科文组织的演讲》,新华网2014年3月28日。

讲中提及的"按照时代的新进步,推动中华文明创造性转化和创新性发展""为人类提供正确的精神指引和强大的精神动力",是党和国家在新的历史时期就传统文化与现代化关系所作的新论述,是博物馆认识和因应传统文化与现代化关系的理论指导。让收藏在博物馆里的文物活起来,让其中蕴藏的精神鲜活起来则是对博物馆的希望和要求,是新时期博物馆的使命和责任。

博物馆肩负着神圣的历史使命和崇高的现实责任,必须以当代博物馆学为指导,借鉴和吸收当代认识论、文化学、教育学、传播学等多学科的理论方法,极大地提高自身专业化水平,社会服务能力,才能不负时代的重托。博物馆不能"只炫耀着古董的名贵和时代的古老"[①],不能仅仅把历史文化遗产做简单地呈现和研究,应该以创造性的态度,让遗产历史性地、积极地进入现在并通向未来,以开放的、民主性的深入探究,使遗产更有包容性,这样的博物馆才能植根于社会土壤,才能充满活力。

本文原刊载于《中国博物馆》2015年第4期。

作者简介:

黄春雨,男,1962年2月出生,山西省大同市人。1984年毕业于南开大学历史系博物馆学专业毕业。曾任南开大学历史学院文物与博物馆学系副主任,副教授。主要从事博物馆学的教学与研究工作,讲授"博物馆学概论""博物馆藏品管理"等课程,在《中国博物馆》《南开学报》等刊物上发表多篇有影响的学术论文。承担《国家博物馆功能与选址》、国家博物馆事业"十二五"发展规划前期研究等国家级研究项目。

[①] 郑振铎:《怎么把图书馆、博物馆服务于劳动大众》,载《郑振铎文集》,文物出版社,1998年,第91页。

试论藏品的搜集、管理、研究、利用
与博物馆发展的关系

马子庄

  无论是研究代表世界意义博物馆萌芽的埃及亚历山大王宫的缪斯神庙，还是充满现实意义的美国宇宙航空博物馆，无数件藏品在博物馆发展中一直起着中流砥柱的基石作用。捷克斯洛伐克的博物馆学专家3·斯特兰斯基曾经说过："博物馆藏品已成为博物馆现实看法的结果。"当今时代，"到博物馆去参观博物馆的实物珍品"的观念在全世界观众中越来越深入人心。

  在迎接博物馆发展新纪元的浪潮中，客观要求博物馆应建立在更加坚实、广博和具备科学管理的基础之上。博物馆的工作人员就应该有像爱护自己的眼睛一样的感情，对藏品的搜集、管理、研究和利用这样一个流水线似的博物馆藏品管理过程有充分的认识和科学的理解。使经过科学管理的博物馆藏品真正成为博物馆各项工作的物质基础，真正成为历史唯物主义和革命传统教育的生动教材，真正发挥博物馆的社会教育作用。本文拟就博物馆藏品的搜集、管理、研究、利用与博物馆发展的关系做一些探讨，不当之处，请批评指正。

  我国幅员辽阔、资源丰富、历史悠久，拥有大量珍贵的文物和自然标本，这为我国发展博物馆事业奠定了雄厚的物质基础，也是博物馆搜集工作极好的前提。博物馆将这些文物和自然标本搜集起来，长期保存，并对其研究和利用，对于当代人民和子孙后代，对中国和世界文明的发展都具有重大意义。对本国文化遗产和宝贵自然资源的保护，这于发达国家的博物馆，早在一个世纪以前或更早的时候就已开始了，而我国和大多数发展中国家，对文化遗产的系统研究和利用还仅仅是开始。科学藏品搜集的作用就在于它使作为人类社会物质和精神文化的典型物质和自然标本成为博物馆藏品，成为由博物馆负责保管、利用，受国家法律保护的国家公共财产，从而更方便、更集中地发挥它们本身的历史见证和科学教育作用。世界上各大博物馆之所以闻名国内外，其重要原因之一就是它藏有极为丰富的文物、标本。藏品的数量多寡、质量高低是衡量一个博物馆办得如何的标志之一，因为藏品制约着博物馆的一切业务活动，它是博物馆各项业务活动的物质基础。博物馆的陈列展览和科学研究，只有在搜集到足够数量和较高质量的文物和标本的基础上,才能开展;同时,陈列展览内容的充实、更新和陈列展览质量及科学研究水平的提高,也必须由搜集工作不断提供更多、更好的文物、标本,否则,博物馆的宣传教育作用就难以有效发挥出来。

目前我国博物馆的搜集工作在博物馆发展过程中存在哪些问题呢?

第一,在目前博物馆急需一个大发展的形势下,由于种种原因,我国博物馆科学搜集工作并未真正开展起来。前文虽然说过我国拥有大量的珍贵文物和自然标本,但目前保存在博物馆中的藏品总数却少得可怜,我国全部博物馆藏品总数仅略大于大英博物馆藏品的数量,这和我们这样一个拥有悠久历史的大国地位是十分不相称的。其最主要的原因在于博物馆各项工作的经费严重不足,全国博物馆事业一年的经费略等于大英博物馆一年的经费,其中用于搜集的经费就更少得可怜。所以我们认为,中国博物馆要有一个较大的发展,必须在全国经济好转的形势下,对博物馆事业下大力气,多投资金,方能见到实效。

第二,作为藏品搜集的主要途径——馆际交换,在我国开展得很不活跃。作为调节馆际间藏品平衡的交换藏品,可以避免大量保留藏品的浪费和无所作为,这在我们提倡社会主义职业道德和互相协作的全盘观念的社会主义国家中,应该能够顺利进行。但目前馆际之间界限森严,完全被狭隘的本位主义所垄断,是急需改变的。

当前,摆在我国博物馆工作者面前的任务是要开创一个博物馆工作的新局面,建设有中国特色的社会主义博物馆。就博物馆建设本身来说,开创这个新局面的基础是什么呢?那就是藏品的搜集和积累。博物馆本身乃是文物和标本的收藏机构,没有一定数量和质量的藏品就不是真正的博物馆。离开藏品的搜集和积累去讲博物馆的建立和发展,只能是一句空话。

藏品的管理和利用在博物馆中是一个问题的两个方面,而藏品的研究可以说是藏品利用的一个侧面,也是联系藏品管理各个侧面的一个桥梁。要讨论它们与博物馆发展的关系,割裂它们之间的联系是行不通的。

博物馆藏品管理和利用二者之间的关系,是博物馆发展中一个既复杂又十分重要的老问题。从理论上讲,藏品的管理和利用是辩证统一的关系,任何一方都不能随意偏废。首先,藏品的管理可以分成"保"和"理"两层含义。博物馆搜集的文物、标本都是具有一定历史价值、科学价值和艺术价值的。

博物馆的工作如果离开藏品,就会成为无源之水、无本之木。从这一层意义来说,博物馆的藏品保管工作至关重要,搞得不好,博物馆就有逐渐丧失物质基础的危险,也会使子孙后代无法再目睹祖国宝贵文化遗产和自然资源的风采。其次,文物和标本被搜集到博物馆中,都是随时随地,杂乱无章的,"理"就是在"保"的基础上的进一步科学管理。把它们按照既定的原则一一分开,然后分门别类,使其系统化,便于保管和利用。对于博物馆的保管人员来说,对藏品进行科学的保护和管理就是目的,它是符合博物馆长久稳步发展的最终利益的。

利用藏品,组织形象化的陈列展览,对广大群众进行历史唯物主义和爱国主义教育,提高他们的科学文化水平,是社会主义博物馆的最终目的。当然,科学管理意义下的藏品利用和盲目使用藏品是有截然区别的,如果从传播学的角度而言,博物馆收藏和保管文物,不仅要为陈列和科研服务,还要以"传"为目的,既包含重保管,为后世所用的纵向传播,也包括为现在和其他单位和个人利用的横向传播。科学的藏品利用应该是在科学管理意义下最大限度地满足当代人眼前的欣赏和受教育的利益,又立足于长远保护文化遗产和资源,造福子孙的基础上。既不能像罗马尼亚那样在陈列中完全使用真品,而库房保存复制品(这和他们国家历史的长短可能有关),也不能死守保管教条,使文物成为博物馆藏品犹如第二次进入坟墓。目前在我国大多数博物馆中普遍存在着重保管、轻陈列的现象,藏品利用率远远低于国外一些知名博物馆,这和我国博物馆全心全意为观众服务的宗旨是格格不入的。我们认为要使这种现象好转,只能寄希望于国家经济条件允许以及科学技术水平的提高,把藏品利用的场所,特别是陈列室的保管条件提高到如科学管理库房无差别的程度。同时,借鉴外国博物馆的一些先进经验,聘用那些受过专业训练的有经验的学者来做藏品保管员,因为他们既有能力适当安排、保存这些藏品,又由于他们的专业兴趣所致,对展览能否准确反映所陈列的文物、标本持关心态度,并促进他们对藏品的研究和利用,最终走向收藏、研究、陈列三位一体的博物馆工作制。当然,这需要从中国公众特别是学者对博物馆观念的改变出发,只要对他们在博物馆工作的学术声誉给予足够的重视,还是可以实现的。

科研工作是博物馆工作的核心。搞好科研工作是不断提高博物馆业务水平和社会效益的保证。科研工作作为藏品利用的一个侧面,它应该深入到博物馆工作的各个方面,成为联结博物馆各项工作的桥梁。目前在我国博物馆界,藏品研究工作仅仅局限于考古实物研究,有关出版物奇缺。我们认为博物馆藏品研究不应局限于本馆人员对本馆藏品偏重于考古的研究,而应该研究藏品科学的搜集、保管、利用的理论和实践技术,并且应该在藏品的"横向传播"研究上多下功夫,为社会上的各种研究人员提供多样的服务,如果只局限于目前这种对外供应照片和为找上门来的专家提供服务和资料(有时还拒绝)的状况,就没能充分发挥博物馆的作用,势必影响博物馆事业的进一步发展。

以上我们从博物馆藏品搜集、管理、研究、利用等四个方面对博物馆发展的影响做了一些分析。胡乔木同志说过:"从建国初期到现在,我们就忽视了这方面的工作,使这项工作没有得到应有的发展,以致现有的几座大型博物馆远远不能满足人民的需要,博物馆事业需要逐步有一个大发展。"我们正处在这样一个改革、开放、发展、前进的时代。要使参观博物馆真正成为人民日常文化生活的一项重要内容,把博物馆办成社会教育的"终身"学校,我们博物馆的工作者应该搜集更多、更好的文物和标本作为生动的教材,在良好的保管条件下,经过科学的研究,使之为参观博物馆的公众所拥有、所利用,真正发挥社会主义博物馆的社会效益。

本文原刊载于《南开学报(哲学社会科学版)》2001年增刊。

作者简介:

马子庄,男,1931年生,1964年毕业于北京大学历史系考古专业,毕业后在南开大学历史系工作。后调到天津市历史博物馆工作。1979年调回南开大学历史系,参与筹建南开博物馆专业,曾任副教授,主要从事博物馆学的教学和研究,主讲博物馆藏品管理等课程,在《中国博物馆》《南开学报》等学术刊物发表论文多篇。

论陈列形式的构成与设计

刘岱良

　　陈列形式是信息的载体。信息主要是由于符号语的发挥而起作用,非符号语则需视情况而定。符号语是以静止的实物形态符号语为主体,以艺术、技艺形态符号语及文字符号语为支柱。非符号语主要是流动的声音、动势一类。对各符号语及非符号语的信息传播运用逻辑的方法进行排列组合,即可达到信息的正确表达。表达要考虑感染力的作用,内部形式注意重点造型组合,外部形式考虑美化,充分显示出文字符号的"文与理"、实物符号的"形与神"、艺术符号的"情与景"等陈列语言特色,以利信息的传播。

　　信息传播必须注意陈列的外在形式这一实用体设计。现代设计应从设备系统等方面全面考虑,运用新材料,考虑新形式,注意规格化与灵活性等,都是陈列艺术设计师的重要责任。

　　博物馆的陈列,除极少数的露天博物馆与生态博物馆外,主要是在室内场地空间上,按造型行为,通过物质材料的意匠处理与构建,形成陈列形式,由此成为陈列内容的存在方式,进而显现出具有审美意义的行色立体构成。陈列形式在空间的出现,体现出布局、排列、组合及表现,促成各体量在空间组织的和谐统一,也构成了整体的序列。这一序列形象的外观,既具有外部形式的形式美,又是内容赋予一定形式内在美的体现。因此,它一方面是那些反映内容的一定方式所具有的艺术性表现方式(如展品的组织排列、陈列手法对内容的表现等);另一方面又是与反映内容无关只为展品陈列应用所需形式的实用与审美统一(如展柜、展壁、站台、展板、镜框等)。两者的融合,形成了陈列形式的构成特色,而这一特色又是展出内容信息传播所必备的。简言之,是陈列自身的特性来决定设计内容与内涵的,即陈列设计必须考虑展示的场地性、展品的物象性、陈展的载体性、表现的组合性、技艺的综合性以及观众心理、生理等特性。本文主要从以下三个方面来论述陈列形成的构成与设计。

一、陈列形式构成的基本规律

陈列形式的构成,如上所述是陈列品及其装置方式在场地空间通过意匠的物化构建与组合,形成统一的具有形色审美意义的形体。它一方面是属于展品自身及组织的形式;另一方面是展品的载体形式。前者与内容密切相关,后者只为展品陈置效果的应用服务。这两者结合,构成了陈列形式。这一形式的构成,从原理上讲,是时空构成。具体表现的特征有空间构成、时间构成、时空综合构成三种。空间构成,以静止的立体形态、平面形态在固定的空间位置出现为特色;时间构成是以流动的声态、动态在一定时间内出现为特色;时空综合构成则是以空间与时间表现共举,达到相辅相成的互补表现为特色。在博物馆陈列发展的历史中,其表现形式,空间构成是主流,现今仍有很多博物馆是这样,特别是美术馆的绘画陈列几乎皆如此。作为有声态、动态的陈列形式进行时间构成,从1851年英国伦敦水晶宫第一届国际博览会展示出现,已有一百多年的历史。而今,某些专门馆,如有的儿童博物馆、科技博物馆等多是以声态、动态的时间构成为特色。至于时空综合构成的陈列形式,当今不少博物馆都倡导与流行时空综合构成为展示特色,它在以空间构成为主,时间构成为辅的原则下,采取以动、静结合的整体表现,深受观者欢迎。

完成这三者形态的功能构建与审美表现,也可以说是按内容组织的陈列大纲进行总体设计图的规划:一是通过内部形式的结构组织,对各展品这一符号语形式按内容组织进行程序编排,即完成陈列语言的组合行为(体现于陈列平面图的展品排列);二是通过外部形式的形体展现,对编排的各符号语,运用诸形式要素,考虑其空间位置、形体造型、材质特色、色彩效果、明暗关系、尺寸大小等,进行总体的、重点的、一般的规划与设计,目的是要体现出陈列空间的总体气氛、重点的意境构思造型、一般的意匠方法处理(体现于总体鸟瞰图、重点造型设计图、一般造型规划图等);三是通过外在形式的设备系统,采以形式要素的构建与形式美规律的结构组织,在六面体围合的陈列场地空间,按实用与审美进行空中的、地面的、墙上的摆布与装置。特别是展具的布局、穿插、分割,为完成审美的定性的第二空间奠定基础。这些方面的设计,既互相依存可同时考虑形式的表现,又必须是各自进行本系列的具体表现形式的处理。它们通过设计、组织、构建、装置在陈列场地空间的结束,也就完成了陈列形式的构成(见图一)。

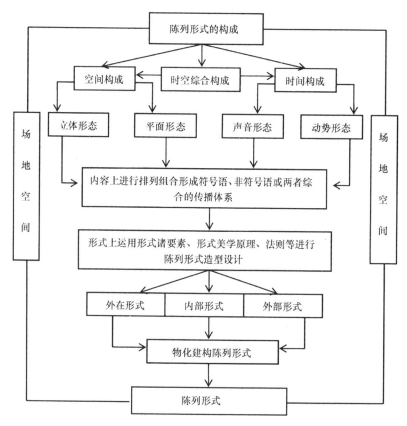

图一　陈列设计与陈列形式构成表

在此,还需对上述情况再做必要的解释。凡在场地空间以陈列形式出现的静止物象,无论是属于展品内容的,抑或展具应用的,它们都既属于陈列形式的空间构成,是空间展现的构成部分,也是陈列形式最主要的构成部分(或者是最根本的)。作为物象的外观,它们又分属于立体形态与平面形态。一般来说,陈展空间构成的形态,不外乎是两个方面:一是立体实物的、艺术的展品与平面实物的、艺术的展品等;二是立体展具的展柜、展台、平面展具的展壁、展板等。可以这样说,这两方面结合应用在陈展空间即具有审美意义的形式设计构成,已基本使视听所感受的陈列形式具有整体形象感的外现形式。作为时间构成,是为展示需要,在某一时间中,以流动的形态如音响,或动态在空间随出随即消失的表现形式出现。这一构成在声的形态方面,表现为人工讲解、语音讲解以及自然的、社会的、艺术的各种音响录音或仿真。这一构成在动的形态方面,表现为展示动的物象展出、人工表演、观者的实践参与、动的模拟现象、影视与传媒的动态等,它包括了声、光、电在内的一切展示行为。总之,从理论上讲,陈列形式只有具有了完善的空间构成、时间构成、时空综合构成,才具有完善的陈列形式构成。所谓完善,即注意它的时、空两个构成在反映内容的形式表现上、物象审美上及造型设计等方面的完善。根据内容组织所写陈列大纲的逻辑形式进行编排,并按艺术思想进行提高升华,进行形象的典型的再创造,达到"象外之象"的意境——观者通过艺术造型可联想而认识,这就是符号语最典型的组合方法。这一方法的一般规律是:当这一内部形式完成结构组织后,设计就应在外部形式上去考虑构建的形式要素,如:造型、材质、色彩、空间等运用。使这一组合达到高度的审美形象。这样的设计处理,就是完善的做法。以此类推,对时、空构成的方方面面的各自内涵,进行严格与认真的设计与处理,不难完成完善的陈列形式构成。

二、陈列形式构成中符号语言应用与内部形式、外部形式的设计

在文章中,博物馆学界习惯把陈列的表现方式称为陈列语言,它概括出博物馆与广大观众之间通过陈列表现达到思想感情交流的语言方式这一目的。这一提法是正确的。人在社会交往过程中,其主要交往途径与手段,就是语言的表达。从行为划分,按交流方式,语言可分为直接交流与间接交流两种形式。口头语言与书面文字语言,是最直接的交流语言。除此之外,凡能通过其他行为,在双方思想感情上得以交流,也是一种语言,即间接交流的语言。如人的表情、手势、图像、艺术、实物等,都能完全的或一定程度的达到内心的认识与感情交流作用。我们进行的陈列设计在表现形式上,则把上述所有的语言方式加以综合形成陈列语言,其科学性在于各自发挥特性又具有相互补充作用,成为全方位语言协调反应的方式,从而使它成为有形、有色、有声、有文字记述等特性集于一体的综合语言。其构成以实物形态符号语为主体,以艺术、技艺形态符号语言与文字符号语言为支柱,形成具有可视感的三位一体组合形式,若按信息传播逻辑组合,即具有信息的传播性;若再辅以口语形式的人工或语音讲解,则更具有信息的细致与强化性。这也显示出陈列形式这一媒体运用符号语言与非符号语言的全面中介来传播信息的完整性,从而也就发挥出全方位的陈列语言这一功能作用。这里对几个符号语做必要的解释。实物形态符号语言,它之所以成为陈列的主体语言,主要是以它的物象直观性,对人、物、事的解释采取以物为证来说明它,这是最直接恰当的"唯物方

式",在某种程度上,比口语、文字的抽象表达更具说服力。在历史长河中沉淀的物质文化形态与自然标本,通过它的存在使人们看见社会与自然在该时期的某些现象与本质的缩影。万象世界的多少物象,以它万千姿态涌进博物馆陈列,以其科学性、知识性、趣味性、审美性等将不同观众吸引,信息的多面性,也使得它们各具特征。所以,运用实物这种物象展示,是陈列最主要的特性。艺术、技艺形态符号语,特别是艺术形态符号语言,凡一切艺术形态都算实物形态符号语。它是艺术家的作品创作方式,作为情感与精神的载体,与观众之间感情达到了交流融合,这是人类众多语言中的一种特殊语言,也是最具感染力的符号语言。例如,在反映事物上,好的作品不仅反映现象,也能深刻地反映本质,可以与科学的结论相比。因为,一个是以抽象的概念表现出现象的本质,另一个则是以形象的描绘显示出了本质的现象。因此,博物馆陈列,或由于反映内容的需要,或由于激发观众的情感,或由于审美愉悦的目的,所以采用了各种恰当的艺术形态进行综合,诸如运用绘画、雕刻等艺术形式,通过它的主体性、情节性、形象性以及色彩与气氛等作用来反映恰当的内容,又如运用乐曲、音响效果与特定内容相结合而使艺术效果显著。至于电影、电视、录像、多媒体等影视传媒艺术,即专门拍摄陈列内容的运用,则是功能显著的辅助。实物形态符号语言的宏观与微观在动、静结合中的处理,是展出物局部与展出物环境相互照应的最好方法。除此之外,博物馆陈列历史的发展,或创造或移植改造了他种艺术某些技艺,形成了博物馆陈列自身不可或缺的特有的艺术形式,诸如用全景画、半径画、布景箱、沙盘、模型、场景复原、仿真形象等方式来反映陈列内容,并已成为博物馆自身特有的陈列艺术形态。还有,陈列中所特需的手工技艺造型,特别是一般科技与当今的高科技的技艺表现应用,都应属于陈列特有的艺术形态与技艺成果。总之,艺术与技艺的多样性,基本决定了陈列中艺术、技艺形态符号语言的丰富特点。这正是作为时空艺术与时空技艺的存在需要时空的条件表现。而陈列形式的构成目的在于传播信息,它需要借助他种力量运用,艺术与技艺形态的介入也就成为必然。正因为这样,我们认为,时空艺术造型表现与相关技艺造型表现能巧妙结合于陈列,有利于事物语言的全面表达且起着强有力的辅助作用。可以说,任何艺术品种与技艺都可以结合着运用。例如舞蹈,常规陈列多不适宜,但若是属民族、民俗村博物馆展示,若有民族的、民风的露天舞蹈表演,岂不是合理而大受欢迎吗? 又如科技馆陈列形式运用一般科技及现代高科技来说明原理与再现自然现象,这又使人何等愉悦与高兴!

　　文字符号语言在陈列中的运用,就是将理论的概括性、逻辑性,文字的描述性、纪实性、评价性等特性综合运用。它通过高度的概括与逻辑性的处理,解决了陈列结构的组织问题,如部分—单元—小组,形成系统的纲目标题及每一层次的大小说明;通过不同标签文字的描述及文摘书刊引用的评价与纪实,达到了既以物象为证又有文字叙述的交互作用。因此,这一符号语的显明作用,一是对陈列的框架结构组织起到使语言条理化作用;二是助以实物符号语全面的深层含义予以解释;三是将陈列的科学性以准确无误的文字语言介绍给观众。

　　以上三方面符号语的采用,尽管是作为信息传播内容的方式,以中介符号出现于陈列形式这一媒体上,但其组合构成却与形式设计息息相关,因此,陈列艺术设计师掌握它们的性质与功能作用十分重要。作为设计考虑,这些符号既是内部形式在结构上的组织,也是外部形式在内容上的审美表现,但关键的一步,它们必须服从内容信息传播,按程序编排,完成整体组合。为此,首先是构思陈列形式的总体设计,以它反映内容的科学性与形式的艺术性归于总体的完整与统一。在此设计基础上,再分头考虑内部形式与外部形式的设计处理。内部形式设计主要是结构组织,即通过按比例的陈列图标规划,将场地空间限定的展示尺度,落实到按结构层次进行符号组合所需长度的图纸上,它既是各符号位置按尺寸的排列,又是大小重点的定位落实与表现思考,同时为制作提供了参考资料。对它的要求是,结构纲目标题规范,层次顺序清楚,重点表现突出,符号间距离合适,并准确合乎场地空间展现尺度。外部形式主要是对内部形式中除实物符号外的其他符号造型处理,除上所述重点造型定位与表现设计外,一般对符号语的样式、尺度、色彩、材质、个性及其空间处理,既要有对陈列空间整体的把握,又要对每类符号或某一符号有具体的要求。如标题字,要根据纲目结构去决定分别使用各类字形,并考虑它的规模大小、材料、色彩、制作要求。又如绘画创作,画家对他的作品完成就是内部形式与外部形式的统一,但陈列艺术设计师必须要求它在外部形式上按照陈列语言的符号信息传播需要,即提出绘画的品种、横竖格式、尺度、表现上某些意见(如色彩、气氛等)等要求,画家再按要求去处理,其目的是适应总体的符号编码排列与形式表现意图。因此,外部形式区别于内部形式,主要在于它密切关系着艺术形象的造型表现处理。不过它们既各自区别,又相互紧密联系,所以,陈列艺术设计师既要善于从内部形式的结构去组织陈列语言符号,同时又要做好对其外部形式美的创造。

以上三方面的符号作为信息传播中介,主要在于组合。组合的性质,就是信息的编码,它将文字符号的"文与理"、实物符号的"形与神"、艺术符号的"情与景"三者完成统一,形成具有显著特点的陈列语言符号体系。这样,在视触感上,陈列形式就成为陈列语言符号的媒介载体,通过这些符号的中介作用,达到了信息传播的基本目的,若再加以口语讲解及语音作用,除声调外,还可借助表情、手势来传达语义,十分富有感情交流的融合性及介绍事物的具体性,这样,陈列语言就全面而完整了。

当然,陈列语言的表达,不只是一个单纯的简单化的展品组合与讲解。要使信息的传播达到令人十分满意的效果,还需要运用一些有利因素进行催化。特别是联系观众审美心理及其情感作用,去选择、设计与其有关的符号,合理使用,注意从审美心理上抓住感知的选择性、表象活动的回忆性、通感活动的相通性、想象的联想性、心境情绪的倾向性、理解的心领神会性等。同时还要善于运用审美的对立统一辩证法,如形与神、情与景、宾与主、虚与实、疏与密、大与小、多与少、曲与直等在审美形式上的恰当运用。还有艺术创作中一般通用的方法,诸如渲染、烘托、夸张、含蓄等,以及形式美法则诸如平衡、对称、对比、照应、节奏、韵律等的运用。只有注意了这些,符号信息的传播功能才可能显著。

三、陈列形式构成中的外在形式设计

艺术中的外在形式是与内容无关的存在形式。在陈列形式的构成中,除属于内容的表现形式构成外,还有着十分显著而庞大的外在形式,在同一场地空间与内容的表现形式并列出现,成为陈列形式构成的有机组成部分。它就是设备系统的形式。特别是其中占极大比例的展具,以它的使用功能与陈列内容的形式联系在一起。展具不仅因提供给展品使用而具备了它的载体功能,一些大的展具对场地空间又起到分割、组合、构成的决定性作用,从而创造了陈列形式所需并具有审美意义的第二空间,为奠定陈列空间的形式美起到决定性的作用。它是陈列形式中内含几种形式的主要形式之一。作为陈列形式的空间构成,展具有立体形态、平面形态两大类:立体形态展具包括各类展柜、站台、雕塑台、沙盘及模型底座、布景箱外壳等,平面形态展具类则有屏风

类、展壁类、展板类、说明牌类、照片框板类、图表框板类等。值得注意的是,历史的发展使陈列形式已不满足只考虑上述展出形式的使用。逐渐发展的陈列设备系统,除各类展具外,还包括了各种功能在内的设备构成,如扩大与缩小空间的拆卸装置、顶部发光梁的灯光安装结构、各种灯具的不同功能使用、室内安全现代保卫装置、现代空调设备及影视、录像、网络安装等。其他诸如窗帘、地毯、休息座位等均属设备之列,都是同展具一样为陈列服务的。因此,设备构成设计,在当今有条件的博物馆陈列设计中,应从整体的设备构成系统来考虑。在设计中不仅要注意到它们的和谐统一于审美,更重要的是通过固定的现代设备各单项与以现代材料为主的室内设计构建相结合,并服从陈列特定的环境需要,去创造个性鲜明的陈列空间的序列形象。特别是要认识到工业化的材料必然带来陈列空间设备的规格化、范式化、系统化,以及装置拆卸的灵活性,陈列艺术设计师也就必须要了解诸如固定的有关设备、物资、材料等性能及其使用方法,并熟悉其尺寸、度量、经济的相关模数,以便用于设计。结合这些情况,设计思想一方面要考虑到民族传统的根基;另一方面要考虑现代人的审美意象,去设计构建陈列设备与观众相协调的场地空间。这是陈列艺术设计师在设备设计上所肩负的重大责任。

总的来说,完成陈列形式的构成设计,第一,要注意陈列的特性,只有按其特性规律的设计,才是联系实际具有功能作用的设计,也才有可能取得设计的完善。第二,必须注意陈列形式构成的原理是时空构成的原理。它的表现规律特点,是空间构成、时间构成、时空综合构成三种表现形式,特别是时空综合构成是以空间为主,时间构成为辅的形态构成,它是以空间形态的立体物象与平面物象的设计为主,适当结合时间构成的动态、声态设计,这就是它的设计在把握原理基础上具有提纲挈领的原则。第三,陈列形式具有不同于一般艺术的特点。作为艺术的形式,一般只有内部形式与外部形式的存在与统一,陈列形式作为反映内容的这一点与艺术相同外,它还特别具有与内容不相干的外在形式,即展具等设备占据场地空间的很大位置,从而成为陈列形式的特点。因此,陈列形式的构成设计,是反映内容的形式设计与应用设备实用与审美的形式设计结合在一起的,也是视触感不加区分而同时出现在统一的形式中。所以,注意外在形式的实用与审美是陈列形式的构成设计中极其重要的一部分。第四,对于陈列语言的运用,关键在掌握各种符号的表现功能及其排列组合,特别是要善于进行有物、有理、有情的重点组合设计,要善于构思想象,创造意境,创造形象,按意匠施仁,注意形式要素的造型使用,以思想与情感特征的设计打动观众。第五,陈列形式的形式美设计,是采用形式美规律的艺术原理——变化与统一及其各种形式法则的应用。注意了这些,陈列形式设计的构建成功,就能成为观众所喜欢的审美客体了。

本文原刊载于《南开文博考古论丛》,中国社会科学出版社,2014年。

作者简介:

刘岱良(1934—2020),男,生于1934年10月2日,重庆市巴县人。1955年秋至1958年秋进入西南美术专科学校(现四川美术学院)学习,主要学习装饰设计及艺术理论。1958年秋,进入天津市博物馆负责设计工作,先后应国家及地方的需求,设计各类展览百余项。1984年5月,调入南开大学历史系文物与博物专业任教。1995年3月退休。长于博物馆陈列设计、书画鉴定及创作,先后开设有博物馆陈列设计、中国古代书画等多门课程,撰写多篇高水平的论文,是中国博物馆协会陈列艺术委员会创始人之一,并任常务理事,在文物博物馆学界具有较大影响。

博物馆藏品信息的多维度阐释
——基于《如果国宝会说话》解说词的扎根研究

刘　阳

　　阐释，是博物馆教育及交流的概念，是为了实现教育目标，基于对象特点而设计的内容呈现和解读方法，以期在真实信息的基础上激发受众的情感和认同，并采取适宜的行为。博物馆对藏品的阐释通常是依托展览进行的，在展览中只有符合展览需要的特定层面的藏品信息才会被揭示。①文博类电视节目的出现，使得藏品信息的阐释能够脱离展览语境，获得多维度阐释的机会。《如果国宝会说话》的热播，更是让我们好奇，这些长仅五分钟的小视频到底讲了些什么故事？阐释了哪些藏品信息？何以能够引发观众的共鸣？本研究运用扎根理论对《如果国宝会说话（第二季）》的解说词进行分析，尝试对以上问题进行探索，望起到抛砖引玉之效。

一、相关研究综述

（一）博物馆藏品信息分类研究述评

　　国际博物馆协会博物馆学委员会（International Committee for Museology，ICOM）前主席、荷兰博物馆学家彼得·冯·门施（Peter VanMensch）提出："博物馆学属于信息科学"，而"博物馆的物是信息的载体，博物馆学要研究如何对待博物馆的信息，收集哪些信息，应该保护哪些信息，保存哪些信息，以及为谁收集这些信息，如何使用这些信息等"②。他认为博物馆保存的文化遗产承载有4个层次的信息，即物质性信息、功能性信息、联系性信息和记录性信息。③安来顺在此基础上进一步指出："博物馆'物'的联系性和记录性信息日益引起博物馆

---

① 宋向光：《博物馆藏品的阐释：特定层面意义的揭示和解释》，《博物馆研究》1998年第2期。

② 苏东海：《与国际博协博物馆学委员会主席冯·门施对话录》，《中国博物馆通讯》1993年第3期。

③ Peter van Mensch, *Toward Methodology in Museology*, Amsterdam School ofthe Arts, 1992, pp.154-190.

的关注并成为博物馆专业化的重要成果。"①

国内其他学者也对藏品信息的构成进行过理论层面的探讨。宋向光基于藏品信息的意义将藏品信息区分为"自我""历史""现实"三个主层面②;王嵩山从藏品诠释的程序出发,将藏品信息归结为三个维度,即"实物"本体、完成这些实物的整套过程与集体知识、这些"实物"所企求的目的或象征意义③;曹兵武将博物馆之物的信息进行结构化,分为本体信息、功能性信息、历史或者社会性信息及博物馆化信息四个层面④;严建强将博物馆物的内涵抽象出三个层次的信息:本体、衍生与流转⑤。

在博物馆实践层面,从文物保护⑥、观众教育⑦、文创设计⑧、文物信息化⑨等工作的需求出发,对藏品信息进行分类的尝试亦不在少数。因研究视角和分类目的的不同,自然会衍生出不同的藏品信息分类方式,但无论是在理论层面,抑或是在业务层面,当前的分类方式都是单一层级的,一级分类下再无进一步的细分,难以满足对文博类节目进行内容分析的需要。因此,有必要从博物馆藏品阐释的实践出发,对《如果国宝会说话》中所阐释的藏品信息进行自下而上的归纳,从而探索出一种多维度、多层次、动态性,并适宜进行内容分析的藏品信息分类方法。

(二)《如果国宝会说话》相关评介

《如果国宝会说话》一经上映便好评如潮,对其创新之道的研究亦是如火如荼地进行,根据研究路径的差异,可将当前的研究分为三类。

第一类研究聚焦于节目本身,从节目的内容建构、表现形式、传播方法、营

① 安来顺:《再谈当代博物馆的信息收藏与共享》,《中国博物馆》2012年第1期。

② 宋向光:《博物馆藏品的意义社会行为的物化》,《中国博物馆》1997年第3期。

③ 王嵩山:《博物馆搜藏学——探索物、秩序与意义的新思维》,台北原点出版社2012年,第149—150页。

④ 曹兵武:《作为媒介的博物馆——一个后新博物馆学的初步框架》,《中国博物馆》2016年第1期。

⑤ 严建强:《博物馆媒介化:目标、途经与方法》,《自然科学博物馆研究》2016年第3期;周婧景、严建强:《阐释系统:一种强化博物馆展览传播效应的新探索》,《东南文化》2016年第2期。

⑥ 龚德才、徐津津:《文物保护学视角下的文物信息学》,《中国文化遗产》2015年第2期。

⑦ 乐俏俏:《基于信息视角的博物馆藏品在教育活动中的应用探析》,《中国博物馆》2015年第1期。

⑧ 杨盼盼:《文物符号解读与文创产品设计方法研究》,《中国博物馆》2017年第3期。

⑨ 章维亚、杨世瀚:《藏品信息分类及研究思路》,《文物鉴定与欣赏》2017年第4期。

销策略等方面对节目展开全面分析。例如,罗琦认为精致化的故事构建,观照现实的情怀表达,贴合当下的语言文字是节目成功的关键[1];付松聚和祝慧敏从传播理念、传播方式、传播技术及营销推广等方面对节目的文化传播特色进行了详细分析[2]。

第二类研究则将节目置于国产纪录片创新与发展的大背景下加以考察。例如,李艳峰认为《如果国宝会说话》形成了精品纪录片IP,打造了一个纪录片品牌发展链,是新文创思维下纪录片的成功之作[3];陈剑英通过对《国家宝藏》《如果国宝会说话》两档节目的解读,探讨了文化类电视节目在新形势下的创新问题[4]。

第三类研究则引入叙事学、美学等新的研究视角来对节目进行分析。例如,高倩以叙事学的相关理论为依托,从叙事视角、叙事结构等方面论述了节目的叙事特色[5];王姝从唯美的意境、诗化的语言、丰富的形态三个方面解析了节目的美学意境[6]。

不难发现,作为藏品收藏机构与藏品阐释主体的博物馆缺席了以上的讨论,以至于当前对节目内容的研究或着眼于解说词的语言特色,或大而化之地讨论选题内容,尚未出现以藏品阐释为视角的研究。

二、研究设计与过程

(一)研究对象:解说词

在《如果国宝会说话》中,解说词发挥着重要的引领作用,不仅通过叙事、议论、抒情等手段将画面的意义予以明确,引导观众认识和挖掘更多维度的藏品信息,还以诗化的语言营造出唯美的意境,激发藏品与观众之间的共鸣。鉴于节目中受访者和人格化的藏品所表达的内容也发挥着与解说词相似的作

---

[1] 罗琦:《媒体融合背景下讲述中国文化故事——〈如果国宝会说话〉的成功之道》,《东南传播》2018年第3期。

[2] 付松聚、祝慧敏:《〈如果国宝会说话〉传播特色管窥》,《中国广播电视学刊》2018年第10期。

[3] 李艳峰:《纪录片〈如果国宝会说话〉:新文创思维的成功之作》,《当代电视》2018年第7期。

[4] 陈剑英:《从文博类节目走红谈文化类电视节目创新》,《现代视听》2018年第4期。

[5] 高倩:《历史文化类纪录片的叙事探析——以〈如果国宝会说话〉为例》,《新闻研究导刊》2018年第16期。

[6] 王姝:《你从远古走来试析〈如果国宝会说话〉的意境美》,《电视研究》2018年第7期。

用,作为本次研究对象的解说词也将以上画内音囊括在内。

(二)研究方法:扎根理论

扎根理论由美国社会学家格拉斯(Barney Glaser)和斯特劳斯(Anselm Strauss)于1967年共同提出并完善,强调带着研究问题直接从实地调研着手,从原始资料中归纳、提炼概念与范畴,从而上升到理论的一种自下而上的质性研究方法,其核心是同步进行数据的收集与分析过程,在资料与理论之间不断比较、归纳与修正,直至形成一个能够反映现象本质和意义的理论。[①]扎根理论不仅可有效处理解说词这类难以量化的文本资料,还可避免当前已有的藏品信息构成理论对分析过程产生影响,以保证研究结果的独立性与客观性。

(三)资料整理:文本化过程

在《如果国宝会说话》的节目中,解说词存在画外音、画内音、字幕等多种表现形态,只有将各种形态的解说词转化为统一的文本状态,才能对其展开进一步的分析,这就是解说词的文本化过程。《如果国宝会说话》第二季共有25集,绝大多数分集的画内、画外音均配有字幕,字幕就是解说词的文本。较为特殊的是第三集《曾侯乙编钟》,该集没有作为画外音的解说词与配乐,只播放了一段1986年录制的音频,音频本身配有字幕,但画面中还另有说明文字来辅助解释音频的内容。这段音频及其字幕与画面中其他说明文字一道承担了解说词的功能,故以上内容均被视为本集解说词的文本。

(四)分析过程:三级编码

1. 开放性编码

开放性编码是一个将收集的资料打散,赋予概念,然后再以新的方式重新组合起来的操作化过程,其目的是从资料中发现概念,从概念提炼出范畴,以实现对研究资料的初步归纳与抽象。在具体操作过程中,本研究先对解说词文本进行逐篇逐句编码,再将性质与内容相近的要素重新综合形成范畴,最终提取到37个概念,并归类提炼为12个范畴。

2. 主轴编码

主轴编码要求研究者每次只对一个范畴进行深度分析,围绕这一个范畴

---

① Glaser B G, Strauss A. *The Discovery of Grounded Theory: Strategies for Qualitative Research*, Aldine Publishing Company, 1967, pp.1-40.

来寻找相关关系,范畴之间的相关关系建立起来以后,研究者通过进一步区分主范畴和次要范畴来展示资料中各个部分之间的有机关联。通过分析12个范畴之间的相互关联和逻辑顺序,本研究归纳出3个主范畴,分别为本体信息、关联信息与创生信息。这3个主范畴及12个范畴表示节目所阐释藏品信息的维度及各维度的构成要素(表一)。

3.选择性编码

选择性编码是对主轴编码内容的进一步精炼与整合,研究者需先从主范畴中挖掘"核心范畴",然后用原始资料及由此开发出来的范畴、关系等扼要的说明全部现象,即开发资料的故事线,通过"故事线"来分析核心范畴与主范畴的联结进而形成理论框架。通过对12个范畴和3个主范畴的深入分析,在与原始资料比较互动的基础上,本研究提炼出"博物馆藏品信息的阐释维度"这一核心范畴,并以此为基础构建出博物馆藏品信息阐释的理论模型。

三、藏品信息的多维度阐释分析

(一)博物馆藏品信息阐释的维度及各维度的构成要素

通过扎根理论的主轴编码,可将《如果国宝会说话》对藏品信息的阐释归纳为本体信息、关联信息、创生信息三个维度。

1.本体信息

博物馆藏品的本体信息是指通过各种研究手段所能认知的一切有关藏品自身的信息,它由结构信息、功能信息、价值信息、现实信息四类构成。

结构类信息强调藏品的物质属性或自然属性,涉及藏品的构成、尺寸、重量、造型、纹饰、文字、工艺等方面;功能类信息侧重说明人如何使用器物,而器物又如何作用于人,主要涉及藏品的实际功能、象征意义及操作原理等方面的信息;节目所阐释的价值类信息涵盖历史价值、科学价值、艺术价值三个方面,而未涉及藏品的经济价值,说明节目具有明确的价值导向;如果说前面三类的藏品信息均生成于历史时期,那么现实类信息所指的就是生成于当代的藏品信息,例如出土时的考古信息,入藏时的登记信息,藏品的现状及其修复、复原工作中所产生的信息等。

表一　开放编码和主轴编码的主要结果

维度	范畴	概念化	资料文本举例
本体信息	结构信息	构成	(曾侯乙编钟)全套编钟共计65件,分3层8组。
		尺寸	(秦始皇陵铜车马)一号车高152厘米,长225厘米。
		重量	(素纱单衣)整件衣服一共只有49克。(秦始皇陵铜车马)这辆车重量超过一吨。
		造型	(霍去病墓石刻)体形粗壮的石人,掐着一只凶猛的野熊,昭示着战争的惊心动魄。
		纹饰	(鹰顶金冠饰)冠带则雕刻着老虎与猎物的紧张对峙,猎杀仿佛一触即发。
		文字	(狸猫纹漆食盘)狸猫纹漆盘上,只有简单的三个字,君幸食,翻译成现代语言就是"吃好喝好"。
		工艺	(鹰顶金冠饰)鹰的头、颈、尾由金丝连接。(秦始皇陵铜车马)修长或大体量的构件采用空心铸造法。
	功能信息	实际功用	(木雕双头镇墓兽)它叫镇墓兽,曾被放在墓穴中,用来保护墓主人的安全。
		象征意义	(错金铜博山炉)博山炉不再是香炉,而是视觉与气味共同塑造的微缩的海上仙山。
		操作原理	(长信宫灯)旁边设有手柄,开合与转动间,可以控制光的照度和角度。
	价值信息	历史价值	(长沙子弹库帛书)是目前发现的最早的帛画。(熹平石经)开创了文字校正之先河。
		科学价值	(鹰顶金冠饰)展现了战国时期中国北方民族贵金属工艺的最高水平。
		艺术价值	(熹平石经)是汉隶成熟期的顶峰之作。(素纱单衣)两千年多前的中国人已经在创造这样的朦胧之美。
	现实信息	出土状态	(击鼓说唱俑)出土时,陶俑脸部和周身织物还留有色彩。
		当前状态	(里耶秦简)现藏于湖南里耶秦简博物馆。(熹平石经)我们已经收集到八千多个石经文字。
		修复信息	(里耶秦简)但是我们通过一些技术,比如说多光谱的采集可以把它很好地再浮现出来。
		复原信息	(五星出东方锦护臂)中国丝绸博物馆依照汉代的技术,使用原始的工艺仿制五星锦。

续表

维度	范畴	概念化	资料文本举例
关联信息	时空关联	时代背景	(战国嵌错宴乐攻战纹铜壶)春秋战国,一个风起云涌的时代,中国历史上思想飞扬的年代……
		地域文化	(鹰顶金冠饰)游牧的草原相对于农耕的中原,有着完全不同的生存意识……
	史实关联	历史事件	(战国商鞅方升)秦国如何能在变法中后发先至? 商鞅认为,首先要取信于民,他在南门……
		历史人物	(狸猫纹漆食盘)画面上正中央的女子,就是狸猫纹漆盘的拥有者之一,辛追夫人……
	传统关联	常识典故	(战国嵌错宴乐攻战纹铜壶)射礼则是重要的社交礼仪。
		诗文典籍	(人物御龙帛画)魂兮归来,反故居些,像设君室,静闲安些。
	考古关联	墓葬/遗址	(铜奔马)雷台是矗立在甘肃武威市区的一处夯土高台,1969年一座东汉墓葬……
		相关器类	(长毋相忘铭合符银带钩)汉代带钩材质纷繁,造型各异,以精美的动物造型居多,横可束衣带。
创生信息	历史想象	场景想象	(素纱单衣)可以想象,当辛追夫人把她套在各种华服的最外面,华服上艳丽的纹饰在这层薄纱。
		心理想象	(长毋相忘铭合符银带钩)不求万人之上的国王独宠一人,只求两人之间的私语常系腰间。
	人格想象	内心独白	(击鼓说唱俑)两千年断食断水,腹部的赘肉竟没有半点儿松懈,减肥真难。
		心态描述	(熹平石经)一片一块,一字一句,等待破碎后的重聚。
		行为描写	(错金银云纹青铜犀尊)一只犀牛从陕西走来,抖落身上的尘土,昂首望向前方。
		身份设定	(跪射俑)身居射手队列的这位男子属于大秦战士中爵位最低的一员,也是帝国万千勇儿的缩影。
	对话观众	提问	(鹰顶金冠饰)有一个强大而蛮横的对手,究竟是幸还是不幸?
		号召	(秦始皇陵铜车马)让我们重温一颗充满理想的心。
		抒情	(曾侯乙编钟)1978—2018,曾侯乙编钟发掘40周年,向考古工作者致敬!
		祝福	(狸猫纹漆食盘)我们也愿用同样的话,送给每一位热爱文物的观众,祝您每天都吃得开心,吃得舒坦。
	激发思考	历史哲思	(战国嵌错宴乐攻战纹铜壶)桑叶还在无声地生长,两千年的时光是一片沧海。
		人生感悟	(人物御龙帛画)生而为人,死后成仙,这才是完整的生命记忆,而生死之间,应御龙而行。

2. 关联信息

事物是普遍联系的,"要真正地认识事物,就必须把握、研究清楚它的一切方面、一切联系和'中介'"①。这要求我们要在联系中认识藏品,要在本体信息的基础上进一步把握藏品与外部世界的联系,这种联系性的信息即是藏品关联信息。《如果国宝会说话》所阐释的关联信息包括时空关联、史实关联、传统关联、考古关联四类信息。

时空关联类信息可细分为时代背景信息与地域文化信息,任何藏品都诞生于特定的时空之中,时代与地域的影响深刻而广泛,时空关联类信息可对这种影响予以揭示;史实关联类信息可细分为历史事件信息与历史人物信息,一件历史时期的藏品可以从不同的角度论证、说明和反映某一个历史人物或历史事件,此类信息发挥的就是文物证史、补史之功能;传统关联类信息可细分为常识典故信息与诗文典籍信息,藏品蕴含着丰富的传统文化密码,但如果观众没有深厚的文化涵养作为钥匙,就无法打开藏品这座文化宝库,因此,在阐释藏品的本体信息时,常需先行对相关的常识典故与诗文典籍予以说明,这种说明就是传统关联类信息;考古关联类信息可细分为墓葬/遗址类信息与相关器类的信息,因为相当数量的博物馆藏品来自考古发掘,为加深观众对藏品的认识与理解,不仅常需对藏品所出土的墓葬或遗址进行介绍,有时还要就藏品相关的器物、器类进行说明,此类说明性信息可称之为考古关联类信息。

3. 创生信息

创生信息强调在深刻把握藏品本体信息与关联信息的基础上,从当下的时代背景与社会需求出发,对博物馆藏品进行创造性的阐释,将藏品与现实世界相关联,进而引发藏品与观众的共鸣。本研究将节目中的创生信息分为"历史想象""人格想象""对话观众""激发思考"四类。

"历史想象"类信息包括历史场景想象与人物心理想象两个方面,它是指在缺乏实证性资料的情况下,对历史场景或历史人物的内心世界展开的合理想象,从而为观众营造出一个可感知的、具象化的历史世界;"人格想象"类信息包括"内心独白""心态描述""行为描写""身份介绍"四个方面,所强调的是在对藏品进行人格化的基础上,对藏品人格本身的一种想象,而并非指称所有以拟人手法进行阐释的藏品信息。"对话观众"类信息涉及提问、号召、抒情、祝

---

① 《列宁全集》(第40卷),人民出版社,1986年,第291页。

福四种对话方式,节目可据此实现与观众的直接沟通;"激发思考"类信息一般出现在每集节目的最后,是指通过类比、联想等手段所阐发的历史哲思与人生感悟。

(二)藏品信息多维度阐释的理论模型

本研究围绕"博物馆藏品信息阐释维度"这一核心范畴,用"故事线"梳理出博物馆藏品信息阐释的理论模型(图一)。

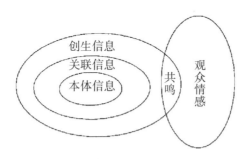

图一　博物馆藏品信息阐释的理论模型

1.新媒体语境下博物馆所阐释的藏品信息呈现出同心圆结构,即以藏品为中心,由内而外依次为本体信息、关联信息、创生信息的三圈同心圆。

本体信息居于同心圆内层,与藏品的联系最为紧密,它既是藏品信息体系的核心所在,也是其他藏品信息得以存在的基础。关联信息居于同心圆中层,它把关注点从藏品本体拓展到藏品与外部世界的联系,以便能在各种联系中对藏品加以认识。创生信息位于同心圆外层,是在当代语境下对藏品所作出的一种创造性解读,以挖掘藏品的当代价值,构建藏品与观众的关联。

2.藏品创生信息的阐释是实现藏品与观众情感共鸣的关键环节。正如伽达默尔所说的那样,"历史精神的本质并不在于对过去事物的修复,而是在于与现时生命的思维性沟通"[1],博物馆藏品的创生信息就是要在藏品所代表的普遍性和当代现实的特殊性之间进行中介,从而创造出新的价值。藏品创生信息的阐释必须建立在对自身语境合理反思的基础上,从当下的时代背景和社会需求出发,结合个体的情感与价值需求,构建起藏品与观众沟通的桥梁。需要加以强调的是,对创生信息的阐释固然强调与现实语境的必要关联,但绝

---

① [德]伽达默尔:《诠释学Ⅰ:真理与方法——哲学诠释学的基本特征》,洪汉鼎译,商务印书馆,2007年,第237页。

不意味着在阐释中允许阐释者的主观性与个性随意肆虐,恰恰相反,它是以尊重藏品本体信息与关联信息的客观性为前提的。

四、研究展望

博物馆藏品的解说历来不缺乏对本体信息和关联信息的阐释,《如果国宝会说话》的突破在于通过对创生信息的发掘与阐释,激发了观众的共鸣,也回应了时代的需要,具有重要的示范意义。不过,《如果国宝会说话》所阐释的创生信息亦有可商榷之处,例如,节目曾对素纱单衣使用的场景展开想象:"当辛追夫人把它套在各种华服的最外面,华服上艳丽的纹饰,在这层薄纱下,若隐若现"。其实,学界对素纱单衣用途至少有"外衣说""内衣说""葬服说"三种观点①,"外衣说"提出的时间最早,但也一直饱受质疑,解说词以"外衣说"为依据进行创生性阐释是否合适? 我们在阐释创生信息的过程中,应如何处理具有争议性的内容? 应如何把握藏品的客观性与阐释者主观性之间的关系? 这都是今后博物馆藏品阐释实践需要进一步探索的课题。

本文原刊载于《东南文化》2019年第3期。

作者简介:

刘阳,男,1989年生,南开大学博物馆业务部主任、馆员,研究方向为博物馆学、陵墓考古。主编《金石文献丛刊》(2019),参编《南开大学博物馆藏品图录》之《西南联大时期民族调查文物卷》(2017)、《百件文物精品卷》(2020)、《瓷器卷》(2022)等。主持文化和旅游部文化艺术研究项目、天津市教育科学规划青年重点课题、天津市艺术科学规划项目等多项省部级科研项目,在《东南文化》《中国博物馆》《博物馆研究》(日本)等刊物发表中日文论文二十余篇。

---

① 郑曙斌:《素纱襌衣用途蠡见》,见《湖南省博物馆馆刊(第七辑)》,岳麓出版社2011年,第71—80页。

海平面上升对中国沿海文化遗产的潜在威胁：
一项基于地理信息系统的评估

李宇奇　贾　鑫　刘　真　赵　茞　生膨菲　Michael J. Storozum（通讯作者）

一、引言

由于人类过度排放温室气体，全球海平面正在以前所未有的速度上升。[1] 科学家们预测，到2100年，全球海平面将会较本世纪初上升约1至5米[2]，而且这种上升趋势已基本没有逆转的可能。不过，上升的实际幅度，还取决于国际社会未来数十年中，在节能减排方面付出的努力。海平面的升高会在世界范围内影响数亿沿海居民的生活，也会对沿海考古遗址和古代建筑造成严重破坏。[3] 对这些古迹的破坏不仅将摧毁大量人类共有的文化遗产，还会严重威胁可以用于了解古人如何适应海岸地带环境的考古证据（可参看 Erlandson 的相

[1] IPCC, "IPCC Special Report on the Ocean and Cryosphere in a Changing Climate.(2019)," ed. Hans-Otto Pörtner et al., *IPCC. Summary for Policymakers. in Press.[Google Scholar]* In press (2019).

[2] Susmita Dasgupta et al., *The Impact of Sea Level Rise on Developing Countries: A Comparative Analysis* (The World Bank, 2007); Robert J. Nicholls and Anny Cazenave, "Sea-Level Rise and Its Impact on Coastal Zones," *Science* 328, no. 5985 (June 18, 2010): 1517–20, https://doi.org/10.1126/science.1185782; Robert J. Nicholls, "Planning for the Impacts of Sea Level Rise," *Oceanography* 24, no. 2 (2011): 144–57; Robert Steven Nerem et al., "Climate-Change–Driven Accelerated Sea-Level Rise Detected in the Altimeter Era," *Proceedings of the National Academy of Sciences* 115, no. 9 (2018): 2022–25; Michalis I. Vousdoukas et al., "Global Probabilistic Projections of Extreme Sea Levels Show Intensification of Coastal Flood Hazard," *Nature Communications* 9, no. 1 (2018): 1-12.

[3] Augustin Colette, "Climate Change and World Heritage: Report on Predicting and Managing the Impacts of Climate Change on World Heritage and Strategy to Assist States Parties to Implement Appropriate Management Responses," World Heritage Report (Paris: UNESCO World Heritage Centre, 2007); Ben Marzeion and Anders Levermann, "Loss of Cultural World Heritage and Currently Inhabited Places to Sea-Level Rise," *Environmental Research Letters* 9, no. 3 (2014): 034001; David G. Anderson et al., "Sea-Level Rise and Archaeological Site Destruction: An Example from the Southeastern United States Using DINAA (Digital Index of North American Archaeology)," *PLoS One* 12, no. 11 (2017): e0188142.

关文章①）。作为应对海平面上升威胁的第一步，考古工作者已经开始对一些沿海文化遗产面临的风险等级进行评估，不过，近年已有的研究还主要局限于美国、澳大利亚、欧洲等发达国家和地区②，对发展中国家沿海文化遗产面临的威胁，学者们关注的还很少（Feener等③针对马尔代夫文化遗产的最新研究是这方面的一个例外）。

在本文中，我们首次对中国沿海文化遗产面临的海平面上升威胁进行了评估。中国是世界第二大经济体，同时也是世界最大的发展中国家，在此前的相关研究中，同样属于被忽视的区域。事实上，中国面临的海平面上升威胁十分严峻，非常值得关注。一方面，中国的海岸带普遍海拔较低，再加上一些地质方面的因素，使其极为容易受到海平面上升的影响，另一方面，中国最重要的几个城市带都位于沿海地带，所以，由于海平面上升而遭受的损失将会非常巨大④。而且，中国沿海的相对海平面上升速率受地面沉降的影响，已经超过了全球平均值。从1993年到2016年，中国的平均相对海平面每年上升约3.2±1.1毫米，而同期全球均值为2.8±0.3毫米。⑤尤为糟糕的是，这个上升速率在过

---

① Jon M. Erlandson, "Racing a Rising Tide: Global Warming, Rising Seas, and the Erosion of Human History," *The Journal of Island and Coastal Archaeology* 3, no. 2 (2008): 167 - 69; Jon McVey Erlandson, "As the World Warms: Rising Seas, Coastal Archaeology, and the Erosion of Maritime History," *Journal of Coastal Conservation* 16, no. 2 (2012): 137 - 42.

② Marie-Yvane Daire et al., "Coastal Changes and Cultural Heritage (1): Assessment of the Vulnerability of the Coastal Heritage in Western France," *The Journal of Island and Coastal Archaeology* 7, no. 2 (2012): 168 - 82; Kieran Westley and Rory McNeary, "Assessing the Impact of Coastal Erosion on Archaeological Sites: A Case Study from Northern Ireland," *Conservation and Management of Archaeological Sites* 16, no. 3 (2014): 185 - 211; Leslie A. Reeder-Myers, "Cultural Heritage at Risk in the Twenty-First Century: A Vulnerability Assessment of Coastal Archaeological Sites in the United States," *The Journal of Island and Coastal Archaeology* 10, no. 3 (2015): 436 - 45; Samuel Knott et al., "Vulnerability of Indigenous Heritage Sites to Changing Sea Levels: Piloting a GIS-Based Approach in the Illawarra, New South Wales, Australia," 2017.

③ R. Michael Feener et al., "The Maldives Heritage Survey," *Antiquity* 95, no. 381 (2021).

④ Nicholls and Cazenave, "Sea-Level Rise and Its Impact on Coastal Zones"; Scott A. Kulp and Benjamin H. Strauss, "New Elevation Data Triple Estimates of Global Vulnerability to Sea-Level Rise and Coastal Flooding," *Nature Communications* 10, no. 1 (October 29, 2019): 4844, https://doi.org/10.1038/s41467-019-12808-z.

⑤ Sönke Dangendorf et al., "Persistent Acceleration in Global Sea-Level Rise since the 1960s," *Nature Climate Change* 9, no. 9 (2019): 705 - 10; Ying Qu et al., "Coastal Sea Level Rise around the China Seas," *Global and Planetary Change* 172 (2019): 454 - 63.

去四十年中还在不断攀升[1]。据保守估计,到2050年,沿海的百年一遇洪水防范区将扩大到9.8万平方千米,约占中国国土面积的1.02%[2]。虽然中国政府在应对海平面上升方面采取了积极的姿态[3],但目前还缺乏海平面上升对中国沿海考古遗址和文化遗产影响的官方评估[4]。由于海平面上升的速率仍在加快,所以这项评估迫切需要开展。在此背景下,本研究首次对中国沿海文化遗产面临的海平面上升威胁进行了评估,并区分了不同海平面上升情形下,沿海文化遗产受威胁程度的不同。

二、区域背景

对中国沿海地带的地理和考古重要性,以及当前海平面上升研究新进展不太熟悉的学者,可能尚未意识到海平面上升给中国文化遗产带来的巨大威胁。中国的海岸线包括大陆边缘和海岛四周,总长度达3.2万千米,位居世界第十位[5]。中国的大陆海岸线从与朝鲜交界的鸭绿江,一直延伸到中越边境,总长度达1.84万千米。剩余的1.36万千米海岸线来自超过6千座沿海海岛的贡献[6]。尽管黄河、长江、珠江三条大河携带的泥沙对中国沿海地带的演变有着决定性意义,但其他一些因素,例如气候和地质,也在塑造中国沿海地带的过程中发挥了相当大的作用[7]。从北到南,中国沿海海域可以被划分为四个区域:渤海、黄海、东海和南海,跨越了寒温带、温带、亚热带、热带四大气候带,并在不同程度上受季风和台风的影响。海岸带各区域的地质状况也有很大差异,大致可以概括为为从北方低平的第四纪碎屑沉积,逐步过渡到南方的岩石峭壁和喀斯特地貌。

---

[1] 自然资源部海洋预警监测司:《2019年中国海平面公报》,2020年。 http://gi.mnr.gov.cn/202004/P020200430591277899817.pdf.

[2] 丁一汇、杜祥琬:《气候变化对我国重大工程的影响与对策研究》,科学出版社,2016年。

[3] 国家发展与改革委员会:《国家应对气候变化规划(2014-2020年)》,2014年。 http://www.scio.gov.cn/xwfbh/xwbfbh/wqfbh/2014/20141125/xgzc32142/Document/1387125/1387125_1.htm.

[4] 自然资源部海洋预警监测司:《2019年中国海平面公报》,2020年。

[5] Y. Li, X. Jia, Z. Liu, L. Zhao, P. Sheng, M. Storozum, "The potential impact of rising sea levels on China's coastal cultural heritage: a GIS risk assessment," *Antiquity* 96, no. 386 (2022): fig 1.

[6] Ying Wang and David G. Aubrey, "The Characteristics of the China Coastline," *Continental Shelf Research* 7, no. 4 (1987): 329 - 49.

[7] Congxian Li et al., "The Coasts of China and Issues of Sea Level Rise," *Journal of Coastal Research* special issue, no. 43 (2004): 36 - 49.

中国差异巨大的沿海地理和地质环境塑造了富饶、多样的海岸环境,也滋养、哺育了丰厚的古代海洋文化。近年的发现显示,旧石器时代人群大约从距今6万年起就开始在中国沿海定居①。在数万年的漫长历史中,古代先民在沿海地区遗留了丰富多样的文化遗迹,简单罗列就包括洞穴、贝丘、港口、海堤、庙宇、灯塔、堡垒,以及历史建筑和城市,等等②。

虽然在历史上中原地区长期被认定为中华文明的中心,中国考古学界将主要精力投入对该区域的研究,相应地对沿海地区关注较为缺乏,但近二十年来,已经有越来越多的学者开始关注中国的海洋考古。考古工作者根据植物考古资料、建筑遗迹、物质文化和文献记载,推翻了过去关于早期中国社会独立于外界影响之外的传统认知。例如,在近年的研究中,中国学者对于Bellwood③和张光直④提出的关于南岛语族起源的假说进行了深入研究,提出现今广泛分布于东太平洋到西印度洋的南岛语族人群起源于中国的东南沿海⑤。此项研究和其他很多工作一起,证明中国的沿海地带是不同文化和经济类型之间的交流地带,也是人口、货物、思想的汇聚之地,在历史时期甚至史前时期的海洋丝绸之路交流中,就发挥过巨大作用⑥。

---

① J. Wang, X. Y. Zhou, and H. Long, "Late Pleistocene Environmental Background of Human Occupations of the Dazhushan Paleolithic Site in Qingdao, Shandong," *China* 37, no. 4 (2018): 640-52.

② Jeremy N. Green, *Maritime Archaeology in People's Republic of China* (Australian National Centre for Excellence in Maritime Archaeology, 1997).

③ Peter Bellwood, "A Hypothesis for Austronesian Origins," *Asian Perspectives* 26, no. 1 (1984): 107‑17.

④ K. C. Chang, "Zhongguo Dongnan Haian Kaogu Yu Nandao Yuzu Qiyuan Wenti (Archaeology of the Southeastern Coast of China and the Origin Problem of the Austronesian Family)," *Nanfang Minzu Kaogu* 1 (1987): 1‑13, http://www.cnki.com.cn/Article/CJFDTotal-NFMZ198700005.htm.

⑤ Tianlong Jiao, Gongwu Lin, and Barry Rolett, "Early Seafaring in the Taiwan Strait and the Search for Austronesian Origins," *Journal of East Asian Archaeology* 4, no. 1 (2002): 307‑19.

⑥ David E. Mungello, *The Great Encounter of China and the West, 1500‑1800* (Rowman & Littlefield Publishers, 2012); Chunming Wu, "A Summary on Shipwrecks of the Pre-Contact Period and the Development of Regional Maritime Trade Network in East Asia," in *Early Navigation in the Asia-Pacific Region* (Springer, 2016), 1‑27; Chunming Wu and Barry Vladimir Rolett, *Prehistoric Maritime Cultures and Seafaring in East Asia* (Springer, 2019); Xuexiang Chen et al., "More Direct Evidence for Early Dispersal of Bread Wheat to the Eastern Chinese Coast ca. 2460‑2210 BC," *Archaeological and Anthropological Sciences* 12, no. 10 (September 12, 2020): 233, https://doi.org/10.1007/s12520-020-01187-y.

然而，海平面上升却在威胁着这片文化内涵丰富的海滨区域。过去一百年间，全球海平面上升了至少20厘米[1]。地球科学家的研究已经揭示，这种上升速率至少在过去两千年中都没有先例[2]，观测证据显示这个速率还在不断加快[3]。据 Nicholls 和 Cazenave[4]预测，到2100年之前，全球海平面至少会累计上升1米。联合国政府间气候变化专门委员会（IPCC）所做的相对保守的估计，预测在 RCP8.5 的温室气体排放情形下（即缺乏减排限制的高温室气体排放情形），全球海平面大约会上升0.84米，具体区间是在0.61米到1.10米之间。如果国际社会能在减排方面开展更多有效工作，这个上升量可能会再减少一些。然而，如 Schwalm 等[5]所言，RCP8.5 的排放情形虽然令人遗憾，但可能最接近未来的实际情况，用这一排放情形来预测从现今到2100年的累计二氧化碳排放量应当最为准确。如果全球范围内没有决定性的温室气体排放政策变革，那么到2100年时，世界海平面上升1米的可能性将会非常大。也有其他学者认为，考虑到气候变化预测中涉及的大量不确定因素，尤其是21世纪下半叶温室气体排放的具体情形较难估计，到21世纪末海平面完全可能累计上升2米[6]，如果格陵兰岛和南极洲西部的冰盖都在2100年之前融化的话，这一数字甚至能达到5米[7]。即便联合国在相对保守的估计中也提到，不能排除海平面在21世纪末上升2米的可能[8]。

如果考虑风暴潮的影响，那么某些地区短时间的极端海平面高度甚至还

---

[1] Anny Cazenave and Gonéri Le Cozannet, "Sea Level Rise and Its Coastal Impacts," *Earth's Future* 2, no. 2 (2014): 15 – 34, https://doi.org/10.1002/2013EF000188.

[2] Kurt Lambeck et al., "Paleoenvironmental Records, Geophysical Modelling and Reconstruction of Sea Level Trends and Variability on Centennial and Longer Time Scales," in *Understanding Sea-Level Rise and Variability*, ed. John A. Church et al. (Hoboken, NJ, USA: Wiley-Blackwell, 2010), 61 – 121; Andrew C. Kemp et al., "Climate Related Sea-Level Variations over the Past Two Millennia," *Proceedings of the National Academy of Sciences* 108, no. 27 (2011): 11017 – 22.

[3] Dangendorf et al., "Persistent Acceleration in Global Sea-Level Rise since the 1960s."

[4] Nicholls and Cazenave, "Sea-Level Rise and Its Impact on Coastal Zones."

[5] Christopher R. Schwalm, Spencer Glendon, and Philip B. Duffy, "RCP8. 5 Tracks Cumulative CO2 Emissions," *Proceedings of the National Academy of Sciences* 117, no. 33 (2020): 19656 – 57.

[6] J. A. Lowe et al., "UK Climate Projections Science Report: Marine and Coastal Projections" (UK: Met Office Hadley Center), accessed November 3, 2020, https://www.academia.edu/1892600/UK_Climate_Projections_science_report_Marine_and_coastal_projections.

[7] Dasgupta et al., *The Impact of Sea Level Rise on Developing Countries*.

[8] IPCC, "IPCC Special Report on the Ocean and Cryosphere in a Changing Climate.(2019)."

会超过这里提到的最大上升高度。在中国南方（此处指长江以南地区）和北方部分地区（例如天津周边），还有一些其他因素会进一步加剧海平面上升的危害。例如，人为引起的或者自然原因导致的地面下沉，沉积赤字和湿地破坏等[1]。联合国政府间气候变化专门委员会最近的一份分析报告[2]指出，由人为原因引起的地面下沉导致的海平面上升速率，可能超过由气候变化导致的上升速率一个数量级。在综合了与中国海平面上升相关的资料和研究的基础上，我们得出以下结论：到2100年，目前海拔在1米以下的文化遗存几乎可以肯定会被全部或部分淹没，而海拔在2至5米之间的会在较为极端的情况下被淹没。海拔1至2米的遗存面临的威胁介于两者之间。

类似前文提到的这些预测[3]，都显示海平面上升将严重威胁中国的沿海城市和人口。毫无疑问，中国的沿海文化遗产也同样面临严峻威胁。规模较大的著名考古遗址和其他类型文化遗产一直以来就受到文物保护部门的高度重视，面对海平面上升威胁，它们可能也会继续受到公众和政府机构的关注，并获得充足的资金支持来减轻海平面上升带来的负面影响。然而，很多规模较小，被判定重要性较低的文化遗存恐怕就不会这么幸运。由于受到的关注少，获得的经济支持有限，它们可能很快就会面临被拆迁、被破坏的命运，以为大量需要重新安置的沿海人口腾出土地。其中也有一部分会更直接地受到海平面上升的影响，它们可能会被逐渐淹没，或在风暴潮、气旋活动、海岸侵蚀的破坏下缓慢消亡[4]。

三、材料和方法

本研究用到的主要数据集来自《中国文物地图集》（下文根据其英文名称，简称为ACR）。该地图集由国家文物局编制，从1989年出版第一本分册开始，已陆续出版了27本分册，每一本分册都会报告一个省级行政区已有的考古调查和发掘资料。虽然收录的资料较为简略，但各分册之间体例高度统一，信息

---

[1] 自然资源部海洋预警监测司：《2019年中国海平面公报》，2020年。

[2] IPCC, "IPCC Special Report on the Ocean and Cryosphere in a Changing Climate.(2019)," 326.

[3] IPCC, "IPCC Special Report on the Ocean and Cryosphere in a Changing Climate.(2019)."

[4] Li et al., "The Coasts of China and Issues of Sea Level Rise"; Mukang Han, Jianjun Hou, and Lun Wu, "Potential Impacts of Sea-Level Rise on China's Coastal Environment and Cities: A National Assessment," *Journal of Coastal Research*, 1995, 79 – 95.

标准化很高,适合大规模的信息整合和利用[1]。从覆盖度上看,来自文物地图集的数据也基本能满足本研究的需要,在中国34个省级行政区中,只有7个还没有自己所属的文物地图集。这7个省级行政单位中有5个在沿海,分别是广西、海南、台湾、香港和澳门,另外两个是地处内陆的贵州和江西,因为距离海洋较远,所以与本研究关系不大。

我们从这些已发表分册中获取的资料,主要来自第二次全国文物普查(1981—1989),第一次文化普查(1956—1959)的结果只是在个别情况下,会被偶然提及。另外,有些分册还增加了二普之后新获得的一些考古资料。文物地图集将所有古代文化遗存分成了七类,即古遗址(古代居址、聚落)、古墓葬、古建筑、石刻及石窟寺、近现代史迹、近代优秀建筑和其他。各分册报道的文化遗存数量差异很大,最少的天津分册,所报道文化遗存数量刚刚超过1千处,而最多的陕西分册,报道了超过2万处遗存。尽管听上去数量庞大,但很多遗址甚至可能是大部分遗址应该都没有被包括进去。主要原因是全国性的文物普查主要依靠的是非系统性地对已知遗址进行回访,而非系统性地全面覆盖调查区域,并努力发现所有的古代人类活动遗迹,所以,应该还有很多遗址都未能被发现并记录在册。尽管该数据集并不完整,但它还是给我们分析沿海文化遗产受到的海平面上升影响提供了不小的便利。

我们一共从10本《中国文物地图集》分册中收集了与沿海(此处定义为距海岸线200千米以内)文化遗产相关的数据。这些数据覆盖的省或直辖市包括:辽宁、河北、北京、天津、山东、江苏、浙江、福建和广东。该数据集包含各处文化遗存的大致年代和文化内涵相关的资料,却没有坐标,原因是20世纪80年代末进行普查时调查人员尚未装备卫星定位设备。所以,我们根据原书中提供的地图和对文化遗存位置的描述,人工在谷歌地球上找到了对应点,并获得了粗略的坐标。之后,我们将这些资料整合到了一个包括时代、坐标等参照标准的表格中。地图集中列出的各类文化遗存显然都有着独特的价值,但由于本研究主要关注的是考古遗址,所以,我们仅从中提取了古遗址和古墓葬两个类别的信息。最终,我们获得的数据集包括4.3万条数据,在年代上也较

---

[1] Mayke Wagner et al., "Mapping of the Spatial and Temporal Distribution of Archaeological Sites of Northern China during the Neolithic and Bronze Age," *Quaternary International* 290 (2013): 344‑57.

Hosner等[①]此前从同一来源提取的资料集跨度更大。Hosner等的数据集仅收集了史前遗址的信息,而我们的新数据集年代则从旧石器时代遗址跨越到了新中国建立以后。

之后,我们利用30米分辨率的SRTM图像,为中国沿海地区制作了数字高程模型,并从海岸线开始向大陆方向建立了200千米的缓冲区,作为我们主要关注的沿海区域。我们将ACR数据集中的坐标点都添加到了该数字高程模型,进而获得了各个文化遗存的海拔高度,并将此信息添加到ACR资料集中,由此我们获得了海拔高度在1米以下,1米到2米之间,2米到5米之间的文化遗存信息。

除了ACR数据集,我们还使用了一个上海市的第三次全国文物普查(2007—2011)数据集。与前两次全国文物普查相比,第三次文物普查因为经费支持力度大,技术装备水平更先进等因素的共同作用,结果更为全面,同时对文化遗产的定义也更广,许多以前被忽视的遗存类型都得到了认可。因此,全国三普资料数据集中收录的文化遗存数量是二普登记数量的三倍有余。同时,该数据集收录的文化遗存信息也更为丰富,对每一处文化遗存的实际坐标和高程都做了记录,但是考虑到潜在的人为破坏风险,此信息尚未对公众开放。本研究使用的三普数据集仅限于文化遗存破坏风险较小的上海市,而且只用于从宏观上分析整体风险,不具体讨论任何一处具体文化遗存。在此,我们同样根据英文缩写,将此数据集命名为TNS数据集。文中我们对基于TNS和ACR数据集的不同估计结果进行了对比,其目的在于向读者展示使用相对老旧的ACR数据集,会在多大程度上造成我们对海平面上升风险的低估。

四、分析结果

在表一和图 一至图三,以及另外两幅图[②](收入此文集时)中,我们总结了

---

① "Archaeological Sites in China during the Neolithic and Bronze Age," *Supplement to: Hosner, D et al. (2016): Spatiotemporal Distribution Patterns of Archaeological Sites in China during the Neolithic and Bronze Age: An Overview. The Holocene, Https://Doi.Org/10.1177/0959683616641743* (PANGAEA, May 2, 2016), https://doi.org/10.1594/PANGAEA.860072.

② Y. Li, X. Jia, Z. Liu, L. Zhao, P. Sheng, M. Storozum, "The potential impact of rising sea levels on China's coastal cultural heritage: a GIS risk assessment," *Antiquity* 96, no. 386 (2022): fig. 5 and fig. 6.

本研究的主要分析结果。可以看出,使用ACR数据集,在海平面上升1米或2米的情况下,受影响的文化遗存数量都比较少,但如果海平面上升达到5米的话,受影响文化遗存数量会大幅增加。从年代上看,受影响的文化遗存从新石器时代到现代都有(图一)。似乎没有哪个时期的文化遗存明显更容易受到影响。从地域上看,这个结果显示,不同的海平面上升状况会对不同省份的文化遗产产生差异化影响(图二)。整体上看,上海、天津、江苏的文化遗存受到的影响最大,而北京和山东的文化遗存受到的影响最小。如果我们把各省沿海文化遗存在全中国所占的比例也考虑进来的话,江苏的状况似乎最值得担忧。因为江苏的整体海拔较低,哪怕1米的海平面上升都会对其文化遗产产生巨大影响,而且该省的沿海文化遗存在全国占比较高,受影响的文化遗存总数较大。

通过分别使用ACR和TNS数据集对上海的情况进行推测,其结果明确显示使用后者来估计会得到远多于前者的受威胁文化遗存。尽管TNS数据集收录的古遗址和古墓葬要少于ACR数据集(主要原因是经济建设等因素引发的破坏),但在其他类别方面,TNS数据集收录的文化遗产数量更多。从预测结果来看,虽然1—2米的海平面上升仅会影响一小部分文化遗存,但海平面上升幅度一旦达到5米,那么上海超过四千处的文化遗产中的绝大多数都会被直接淹没。

表一   中国沿海200千米范围内的文化遗存数量(总数=34058)(ACR数据集)

海拔(米)	数量	所占比例
≤ 1	370	1.09%
≤ 2	640	1.88%
≤ 5	2254	6.62%
< 5	31804	93.38%

五、讨论

乍看之下,本文的研究结果,似乎说明海平面上升对中国沿海文化遗产的影响不大。如果海平面仅上升1—2米的话,中国各地受影响文化遗存的绝对数量和比例都可以忽略不记,即便对于地势普遍低平的上海来说也是如此。只有海平面上升5米的极端情况,才可能真正给少数地区,如上海、天津、江苏和浙江等地的文物保护工作带来担忧。不过,即便是在这种极端情况下,也只有2254处文化遗存会受到威胁,这对于中国这样体量的国家来说,确实不算

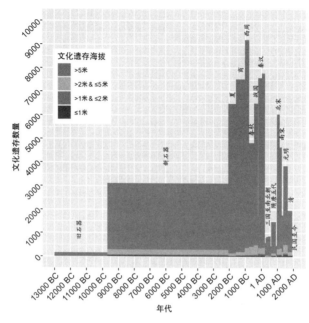

图一　十个中国沿海省级行政单位受海平面上升直接威胁的遗址比例

多。作为对比,从20世纪80年代到21世纪初的这些年间,中国已有超过4万处文化遗产消失,其中大部分是在经济建设中遭到了人为破坏①。

不过,我们认为本文估算得出的数字,实际上大大低估了中国未来实际受海平面上升影响的沿海文化遗存数量。原因有两点,其一是我们低估了中国沿海文化遗存的总数。采用同样的方法,Anderson等②发现,如果海平面上升5米,那么仅美国东南部就有超过3万处文化遗存将受到影响。除了中美海岸地理环境的差异外,导致我们对中国受影响的沿海文化遗存数量估计较少的一个重要原因是两地考古研究强度存在巨大差异。据Anderson③估计,美国考古学者的人数在2009年时约2万人,到了2018年应当已经增长到了2.4万人。与此形成鲜明对比的是,据贺云翔④估计,中国同期大约仅有不到3

---

① 霍文琦:《四万余处不可移动文物缘何"消失"》,《中国社会科学报》2012年1月9日。

② Anderson et al., "Sea-Level Rise and Archaeological Site Destruction."

③ David G. Anderson, "Using CRM Data for 'Big Picture' Research," in *New Perspectives in Cultural Resource Management*, ed. Francis P. McManamon (New York: Routledge, 2018), 197 – 212.

④ 贺云翔:《为考古学学科特色而咏叹》,《大众考古》2016年第5期。

千名考古工作者。

　　与之相对应的是中美两国在沿海地带考古方面投入的精力也有很大差异。美国的东南沿海地区自20世纪30年以来,就受到了考古工作者的详细调查和发掘,而中国的沿海考古在很多方面都还非常欠缺。美国仅关注东南地区沿海考古的东南地区考古学年会(简称SAC)注册参会者就已超过一千人(包括学生会员),而中国全国从事海岸考古工作的人数可能仅有数百人,因为相对内陆地区而言,海岸考古受到的重视一直不够。这种情况在数十年前,也就是第二次文物普查开展的时候,应该更为糟糕,在此情况下获得的ACR数据集中收录的海岸文化遗存偏少也就不足为奇了。如果我们考虑到历次全国文物普查均采用了非系统性的调查方法,就会明白ACR数据集只能收录很小一部分中国实际拥有的海岸文化遗存。在本研究中,我们用于分析的数据量更小,仅包括古遗址和古墓葬两种类型的文化遗产。由于第三次全国文物普查报告收录的文化遗存数量较之二普登记的数量增加了2倍有余,所以目前某些省、直辖市在册的文化遗存数量,若是ACR数据集中所记的数倍也不令人惊讶。从图三对ACR和TNS两大数据集的对比可以看出,如果用后者代替前者的话,上海一地的沿海文化遗存数量就会增加13.6倍。这充分展现了我们使用老旧且不够完整的ACR数据会在多大程度上低估受影响的文化遗存数量。

　　低估的第二个原因是我们只假定海拔高度低于或等于预测海平面高度的文化遗存会受到影响,然而还有很多因素会加重和扩大海平面上升的影响。由于不合理地抽取地下水,以及石油开采、地壳运动等因素,很多中国沿海地区都已出现严重的地面下沉。这个因素叠加,会造成中国沿海海平面的快速上升,增大海平面上升带来的威胁[1]。例如,从1959年到1999年,天津城内和郊区的一大部分区域地面就下降了2.83米。事实上,中国沿海很多地区的地面下沉的速率都比海平面上涨的速率快得多[2]。海岸侵蚀同样会随着海平面的上升而加快。一个极端的例子是滦河河口三角洲在90年代初,海平面上升

---

① Yu-Qun Xue et al., "Land Subsidence in China," *Environmental Geology* 48, no. 6 (2005): 713–20.

② Xue et al.; Shujun Ye et al., "Progression and Mitigation of Land Subsidence in China," *Hydrogeology Journal* 24, no. 3 (2016): 685–93.

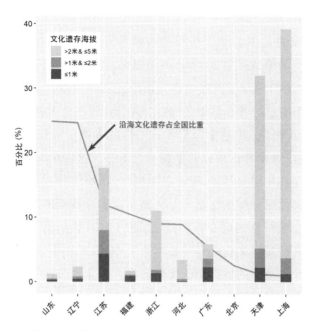

图二　十个中国沿海省级行政单位受海平面上升直接威胁的遗址比例

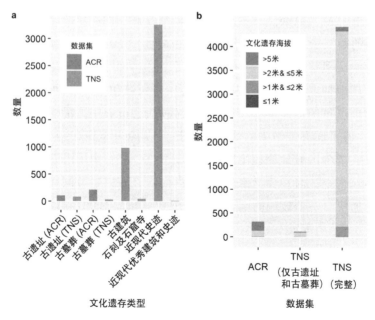

图三　a. 上海 ACR 和 TNS 数据集中各类遗址的比例；

b. 上海各数据集中，海拔 5 米以下的遗址数量分布

尚未真正加速的时候就已经以每年300米的速度退缩了[①],目前的情况更是不可想象。海平面上升与气候变化相叠加,还会增加中国沿海风暴潮和暴雨发生的频率和强度,由此造成的文化遗产破坏可能较之被海水直接淹没得更多[②]。另外,海浪也会大大提升海平面上涨带来的副作用[③]。

还有非常重要的一点是中国沿海居住着世界各国中数量最大的沿海居民,海平面上升会带来这些居民的大迁徙和重新安置,在此过程中接纳这些移民的较内陆区域,其文化遗产很可能也会遭受巨大破坏。假定中国沿海地区遭受的海平面上升影响较为均匀,那么到本世纪末,将有大约2900万到1亿人需要迁往内陆,这就需要大规模的基础设施建设和房地产开发来安置这些环境难民[④]。大规模的开发在内陆地区意味着更多的区域需要被开挖,大量的考古遗址可能会在此过程中被破坏。

综上,我们相信本研究的结果只代表了中国受海平面上升影响文化遗存的一小部分。实际受海平面上升威胁的文化遗存要远多于我们的估计数字,所以有针对性的海平面上升应对措施亟待实施。提高考古探测和调查的水平,开展多学科研究和国际合作,对应对海平面上升都很有必要。中国的考古学者和文物保护工作者群体需要努力推动沿海文化遗存的研究和保护。具体而言,一个可行的措施就是在下一次全国文物普查时,加强对沿海地区文化遗存的全方位调查,尽可能多地记录受威胁的文化遗存。和其他学科学者开展多学科合作,对于制定突出沿海文化遗存保护和研究的政策也有很大必要。未来的海平面上升模型应当结合考古资料集,更好地指出具体是哪些地区的古遗址、古墓葬面临的洪水、风暴潮和气旋活动威胁更大。而且,在中国的文化遗产保护方面加强国际合作,非常有必要将这些研究纳入全球框架内[⑤]。最

---

① C. L. Qian, "Effects of the Water Conservancy Projects in the Luanhe River Basin on Luanhe River Delta, Hebei Province," *Acta Geographica Sinica* 49, no. 2 (1994): 158 – 66.

② Hal F. Needham, Barry D. Keim, and David Sathiaraj, "A Review of Tropical Cyclone-Generated Storm Surges: Global Data Sources, Observations, and Impacts," *Reviews of Geophysics* 53, no. 2 (2015): 545 – 91; Jiayi Fang et al., "Compound Flood Potential from Storm Surge and Heavy Precipitation in Coastal China," *Hydrology and Earth System Sciences Discussions*, 2020, 1 – 24.

③ Kulp and Strauss, "New Elevation Data Triple Estimates of Global Vulnerability to Sea-Level Rise and Coastal Flooding."

④ Kulp and Strauss.

⑤ George Hambrecht and Marcy Rockman, "International Approaches to Climate Change and Cultural Heritage," *American Antiquity* 82, no. 4 (2017): 627 – 41.

后,与利益相关方开展讨论,以及通过一些场景,例如科技博物馆等,和公众展开交流,向公众宣传海平面上升对文化遗产造成的威胁也是非常基础性的工作。

六、结论

本研究首次估计了海平面分别上涨 1 米、2 米、5 米对中国沿海考古遗存的威胁。通过使用 ACR 数据集,我们估计受影响的古遗址和古墓葬合计将为 370 个、640 个和 2254 个。而使用更为完善的 TNS 数据集,我们估计仅上海一地受影响的文化遗存就分别为 7 个、223 个和 4327 个。所以,据此可以合理推测其他省份受影响的遗址可能也会达到我们估计的数倍甚至 10 倍以上。另外,由于我们仅仅关注了会被直接淹没的古遗址和古墓葬,这样估计出的结果更是低估了受影响的遗址、墓葬数量。

中国的沿海文化遗产需要着眼长远的管理策略和更深入的研究。中国国家文物局和各省的文物部门、考古机构都需要提出具体措施,来保护不断增加的受威胁的沿海文化遗存。这种威胁并不仅仅来自直接淹没,还可能来自海岸侵蚀、风暴潮以及人口的重新安置带来的副作用。我们今天所做的决定可能会为未来中国沿海文化遗产的保护工作奠定坚实基础,也可能使未来的保护工作举步维艰。所以,现在就应当是开始行动的时候。

本文原刊载于 *Antiquity*,2022 年,第 96 卷 386 期。

作者简介:
李宇奇,男,南开大学历史学院副教授
贾鑫,男,南京师范大学地理科学学院副教授
刘真,女,南京师范大学地理科学学院硕士研究生
赵荦,女,上海文物保护研究中心副研究员
生膨菲,男,复旦大学科技考古研究院青年副研究员
Michael J. Storozum,男,英国纽卡斯尔大学 NUAcT 青年研究员

编 后 记

2023年南开大学历史学科迎来百年华诞。百年中,众多学术名家会集南开大学,留下深厚学术成果积淀。为庆祝南开史学百年华诞,呈现南开史学的发展足迹,南开大学历史学院联合日本研究院,汇编百年来南开史学代表性成果,编辑整理"南开史学百年文存"丛书10卷本。丛书编纂以中国史、世界史和考古学三个学科为划分,每卷遴选本专业名家名篇及代表性观点、理论集萃的文章,以记录南开史学思想变迁之轨迹,为历史学发展提供回溯参考。按照编委会工作安排,由我来具体负责考古文博卷组稿编写事宜。

在本书编写过程中,根据编辑委员会的决议,文集仅收录教师们在南开文博专业工作期间发表的论文,兼职教师的著作暂不收录。本卷共收录论文28篇,根据学术界惯例,所收录文章按照内容时代的早晚排序,大致反映了不同时期南开文博专业教师们的丰富研究成果,内容涉及博物馆理论与实务、墓葬、物质文化、文物研究等课题,主题多样,对指导当下和未来考古学研究有参照价值。由于联系不上或其他一些原因,一些曾任教师的文章没有收入,这是一件憾事。博士生郝亚婷、硕士生冯宇恒为本卷收录所有文章进行了电子化和部分校核工作,并重绘了其中部分线图,确保文章的精准呈现。

《南开史学百年文存·文博考古卷》的出版,是对南开文博专业成立四十余年来以来,为专业发展筚路蓝缕的前辈先贤的纪念,是对南开文博考古人学术成果的集中梳理,对存续文博学术成果,鼓励后进学人前行,起到引导和鞭策作用。

本书内容涉及考古与文博知识面广,由于时间和精力所限,书中不当之处,敬请广大读者不吝指正。

袁胜文
2023年8月